机器学习及工业大数据解析应用

彭开香 主 编

马 亮 张传放 副主编

科 学 出 版 社

北 京

内 容 简 介

本书作为机器学习及工业大数据解析领域的入门教材，在内容设置上尽可能涵盖该研究领域基础知识的各个方面。全书共 28 章，分为六篇。其中第一篇为概论篇；第二篇为有监督学习篇；第三篇为无监督学习篇；第四篇为半监督学习篇；第五篇为深度学习篇；第六篇为大数据解析篇。每章都附有继续阅读和参考文献，以便有兴趣的读者进一步钻研探索。

本书可作为高等院校控制科学与工程、计算机科学与技术等学科研究生的教材或自动化、人工智能及相关专业的本科生教材，也可供对机器学习及工业大数据解析感兴趣的研究人员和工程技术人员阅读参考。

图书在版编目（CIP）数据

机器学习及工业大数据解析应用 / 彭开香主编. -- 北京 : 科学出版社，2025. 3. -- ISBN 978-7-03-080438-9

Ⅰ. F407. 4

中国国家版本馆 CIP 数据核字第 2024YP1478 号

责任编辑：牛宇锋　赵微微 / 责任校对：任苗苗

责任印制：肖　兴 / 封面设计：有道文化

科学出版社 出版

北京东黄城根北街 16 号

邮政编码：100717

http://www.sciencep.com

保定市中画美凯印刷有限公司印刷

科学出版社发行　各地新华书店经销

*

2025 年 3 月第　一　版　开本：720×1000　1/16

2025 年 3 月第一次印刷　印张：27 1/4

字数：547 000

定价：168.00 元

（如有印装质量问题，我社负责调换）

前 言

随着我国制造业高质量发展的逐步推进，制造业成为人工智能应用场景最具潜力的领域。机器学习作为人工智能的研究热点，主要研究如何使用计算机来模拟人类学习活动，并不断改善自身的性能。由此可见，机器学习是使计算机智能化的根本途径。

机器学习及工业大数据解析广泛应用于工业生产的各个方面，受到高等院校和科研机构的高度重视。本书从机器学习及工业大数据解析当前存在的问题出发，有重点地选择代表性算法呈现机器学习与工业大数据解析的知识体系，并将前沿知识点纳入，重在激发读者的学习兴趣与求知欲，以期推动传统机器学习知识的整合、交融和改革，通过不同的内容模块组合满足控制科学与工程及相关学科建设的需要。

在内容设置方面，本书具有以下特色和创新：①符合学科特点和时代特色。机器学习已经成为智能制造领域的一个热点话题，为建模、优化、决策提供了许多有用的工具，本书体现学科及专业特点，融入时间序列分析、概率图、因果图等相关前沿知识。②强化机器学习在工业大数据解析领域的应用。机器学习已经成为工业大数据解析领域处理和分析数据的有力工具，本书设置工业大数据解析模块，强化机器学习在工业大数据解析领域的应用。③阐述机器学习领域前沿热点方向，并将研究团队在工业过程知识图谱、可解释性机器学习等方向的成果纳入，体现了未来机器学习的发展方向。

全书共 28 章，分为六篇。其中第一篇为概论篇，包括第 1、2 章，介绍机器学习基础知识、概念学习和一般到特殊序等；第二篇为有监督学习篇，包括第 3～10 章，介绍感知机、k 近邻算法及模型、决策树、集成学习、回归分析、支持向量机、隐马尔可夫模型、条件随机场等算法；第三篇为无监督学习篇，包括第 11～15 章，介绍贝叶斯学习、聚类分析、降维与度量学习、概率潜在语义分析、潜在狄利克雷分布等算法；第四篇为半监督学习篇，包括第 16～19 章，介绍基于图的半监督学习、有约束的概率半监督聚类、基于条件调和混合的半监督学习、高级半监督分类等算法；第五篇为深度学习篇，包括第 20～24 章，介绍前馈神经网络、循环神经网络、卷积神经网络、生成对抗网络与宽度学习、强化学习等算法；第六篇为大数据解析篇，包括第 25～28 章，介绍工业大数据解析过程、时间序列分析、因果图学习、可解释性学习等算法。

本书主要介绍机器学习与工业大数据解析的基本内容，并将相关原理和方法进行系统总结，在力求文字简练的同时，也确保叙述详尽，以方便读者理解和学习。同时，在每章后面介绍了一些继续阅读材料供读者参考。

本书获得北京科技大学研究生教材建设项目资助。

由于作者水平有限，书中难免存在不妥之处，恳请各位读者批评指正。

目　　录

第二篇 有监督学习篇

第三篇 无监督学习篇

第四篇　半监督学习篇

第五篇　深度学习篇

第六篇　大数据解析篇

第一篇　概　论　篇

第1章 绪　论

机器学习是人工智能的分支，其目标是使计算机系统能够通过经验学习并自动改进性能。机器学习的关键思想是使计算机系统从数据中学习模式，发现规律，并基于这些学习结果做出决策或预测，而无需明确编程。

1.1　机器学习简介

机器学习的主要任务包括有监督学习、无监督学习、半监督学习、深度学习和强化学习等。在有监督学习中，模型通过输入数据和对应的标签进行训练，其目标是使模型能够建立从输入到输出的映射关系，从而对新的、未标记(无标签)的数据进行预测。常见的有监督学习任务包括分类和回归等。在无监督学习中，模型从无标签的数据中学习结构和模式。在这种情况下，算法试图在数据中找到隐藏的结构，无须预先定义目标变量。典型的无监督学习任务包括聚类、降维和关联规则学习等。半监督学习是有监督学习和无监督学习的结合，其中模型在训练过程中使用一部分带有标签的数据和一部分未标记的数据。深度学习学习样本数据的内在规律和表示层次，学习过程中获得的信息对如文字、图像和声音等数据的解释有很大的帮助，其最终目标是使机器能够像人一样具有分析学习能力，能够识别文字、图像和声音等数据。强化学习是智能体与环境的交互学习，通过试错来最大化某种奖励信号，广泛应用于游戏、机器人控制、自动驾驶等领域。

在机器学习中，模型的性能通常通过在训练数据和测试数据上的表现来评估。机器学习应用于各种领域，包括自然语言处理、图像识别、医学诊断、金融预测等，其算法的选择取决于问题的性质和可用数据的特点。

1.2　机器学习与人工智能

机器学习与人工智能是当今科技领域中备受关注的两个重要概念，它们之间有密切的关系，但又具有各自的特点和发展方向。

人工智能是一项综合性的研究领域，旨在使计算机系统具备模仿和执行人类智能行为的能力，其包括对语音识别、自然语言处理、计划、问题解决、学习和感知等智能任务的研究。人工智能的目标是创造可以模拟人类思维和行为的智能体，使其能够执行各种复杂任务。

机器学习是人工智能的分支，主要关注如何通过数据和经验来使计算机系统自动改进性能。机器学习的核心任务是构建能够从数据中学习并自动优化的算法和模型。这些算法和模型能够识别模式、做出决策和执行任务，而无需明确的编程。

机器学习是实现人工智能的关键技术之一，其提供了一种使计算机系统从数据中学习和改进的方式，从而实现更广泛的智能任务。机器学习与人工智能之间的关系主要体现在以下几个方面[1]。

(1) 机器学习是人工智能的核心。机器学习在人工智能的发展中占据核心地位。在传统的人工智能方法中，程序员需要手动编写规则和逻辑，以使计算机能够执行特定任务。然而，这种方法的局限性在于它难以应对复杂、模糊和不断变化的情境。机器学习通过从数据中学习规则和模式，使计算机能够更好地适应不同的情境，成为实现广泛的人工智能任务的关键。

(2) 人工智能驱动机器学习。虽然机器学习是人工智能的关键组成部分，但它通常嵌入在更大的人工智能系统中。人工智能系统包括感知、推理、决策和行动等多个组件，机器学习用于改进这些组件的性能。例如，自动驾驶汽车使用计算机视觉来感知周围环境，而机器学习用于对各种交通标志和行为进行识别和分类。

(3) 机器学习的方法和算法是实现人工智能的关键工具。这些方法包括有监督学习、无监督学习、强化学习、深度学习等。深度学习是近年来机器学习领域的一个重要突破，它模仿人脑的神经网络结构，使计算机能够处理大规模和复杂的数据，如图像和自然语言，从而实现语音识别、图像分类、自然语言处理等任务。

1.3 机器学习的主要研究领域

机器学习涉及统计学、系统辨识、逼近理论、神经网络、优化理论、计算机科学、脑科学等。机器学习的研究领域非常广泛，主要介绍如下[2]。

(1) 图像识别。图像识别是机器学习最常见的应用之一，它用于识别物体、人物、地点、数字图像等。典型的图像识别的流行用例是自动好友标记建议：Facebook 为用户提供了自动好友标记建议的功能。每当用户上传好友的照片时，都会自动收到带有姓名的标记建议，所采用的技术是机器学习的人脸检测和识别算法，它基于名为“DeepFace”的 Facebook 项目，负责图片中的人脸识别和人物识别。

(2) 语音识别。在使用各种搜索软件时，通常有“通过语音搜索”选项，其属于语音识别，是机器学习的流行应用。语音识别是将语音指令转化为文字的过程，也称为“语音转文字”或“计算机语音识别”。目前，机器学习算法被各种语音识别任务广泛使用，如百度助手等正在使用语音识别技术来辨识语音指令。

(3) 交通预测。生活中，人们经常使用全球定位系统(global positioning system，GPS)服务，当使用GPS时，当前的位置和速度被保存在一个中央服务器上用于管理流量，然后使用这些数据构建当前流量地图。这虽然有助于防止交通堵塞，并进行拥堵分析，但问题在于配备GPS的汽车数量较少。在这种情况下，机器学习可以根据日常经验估计可能出现拥塞的区域。

(4) 产品推荐。机器学习被相关电子商务和娱乐公司广泛用于向用户推荐产品。每当用户在相关购物平台上搜索某种产品时，就会在同一浏览器上收到同类产品的广告。相关购物平台使用机器学习算法了解用户的兴趣，并根据客户的兴趣推荐产品。

(5) 垃圾邮件和恶意软件过滤。每当人们收到一封新电子邮件时，它都会被自动分类为重要邮件、正常邮件和垃圾邮件。人们总是会在收件箱中收到一封带有重要符号的重要邮件，垃圾邮件箱中也会有垃圾邮件，这采用的是机器学习技术。

(6) 虚拟个人助理。目前存在各种虚拟个人助理，如 Cortana、Siri 等。它们允许用户使用语音指令查找信息或执行操作，如播放音乐、打电话给某人、打开电子邮件、安排约会等。这些虚拟助理使用机器学习算法记录语音指令，通过云服务器将其发送，对其解码并采取相应的行动。

(7) 在线欺诈检测。机器学习通过检测欺诈交易使在线交易安全可靠。进行在线交易时，欺诈行为可能会以多种方式发生。因此，技术上经常使用前馈神经网络来帮助用户。对于每笔真实的交易，输出都会转换成哈希值，这些哈希值成为下一轮的输入。对于每笔交易，都有一个特定的模式检测欺诈行为使得在线交易更加安全。

1.4 机器学习的发展历史与发展趋势

1.4.1 机器学习的发展历史

机器学习技术的发展历程可以追溯到20世纪50年代，当时提出了感知机、神经网络等概念。80年代末期，反向传播算法的提出，给机器学习带来了希望，掀起了基于统计模型的机器学习热潮。21世纪以来，随着数据量的增加、计算能力的提升和算法的改进，机器学习技术进入了深度学习时代，取得了令人瞩目的成就。机器学习技术在很多领域都有应用，如图像识别、自然语言处理、推荐系统等，为人类社会带来了巨大的价值[3]。

1949 年，加拿大心理学家赫布提出了基于神经心理学的学习机制，开启了机器学习的第一步。之后又有科学家提出了可以学习生物神经元的传递信息方式，让机器自主学习。

1950 年，“计算机科学之父”图灵发表了《计算机器与智能》一文，并提出著名的“图灵测试”，预言创造出具有真正智能的机器的可能性。

1957 年，人工神经网络模型得到细化，其中康奈尔大学的心理学家罗森布拉特设计出了第一个计算机神经网络——感知机，其模拟了大脑的神经元，可以进行简单的二元线性划分。

1967 年，最近邻算法出现，由此计算机可以进行简单的模式识别，可以帮助旅行商制定旅游路线图，即保证旅行者从任意城市出发，以最短的总路程遍历所有城市。

20 世纪 60 年代末，相关学者提出了感知机无法处理线性不可分问题，使得神经网络的研究陷入了十年的停滞。这个时期整个人工智能领域遭遇了瓶颈。当时计算机有限的内存和处理速度不足以解决任何实际的人工智能问题。尽管基于逻辑的归纳学习系统取得较大的进展，但只能学习单一概念且未能投入实际应用。此外，神经网络学习机因理论缺陷未能达到预期效果而转入低潮。从 70 年代末开始，人们从学习单个概念扩展到学习多个概念，探索不同的学习策略和各种学习方法[4]。

1980 年，第一届机器学习国际研讨会在美国的卡内基梅隆大学召开，标志着机器学习已经在全世界兴起。

1981 年，Werbos 基于神经网络反向传播算法提出了多层感知机，解决了单层结构只能进行简单分类的问题，为神经网络的研究燃起了希望之光。

1986 年，一种逼近离散函数的方法——决策树算法被提出。决策树是一个预测模型，其代表的是对象属性与对象值之间的映射关系。数据挖掘中决策树是一种经常要用到的技术，可以用于分析数据，同样可以用来预测。

1989 年，Yann 提出了目前最为流行的卷积神经网络计算模型，推导出基于反向传播算法的高效训练方法，并成功应用于英文手写体识别。

1990 年，Schapire 最先构造出一种多项式级的算法，并对该算法做出肯定的证明，这就是最初的 Boosting 算法[5]。随后，加利福尼亚大学圣塔克鲁斯分校毕业的 Freund 提出了一种效率更高的 Boosting 算法。

1995 年，机器学习领域出现了最重要的突破，即 Vapnik 和 Cortes 在大量理论和实证的条件下提出了支持向量机算法。

进入 21 世纪后，科研人员将神经网络的层数扩展至百层千层，使其发挥更高的算法能力。其中，2001 年，Breiman 提出了随机森林算法，AdaBoost 算法在对过拟合问题和奇异数据容忍上存在缺陷，而随机森林算法在这两个问题上具有更高的容错率。神经网络研究领域领军者 Hinton 在 2006 年和 Salakhutdinov 在顶尖学术刊物 *Science* 上发表了一篇文章，提出了深度学习算法，使神经网络的能力大大提高，向支持向量机发出挑战，掀起了深度学习在学术界和工业界的浪潮。

2012 年，Hinton 等将 LeNet 发扬光大，提出了 AlexNet。2014 年，Goodfellow 等提出了生成对抗网络[6]。2015 年，为纪念人工智能概念提出 60 周年，Yann、Bengio 和 Hinton 联合推出了深度学习的综述文章。

2020 年，OpenAI 实验室创建了第三代生成式预训练模型，即 GTP-3，这是一种自回归语言模型，其使用深度学习来生成类似人类的文本。该架构是一个标准的 Transformer 网络，具有前所未有的 2048 令牌长上下文和 1750 亿个参数。

总体来说，机器学习技术经历了半个多世纪的发展，从 20 世纪 50 年代的符号主义阶段到 20 世纪 80 年代的传统学习阶段再到深度学习阶段，逐渐成为热门方向，未来还将继续发展和创新，为人类带来更多的便利。

1.4.2 机器学习的发展趋势

未来，机器学习领域将会继续迎来更多的创新和突破。从自动驾驶汽车到语音识别，从个性化推荐到金融欺诈检测，机器学习的应用范围越来越广泛。然而，随着机器学习技术的迅速发展，人们开始思考机器学习的未来发展趋势。下面将探索未来几年中机器学习技术的发展方向和趋势。

(1) 强化学习。强化学习是一种机器学习的方法，其目标是在不断尝试和错误中优化某个行为来达到最优解。强化学习的应用范围很广，如在机器人控制、游戏、自动驾驶等领域等。未来强化学习的发展方向主要有两个：①发展更高效的算法和模型，使其可以处理更大规模和更复杂的问题；②将强化学习应用到更多的领域，如医疗、金融等。

(2) 自动机器学习。自动机器学习是指通过算法和模型自动构建和优化机器学习模型的技术，其目标是帮助开发人员更快地构建高效的模型，减少人工干预，降低开发成本。未来自动机器学习的发展方向主要是优化算法和模型，实现更高效地自动化构建和优化模型。

(3) 联邦学习。联邦学习是指在分布式系统中让多个设备或机器学习模型共同学习的一种技术。这种技术不需要将数据传输到中心服务器，保证了用户数据的隐私性。联邦学习可以在不牺牲隐私的前提下对数据进行分析，未来联邦学习的发展方向是提高算法的效率和安全性，实现更高效和更安全的联邦学习。

(4) 深度学习。深度学习是一种基于神经网络的机器学习方法，其可以学习和理解图像、声音和自然语言等复杂数据，已经被广泛应用于计算机视觉、语音识别、自然语言处理等领域。未来深度学习的发展方向主要是提高模型的效率和准确性，使其能够更好地处理更加复杂的任务。同时，深度学习模型的可解释性和安全性也是未来的研究方向。在当前的深度学习中，模型的可解释性比较差，无法清晰地解释为什么做出了某个决策。因此，研究人员正在尝试开发可解释性强的深度学习模型。此外，深度学习的应用在一些安全领域，如金融欺诈检测、网络安全等，也受到越来越多的关注。

(5) 可持续发展。随着机器学习技术的发展，机器学习算法需要消耗大量的计算资源和能源，这将对环境造成巨大的影响。因此，机器学习算法的可持续发展成为一个非常重要的议题。未来，人们需要研究如何通过优化算法和模型，降低机器学习算法的能源消耗，使机器学习技术能够更加环保和可持续。

在机器学习的应用方面，除了研究机器学习的技术和算法之外，机器学习的应用也是未来发展的一个重要方向。在各个领域，如医疗、金融、零售等，机器学习都有着广泛的应用。在医疗领域，机器学习可以帮助医生诊断疾病、制订治疗计划等；在金融领域，机器学习可以用于欺诈检测、风险评估、股票预测等；在零售领域，机器学习可以用于个性化推荐、库存管理等。随着机器学习技术的发展，其在各个领域的应用将变得越来越广泛。

总体来说，机器学习的未来发展趋势是多样化和复杂化的。在未来的发展中，强化学习、自动机器学习、联邦学习、深度学习和可持续发展机器学习都将是研究的重点。同时，机器学习在各个领域中的应用也将变得越来越广泛，机器学习技术和算法将会得到进一步的完善和优化。

1.5　机器学习系统的基本结构

机器学习三要素包括数据、模型和算法，它们之间的关系就是算法通过在数据上进行运算产生模型，如图 1.1 所示。

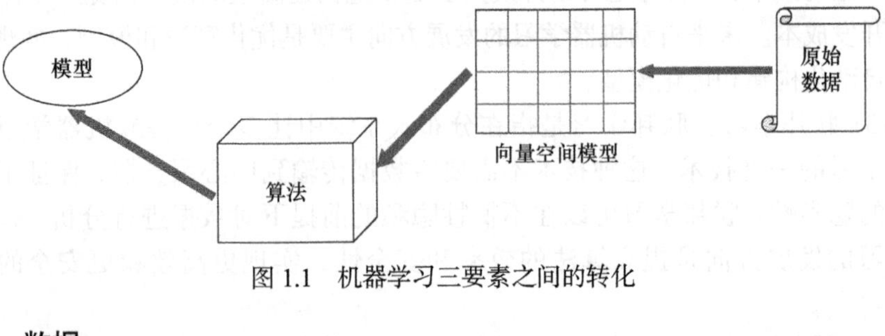

图 1.1　机器学习三要素之间的转化

1.5.1　数据

在机器学习中，数据是非常重要的。数据可以分为训练数据和测试数据。训练数据用于训练模型，测试数据用于测试模型的性能。在训练数据中，每个样本都包含了输入和输出。输入可以是一个向量或者一个矩阵，输出可以是一个标量或者一个向量。在机器学习中，通常使用矩阵来表示输入和输出。

1.5.2 模型

模型是机器学习的核心。模型可以看成是一个函数，其将输入映射为输出。下面将简单介绍一些常见的机器学习模型。

1. 朴素贝叶斯模型

贝叶斯模型是机器学习中应用较为广泛的分类算法之一，其产生于贝叶斯对于逆概率问题的思考，朴素贝叶斯模型是贝叶斯模型中最简单的一种。朴素贝叶斯模型是一个很重要的生成模型，其优点是对小规模的数据表现很好，适合多分类任务与增量式训练，缺点是对输入数据的表达形式很敏感。

2. 决策树模型

决策树模型是一种简单易用的非参数分类器。它不需要对数据有任何的先验假设，计算速度较快，结果容易解释，而且鲁棒性强。

在复杂的决策情况中，往往需要多层次或多阶段的决策。当一个阶段决策完成后，可能有 m 种新的不同自然状态发生；每种自然状态下，都有 m 个新的策略可选择，选择后产生不同的结果并再次面临新的自然状态，继续产生一系列的决策过程，这种决策称为序列决策或多级决策。

此时，如果继续遵循上述的决策准则或采用效益矩阵分析问题，就容易使相应的表格关系十分复杂。决策树是一种能帮助决策者进行序列决策分析的有效工具，其方法是将问题中有关策略、自然状态、概率及收益值等通过线条和图形用类似于树的形式表示出来。决策树模型就是由决策点、策略点(事件点)及结果构成的树形图，一般应用于序列决策中，通常以最大收益期望值或最低期望成本作为决策准则，通过图解方式求解在不同条件下各类方案的效益值，然后通过比较做出决策。

决策树模型的优点是浅层的决策树视觉上非常直观，容易解释，对数据的结构和分布不需进行任何假设，并且可以捕捉变量间的相互作用。缺点是深层的决策树视觉上和解释上都比较困难，容易过分微调样本数据而失去稳定性和抗振荡性，而且决策树对样本量的需求比较大，处理缺失值的功能非常有限。

3. k 近邻算法

k 近邻算法的核心思想是如果一个样本在特征空间中 k 个最相邻样本中的

大多数属于某一个类别，则该样本也属于这个类别，并具有这个类别样本的特性。

该算法在确定分类决策上只依据最邻近的一个或者几个样本的类别来决定待分类样本所属的类别。采用 k 近邻算法进行类别决策时，只与极少量的相邻样本有关。由于 k 近邻算法主要靠周围有限的邻近的样本，而不是靠判别类域的方法来确定所属类别的，因此对于类域的交叉或重叠较多的待分样本集来说，k 近邻算法较其他方法更为适合。其主要过程为：①计算每个样本点到待分类样本点的距离(常见的距离度量有欧氏距离、马氏距离等)；②对上面所有的距离值从大到小进行排序；③选前 k 个最小距离的样本；④根据这 k 个样本的标签进行投票，得到最后的分类类别。

k 近邻算法的优点是简单直观，适用性广泛，是一种懒惰的学习算法，无需显式的训练过程，模型的训练阶段只是简单地存储训练数据，且不受异常值的影响。缺点是计算复杂度高，存储开销大，预测速度慢，特征维度灵敏度高，有类别不平衡问题，当某个类别的样本数量远远大于其他类别时，可能会导致预测偏向于数量较多的类别。在这种情况下，需要采取一些技术手段来解决类别不平衡问题。

4. 支持向量机算法

支持向量机(support vector machine，SVM)算法是一种常见的判别方法。在机器学习领域，SVM 是一个有监督的学习模型，通常用来进行模式识别、分类以及回归分析。

SVM 算法的主要思想可以概括为两点：①基于结构风险最小化理论在特征空间中构建最优超平面，使得学习器达到全局最优化，并且在整个样本空间的期望以某个概率满足一定上界。②对于线性不可分的情况，通过使用非线性映射算法将低维输入空间线性不可分的样本映射到高维特征空间使其线性可分，从而使得高维特征空间采用线性算法对样本的非线性特征进行线性分析成为可能。

SVM 算法的优点是可用于线性/非线性分类，也可以用于回归，泛化误差小，可解释性强，计算复杂度较低。缺点是对参数和核函数的选择比较敏感，且原始的 SVM 算法只擅长处理二分类问题。

5. 逻辑回归模型

逻辑回归(logistic regression，LR)模型是一种广义的线性回归分析模型，常用于数据挖掘、疾病诊断、经济预测等领域。例如，探讨引发疾病的危险因素，并根据危险因素预测疾病发生的概率等。LR 模型实质是事件成功的概率除以事件失败的概率再取对数，即用不太烦琐的变换改变了取值区间的矛盾和因变量与自变量间的曲线关系。不仅如此，这种变换往往使得因变量和自变量之间呈线性关系，这是根据大量实践而总结的。所以，LR 模型从根本上解决了因变量不是连续变量的问题。此外，LR 模型应用广泛的原因是许多现实问题与它的模型相吻合。

LR 模型的优点是实现简单，分类时计算量非常小，速度很快，存储资源低。缺点是容易欠拟合，准确度一般较低，能处理两分类问题(在此基础上衍生出来的 Softmax 可以用于多分类)，且必须线性可分。

1.5.3　损失函数

损失函数是用来度量模型的预测值 $f(x)$ 与真实值 Y 的差异程度的非负实函数。通常使用 $L(Y \mid f(x))$ 来表示，损失函数越小，模型的鲁棒性就越好。

损失函数的使用主要在模型的训练阶段，在每个批次的训练数据送入模型后，通过前向传播输出预测值，然后损失函数会计算出预测值和真实值之间的差异值，也就是损失值。得到损失值后，模型通过反向传播去更新各个参数，来降低真实值与预测值之间的损失，使得模型生成的预测值向真实值方向靠近，从而达到学习的目的。常用的损失函数如下所示。

(1) 均方误差(mean square error，MSE)损失函数

$$L(Y \mid f(x)) = \frac{1}{n}\sum_{i}^{n}(Y_i - f(x_i))^2 \tag{1.1}$$

式中，n 为样本个数；Y_i 为第 i 个样本的实际输出值；$f(x_i)$ 为第 i 个样本的预测值。

在回归问题中，MSE 损失函数用于度量样本点到回归曲线的距离，通过最小化平方损失使样本点可以更好地拟合回归曲线。MSE 值越小，表示预测模型描述的样本数据的精度越高。由于无参数、计算成本低和具有明确物理意义等优点，MSE 损失函数已成为一种常用的距离度量方法。

(2) L_2 损失函数

$$L(Y \mid f(x)) = \sum_{i}^{n}(Y_i - f(x_i))^2 \tag{1.2}$$

又称为欧氏距离，是一种常用的距离度量方法，通常用于度量数据点之间的相似度。由于 L_2 损失函数具有凸性和可微性，且在独立、同分布的高斯噪声下，它能提供最大似然估计，使其成为回归问题、模式识别、图像处理中最常使用的损失函数。

(3) L_1 损失函数

$$L\left(Y \mid f(x)\right)=\sum_{i}^{n}\left|Y_i-f(x_i)\right| \tag{1.3}$$

又称为曼哈顿距离，表示残差的绝对值之和。L_1 损失函数对离群点有很好的鲁棒性，但它在残差为零处却不可导。另一个缺点是更新的梯度始终相同，即使很小的损失值，梯度也很大，不利于模型的收敛。针对它的收敛问题，一般的解决方法是在优化算法中使用变化的学习率，在损失接近最小值时降低学习率。

(4) Smooth L_1 损失函数

$$L\left(Y \mid f(x)\right)=\frac{1}{n}\sum_{i}^{n} z_i \tag{1.4}$$

$$z_i=\begin{cases}\frac{1}{2}\left(Y_i-f(x_i)\right)^2, & \left|Y_i-f(x_i)\right|<1\\ \left|Y_i-f(x_i)\right|-\frac{1}{2}, & \left|Y_i-f(x_i)\right|\geqslant 1\end{cases} \tag{1.5}$$

实际上是一个分段函数，在 $[-1,1]$ 之间是 L_2 损失函数，解决了 L_1 损失函数在 0 处奇异的问题；在 $[-1,1]$ 以外是 L_1 损失函数，解决了离群点梯度爆炸的问题。

(5) Huber 损失函数

$$L\left(Y \mid f(x)\right)=\begin{cases}\frac{1}{2}\left(Y_i-f(x_i)\right)^2, & \left|Y_i-f(x_i)\right|\leqslant\delta\\ \delta\left|Y_i-f(x_i)\right|-\frac{1}{2}\delta^2, & \left|Y_i-f(x_i)\right|>\delta\end{cases} \tag{1.6}$$

式中，δ 为 Huber 损失函数中的超参数，其值大小决定了 Huber 损失函数在 MSE 和平均绝对误差(mean absolute error，MAE)之间的侧重性。当 $\left|Y_i-f(x_i)\right|\leqslant\delta$ 时，Huber 损失函数为 MSE 损失函数；当 $\left|Y_i-f(x_i)\right|>\delta$ 时，它类似于 MAE 损失函数。它克服了平方损失函数和绝对损失函数的缺点，不仅使损失函数具有连续导数，而且利用 MSE 梯度随误差减小的特性取得更精确的最小值。尽管 Huber 损失函数对异常点具有更好的鲁棒性，但是，它不仅引入了额外的参数，而且选择合适的参数比较困难，增加了训练和调试的工作量。

(6) KL(Kullback-Leibler)散度损失函数(相对熵)

$$L\left(Y \mid f(x)\right)=\frac{1}{n}\sum_{i}^{n} Y_i\log\left(\frac{Y_i}{f(x_i)}\right) \tag{1.7}$$

是一种非对称度量方法，常用于度量两个概率分布之间的距离，也可以衡量两个随机分布之间的距离。两个随机分布的相似度越高，它们的 KL 散度值越小；当两个随机分布的差别增大时，它们的 KL 散度值也会增大。因此，KL 散度损失函数可以用于比较文本标签或图像的相似性。

(7) 交叉熵损失函数

$$L\left(Y \mid f(x)\right) = -\sum_{i}^{n} Y_i \log f\left(x_i\right) \tag{1.8}$$

是信息论中的一个概念，最初用于估算平均编码长度。引入机器学习后，用于评估当前训练得到的概率分布与真实分布的差异情况。交叉熵损失函数刻画了实际输出概率与期望输出概率之间的相似度，也就是交叉熵的值越小，两个概率分布就越接近，特别是在正负样本不均衡的分类问题中，常用交叉熵作为损失函数。目前，交叉熵损失函数是卷积神经网络中最常使用的分类损失函数，它可以有效避免梯度消失。

(8) Softmax 损失函数属于对数损失的范畴，是逻辑回归模型在多分类任务上的一种延伸，常作为卷积神经网络模型的损失函数。Softmax 损失函数的本质是将一个 k 维的任意实数向量 x 映射成另一个 k 维的实数向量，其中输出向量的每个元素的取值范围都是(0,1)，即 Softmax 损失函数输出每个类别的预测概率。Softmax 损失函数具有类间可分性，在多分类和图像标注问题中，常用它解决特征分离问题。但 Softmax 损失函数学习到的特征不具有足够的区分性，因此它常与对比损失或中心损失组合使用，以增强区分能力。

通常情况下，损失函数的选取应从以下方面考虑。

(1) 选择最能表达数据内容的主要特征来构建基于距离或基于概率分布度量的特征空间；

(2) 选择合理的特征归一化方法，使特征向量转换后仍能保持原来数据的核心内容；

(3) 选取合理的损失函数，在实验的基础上，依据损失函数值不断调整模型的参数，使其尽可能实现类别区分；

(4) 合理组合不同的损失函数，发挥每个损失函数的优点，使它们能更好地度量样本间的相似性；

(5) 将数据的主要特征嵌入损失函数，提升基于特定任务的模型预测精度。

1.5.4　训练

训练是机器学习的过程。在训练过程中，使用训练数据来调整模型的参数，从而使模型的输出与真实值之间的差异最小化。这个过程通常使用随机梯度下降

算法来实现，即每次随机从样本集中抽取一个样本对模型参数进行更新，更新公式为

$$\theta_{t+1}=\theta_t-\alpha g_t \tag{1.9}$$

式中，θ_t 为第 t 次迭代后的模型参数向量；α 为学习率，控制每次迭代步长的大小；g_t 为梯度。

梯度下降算法遍历整个样本集需要迭代很多次，且每次更新并不是向着最优的方向进行，所以每走一步都要“很小心”，也就是说随机梯度下降算法的学习率 α 不能设置太大，否则容易出现在最优解附近“振荡”，但始终无法更接近最优解的现象。但从另一个角度来看，这种“振荡”的优化路线在损失函数局部极小值较多时，能够有效避免模型陷入局部最优解。

1.6 模型评估与模型选择

在构建机器学习模型时，模型评估和模型选择至关重要。这两个方面共同决定了模型的性能、泛化能力以及是否能够有效地解决问题。了解训练误差和测试误差、过拟合以及模型选择策略对于成功构建机器学习模型至关重要。通过合理的评估和选择，可以建立出色的模型，用于解决各种应用领域的挑战性问题。在不断发展的机器学习领域，深刻理解这些概念将成为掌握机器学习技术的关键。

1.6.1 训练误差与测试误差

在机器学习中，训练误差和测试误差是两个核心概念，用于评估模型的性能。理解它们的差异和作用对于构建优秀的机器学习模型至关重要。

训练误差是在模型训练阶段使用训练数据集进行评估的误差。其代表了模型在训练数据上的性能，即模型如何拟合训练数据。通常，训练误差会随着模型的复杂性增加而降低，因为更复杂的模型能够更好地拟合训练数据。然而，这并不一定代表模型在未见过的数据上表现良好。

测试误差是在模型训练完成后使用独立的测试数据集进行评估的误差。它是一个更具有实际意义的度量，因为其反映了模型在新数据上的性能。测试误差用于估计模型的泛化能力，即模型对未见数据的适应能力。一个好的机器学习模型应该在测试数据上表现良好，而不仅仅是在训练数据上表现良好。

1.6.2 过拟合与模型选择

过拟合是指训练误差和测试误差之间的差距较大。换句话说，就是模型复杂

度高于实际问题的复杂度，模型在训练集上表现很好，但在测试集上却表现很差。过拟合通常是因为模型过于复杂,以至于模型能够捕捉训练数据中的噪声和细节，而不是真正的模式，这导致了模型对新数据的泛化能力较差。

为了克服过拟合，可以采取以下措施。

(1) 数据集扩充：增加训练数据的多样性，减少噪声对模型的影响。

(2) 简化模型：降低模型的复杂度，以减少对训练数据的过度拟合。

(3) 正则化：引入正则化项，以抑制模型参数的过大变化，从而减少过拟合的风险。

模型选择是机器学习中的另一个关键问题。选择合适的模型架构和超参数可以显著影响模型的性能。常见的模型选择策略如下。

(1) 交叉验证：将数据集划分为训练集和验证集，多次训练和验证不同的模型，以选择性能最佳的模型。

(2) 网格搜索：通过尝试不同的超参数组合来寻找最佳模型配置。

(3) 集成方法：将多个模型的预测结果组合，以提高性能和泛化能力。

模型选择是一个迭代的过程，通常需要不断调整和优化，以获得最佳的结果。

1.7 正则化与交叉验证

在机器学习领域，构建强大、泛化能力良好的模型是一个至关重要的任务。为了达到这个目标，正则化和交叉验证是不可或缺的工具。正则化有助于防止过拟合，而交叉验证可以帮助选择最佳的模型配置。

1.7.1 正则化

正则化是一种在训练机器学习模型时经常使用的技术，用于控制模型的复杂性，提升其泛化能力。正则化的基本思想通常是向模型的损失函数添加一个关于模型参数的额外项。这个额外项有助于约束模型的参数，使其不会变得过于灵活，从而减小过拟合的风险。正则化的目标是平衡模型的复杂性和对训练数据的拟合程度。

在正则化中，两种常见的方法是 L_1 正则化和 L_2 正则化。它们分别通过向损失函数添加不同类型的正则化项来约束模型参数。

L_1 正则化也称为 L_1 范数正则化或 Lasso 正则化，其向损失函数添加参数的绝对值之和，导致某些参数为零。这对于特征选择很有用，因为它可以将不相关的特征的权重归零，从而降低模型的复杂性。L_1 范数正则化的损失函数为

$$L(\omega)=\frac{1}{N}\sum_{i=1}^{N}\left(f\left(x_i;\omega\right)-Y_i\right)^2+\lambda\|\omega\|_1 \tag{1.10}$$

式中，λ 是用于控制正则化影响的权重系数，$\|\omega\|_1=\sum_j\left|\omega_j\right|$。

L_2 正则化也称为 L_2 范数正则化或 Ridge 正则化。向其损失函数添加参数的平方和，导致参数接近但不等于零。L_2 正则化有助于减小参数之间的相关性，使模型更加稳定。L_2 范数正则化的损失函数为

$$L(\omega)=\frac{1}{N}\sum_{i=1}^{N}\left(f\left(x_i;\omega\right)-Y\right)^2+\frac{\lambda}{2}\|\omega\|_2 \tag{1.11}$$

式中，$\|\omega\|_2=\sqrt{\sum_j\omega_j^2}$。

在正则化中，超参数的选择对于模型的性能和泛化能力非常重要。选择超参数的方法通常包括以下几种。

(1) 经验法则和启发式方法：该方法基于先前经验和启发式知识，例如，在某些情况下，特定范围内的某些值可能效果更好。但是，这种方法可能不适用于所有情况，因为每个数据集和问题都是独特的。

(2) 交叉验证：通过交叉验证技术(如 k 折交叉验证)来评估不同超参数值的性能。将数据集分成训练集和验证集，经过多次训练模型并计算性能指标，确定哪种超参数能够提供最佳的泛化性能。

(3) 网格搜索：该方法是一种常见的技术，可以尝试所有可能的超参数组合并通过交叉验证来确定最佳超参数。这种方法计算量大，但通常能够找到最优的超参数组合。

(4) 随机搜索：与网格搜索不同，随机搜索在超参数空间中随机选择一组超参数，并根据验证集性能来评估模型。尽管计算成本相对较低，但可能需要更多的迭代次数来找到最优的超参数组合。

(5) 贝叶斯优化：该方法是一种基于贝叶斯推断的优化方法，它能够更智能地选择下一组可能更优的超参数值，以减少评估的次数，从而提高搜索效率。

在选择超参数时，需要权衡计算成本、可用资源和模型性能，采用合适的方法来寻找最佳的超参数组合，以提升模型的泛化性能。

1.7.2 交叉验证

交叉验证是一种用于评估模型性能和选择最佳模型配置的技术，其通过将数据集划分为训练集和验证集等多个不同子集，来多次训练和验证模型，以获得更可靠的性能评估。交叉验证有助于减小数据划分可能引入的随机性，提供更准确

的性能估计。以下是一些常见的交叉验证技术。

(1) 留出验证：留出验证是最简单的交叉验证技术，它将数据集分成训练集和验证集两部分。通常，一定比例的数据被保留用于验证，而其余用于训练。留出验证适用于大型数据集，但对于小型数据集来说可能效果不佳。

(2) k 折交叉验证：该方法首先将数据集分成 k 个相等大小的子集，然后进行 k 次训练和验证。在每次训练中，其中一个子集被用作验证集，其余子集被用作训练集。该过程重复 k 次，每个子集都会被用作验证集一次。最后，采用性能指标的平均值用来评估模型的性能。

(3) 留一交叉验证：该方法是 k 折交叉验证的一个特例，其中 k 等于数据点的数量，意味着每个数据点都会被用作验证集一次。

(4) 分层交叉验证：该方法是一种考虑类别分布的 k 折交叉验证，确保每个子集中的类别分布与整个数据集中的类别分布相似，从而提高了性能评估的准确性。

1.8 泛化能力

强泛化能力是机器学习的核心目标，代表了模型的真正预测能力。当训练机器学习模型时，目标不仅仅是使其在训练数据上表现良好，更重要的是使其能够在新数据上进行准确预测。这是因为机器学习模型的最终目标是解决现实世界中的问题，而不仅仅是适应历史数据。

泛化能力是模型的通用性，其代表了模型对于未见过的数据也能做出准确预测的能力。具有强泛化能力的模型能够从有限的训练数据中捕捉到数据的本质规律，并且在面对各种变化和噪声时仍然能够提供准确的预测。接下来将重点阐述泛化误差和泛化误差上界的概念、原理以及与机器学习实践的关联。

1.8.1 泛化误差

泛化误差是评估模型泛化能力的关键概念，其代表了模型在未见数据上的性能，通常通过模型在测试数据集上的表现来衡量。泛化误差也是模型在训练数据上的拟合程度和在未见数据上性能之间的平衡。

1. 训练误差与泛化误差

在机器学习中，通常将数据集分为训练集和测试集。模型在训练集上的性能称为训练误差，而模型在测试集上的性能称为泛化误差。理想情况下，希望泛化误差足够低，这意味着模型在新数据上具有良好的性能。

2. 过拟合与欠拟合

理解泛化误差的重要性是为了避免两种常见的问题，即过拟合和欠拟合。

过拟合发生在模型过于复杂时，其在训练数据上表现出色，但在测试数据上性能糟糕。这是因为过于复杂的模型会过分记忆训练数据中的噪声和细节，而无法正确捕捉数据的整体规律。

欠拟合则是模型过于简单，无法拟合训练数据中的基本规律。欠拟合模型通常在训练和测试数据上都表现不佳。

1.8.2 泛化误差上界

除了泛化误差本身，机器学习研究中还涉及泛化误差的上界。泛化误差上界是一个理论上的概念，它代表模型泛化能力的理论极限[7]。推导模型的复杂程度和泛化能力之间的关系，就是表征模型复杂度的 VC(Vapnik-Chervonenkis)维和泛化误差之间的关系。

泛化误差上界的一个重要概念是 VC 维。VC 维是机器学习领域的先驱 Vladimir Vapnik 和 Alexey Chervonenkis 提出的，其衡量了一个模型或假设类的复杂性。VC 维越高，模型的复杂性越大，其越有能力适应更多不同形式的数据。

机器学习理论界探讨了泛化误差上界的不等式和界限。例如，Hoeffding 不等式和 Rademacher 复杂度提供了模型泛化能力的理论上界。这些理论上界有助于理解模型的泛化能力，并可以用来推导数据量、模型复杂度和泛化误差之间的关系。

1.9 机器学习的基本术语

1.9.1 假设空间

假设空间是机器学习模型能够表示的所有可能解的集合，是模型的搜索空间，包含了模型可以学习到的所有可能的假设或函数。假设空间的大小取决于模型的参数和超参数的数量，以及它们的取值范围。通常，假设空间越大，模型的表示能力越强，但也越容易过拟合训练数据。

在监督学习中，假设空间通常由一个函数集合组成，如线性回归、决策树、神经网络模型等。学习的目标是在假设空间中找到一个最佳的假设，该假设能够最好地拟合训练数据并在未见数据上实现良好的泛化。如表 1.1 所示为西瓜数据集示例。

表 1.1　西瓜数据集

编号	色泽	根蒂	敲声	好瓜
1	青绿	蜷缩	浊响	是
2	乌黑	蜷缩	浊响	是
3	青绿	硬挺	清脆	否
4	乌黑	蜷缩	沉闷	否

这里要学习的目标是“好瓜”。暂且假设“好瓜”可由色泽、根蒂、敲声三个因素完全确定。于是，学到的将是“好瓜是某种色泽、某种根蒂、某种敲声的瓜”这样的概念，如图 1.2 所示为这个西瓜问题的假设空间。

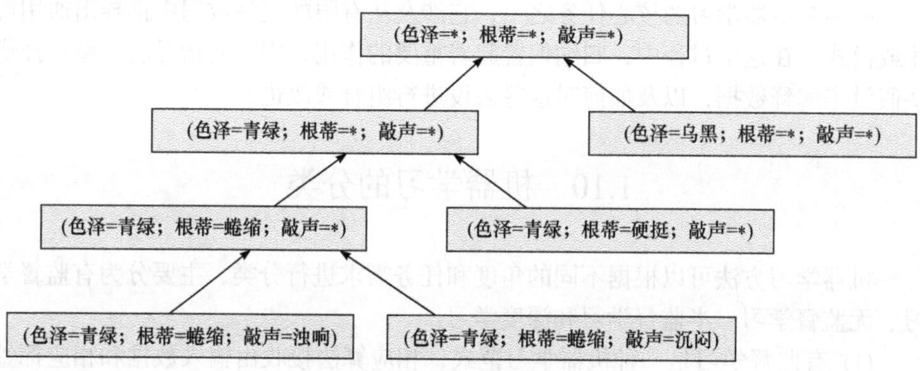

图 1.2　西瓜问题的假设空间

1.9.2　变形空间

变形空间是假设空间的一个重要概念，其表示了机器学习中的一种重要操作。变形空间包括对假设空间中的假设进行变换或改进的方式，以提高模型的性能。这些变换可以是参数调整、特征工程、正则化等。

在变形空间中，可以通过修改模型的参数、添加新特征、删除冗余特征等方式来改进模型。变形空间的大小取决于可用的变换操作和其组合方式。通过在变形空间中搜索，机器学习算法可以找到最佳的模型配置，以达到更好的泛化性能。与上述例子对应的变形空间如图 1.3 所示。

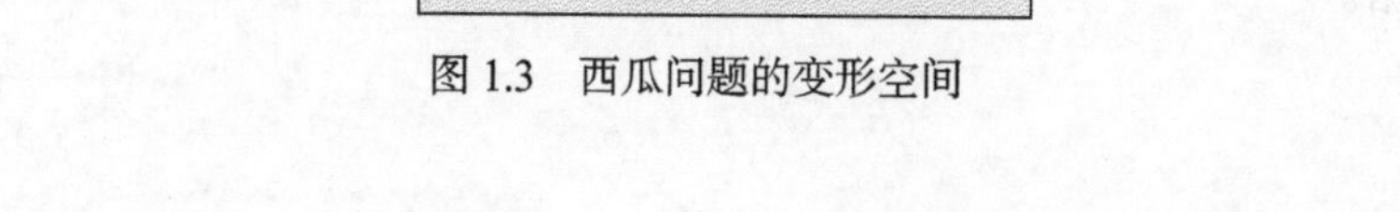

图 1.3　西瓜问题的变形空间

1.9.3 归纳偏置

归纳偏置是指机器学习算法在学习过程中对可能的假设采取的一种偏好或约束。这种偏好是基于问题领域的先验知识和算法设计者的选择而来的。归纳偏置可以看成是一种对假设空间的限制，有助于减少假设空间的大小，提高学习的效率。

不同的机器学习算法具有不同的归纳偏置。例如，决策树算法有一种天然的递归分割归纳偏置，它将假设空间分割成多个区域，每个区域用一个简单的规则来表示，而神经网络算法更倾向于复杂函数的拟合，具有更少的先验偏置。归纳偏置有助于限定假设空间，提高模型的泛化能力。然而，选择适当的归纳偏置通常是一个具有挑战性的任务，需要深刻理解问题领域以及数据的性质。

归纳是机器学习的核心任务之一，它涉及从有限的观测数据中推导出通用规律或模式。在这个过程中，归纳偏置起着重要的作用，因为其指导着模型选择哪些假设来解释数据，以及如何对这些假设进行组合或改进。

1.10 机器学习的分类

机器学习方法可以根据不同的角度和任务需求进行分类，主要分为有监督学习、无监督学习、半监督学习和深度学习。

(1) 有监督学习是一种机器学习范式，相应算法接收由输入数据和相应标签(或输出)组成的训练集。模型通过学习这些输入-输出对之间的关联关系，能够对新的、未标记的数据进行预测或分类。在有监督学习中，算法的目标是最小化预测输出与实际标签之间的差异，通常通过损失函数来衡量。

(2) 无监督学习是指模型被要求从没有标签的数据中发现模式、结构或关联性。在无监督学习中，算法的目标通常是对数据进行聚类、降维或密度估计，以便更好地理解数据的内在结构。

(3) 半监督学习是有监督学习和无监督学习的结合。在半监督学习中，模型同时利用带标签和无标签的数据来进行训练。该种方法的目标是提高模型的性能，特别是当标记样本相对较少或难以获取时。

(4) 深度学习是一种机器学习的子领域，其核心是使用深度神经网络来学习复杂的表示和特征。深度学习模型通常包含多个层次的神经网络，这些层次能够自动学习数据的抽象表示，其训练通常涉及大量的标记数据，但近年来也有研究致力于将深度学习与有监督学习和无监督学习相结合，以更有效地利用有限的标签数据。

这些分类方式并不是相互独立的，有时可以相互组合或混合使用，应根据具体问题和数据情况来选择适当的机器学习方法。不同类型的机器学习方法适用于不同的应用领域和问题类型，因此了解它们的特点和适用场景对于成功应用机器学习至关重要。

1.10.1 有监督学习

有监督学习是机器学习的一种类型，本质是机器使用“标记好”的训练数据进行训练，并基于该数据预测输出。标记的数据意味着一些输入数据已经用正确的输出标记。在有监督学习中，提供给机器的训练数据充当监督者，教导机器正确预测输出，其应用了与学生在老师的监督下学习相同的概念。有监督学习是向机器学习模型提供输入数据和正确输出数据的过程。有监督学习算法的目的是找到一个从输入变量 x 到输出变量 y 的映射。

在有监督学习中，模型使用标记数据集进行训练，并学习每种类型的数据。训练过程完成后，模型会根据测试数据进行测试，然后预测输出。有监督学习的工作原理图如图 1.4 所示。

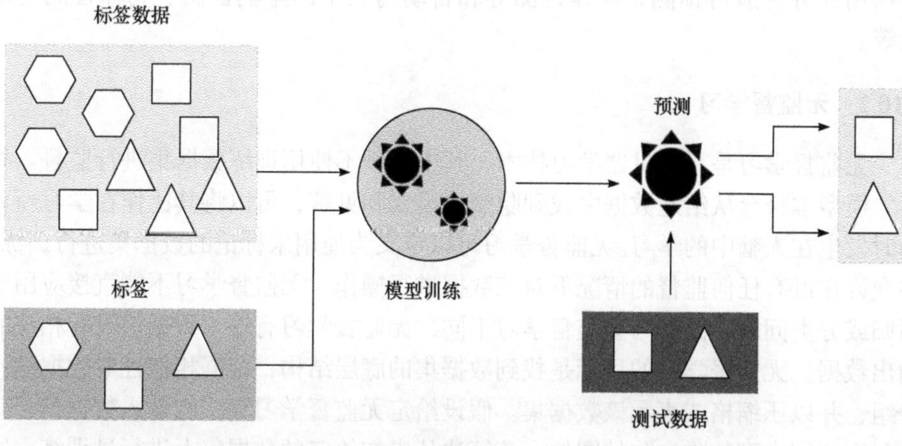

图 1.4 有监督学习的工作原理

有监督学习的一般工作流程包括以下步骤。

(1) 首先确定训练数据集的类型；

(2) 收集标记的训练数据(一般需要手动标记)；

(3) 将训练数据集拆分为训练数据集、测试数据集和验证数据集；

(4) 确定训练数据集的输入特征，这些特征应该有足够的知识使模型能够准确地预测输出；

(5) 确定适合模型的算法，如支持向量机、决策树等；

(6) 在训练数据集上执行算法；

(7) 通过测试集来评估模型的准确性。如果模型预测出正确的输出，这意味着模型是准确的。

有监督学习主要解决回归和分类两类问题。如果输入变量和输出变量之间存在连续的数量关系，则使用回归算法。它用于预测连续变量，如天气预报、市场趋势等。当输出变量是分类标签时使用分类算法，这意味着有两个或多个类别，如是/否、男性/女性、真/假等。

有监督学习的优点是模型可以根据先前的经验预测输出，可以对对象的类别有一个准确的认识。缺点是该类模型不适合处理复杂的任务。如果测试数据与训练数据集不同，有监督学习无法预测正确的输出。另外，有监督学习的训练需要大量的计算时间，在有监督学习中，需要足够的关于对象类别的知识。

有监督学习在各个领域都有广泛的应用，包括但不限于自然语言处理中的文本分类、情感分析、命名实体识别等，计算机视觉中的图像分类、目标检测、人脸识别等，医疗领域中的疾病诊断、患者预后、医学图像分析等，金融领域中的信用评分、股价预测、欺诈检测等和自动驾驶中的车辆控制、物体检测与跟踪等。

1.10.2　无监督学习

无监督学习是一种机器学习技术，其中模型不使用训练数据集进行监督。相反，模型本身会从给定数据中找到隐藏的模式和见解，可以将其比作在学习新事物时发生在人脑中的学习。无监督学习可以定义为使用未标记的数据集进行训练，并允许在没有任何监督的情况下对该数据进行操作。无监督学习不能直接应用于回归或分类问题，因为与有监督学习不同，无监督学习有输入数据但没有相应的输出数据。无监督学习的目标是找到数据集的底层结构，根据相似性对数据进行分组，并以压缩格式表示该数据集。假设给定无监督学习算法的输入数据集，其中包含不同类型的猫和狗的图像。该算法从未在给定的数据集上进行过训练，这意味着它对数据集的特征一无所知。无监督学习算法根据图像之间的相似性将图像数据集聚类到组中来完成自行识别图像特征的任务。

在无监督学习中，采用未标记的输入数据，意味着其没有分类，也没有给出相应的输出。现在，这些未标记的数据被输入机器学习模型以对其进行训练。首先，无监督学习将解释原始数据以从数据中找到隐藏的模式，然后应用合适的算法，如 K 均值(K-means)聚类、决策树等。无监督学习的工作原理如图 1.5 所示。

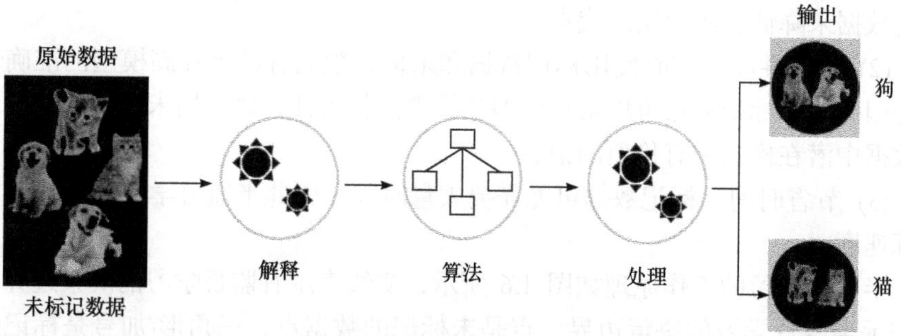

图 1.5 无监督学习的工作原理

无监督学习存在的原因如下。

(1) 无监督学习有助于从数据中找到有用的见解；

(2) 无监督学习与人类通过自己的经验学习思考非常相似，使得它更接近真正的人工智能；

(3) 在现实世界中，并不总是有输入数据和相应的输出，无监督学习适用于未标记和未分类的数据，这使得无监督学习更加重要。

无监督学习主要解决聚类和降维两类问题。聚类是一种将对象分组的方法，使得具有最多相似性的对象保留在一个组中，并且与另一组的对象具有较少的相似性或没有相似性。聚类分析发现数据对象之间的共性，并根据这些共性的存在和不存在对它们进行分组。常用的聚类算法有 K 均值聚类、层次聚类、密度聚类算法等。降维的任务是减少数据的维度，减少冗余信息，同时保留数据中的主要特征，有助于可视化和数据压缩。主要的降维方法包括主成分分析和 t-分布随机邻域嵌入等。

无监督学习在多个领域中有广泛的应用，包括但不限于市场分析中的客户分群、市场细分、推荐系统，图像处理中的图像压缩、特征提取、图像分割，文本挖掘中的主题建模、文档聚类，生物信息学中的基因表达分析、蛋白质折叠预测和异常检测中的检测网络入侵、信用卡欺诈等。

1.10.3 半监督学习

半监督学习是一种利用标记和未标记数据的机器学习方法。半监督学习的目标是结合有监督学习和无监督学习的优点，利用标记数据的准确性以及未标记数据的丰富性和较低成本完成学习任务。半监督学习可以认为是有监督学习(利用标记数据进行训练)和无监督学习(不需要标签)之间的桥梁。

使用半监督学习主要有以下优点。

(1) 节省成本。标记数据可能是一个乏味且昂贵的过程，并且在许多情况下，标记项目所需的所有数据根本不切实际。半监督学习可以通过同时使用标记和未标记数据来降低收集数据的成本。

(2) 准确性高。同时使用标记数据和未标记数据有助于提高模型的准确性。这是因为使用标记数据可以阻止模型学习虚假相关性，而使用未标记数据可以添加数据中潜在模式的有价值的信息。

(3) 节省时间。标记数据可能需要大量时间，因此半监督学习可以加快模型训练速度。

半监督学习的工作原理如图 1.6 所示，实线表示有监督学习的决策边界，虚线表示半监督学习的决策边界，点是未标记的数据点，三角形/加号是标记的数据点。

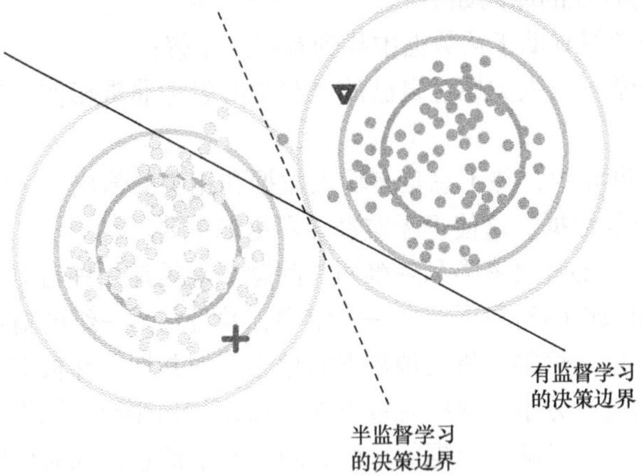

图 1.6　半监督学习的工作原理

为了使半监督训练发挥作用，需要依赖三个主要假设。

(1) 平滑假设。如果两个样本在假设空间中接近，则它们应该共享相同的标签。例如，假设有一个描述汽车的数据集，其中包含重量和油耗两个特征值。特征值较小的样本可能代表紧凑型汽车，而特征值较高的样本往往对应于运动型汽车。假如一辆汽车的耗油量比一辆紧凑型汽车的耗油量稍高，应仍将其分类为紧凑型汽车。

(2) 低密度假设。从平滑假设可以直接推导出另一个假设。类之间的决策边界应位于假设空间的低密度区域。这意味着决策边界应该位于很少有标记和未标记样本的区域。如果它位于高密度区域，则将违反平滑假设，因为输入空间中接近的样本将不再共享相同的标签。

(3) 流形假设。机器学习任务的数据通常是高维的，并非所有特征都显示出相同水平的方差，这使得它们对模型的用处不大。因此，高维数据通常位于低维流形上(空间中的结构)，该信息可用于推断未标记样本的类别。

这三个假设构建了几乎所有半监督学习算法的基础。通过使用标记和未标记数据，半监督学习可以提高许多机器学习任务的准确性，并能节省成本和时间。它利用标记和未标记数据来生成一个模型，该模型通常比以标准监督方式训练的模型更强大。

1.10.4　深度学习

深度学习是机器学习的子领域，它使用神经网络模型来模拟和解决复杂的任务。深度学习模型由多个神经网络层组成，其中每一层都通过学习数据的不同特征来逐步提取更高级别的特征。这种分层的表示学习使深度学习在处理大规模、高维度数据和复杂模式识别任务中非常强大。

深度学习的主要特点如下。①神经网络结构：深度学习依赖于神经网络结构，这些网络由多个层次组成，包括输入层、隐藏层和输出层。这些层之间的连接具有不同的权重，这些权重通过训练过程进行学习。②特征学习：深度学习的关键思想是通过学习层次化的特征表示来解决问题。底层层次学习低级特征，如边缘和纹理，而高层层次学习更抽象的特征，如物体部分或对象的整体。③大规模数据：深度学习通常需要大规模的数据来训练模型，因为深层神经网络拥有数百万至数十亿的参数，需要足够的数据来调整这些参数。④反向传播算法：深度学习模型的训练通常使用反向传播算法，它通过计算模型预测与实际标签之间的误差梯度来调整权重，从而逐步改善模型性能。

在自动特征提取中，深度学习在机器学习中的一个关键优势是它能够自动地从数据中提取特征，而传统机器学习方法通常需要手动设计特征。这使深度学习在许多领域中表现出色，尤其是在图像识别、自然语言处理和语音识别等任务上。

总之，深度学习模型通过多层神经网络来实现层次化的特征学习和模型训练，已在图像处理、自然语言处理和许多其他领域中取得了显著的成功。深度学习的兴起推动了机器学习领域的发展，为解决复杂的模式识别和预测问题提供了新工具和新方法。

1.11　工业大数据解析统计学基础

1.11.1　期望、方差、协方差

1. 期望

期望代表随机变量的平均值。对于离散随机变量 X，期望 μ 定义为所有可能

值 x_i 与它们的概率 $P(x_i)$ 的乘积之和：

$$\mu(X)=\sum_i x_i P(x_i) \tag{1.12}$$

对于连续随机变量 X，期望 μ 是所有可能值 x 与其概率密度函数 $f(x)$ 乘积的积分：

$$\mu(X)=\int_{-\infty}^{+\infty} x f(x)\mathrm{d}x \tag{1.13}$$

2. 方差

方差用于衡量随机变量的离散程度。对于离散随机变量 X，方差 σ^2 是各可能值与期望的差的平方与其概率的乘积之和：

$$\sigma^2(X)=\sum_i (x_i-\mu)^2 P(x_i) \tag{1.14}$$

对于连续随机变量 X，方差是所有可能值 x 与期望 μ 的差的平方与其概率密度函数 $f(x)$ 的乘积的积分：

$$\sigma^2(X)=\int_{-\infty}^{+\infty} (x-\mu)^2 f(x)\mathrm{d}x \tag{1.15}$$

3. 协方差

协方差用于衡量两个随机变量之间的线性关系。对于两个随机变量 X 和 Y，它们的协方差 $\mathrm{Cov}(X,Y)$ 可表示为

$$\mathrm{Cov}(X,Y)=\mu\big((X-\mu(X))(Y-\mu(Y))\big) \tag{1.16}$$

协方差为正表示 X 和 Y 倾向于一起增加或减少，为负表示它们倾向于反向变化，为 0 表示它们独立。

1.11.2　一元高斯分布

一元高斯分布，也称为正态分布，是一种常见的概率分布，通常用于描述自然界中许多现象，其具有以下特点。

(1) 形状：一元高斯分布呈钟形曲线，中心峰对应于期望值。分布的形状完全由期望和标准差确定。

(2) 概率密度函数：一元高斯分布的概率密度函数通常表示为

$$f(x)=\frac{1}{\sigma\sqrt{2\pi}}\mathrm{e}^{-\frac{(x-\mu)^2}{2\sigma^2}} \tag{1.17}$$

(3) 性质：一元高斯分布是对称的，均值、中位数和众数都相等。

1.11.3 多元高斯分布

多元高斯分布是一种在多维空间中定义的高斯分布，其具有以下特点。

(1) 形状：多元高斯分布在多维空间中呈现椭圆(球)形的等概率轮廓。这些轮廓的形状和大小由协方差矩阵确定。

(2) 概率密度函数：N 元高斯分布的概率密度函数通常表示为

$$f(x)=\frac{1}{\sqrt{(2\pi)^N\det(\Sigma)}}\mathrm{e}^{-\frac{1}{2}(x-\mu)^{\mathrm{T}}\Sigma^{-1}(x-\mu)} \tag{1.18}$$

式中，Σ 为 $N\times N$ 维协方差矩阵；det 为取行列式。

(3) 性质：多元高斯分布在统计分析、机器学习和模式识别中具有广泛应用，特别适用于多维数据建模。

继续阅读

在机器学习中，对于只有有限标签数据的有监督任务，通常有四种候选方案。

(1) 预训练+微调：在大规模无监督数据上训练一个与任务无关的模型，例如，通过自监督学习在无标签图像上预训练的视觉模型等，然后在下游任务中通过少量的有标签样本集合对模型进行微调。

(2) 半监督学习：在有标签数据和无标签数据上共同学习。

(3) 主动学习：为样本打标签的成本很昂贵，但是在给定成本预算的前提下，仍然希望可以获得更多的带标签数据。主动学习旨在收集最有价值的无标签样本，帮助在有限的预算下采取行动。

(4) 预训练+数据集自生成：给定一个良好的预训练模型，可以利用它生成更多的有标签样本。

参考文献

[1] 田世杰, 张一名. 机器学习算法及其应用综述[J]. 软件, 2023, 44(7): 70-75.

[2] Devi K G, Rath M, Linh N T D. Artificial Intelligence Trends for Data Analytics Using Machine Learning and Deep Learning Approaches[M]. Boca Raton: CRC Press, 2020.

[3] 周志华. 机器学习[M]. 北京: 清华大学出版社, 2016.

[4] Hinton G E, Osindero S, Teh Y W. A fast learning algorithm for deep belief nets[J]. Neural

Computation, 2006, 18(7): 1527-1554.

[5] Taha K. Semi-supervised and un-supervised clustering: A review and experimental evaluation[J]. Information Systems, 2023, 114: 102178.

[6] 李永国, 徐彩银, 汤璇, 等. 半监督学习方法研究综述[J]. 世界科技研究与发展, 2023, 45(1): 26-40.

[7] Ozturk S. Convolutional Neural Networks for Medical Image Processing Applications[M]. Boca Raton: CRC Press, 2022.

第 2 章　概念学习和一般到特殊序

概念学习是指在机器学习和认知科学领域中涉及从数据或经验中获得、形成和改进概念的过程。这种学习过程通常依赖于对实例、样本或经验的分析，从中提取出一般性的特征、规律或类别，并通过这些特征和规律来描述和理解现实世界的事物或情况[1]。

2.1　概念学习的定义

概念学习的目标是通过观察、经验或数据，从中抽象出通用的概念，并将其应用于新的情况或未知的数据。这种学习过程可以在人类认知中发挥作用，也是机器学习中的关键部分，尤其是在有监督学习和无监督学习中。

在机器学习中，概念学习涉及算法或模型从数据中学习泛化的规律或模式。这些规律或模式可以是简单的特征集合，也可以是更复杂的数学模型，用于预测、分类、聚类等任务。

概念学习是一个关于从经验中获取普遍性知识、泛化规则以及对数据抽象的过程。这种学习方法对于理解事物的本质、发现规律以及做出预测和决策都具有重要意义。

2.2　概念学习的术语

1. 实例

概念学习中的实例是指用于学习和推断概念的具体事物、样本或数据点。这些实例通常包含有关概念的信息，用于训练模型或算法，以便能够推广到新的、未见过的实例。

举例来说，考虑一个简单的有监督学习问题，想要学习一个模型来区分垃圾邮件和非垃圾邮件。

(1) 实例：邮件数据集中的每一封邮件可以被视为一个实例。每个实例都包含邮件的各种特征，如发件人、主题、内容等。

(2) 标签：对于每个邮件实例，可能有一个标签，指示它是垃圾邮件还是非垃圾邮件，该标签是希望模型预测的概念。

(3) 学习过程：在概念学习的过程中，算法或模型使用已知实例的特征和标签进行训练，意味着从已有的数据中学习垃圾邮件和非垃圾邮件之间的模式和特征。

(4) 推广：学习完成后，模型应该能够推广到未见过的邮件实例，准确地预测它们是否是垃圾邮件。

在这个例子中，邮件实例是概念学习的基本构建块。通过从大量的已知实例中学习，模型能够捕捉到垃圾邮件和非垃圾邮件的各自特征，从而使其在新实例上取得良好的预测效果。这种过程在许多机器学习任务中都有类似的应用，无论是图像分类、语音识别还是其他领域。

2. 实例集

在概念学习中，实例集是指用于训练和测试模型的一组实例或样本的集合。这个集合包含了模型学习的基本数据，帮助模型了解概念、发现规律，并最终在新实例上进行泛化。以下是一些关于实例集的重要结论[2]。

(1) 训练集是模型用于学习的实例集。模型通过观察训练集中的实例来学习概念。对于有监督学习，训练集包括实例及其相应的标签。

(2) 验证集用于调整模型的超参数或防止过拟合。验证集与训练集相似，但模型在训练过程中不使用它的标签进行学习。

(3) 测试集是用于评估模型性能的实例集。模型在训练完成后，通过测试集来评估其对新实例的泛化能力。通常，测试集与训练集和验证集是独立的。

实例集的质量对于概念学习至关重要。一个有代表性、多样化且不包含太多噪声的实例集有助于模型学到更准确、泛化能力更强的概念。同时，划分好训练集、验证集和测试集以及处理噪声，都是建立有效模型的重要步骤。

3. 概念

在概念学习中，概念是指对一组对象或事件的共同属性或特征的一般性描述或抽象。学习概念的过程涉及观察和理解这些共同属性，使得能够将新的实例归类到相应的概念中。

概念通常通过一组定义性的特征来描述，这些特征是该概念的典型属性。例如，在学习“动物”概念时，四条腿、有毛发等可能是定义性特征。例如，对于“水果”这个概念，苹果、橙子等都是实例。

概念可以具有不同的层次，从更一般的概念到更具体的概念。例如，“动物”是一个更一般的概念，而“狗”是一个更具体的概念。在有监督学习中，一个概念通常包括正类和负类。正类是属于概念的实例，负类是不属于概念的实例。随着更多的学习和经验，概念可能会演化和扩展。例如，初学者对“交通工具”这一概念的理解可能是汽车、自行车，而经过学习后可能会扩展到飞机、船等。

概念学习的目标之一是使模型能够对新的、未见过的实例进行泛化。泛化是指将已学到的概念应用于新实例的能力，特化是指对已有概念的进一步细化和理解。

4. 目标概念

在概念学习中，目标概念是指学习算法或模型试图理解、捕捉或预测的特定概念或类别。这个概念通常是问题的关键要素，决定了模型的任务和学习目标。

目标概念的选择直接影响了学习算法的设计和训练过程。在有监督学习中，通常需要有标签的训练数据，其中每个样本都包括输入特征和对应的目标概念标签。学习算法的目标就是通过观察这些带有标签的样本来预测新样本的目标概念。

目标概念是概念学习中关键的组成部分，其定义了学习任务的本质，决定了模型的应用场景和性能要求。

5. 训练样例

在概念学习中，训练样例是用于训练机器学习模型的具体实例。这些样例包含输入特征和对应的目标概念标签。训练样例是学习算法学习规律、模式或概念的数据点。以下是一些关于训练样例的重要概念。

(1) 输入特征：训练样例中的输入部分是描述该实例的特征。例如，在图像分类任务中，图像的像素值可以作为输入特征；在自然语言处理任务中，文本的单词或短语可以作为输入特征。

(2) 目标概念标签：训练样例中的目标概念标签是描述样例所属类别或概念的标签，是机器学习模型所要学习的内容。在有监督学习中，每个训练样例都有一个对应的目标概念标签。例如，对于图像分类任务，目标概念标签可能是图像中包含的物体的类别。

(3) 标注：将训练样例与相应的目标概念标签关联的过程称为标注。

在概念学习的过程中，模型通过观察和学习训练样例中的模式和规律来建立对目标概念的理解。一个成功的学习过程将使得模型在面对新的、未见过的实例时能够进行准确的预测或分类。因此，训练样例的质量和数量对于模型的性能至关重要。

6. 训练(样例)集

在概念学习中，训练(样例)集，也称训练数据集，是由一组训练样例构成的集合。这个集合是用于训练机器学习模型的基础数据。训练(样例)集包含了模型学习的信息，通过观察和分析这些样例，模型可以学习输入特征和目标概念标签之间的关系。

训练(样例)集的质量和多样性对于模型的性能至关重要。一个好的训练(样例)集应该能够涵盖概念的各个方面，以便模型能够更好地泛化到新的、未见过的实例。

7. 正例和反例

在概念学习中，正例和反例是用来训练机器学习模型的两种不同类型的训练样例，它们有助于模型理解目标概念并进行正确的分类。

正例是指属于目标概念的训练样例。这些样例具有模型试图学习的特定目标概念标签。在二分类问题中，正例通常表示模型需要识别和预测的类别。例如，在医学图像中，正例可能是包含病变的图像，模型需要学习如何检测这些病变。

反例是指不属于目标概念的训练样例。这些样例不包含模型试图学习的目标概念标签。在二分类问题中，反例通常表示模型能够正确地将其排除的类别。以医学图像为例，反例可能是不包含任何病变的正常图像，模型需要学习如何将其正确分类为反例。

通过同时使用正例和反例，模型能够学习目标概念的关键特征，从而更准确地进行分类或预测。在训练过程中，正例和反例的平衡很重要，以确保模型不会过于偏向于学习某个类别而导致泛化性能下降。

8. 假设

概念学习涉及从数据中提取模式和规律，以便对未知数据做出预测或分类。在这个过程中，概念学习存在一些假设，这些假设有助于构建模型进行推断。以下是概念学习中常见的假设。

(1) 特征空间假设认为样本可以在一个特征空间中被表示。这个特征空间可能是高维空间，其中每个样本都可以用一组特征来描述，该种假设允许模型对数据进行表示和分析。

(2) 可区分性假设认为不同的类别或概念可以在特征空间中被明确地区分开来，即存在某种形式的决策边界或超平面，可以将不同类别的样本分开。

(3) 独立同分布假设认为训练数据集中的样本是独立且同分布的，即每个样本的出现与其他样本无关，并且所有样本都是从相同的分布中抽取的，这使得模型可以对数据进行统计学习，而不需要考虑样本之间的相关性。

(4) 噪声假设认为训练数据中可能存在噪声或异常值，即可能存在标记错误或不准确的训练样例，模型要能够在存在噪声的情况下做出鲁棒的预测。

(5) 合理性假设认为数据中存在某种形式的规律性或可学习性，意味着存在一个潜在的模式或规律可以被学习算法所发现和利用。

这些假设在概念学习中是常见的，它们对于构建有效的模型和进行合理的推断提供了基础。然而，这些假设有时也会受到现实世界数据的限制和异常情况的影响，因此在实际应用中需要谨慎考虑和评估。

9. 假设集

在概念学习中，假设集是指模型能够表示的所有可能概念的集合，每个假设对应于一个潜在的概念。概念学习的目标是从这个假设集中选择一个或多个概念，以最好地解释或预测给定的数据。以下是与假设集相关的一些重要概念[3]。

(1) 假设空间是假设集概念上的表示，包括所有可能的概念或模型。假设空间的大小和结构直接影响学习算法的性能和复杂度。更大的假设空间意味着模型有更大的灵活性，但也可能导致更容易过拟合训练数据。

(2) 可学习假设集是指假设集中包含能够在给定任务上学到正确概念的假设。不是所有的假设都是可学习的，有时候因为问题太复杂或者数据不够丰富，模型可能无法从假设集中找到正确的概念。

(3) 表示能力是该集合能够表示的概念的复杂程度。更强大的表示能力通常意味着更大的假设空间，但同时也可能导致过拟合。

(4) 泛化能力指模型对未见过的数据的适应能力。一个好的假设集应该能够产生在新数据上表现良好的模型，而不仅仅在训练数据上表现好。

概念学习中假设集的选择和管理对于模型的性能和泛化能力具有重要影响。在实际应用中，合理选择假设集是一个关键的决策，需要平衡表示能力、复杂度和泛化能力等因素。

2.3　归纳学习假设

归纳学习假设是指在归纳学习过程中，机器学习算法对从数据中归纳出的模型或规则的某种预设或猜测。这个假设有助于算法选择哪种模型或规则更可能是正确的。

归纳学习假设的目的是减小假设空间，从而更有效地选择合适的模型，以便对数据进行分类、预测或推理。假设可以基于算法的设计、问题域的特性、先验知识或其他因素来形成。以下是一些关于归纳学习假设的示例[4]。

(1) 奥卡姆剃刀原则是一个常见的归纳学习假设，其认为在选择假设时应选择最简单的那一个，即具有最少假设的假设。

(2) 特征选择偏好是在特征选择中，算法可能有倾向地选择某些特征，而忽略其他特征，以便更好地适应数据。

(3) 归纳学习算法有时可以基于领域专家的知识来选择假设。例如，在医学诊断中，医生的知识可以用作归纳偏好来选择可能的诊断规则。

(4) 一些算法在归纳假设时会明确限制假设空间，例如，只允许选择线性模型或决策树模型。

总之，归纳学习假设是在归纳学习过程中的一种预设，有助于缩小模型选择范围，使机器学习算法更有效地学习适应数据的模型。

2.4　假设的一般到特殊序

在概念学习中，通常采用从一般假设到特殊假设的一般到特殊序，意味着首先要提出一个广泛的假设，然后逐渐缩小，以适应数据的具体特征。

使用一个假设空间 H，其中包含了从一般到特殊的假设。假设可以表示为 $H=\{h_1,h_2,\cdots,h_n\}$，其中 h_1 是最一般的假设；h_n 是最特殊的假设。

考虑一个分类问题，有一个特征空间，包括特征 X_1 和 X_2，以及两个类别 $Y=\{0,1\}$。可以构建一般到特殊的假设空间 H，包括线性分类器 $h_1:Y=\omega_1X_1+\omega_2X_2+\omega$ 和非线性分类器 $h_2:Y=\omega_1X_1^2+\omega_2X_2^2+\omega$，这里从一般的线性分类器 h_1 开始，然后逐渐尝试更特殊的假设，如非线性分类器 h_2。

2.5　寻找极大特殊假设

在概念学习中，寻找极大特殊假设是一项关键任务，其有助于确定某一概念的最特殊描述。概念学习的目标是从有限的观测数据中学习一个描述目标概念的假设。特别是，有的概念可能由多个属性组成，而观测数据包含这些属性的值。寻找极大特殊假设是指在学习过程中，试图找到一个最特殊的假设，它包括了观测数据中的所有正例(与目标概念相关的例子)，同时尽量排除了反例(与目标概念无关的例子)。为了更好地理解这一概念，假设正在学习一个模型来识别水果是否是苹果。现有以下观测数据。

(1) 观测 1：(颜色=红，形状=圆)——正例；

(2) 观测 2：(颜色=绿，形状=椭圆)——正例；

(3) 观测 3：(颜色=黄，形状=圆)——反例；

(4) 观测 4：(颜色=红，形状=方)——反例。

目标是找到描述“苹果”的最特殊假设。在这个例子中，一个可能的假设是“颜色=红，形状=圆”，因为它包括了观测 1(正例)同时排除了观测 3(反例)。这是一个特殊的假设，因为它尽量少地包括属性，仍然能够正确分类观测数据。

然而，还可以找到更特殊的假设，如“颜色=红”，因为这个假设也能正确分类所有正例，同时排除了观测 3。这是一个更特殊的假设，因为它没有包括形状属性。

寻找极大特殊假设的过程就是在这样的情况下，不断缩小假设的范围，以找到一个包括了所有正例的最特殊假设。这有助于构建出更精确的模型，能够准确地识别目标概念。

总之，寻找极大特殊假设是概念学习中的关键任务，它有助于确定一个最特殊的描述目标概念的假设，通过排除不相关的属性，从而提高学习模型的精度和泛化能力。

2.5.1　候选消除算法的表示

候选消除算法是一种特征选择方法，它用于确定最适合建立模型的特征子集。常用的算法有向前选择算法和向后消除算法。下面来描述这两种算法。

向前选择算法[5]：向前选择算法从一个空特征集合开始，然后逐步添加特征，评估模型性能，以确定哪些特征应该被包括。假设有一个分类问题，数据包括特征 x_1、x_2、x_3、x_4 和目标变量 y。

(1) 初始化空特征集合 $s: s=\{\}$。

(2) 重复以下步骤，直到终止条件满足：

① 对于每个未添加到集合 s 中的特征，将该特征与 s 中已有的特征组合，形成一个候选特征集，即

$$s_1 = s \bigcup \{x_1\} \tag{2.1}$$

$$s_2 = s \bigcup \{x_2\} \tag{2.2}$$

$$s_3 = s \bigcup \{x_3\} \tag{2.3}$$

$$s_4 = s \bigcup \{x_4\} \tag{2.4}$$

② 对于每个候选特征集 s_i，评估模型性能，可以使用准确度或其他性能度量，如交叉验证的准确度；

③ 选择性能最好的候选特征集 s_i，并将其特征添加到 s 中。

终止条件可以是达到一定数量的特征后，性能不再改善，或其他自定义条件。

向后消除算法：与向前选择相反，它从包含所有特征的初始特征集开始，逐步删除特征，以确定哪些特征应该被消除。与上例相同，有特征 x_1、x_2、x_3、x_4 和目标变量 y。

(1) 初始化包含所有特征的特征集合 $s: s=\{x_1, x_2, x_3, x_4\}$。

(2) 重复以下步骤，直到终止条件满足：

① 从s中消除一个特征，形成一个候选特征集，即

$$s_1 = s - \{x_1\} \tag{2.5}$$

$$s_2 = s - \{x_2\} \tag{2.6}$$

$$s_3 = s - \{x_3\} \tag{2.7}$$

$$s_4 = s - \{x_4\} \tag{2.8}$$

② 对于每个候选特征集s_i，评估模型性能，使用准确度或其他性能度量；

③ 选择性能最好的候选特征集s_i，并将其特征保留在s中，其他特征从s中消除。

终止条件可以是达到一定数量的特征后，性能不再改善，或其他自定义条件。

这两种算法通过迭代的方式确定最相关的特征子集，以提高模型性能或减少计算复杂性。

2.5.2 列表后消除算法

列表后消除算法是一种特征选择方法，它递归地构建模型并消除对模型性能贡献较小的特征。列表后消除算法通常与机器学习算法(如线性回归、支持向量机)结合使用，以确定哪些特征对模型性能的提升最为关键。

列表后消除算法的主要思想是递归地建立模型，评估特征的重要性，并反复消除对模型性能影响较小的特征，直到达到所需的特征数量。下面是该算法的步骤。

(1) 选择一个初始模型，通常使用所有可用特征来构建初始模型。

(2) 训练初始模型，并评估特征的重要性。这可以使用特征权重、系数或其他相关性度量来完成。

(3) 选择要消除的最不重要的特征。这通常是根据特征的权重或相关性得分来决定的。

(4) 从特征集中消除所选的特征。

(5) 重复步骤(2)到步骤(4)，直到达到所需的特征数量，或者直到模型性能不再改善。

(6) 返回保留的特征集合。

使用一个线性回归问题的示例来说明列表后消除算法。假设有一个包含多个特征的数据集，想要确定哪些特征对于预测目标变量y最为重要。数据集包括特征x_1、x_2、x_3、x_4和目标变量y。

(1) 初始模型：从一个包含所有特征的初始模型开始，使用线性回归进行建模。

(2) 训练初始模型：训练初始线性回归模型，并得到每个特征的系数(权重)，例如：

$$y = \omega_1 x_1 + \omega_2 x_2 + \omega_3 x_3 + \omega_4 x_4 + b \tag{2.9}$$

式中，$\omega_i\left(i=1,2,3,4\right)$代表特征 x_i 的系数。

(3) 消除的最不重要的特征：根据系数 ω_i 的绝对值来确定哪个特征对模型的性能贡献较小，然后选择消除的最小系数对应的特征。例如，如果 x_3 的系数 ω_3 最小，消除特征 x_3。

(4) 重复步骤(2)至步骤(3)：不断重复这些步骤，直到达到所需的特征数量或者模型性能不再改善。

(5) 返回保留的特征集合：返回保留的特征，这些特征在建立模型中对性能的提升最为关键。

列表后消除算法通过逐步消除不重要的特征来确定最相关的特征子集，以提高模型性能或减少特征数量。这是一个强大的特征选择方法，可以应用于各种机器学习问题。

2.5.3 变形空间的简洁表示

在机器学习中，变形空间通常指一个包含不同模型、模型超参数组合、特征工程技巧等的空间，用于表示机器学习问题的多样性。这个空间允许机器学习从不同的角度来处理问题，以找到最适合的模型或方法。变形空间的表示通常可以通过以下方式简洁描述。

(1) 模型选择：描述用于解决问题的机器学习模型，可以是一个模型的列表，如线性回归、决策树、支持向量机等。

(2) 超参数设置：描述每个模型的超参数配置，包括学习率、树的深度、正则化参数等，可以是超参数的字典或配置文件。

(3) 特征工程：描述特征工程的方法，包括特征选择、特征缩放、特征组合等。例如，可以简要描述使用哪些特征选择算法，或者哪些特征被组合成新的特征。

(4) 数据预处理：描述包括数据清洗、缺失值处理、标签编码等数据预处理步骤。

(5) 交叉验证策略：描述交叉验证的方式，如 k 折交叉验证、留一交叉验证等。

(6) 性能指标：描述用于评估模型性能的指标，如准确度、均方误差、对数损失等。

(7) 搜索策略：描述如何在变型空间中搜索最佳组合，如网格搜索、随机搜索、贝叶斯优化等。

这种简洁的表示有助于系统地记录和管理机器学习实验中的不同变体，以便更好地理解和比较它们的性能。同时，这种表示也使得自动化工具和超参数优化库能够更轻松地搜索变形空间，以找到最佳的模型配置。

2.5.4 候选消除学习算法

候选消除学习算法是一种经典的特征选择方法，旨在找到对建模任务最重要的特征子集。它的主要思想是逐步添加和消除特征，以评估每次操作对模型性能的影响。以下是候选消除算法的简要表示。

(1) 初始化：开始时，特征集合为空，或包含全体特征。

(2) 候选特征生成：对于每个特征，评估其对模型性能的影响。可以使用交叉验证或其他性能指标来评估。

(3) 特征添加：选择性能最好的特征，将其添加到特征集合中。

(4) 特征消除：从特征集合中选择性能最差的特征，将其消除。

(5) 重复步骤(3)和(4)，直到满足终止条件。终止条件可以是特定数量的特征，性能不再改善，或其他自定义条件。

(6) 返回最终特征子集。

假设有一个数据集，包括特征 x_1、x_2、x_3、x_4 和目标变量 y 。希望使用候选消除算法选择最佳特征子集。

(1) 初始化：开始时，特征集合为空。

(2) 候选特征生成：对每个特征，训练模型并计算准确度。

(3) 特征添加：选择性能最好的特征，如 x_1 。

(4) 特征消除：从特征集合中选择性能最差的特征，如 x_3 ，并将其消除。

(5) 重复步骤(3)和(4)，直到终止条件满足，例如已选择了 3 个特征。

(6) 返回最终特征子集：在本例中，返回的特征子集为 x_1、x_2、x_4 。

这个最终特征子集可以用于建立最终的分类模型。

2.6 归 纳 偏 置

在机器学习和统计学中，归纳偏置指在学习过程中对可能的假设空间进行的某种限制或偏好。这种限制使得学习算法更有可能选择特定类型的模型，而不是其他类型。归纳偏置是必需的，因为在现实问题中，往往面临无限多的可能假设，而限制假设空间可以帮助学习算法在有限数据下做出合理的推断。

2.6.1　有偏的假设空间

有偏的假设空间是指在学习算法中，对可能的解决方案进行某种预定义的偏好或限制。这种偏好可以基于领域知识、算法设计者的经验或者对问题的直观理解。

有偏的假设空间可以用以下示例来说明。考虑一个简单的线性回归问题，试图拟合一个数据集，其中特征 x 和目标 y 之间的关系是线性的。有偏的假设空间 H 可以定义为所有线性函数的集合：

$$H = \{h(x) = \omega x + b\} \tag{2.10}$$

式中，ω 是权重；b 是偏置；$h(x)$ 是模型的假设。

2.6.2　无偏学习器

无偏学习器是指在学习过程中没有对任何特定类型的假设进行偏好或限制的学习算法。这种学习器会考虑所有可能的解决方案，不受特定类型的模型限制。然而，在实际问题中，通常很难设计无偏学习器，因为无限的假设空间可能包含了过于复杂的模型，而有限的数据无法支持这种复杂度。

无偏学习器的一个例子是在 k 近邻算法中，没有对假设空间进行特定函数形式的限制，而是根据数据点的邻居来进行分类或回归。k 近邻算法不直接定义假设空间，而是使用所有训练数据点来进行预测。

2.6.3　无偏学习的无用性

虽然无偏学习器可以考虑所有可能的解决方案，但在实际问题中，由于数据的限制，学习算法通常需要一定的归纳偏置来做出合理的预测。适当的归纳偏置是确保学习算法泛化性能(在新数据上的性能)良好的关键。

考虑一个非常小的数据集，只包含两个点 (x_1, y_1) 和 (x_2, y_2)。如果使用无偏学习器，如多项式拟合，来拟合这两个点，它会在训练数据上完美拟合，但在新数据上的性能可能很差。无偏学习器尝试适应非常复杂的模型，如数据含有噪声或样本数量有限。这可能导致过拟合问题。

在上述情况下，引入一些归纳偏置是有益的。例如，可以使用线性模型来拟合这两个点，即对假设空间进行某种偏好，如式(2.10)，这个偏置可以帮助模型更好地泛化到新数据。

总体来说，归纳偏置在机器学习中非常重要，它帮助算法在复杂的问题中做出合理的推断，并且避免了无限可能性下的过拟合问题。选择适当的归纳偏置需要在偏差和方差之间做权衡，以获得最好的模型性能。

继续阅读

在卷积神经网络中的归纳偏置一般包括以下两类[6]。

(1) 局限性：假设相同的区域会有相同的特征，靠得越近，其相关性能也就越强。

(2) 平移等变性：由于卷积核是一样的，所以不论图像中的物体移动到哪里，只要是同样的输入遇到同样的卷积核，那么输出就是一样的。

使用卷积神经网络方法可能存在感受野有限的问题，不能很好地建模长的依赖关系(全局信息)，而基于 Transformer 方法可以很好地建模全局信息。但是，Transformer 方法缺乏类似于卷积神经网络的归纳偏置，这些先验信息必须通过大量的数据来学习，所以卷积神经网络在小的数据上取得的效果一般优于 Transformer 方法。

参考文献

[1] Hansen E J. Idea-based Learning: A Course Design Process to Promote Conceptual Understanding[M]. New York: Taylor and Francis, 2011.

[2] 朱晓光. 层次概念的分布式表示和学习方法综述[J]. 计算机技术与发展, 2023, 33(10): 1-7.

[3] Jabardi M H, Hadi A S. Using machine learning to inductively learn semantic rules[J]. Journal of Physics: Conference Series, 2021, 1804(1): 012099.

[4] 隋春荣. 概念学习中 FIND-S 算法和候选删除算法的比较研究[J]. 邢台学院学报, 2005, 2: 110-112.

[5] Yang Y, Song L. Learn to explain efficiently via neural logic inductive learning[J]. arXiv preprint arXiv:1910.02481, 2020.

[6] 佘学兵, 熊蕾, 黄丽, 等. 基于长短期记忆的稀疏数据过滤推荐算法[J]. 计算机仿真, 2023, 40(2): 395-398, 523.

第二篇　有监督学习篇

第 3 章　感　知　机

感知机是最古老的分类方法之一，最早由罗森布拉特提出，是神经网络与支持向量机的基础。感知机是二分类的线性分类模型，其输入为实例的特征向量，输出为实例的类别，取+1 和–1 两个值。感知机对应于输入空间(特征空间)中将实例划分为正负两类的分离超平面，属于判别模型。感知机学习旨在求出将训练数据进行线性划分的分离超平面，导入基于误分类的损失函数，利用梯度下降法对损失函数进行极小化，求得感知机模型。

3.1　感知机学习模型

假设输入空间是 $X \subseteq \mathbf{R}^n$，输出空间是 $Y = \{+1, -1\}$，输入 $x \in X$ 表示实例的特征变量，对应于输入空间的点；输出 $y \in Y$ 表示实例的类别。由输入空间到输出空间的函数

$$f(x) = \operatorname{sign}(\omega \cdot x + b) \tag{3.1}$$

称为感知机。式中，ω 为权重；b 为偏置；$\omega \cdot x$ 表示 ω 和 x 的内积；sign 为符号函数，即

$$\operatorname{sign}(x) = \begin{cases} +1, & x \geqslant 0 \\ -1, & x < 0 \end{cases} \tag{3.2}$$

感知机是一种线性分类模型，属于判别模型。感知机模型的假设空间是定义在特征空间中的所有线性分类模型或线性分类器，即函数集合 $\{f \mid f(x) = \omega \cdot x + b\}$。

感知机有如下几何解释：线性方程

$$\omega \cdot x + b = 0 \tag{3.3}$$

对应于特征空间 $\mathbf{R}^n$ 中的一个超平面 S；ω 是超平面的法向量；b 是超平面的截距。这个超平面将特征空间划分为两部分，位于两部分的点(特征向量)分为正、负两类。因此，超平面 S 称为分离超平面。

3.2　感知机学习策略

3.2.1　数据集的线性可分性

给定一个数据集

$$T=\{(x_1,y_1),(x_2,y_2),\cdots,(x_N,y_N)\} \tag{3.4}$$

式中，$x_i \in X = \mathbf{R}^n$；$y_i \in Y = \{+1,-1\}$；$i=1,2,\cdots,N$。

如果存在某个超平面S，能够将数据集的正例点和反例点完全正确地划分到超平面的两侧，即对所有$y_i=+1$的实例i，有$\omega\cdot x_i+b>0$；对所有$y_i=-1$的实例i，有$\omega\cdot x_i+b<0$，则称数据集T为线性可分数据集；否则，数据集T是线性不可分的。

3.2.2　学习策略

假设训练数据集是线性可分的，感知机学习的目标是求得一个能够将训练集正例点和反例点完全正确分开的分离超平面。为了找出这样的超平面，即确定感知机模型参数ω、b，需要确定一个学习策略，即定义(经验)损失函数并将损失函数极小化。

损失函数的一个自然选择是误分类点的总数。但是，这样的损失函数不是参数ω、b的连续可导函数，不易优化。损失函数的另一个选择是误分类点到超平面S的总距离，这是感知机所采用的。为此，首先写出输入空间$\mathbf{R}^n$中任一点x_0到超平面S的距离

$$\frac{1}{\|\omega\|_2}|\omega\cdot x_0+b| \tag{3.5}$$

式中，$\|\omega\|_2$是ω的L_2范数。

其次，对于误分类的数据(x_i,y_i)来说有

$$-y_i(\omega\cdot x_i+b)>0 \tag{3.6}$$

当$\omega\cdot x_i+b>0$时，$y_i=-1$；当$\omega\cdot x_i+b<0$时，$y_i=+1$。因此，误分类点到超平面S的距离是

$$-\frac{1}{\|\omega\|_2}y_i(\omega\cdot x_i+b) \tag{3.7}$$

这样，假设超平面S的误分类点集合为M，那么所有误分类点到超平面S的总距离为

$$-\frac{1}{\|\omega\|_2}\sum_{x_i \in M} y_i(\omega \cdot x_i + b) \tag{3.8}$$

不考虑$-\frac{1}{\|\omega\|_2}$，就得到感知机学习的损失函数。

给定训练数据集

$$T = \{(x_1, y_1), (x_2, y_2), \cdots, (x_N, y_N)\} \tag{3.9}$$

式中，$x_i \in X = \mathbf{R}^n$；$y_i \in Y = \{+1, -1\}$；$i = 1, 2, \cdots, N$。

感知机$\mathrm{sign}(\omega \cdot x + b)$学习的损失函数定义为

$$L(\omega, b) = -\sum_{x_i \in M} y_i(\omega \cdot x_i + b) \tag{3.10}$$

式中，M为误分类点的集合。该损失函数即为感知机学习的经验风险函数。

显然，损失函数$L(\omega, b)$是非负的。如果没有误分类点，损失函数值是0。而且，误分类点越少，其离超平面越近，损失函数值就越小。一个特定样本点的损失函数在该样本点误分类时是参数ω和b的线性函数，在该样本点正确分类时是0。因此，给定训练数据集T，损失函数$L(\omega, b)$是ω和b的连续可导函数。

3.3 感知机学习算法

将感知机学习问题转化为求解损失函数的最优化问题，最优化的方法是随机梯度下降法。本节叙述感知机学习的具体算法，并证明在训练数据线性可分条件下感知机学习算法的收敛性。

3.3.1 感知机学习算法的一般形式

感知机学习算法是误分类驱动的，具体采用随机梯度下降法优化。首先，任意选取一个超平面参数ω_0和b_0；然后，用梯度下降法不断地极小化目标函数。极小化过程中不是一次使M中所有误分类点的梯度下降，而是一次随机选取一个误分类点使其梯度下降。

假设误分类点集合M是固定的，那么损失函数$L(\omega, b)$的梯度由式(3.11)和式(3.12)给出：

$$\nabla_{\omega} L(\omega, b) = -\sum_{x_i \in M} y_i x_i \tag{3.11}$$

$$\nabla_b L(\omega,b) = -\sum_{x_i \in M} y_i \tag{3.12}$$

随机选取一个误分类点(x_i, y_i)，对参数ω和b进行更新：

$$\omega \leftarrow \omega + \eta y_i x_i \tag{3.13}$$

$$b \leftarrow b + \eta y_i \tag{3.14}$$

式中，η为步长，在统计学习中又称为学习率。

这样，通过迭代可以期待损失函数$L(\omega,b)$不断减小，直到为0。

综上所述，得到算法3.1。

算法 3.1 感知机学习算法

输入：训练数据集$T = \{(x_1, y_1), (x_2, y_2), \cdots, (x_N, y_N)\}$。

输出：参数ω和b。

(1) 选取初值ω_0和b_0；

(2) 在训练集中选取数据(x_i, y_i)；

(3) 按式(3.13)和式(3.14)更新ω与b；

(4) 如果$y_i(\omega x_i + b) \leqslant 0$，转至(2)，直至训练集中没有误分类点。

算法3.1直观上有如下解释：当一个实例点被误分类，即位于分离超平面的错误一侧时，则调整参数ω和b的值，使分离超平面向该误分类点的一侧移动，以减少该误分类点与超平面间的距离，直至超平面越过该误分类点使其被正确分类。该算法是感知机学习的基本算法。

3.3.2 感知机学习算法的收敛性

对于线性可分数据集感知机学习算法原始形式收敛，即经过有限次迭代可以得到一个将训练数据集完全正确划分的分离超平面及感知机模型。

为了便于叙述与推导，将偏置b并入权重向量ω，记作$\hat{\omega} = (\omega^{\mathrm{T}}, b)^{\mathrm{T}}$，同样也将输入向量加以扩充，加进常数1，记作$\hat{x} = (x^{\mathrm{T}}, 1)^{\mathrm{T}}$。

设训练数据集$T = \{(x_1, y_1), (x_2, y_2), \cdots, (x_N, y_N)\}$是线性可分的，则

存在满足条件$\|\hat{\omega}_{\text{opt}}\| = 1$的超平面$\hat{\omega}_{\text{opt}} \cdot \hat{x} = \omega_{\text{opt}} \cdot x + b_{\text{opt}} = 0$将训练数据集完全正确分开；且存在$\gamma > 0$，对所有$i = 1, 2, \cdots, N$有

$$y_i\left(\hat{\omega}_{\text{opt}} \cdot \hat{x}\right) = y_i\left(\omega_{\text{opt}} \cdot x + b_{\text{opt}}\right) \geqslant \gamma \tag{3.15}$$

由于训练数据集是线性可分的，存在超平面可将训练数据集完全正确分开，取此超平面为$\hat{\omega}_{\text{opt}} \cdot \hat{x} = \omega_{\text{opt}} \cdot x + b_{\text{opt}} = 0$，使$\|\hat{\omega}_{\text{opt}}\| = 1$。由于对有限的所有$i = 1, 2, \cdots, N$，均有

$$y_i\left(\hat{\omega}_{\text{opt}}\cdot\hat{x}\right)=y_i\left(\omega_{\text{opt}}\cdot x+b_{\text{opt}}\right)\geqslant 0 \tag{3.16}$$

所以存在

$$\gamma=\min_i\left\{y_i\left(\omega_{\text{opt}}\cdot x_i+b_{\text{opt}}\right)\right\} \tag{3.17}$$

使 $y_i\left(\hat{\omega}_{\text{opt}}\cdot\hat{x}\right)=y_i\left(\omega_{\text{opt}}\cdot x+b_{\text{opt}}\right)\geqslant\gamma$ 。

感知机算法从 $\hat{\omega}_0=0$ 开始，如果实例被误分类，则更新权重。令 $\hat{\omega}_{k-1}$ 是第 k 个误分类实例之前的扩充权重向量，即

$$\hat{\omega}_{k-1}=\left(\omega_{k-1}^{\mathrm{T}},b_{k-1}\right)^{\mathrm{T}} \tag{3.18}$$

则第 k 个误分类实例的条件是

$$y_i\left(\hat{\omega}_{k-1},\hat{x}_i\right)=y_i\left(\omega_{k-1}\cdot x_i+b_{k-1}\right)\leqslant 0 \tag{3.19}$$

若 (x_i,y_i) 是被 $\hat{\omega}_{k-1}=\left(\omega_{k-1}^{\mathrm{T}},b_{k-1}\right)^{\mathrm{T}}$ 误分类的数据，则 ω 和 b 的更新是

$$\begin{aligned}\omega_k&\leftarrow\omega_{k-1}+\eta y_i x_i\\ b_k&\leftarrow b_{k-1}+\eta y_i\end{aligned} \tag{3.20}$$

即

$$\hat{\omega}_k=\hat{\omega}_{k-1}+\eta y_i x_i \tag{3.21}$$

定理 3.1 表明，误分类的次数 k 是有上界的，经过有限次搜索可以找到将训练数据完全正确分开的分离超平面。也就是说，当训练数据集线性可分时，感知机学习算法原始形式迭代是收敛的。但是，感知机学习算法存在许多解，这些解既依赖于初值的选择，也依赖于迭代过程中误分类点的选择顺序。为了得到唯一的超平面，需要对分离超平面增加约束条件。

继 续 阅 读

感知机最早由 Rosenblatt 提出[1]。Novikoff[2]、Minsky 和 Papert[3]等对感知机进行了一系列理论研究。感知机的扩展学习方法包括 Bagging 算法[4]、表决感知机[5]、带边缘感知机[6]。关于感知机的进一步介绍可参考相关文献[7,8]。

参 考 文 献

[1] Rosenblatt F. The Perceptron: A probabilistic model for information storage and organization in the Brain[J]. Psychological Review, 1958, 65 (6): 386-408.

[2] Novikoff A B. On convergence proofs on perceptrons[C]//Proceedings of the Symposium on the Mathematical Theory of Automata, New York, 1962: 615-622.

[3] Minsky M L, Papert S A. Perceptrons[M]. Cambridge: MIT Press, 1969.
[4] Gallant S I. Perceptron-based learning algorithms[J]. IEEE Transactions on Neural Networks, 1990, 1(2): 179-191.
[5] Freund Y, Schapire R E. Large margin classification using the perceptron algorithm[C]// Proceedings of the Eleventh Annual Conference on Computational Learning Theory, Madison, 1998: 209-217.
[6] Li Y Y, Zaragoza H, Herbrich R, et al. The perceptron algorithm with uneven margins[C]// Proceedings of the 19th International Conference on Machine Learning, Sydney, 2002: 379-386.
[7] Widrow B, Lehr M A. 30 years of adaptive neural networks: Perceptron, madaline, and backpropagation[J]. Proceedings of the IEEE, 1990, 78(9): 1415-1442.
[8] Cristianini N, Shawe-Taylor J. An Introduction to Support Vector Machines and Other Kernel-Based Learning Methods[M]. Cambridge: Cambridge University Press, 2000.

第 4 章　k 近邻算法及模型

k 近邻算法是一种基本分类与回归方法，是“懒惰学习”的典型代表。它首先根据训练集将特征空间分成不同的区域，然后利用不同的距离度量方法，如欧氏距离、切比雪夫距离、马氏距离等，找到 k 个最邻近数据训练实例。分类时，对新的实例，根据其 k 个最近邻的训练实例的类别，通过多数表决等方式进行预测。因此，k 近邻算法不具有显式的学习过程。k 近邻算法实际上利用训练数据集对特征空间进行划分，并作为其分类的“模型”。k 值的选择、距离度量及分类决策规则是 k 近邻算法的三个基本要素。

4.1　k 近邻算法

输入没有标签的新数据后，将新数据的每个特征与样本集中数据对应的特征进行比较，提取样本集中特征最相似数据(最近邻)的分类标签。一般来说，只选择样本数据集中前 k 个最相似的数据，这就是 k 近邻算法中 k 的出处，通常 k 是不大于 20 的整数。然后，选择 k 个最相似数据中出现次数最多的分类，作为新数据的分类。下面先介绍 k 近邻算法，然后再讨论其细节。

算法 4.1　k 近邻算法

输入：训练数据集

$$T=\{(x_1,y_1),(x_2,y_2),\cdots,(x_N,y_N)\} \tag{4.1}$$

式中，$x_i \in X \subseteq \mathbf{R}^n$ 为实例的特征向量；$y_i \in Y=\{c_1,c_2,\cdots,c_k\}$ 为实例的类别，$i=1,2,\cdots,N$。

输出：实例 x 所属的类别 y。

(1) 根据给定的距离度量，在训练集 T 中找出与 x 最邻近的 k 个点，涵盖这 k 个点的 x 的邻域记作 $N_k(x)$；

(2) 在 $N_k(x)$ 中根据分类决策规则(如多数表决)决定实例 x 所属的类别 y：

$$y=\arg\max_{c_j}\sum_{x_i\in N_k(x)} I(y_i=c_j),\quad i=1,2,\cdots,N;j=1,2,\cdots,k \tag{4.2}$$

式中，I 为指示函数，即当 $y_i=c_j$ 时 I 为 1，否则为 0。

k 近邻算法的特殊情况是 $k=1$ 的情形，称为最近邻算法。对于输入的实例点

(特征向量) x，最近邻算法将训练数据集中与 x 最邻近点的类作为 x 的类。

4.2　k 近邻模型

k 近邻算法使用的模型实际上对应于特征空间的划分。模型由三个基本要素，即距离度量、k 值的选择和分类决策规则决定。

4.2.1　模型

k 近邻算法中，当训练集、距离度量(如欧氏距离)、k 值及分类决策规则(如多数表决)确定后，对于任何一个新的输入实例，它所属的类唯一确定。这相当于根据上述要素将特征空间划分为一些子空间，确定子空间里的每个点所属的类。

特征空间中，对于每个训练实例点 x_i，距离该点比其他点更近的所有点组成一个区域，称为单元。每个训练实例点拥有一个单元，所有训练实例点的单元构成对特征空间的一个划分。最近邻算法将实例点 x_i 的类 y_i 作为其单元中所有点的类标记。这样，每个单元的实例点的类别是确定的。图 4.1 是二维特征空间划分的一个例子。

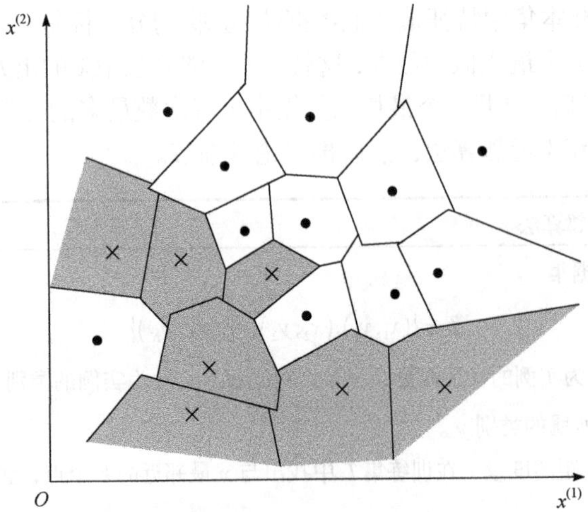

图 4.1　k 近邻算法的模型对应二维特征空间的一个划分

4.2.2　距离度量

特征空间中两个实例点的距离反映两个实例点的相似程度。k 近邻模型的特征空间一般是 n 维实数向量空间 $\mathbf{R}^n$，使用的距离是欧氏距离，但也可以是其他距离，如更一般的 L_p 距离或闵可夫斯基距离等。

设特征空间 X 是 n 维实数向量空间 $\mathbf{R}^n$，定义 x_i 和 x_j 的距离 L_p 定义为

$$L_p\left(x_i,x_j\right)=\left(\sum_{l=1}^{n}\left|x_i^{(l)}-x_j^{(l)}\right|^p\right)^{\frac{1}{p}} \tag{4.3}$$

当 $p=2$ 时，称为欧氏距离，即

$$L_2\left(x_i,x_j\right)=\left(\sum_{l=1}^{n}\left|x_i^{(l)}-x_j^{(l)}\right|^2\right)^{\frac{1}{2}} \tag{4.4}$$

当 $p=1$ 时，称为曼哈顿距离，即

$$L_1\left(x_i,x_j\right)=\sum_{l=1}^{n}\left|x_i^{(l)}-x_j^{(l)}\right| \tag{4.5}$$

当 $p=\infty$ 时，它是各个坐标距离的最大值，即

$$L_\infty\left(x_i,x_j\right)=\max_{l}\left|x_i^{(l)}-x_j^{(l)}\right| \tag{4.6}$$

图 4.2 给出了二维空间中 p 取不同值时，与原点的 L_p 距离为 1 的点的图形。

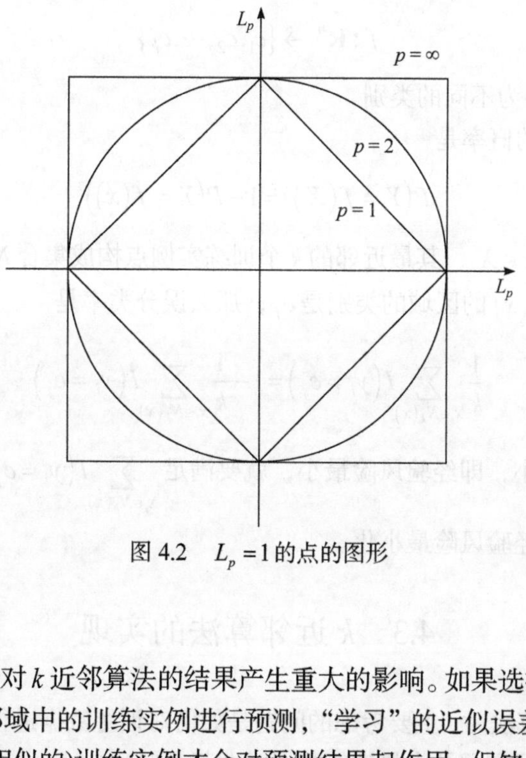

图 4.2　$L_p=1$ 的点的图形

4.2.3　k 值的选择

k 值的选择会对 k 近邻算法的结果产生重大的影响。如果选择较小的 k 值，就相当于用较小的邻域中的训练实例进行预测，“学习”的近似误差会减小，只有与输入实例较近的(相似的)训练实例才会对预测结果起作用。但缺点是“学习”的估

计误差会增大，预测结果会对邻近的实例点非常敏感。如果邻近的实例点恰巧是噪声，预测就会出错。换句话说，k 值的减小就意味着整体模型变得复杂，容易发生过拟合。

如果选择较大的 k 值，就相当于用较大邻域中的训练实例进行预测，其优点是可以减少学习的估计误差。但缺点是学习的近似误差会增大。这时与输入实例较远的训练实例也会对预测起作用，使预测发生错误。

如果 $k=N$，那么无论输入实例是什么，都将简单地预测它属于在训练实例中最多的类。这时，模型过于简单，完全忽略训练实例中的大量有用信息，是不可取的。所以，在应用中，k 值一般取一个比较小的数值。通常采用交叉验证法来选取最优的 k 值。

4.2.4　分类决策规则

k 近邻算法中的分类决策规则往往是多数表决，即由输入实例 k 个邻近的训练实例中的多数类决定输入实例的类。

多数表决规则有如下解释：如果分类的损失函数为 0-1 损失函数，分类函数为

$$f:\mathbf{R}^n \to \{c_1,c_2,\cdots,c_k\} \tag{4.7}$$

式中，$c_1,c_2,\cdots,c_k$ 为不同的类别。

那么误分类的概率是

$$P\left(Y \neq f(X)\right)=1-P\left(Y=f(x)\right) \tag{4.8}$$

对给定的实例点 $x\in X$，其最近邻的 k 个训练实例点构成集合 $N_k(x)$。

如果涵盖 $N_k(x)$ 的区域的类别是 c_j，那么误分类率是

$$\frac{1}{k}\sum_{x_i\in N_k(x)} I\left(y_i \neq c_j\right)=1-\frac{1}{k}\sum_{x_i\in N_k(x)} I\left(y_i=c_j\right) \tag{4.9}$$

若使误分类率最小，即经验风险最小，就要满足 $\sum\limits_{x_i\in N_k(x)} I\left(y_i=c_j\right)$ 最大，所以多数表决规则等价于经验风险最小化。

4.3　k 近邻算法的实现

实现 k 近邻算法时，主要考虑的问题是如何对训练数据进行快速 k 近邻搜索。这点在大维数特征空间及大量训练数据时尤其必要。

k 近邻算法最简单的实现方法是线性扫描。这时要计算输入实例与每一个训练实例的距离。当训练集很大时，计算非常耗时，这种方法是不可行的。

为了提高 k 近邻搜索的效率，可以考虑使用特殊的结构存储训练数据，以减少计算距离的次数。具体方法很多，下面介绍 kd 树方法以及如何构造 kd 树和搜索 kd 树。

4.3.1　构造 kd 树

kd 树是一种对 k 维空间中的实例点进行存储以便对其进行快速检索的树形数据结构。构造 kd 树相当于不断地用垂直于坐标轴的超平面对 k 维空间切分，构成一系列的 k 维超矩形区域。kd 树的每个节点对应于一个 k 维超矩形区域。

构造 kd 树的方法如下：构造根节点，使根节点对应于 k 维空间中包含所有实例点的超矩形区域。通过递归方法，不断地对 k 维空间进行切分，生成子节点。在超矩形区域(节点)上选择一个坐标轴和在此坐标轴上的一个切分点，确定一个超平面，这个超平面通过选定的切分点并垂直于选定的坐标轴，将当前超矩形区域切分为左右两个子区域(子节点)。这时，实例被分到两个子区域。这个过程直到子区域内没有实例时终止(终止时的节点为叶节点)。在此过程中，将实例保存在相应的节点上。

下面给出构造 kd 树的算法。

算法 4.2　构造平衡 kd 树

输入：k 维空间数据集 $T=\{x_1,x_2,\cdots,x_N\}$，其中：$x_i=\left\{x_i^{(1)},x_i^{(2)},\cdots,x_i^{(k)}\right\}^{\mathrm{T}}$，$i=1,2,\cdots,N$。

输出：kd 树。

(1) 开始：构造根节点，对应于包含 T 的 k 维空间的超矩形区域。

选择 $x_i^{(l)}$ 为坐标轴，以 T 中所有实例的 $x_i^{(l)}$ 坐标的中位数为切分点，将根节点对应的超矩形区域切分为两个子区域。切分由通过切分点并与坐标轴 $x_i^{(l)}$ 垂直的超平面实现。

由根节点生成深度为 l 的左、右子节点：左子节点对应坐标 $x_i^{(l)}$ 小于切分点的子区域，右子节点对应坐标 $x_i^{(l)}$ 大于切分点的子区域。

将落在切分超平面上的实例点保存在根节点。

(2) 重复：选择 $x_i^{(l)}$ 为切分的坐标轴，$l=j(\mathrm{mod}\,k)+1$，以该节点的区域中所有实例的 $x_i^{(l)}$ 坐标的中位数为切分点，将该节点对应的超矩形区域切分为两个子区域。切分由通过切分点并与坐标轴 $x_i^{(l)}$ 垂直的超平面实现。

由该节点生成深度为 $j+1$ 的左、右子节点：左子节点对应坐标 $x_i^{(l)}$ 小于切分点的子区域，右子节点对应坐标 $x_i^{(l)}$ 大于切分点的子区域。将落在切分超平面上的实例点保存在该节点。

(3) 直到两个子区域没有实例存在时停止，从而形成 kd 树的区域划分。

4.3.2 搜索 kd 树

通过前面介绍可以看出，利用kd树可以省去对大部分数据点的搜索，从而减少搜索的计算量。这里以最近邻为例加以叙述，同样的方法可以应用到k近邻。

给定一个目标点，搜索其最近邻。首先找到包含目标点的叶节点；然后从该叶节点出发，依次回退到父节点；不断查找与目标点最邻近的节点，当确定不可能存在更近的节点时终止。这样搜索就被限制在空间的局部区域上，效率大为提高。

包含目标点的叶节点对应包含目标点的最小矩形区域，以此叶节点的实例点作为当前最近点。目标点的最近邻一定在以目标点为中心并通过当前最近点的超球体的内部，然后返回当前节点的父节点。如果父节点的另一子节点的超矩形区域与超球体相交，那么在相交的区域内寻找与目标点更近的实例点。如果存在这样的点，将此点作为新的当前最近点。算法转到更上一级的父节点，继续上述过程。如果父节点的另一子节点的超矩形区域与超球体不相交，或不存在比当前最近点更近的点，则停止搜索。

下面叙述用kd树的最近邻搜索算法。

算法 4.3　用 kd 树的最近邻搜索

输入：已构造的 kd 树，目标点 x。

输出：x 的最近邻。

(1) 在kd树中找出包含目标点x的叶节点：从根节点出发，递归地向下访问kd树。若目标点x当前维的坐标小于切分点的坐标，则移动到左子节点，否则移动到右子节点，直到子节点为叶节点。

(2) 以此叶节点为“当前最近点”。

(3) 递归地向上回退，在每个节点进行以下操作。

① 如果该节点保存的实例点比当前最近点距离目标点更近，则以该实例点为“当前最近点”。

② 当前最近点一定存在于该节点一个子节点对应的区域，检查该子节点的父节点的另一子节点对应的区域是否有更近的点。具体地，检查另一子节点对应的区域是否与以目标点为球心，以目标点与“当前最近点”间的距离为半径的超球体相交。如果相交，可能在另一个子节点对应的区域内存在距目标点更近的点，移动到另一个子节点，接着递归地进行最近邻搜索。如果不相交，向上回退。

③ 当回退到根节点时，搜索结束，最后的“当前最近点”即为 x 的最近邻点。

如果实例点是随机分布的，kd树搜索的平均计算复杂度为$O(\log N)$，这里N是训练实例数。kd树更适用于训练实例数远大于空间维数时的k近邻搜索。当空间维数接近训练实例数时，其效率会迅速下降，几乎接近线性扫描。

继续阅读

k 近邻算法由 Cover 和 Hart[1]提出。*k* 近邻算法相关的理论在相关文献[2]中已有论述。此外，*k* 近邻算法的扩展也可进一步阅读相关文献[3]。

参考文献

[1] Cover T, Hart P. Nearest neighbor pattern classification[J]. IEEE Transactions on Information Theory, 1967, 13(1): 21-27.

[2] Tibshirani R, Hastie T, Friedman J. 统计学习基础: 数据挖掘、推理与预测[M]. 范明, 柴玉梅, 昝红英, 等译. 北京: 电子工业出版社, 2004.

[3] Weinberger K Q, Saul L K. Distance metric learning for large margin nearest neighbor classification[J]. Journal of Machine Learning Research, 2009, 10: 207-244.

第5章 决 策 树

5.1 决策树模型与学习

5.1.1 决策树模型

决策树模型是一种对实例进行分类的树形结构。决策树由节点和有向边组成，节点有内部节点和叶节点两种类型。内部节点表示一个特征或属性，叶节点表示一个类。

用决策树分类，从根节点开始，对实例的某一特征进行测试，根据测试结果，将实例分配到其子节点。这时，每一个子节点对应该特征的一个取值。如此递归地对实例进行测试并分配，直至达到叶节点，最后将实例分到叶节点的类中。

图 5.1 是一个决策树的示意图，图中圆和方框分别表示内部节点和叶节点。

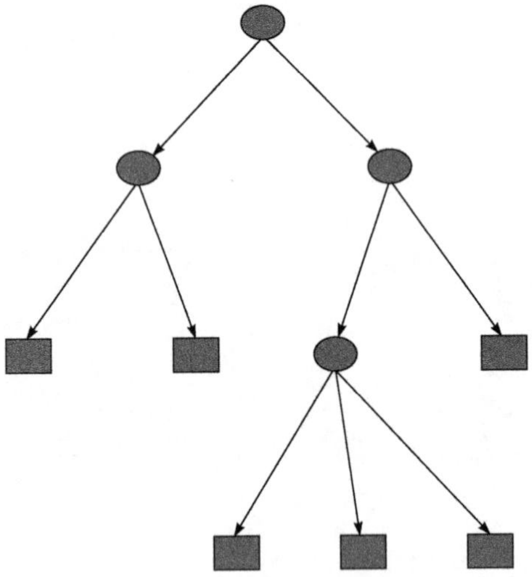

图 5.1 决策树示意图

5.1.2 决策树与 if-then 规则

可以将决策树看成一个 if-then 规则的集合。由决策树的根节点到叶节点的每一条路径构建一条规则，路径上内部节点的特征对应规则的条件，而叶节点的类对应规则的结论。

决策树的路径或其对应的 if-then 规则集合具有一个重要的性质：互斥并且完备。这就是说，每一个实例都被一条路径或一条规则所覆盖，而且只被一条路径或一条规则所覆盖。这里的覆盖是指实例的特征与路径上的特征一致或实例满足规则的条件。

5.1.3　决策树与条件概率分布

决策树表示给定特征条件下类的条件概率分布，这一条件概率分布定义在特征空间的一个划分上。将特征空间划分为互不相交的单元或区域，并在每个单元定义一个类的概率分布就构成了一个条件概率分布。决策树的一条路径对应于划分中的一个单元。决策树所表示的条件概率分布由各个单元给定条件下类的条件概率分布组成。

假设 X 表示特征的随机变量，Y 表示类的随机变量，那么这个条件概率分布可以表示为 $P(Y|X)$。X 取值于给定划分下单元的集合，Y 取值于类的集合。各叶节点(单元)上的条件概率往往偏向某一个类，即属于某一类的概率较大。决策树分类时将该节点的实例强行分到条件概率大的类中去。

5.1.4　决策树学习

决策树学习，假设给定训练数据集

$$D=\{(x_1,y_1),(x_2,y_2),\cdots,(x_N,y_N)\} \tag{5.1}$$

式中，$x_i=\left(x_i^{(1)},x_i^{(2)},\cdots,x_i^{(n)}\right)^{\mathrm{T}}\ (i=1,2,\cdots,N)$ 为输入实例点(特征向量)，n 为特征个数；$y_i\in\{1,2,\cdots,K\}$ 为类标记；N 为样本容量。

学习的目标是根据给定的训练数据集构建一个决策树模型，使它能够对实例进行正确的分类。

决策树学习本质上是从训练数据集中归纳出一组分类规则。与训练数据集不相矛盾的决策树(即能对训练数据进行正确分类的决策树)可能有多个，也可能没有。我们需要的是一个与训练数据矛盾较小的决策树，同时具有很强的泛化能力。从另一个角度看，决策树学习是由训练数据集估计条件概率模型。基于特征空间划分的类的条件概率模型有无穷多个，选择的条件概率模型应该不仅对训练数据有很好的拟合，还对未知数据有很好的预测。

决策树学习的损失函数通常是正则化的极大似然函数。决策树学习的策略是最小化损失函数。当损失函数确定以后，学习问题就变为在损失函数意义下选择最优决策树的问题。因为从所有可能的决策树中选取最优决策树是 NP 完全问题，所以现实中决策树学习算法通常采用启发式方法，近似求解这一最优化问题，这样得到的决策树是次最优的。

决策树学习算法通常是递归地选择最优特征，并根据该特征对训练数据进行分割，使得对各个子数据集有一个最好的分类过程。这一过程对应着对特征空间的划分，也对应着决策树的构建。算法从构建根节点开始，将所有训练数据都放在根节点。选择一个最优特征，按照这一特征将训练数据集分割成子集，使得各个子集有一个在当前条件下最好的分类。如果这些子集已经能够被基本正确分类，那么构建叶节点，并将这些子集分到所对应的叶节点中去；如果还有子集不能被基本正确分类，那么就对这些子集选择新的最优特征，继续对其进行分割，构建相应的子节点。如此递归地进行下去，直至所有训练数据子集被基本正确分类，或者没有合适的特征为止。最后每个子集都被分到叶节点上，即都有了明确的类，就生成了一棵决策树。

以上方法生成的决策树可能对训练数据有很好的分类能力，但对未知的测试数据未必有很好的分类能力，即可能发生过拟合现象。需要对已生成的树自下而上进行剪枝，将树变得更简单，从而使它具有更好的泛化能力。具体地，就是去掉过于细分的叶节点，使其回退到父节点，甚至更高的节点，然后将父节点或更高的节点改为新的叶节点。如果特征数量很多，也可以在决策树学习开始的时候，对特征进行选择，只留下对训练数据有足够分类能力的特征。

可以看出，决策树学习算法包含特征选择、决策树的生成与决策树的剪枝过程。决策树表示一个条件概率分布，所以深浅不同的决策树对应着不同复杂度的概率模型。决策树的生成对应于模型的局部选择，只考虑局部最优，决策树的剪枝对应于模型的全局选择，考虑的是全局最优。

5.2 决策树方法的产生及算法过程

决策树学习通常包括特征选择、决策树的生成和决策树的修剪三个步骤。这些决策树学习的思想主要来源于由 Quinlan 在 1986 年提出的 ID3 算法和 1993 年提出的 C4.5 算法，以及由 Breiman 等在 1984 年提出的分类与回归树(classification and regression tree，CART)算法。

5.2.1 ID3 算法

ID3 算法的核心是在决策树各个节点上应用信息增益准则选择特征，递归地构建决策树。具体方法是：从根节点开始，对节点计算所有可能的特征的信息增益，选择信息增益最大的特征作为节点的特征，由该特征的不同取值建立子节点；再对子节点递归地调用以上方法，构建决策树；直到所有特征的信息增益均很小或没有特征可以选择为止，最后得到一个决策树。ID3 算法相当于用极大似然法进行概率模型的选择。

算法 5.1　ID3 算法

输入：训练数据集 D 、特征集 A 、阈值 ε 。

输出：决策树 T。

(1) 若 D 中所有实例属于同一类 C_k ，则 T 为单节点树，并将类 C_k 作为该节点的类标记，返回 T;

(2) 若 $A=\varnothing$ ，则 T 为单节点树，并将 D 中实例数最大的类 C_k 作为该节点的类标记，返回 T;

(3) 否则，计算 A 中各特征对 D 的信息增益，选择信息增益最大的特征 A_g ；

(4) 如果 A_g 的信息增益小于阈值 ε ，则置 T 为单节点树，并将 D 中实例数最大的类 C_k 作为该节点的类标记，返回 T;

(5) 否则，对 A_g 的每一可能值 a_i ，依 $A_g=a_i$ 将 D 分割为若干非空子集 D_i ，将 D_i 中实例数最大的类作为标记，构建子节点，由节点及其子节点构成树 T，返回 T;

(6) 对第 i 个子节点，以 D_i 为训练集，以 $A-\{A_g\}$ 为特征集，递归地调用步骤(1)～(5)，得到子树 T_i ，返回 T_i 。

5.2.2　CART 算法

CART 算法是应用广泛的决策树学习方法。CART 算法同样由特征选择、树的生成及剪枝组成，既可以用于分类也可以用于回归。以下将用于分类与回归的树统称为决策树。

CART 算法是在给定输入随机变量 X 条件下输出随机变量 Y 的条件概率分布的学习方法。CART 算法假设决策树是二叉树，内部节点特征的取值为“是”和“否”，左分支是取值为“是”的分支，右分支是取值为“否”的分支。这样的决策树等价于递归地二分每个特征，将输入空间即特征空间划分为有限个单元，并在这些单元上确定预测的概率分布，也就是在输入给定的条件下输出条件概率分布。CART 算法由以下两步构成。

(1) 决策树生成：基于训练数据集生成决策树，生成的决策树要尽量大。

(2) 决策树剪枝：用验证数据集对已生成的树进行剪枝并选择最优子树，这时用损失函数最小作为剪枝的标准。

决策树的生成就是递归地构建二叉决策树的过程。对回归树用平方误差最小化准则，对分类树用基尼系数(Gini coefficient)最小化准则，进行特征选择，生成二叉树。

假设 X 与 Y 分别为输入和输出变量，且 Y 是连续变量，给定训练数据集 $D=\{(x_1,y_1),(x_2,y_2),\cdots,(x_N,y_N)\}$ ，一个回归树对应着输入空间(即特征空间)的一个划分以及在划分单元上的输出值。假设已将输入空间划分为M个单元$R_1, R_2, \cdots, R_M$，并且在每个单元R_m上有一个固定的输出值c_m，于是回归树模型可表示为

$$f(x) = \sum_{m=1}^{M} c_m I(x \in R_m) \tag{5.2}$$

式中，$I(\cdot)$为指示函数。

当输入空间的划分确定时，可以用平方误差$\sum_{x_i \in R_m} (y_i - f(x_i))^2$来表示回归树对于训练数据的预测误差，用平方误差最小的准则求解每个单元上的最优输出值。易知，单元R_m上的c_m最优值$\hat{c}_m$是R_m上的所有输入实例点x_i对应的输出y_i的均值，即

$$\hat{c}_m = \text{ave}(y_i | x_i \in R_m) \tag{5.3}$$

式中，$\text{ave}(\cdot)$为计算均值的函数。

通常采用启发式的方法对输入空间进行划分，选择第j个变量和它的取值s作为切分变量和切分点，并定义两个区域：

$$R_1(j,s) = \{x | x_j \leqslant s\}，\ R_2(j,s) = \{x | x_j > s\} \tag{5.4}$$

然后，寻找最优切分变量j和最优切分点s。具体地，求解：

$$\min_{j,s} \left[\min_{c_1} \sum_{x_i \in R_1(j,s)} (y_i - c_1)^2 + \min_{c_2} \sum_{x_i \in R_2(j,s)} (y_i - c_2)^2 \right] \tag{5.5}$$

固定输入变量j可以找到最优切分点s：

$$\hat{c}_1 = \text{ave}(y_i | x_i \in R_1(j,s))，\ \hat{c}_2 = \text{ave}(y_i | x_i \in R_2(j,s)) \tag{5.6}$$

遍历所有输入变量，找到最优的切分变量j，构成一个对(j,s)。依此将输入空间划分为两个区域。然后，对每个区域重复上述划分过程，直到满足停止条件为止，这样就生成一棵回归树。这样的回归树通常称为最小二乘回归树。

算法 5.2　CART 算法

输入：训练数据集D，停止计算的条件。

输出：CART。

根据训练数据集，从根节点开始，递归地对每个节点进行以下操作，构建二叉决策树。

(1) 设节点的训练数据集为D，计算现有特征对该数据集的基尼系数。此时，对每一个特

征 A，对其可能取的每个值 a_j，根据样本点对 $A=a_j$ 的测试为"是"或"否"将 D 分割成 D_1 和 D_2 两部分，计算 $A=a_j$ 时的基尼系数；

(2) 在所有可能的特征 A 以及所有可能的切分点 a_j 中，选择基尼系数最小的特征及其对应的切分点作为最优特征与最优切分点。依最优特征与最优切分点，从现节点生成两个子节点，将训练数据集依特征分配到两个子节点中去；

(3) 对两个子节点递归地调用步骤(1)和步骤(2)，直至满足停止条件；

(4) 生成 CART。

算法停止计算的条件是节点中的样本个数小于预定阈值，或样本集的基尼系数小于预定阈值(样本基本属于同一类)，或者没有更多特征。

5.2.3 C4.5 算法

C4.5 算法与 ID3 算法相似，C4.5 算法对 ID3 算法进行了改进。C4.5 算法在生成的过程中，用信息增益比来选择特征。

算法 5.3 C4.5 算法

输入：训练数据集 D、特征集 A、阈值 ε。

输出：决策树 T。

(1) 如果 D 中所有实例属于同一类 C_k，则置 T 为单节点树，并将 C_k 作为该节点的类标记，返回 T;

(2) 如果 $A=\varnothing$，则置 T 为单节点树，并将 D 中实例数最大的类 c_k 作为该节点的类标记，返回 T;

(3) 否则，计算 A 中各特征对 D 的信息增益比，选择信息增益比最大的特征 A_g；

(4) 如果 A_g 的信息增益比小于阈值 ε，则置 T 为单节点树，并将 D 中实例数最大的类 C_k 作为该节点的类标记，返回 T；

(5) 否则，对 A_g 的每一可能值 a_i，依 $A_g=a_i$ 将 D 分割为若干非空子集 D_i，将 D_i 中实例数最大的类作为标记，构建子节点，由节点及其子节点构成树 T，返回 T；

(6) 对节点 i，以 D_i 为训练集，以 $A-\{A_g\}$ 为特征集，递归地调用步骤(1)～(5)，得到子树 T_i，返回 T_i。

5.3 决策树常见问题

5.3.1 熵、信息增益和特征选择问题

在信息论与概率统计中，熵是表示随机变量不确定性的度量。设 X 是一个取有限个值的离散随机变量，其概率分布为

$$P(X=x_i)=p_i\text{，}\quad i=1,2,\cdots,n \tag{5.7}$$

则随机变量 X 的熵定义为

$$H(X)=-\sum_{i=1}^{n}p_i\log p_i \tag{5.8}$$

式中，对于 $p_i=0$ 定义 $\log 0=0$ 。通常，式中的对数以 2 为底或以 e 为底，这时熵的单位分别称为比特或纳特。由定义可知，熵只依赖于 X 的分布，而与 X 的取值无关，所以也可将 X 的熵记作 $H(p)$ ，即

$$H(p)=-\sum_{i=1}^{n}p_i\log p_i \tag{5.9}$$

熵越大，随机变量的不确定性就越大。从定义可验证

$$0\leqslant H(p)\leqslant \log n \tag{5.10}$$

当随机变量只取两个值，如 1 和 0 时，X 的分布为

$$P(X=1)=p\text{，}\quad P(X=0)=1-p\text{，}\quad 0\leqslant p\leqslant 1 \tag{5.11}$$

其熵为

$$H(p)=-p\log p-(1-p)\log(1-p) \tag{5.12}$$

这时，熵 $H(p)$ 随概率 p 变化的曲线如图 5.2 所示。

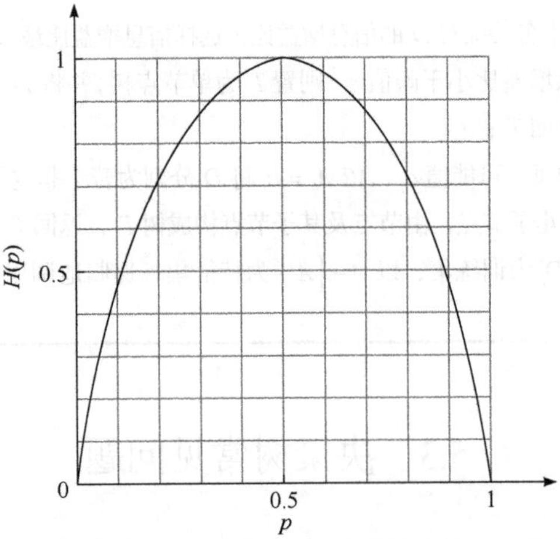

图 5.2　伯努利分布下熵与概率的关系

当 $p=0$ 或 $p=1$ 时，$H(p)=0$ ，随机变量完全没有不确定性。当 $p=0.5$ 时，

$H(p)=1$，熵取值最大，随机变量不确定性最大。

设有随机变量(X,Y)，其联合概率分布为

$$P(X=x_i,Y=y_i)=p_{ij}\text{，}\ i=1,2,\cdots,n\text{；}j=1,2,\cdots,m \tag{5.13}$$

条件熵$H(Y|X)$表示在已知随机变量X的条件下随机变量Y的不确定性。

随机变量X给定的条件下随机变量Y的条件熵$H(Y|X)$的定义为，在X给定条件下Y的条件概率分布的熵对X的数学期望：

$$H(Y|X)=\sum_{i=1}^{n}p_iH(Y|X=x_i) \tag{5.14}$$

式中，$p_i=P(X=x_i)$。

当熵和条件熵中的概率由数据估计(特别是极大似然估计)得到时，所对应的熵与条件熵分别称为经验熵和经验条件熵。

信息增益表示得知特征X的信息而使得类Y的信息不确定性减少的程度。一般地，熵$H(Y)$与条件熵$H(Y|X)$之差称为互信息。决策树学习中的信息增益等价于训练数据集中类与特征的互信息。

特征A对训练数据集D的信息增益$g(D,A)$，定义为集合D的经验熵$H(D)$与特征A给定条件下D的经验条件熵$H(D|A)$之差，即

$$g(D,A)=H(D)-H(D|A) \tag{5.15}$$

决策树学习应用信息增益准则选择特征。给定训练数据集D和特征A，经验熵$H(D)$表示对数据集D进行分类的不确定性。而经验条件熵$H(D|A)$表示在特征A给定的条件下对数据集D进行分类的不确定性。那么它们的差，即信息增益，就表示给定特征A使得对数据集D的分类的不确定性减少的程度。显然，对于数据集D而言，信息增益依赖于特征，不同的特征往往具有不同的信息增益。信息增益大的特征具有更强的分类能力。

根据信息增益准则的特征选择方法是：对于训练数据集(或子集)D，计算其每个特征的信息增益，并比较它们的大小，选择信息增益最大的特征。

设训练数据集为D，$|D|$表示其样本容量，即样本个数；有K个类C_k，$k=1,2,\cdots,K$，$|C_k|$为属于类C_k的样本个数；特征A有n个不同的取值$\{a_1,a_2,\cdots,a_n\}$，根据特征A的取值将D划分为n个子集$D_1,D_2,\cdots,D_n$，$|D_i|$为D_i的样本个数。记子集D_i中属于类C_k的样本的集合为D_{ik}，即$D_{ik}=D_i\cap C_k$，$|D_{ik}|$为D_{ik}的样本个数。

算法 5.4 信息增益的算法

输入：训练数据集 D 和特征 A。

输出：特征 A 对训练数据集 D 的信息增益 $g(D,A)$。

(1) 计算数据集 D 的经验熵 $H(D)$：

$$H(D)=-\sum_{k=1}^{K}\frac{|C_k|}{|D|}\log\frac{|C_k|}{|D|} \tag{5.16}$$

(2) 计算特征 A 对数据集 D 的经验条件熵 $H(D|A)$：

$$H(D|A)=\sum_{i=1}^{n}\frac{|D_i|}{|D|}H(D_i)=-\sum_{i=1}^{n}\frac{|D_i|}{|D|}\sum_{k=1}^{K}\frac{|D_{ik}|}{|D_i|}\log\frac{|D_{ik}|}{|D_i|} \tag{5.17}$$

(3) 计算信息增益：

$$g(D,A)=H(D)-H(D|A) \tag{5.18}$$

特征选择的要点在于选取对训练数据具有分类能力的特征，这样可以提高决策树学习的效率。如果利用一个特征进行分类的结果与随机分类的结果没有很大差别，则称这个特征是没有分类能力的。经验上去除这样的特征对决策树学习的精度影响不大。通常特征选择的准则是信息增益或信息增益比。

5.3.2 决策树学习过拟合问题

过拟合的根本原因是模型的特征维度过多，模型假设过于复杂，参数过多，训练数据过少，噪声过多，导致拟合的函数完美地预测训练集，但对测试集预测结果差，过度拟合了训练数据，而没有考虑到泛化能力。

造成决策树过拟合问题的原因有两种：一种是样本问题，另一种是构建决策树的方法问题。

(1) 当样本里的噪声数据干扰过大，大到模型过分记住了噪声特征，反而忽略了真实的输入输出间的关系，就有可能导致数据的过度拟合；此外，样本抽取错误，包括但不限于样本数量太少，抽样方法错误，抽样时没有充分考虑业务场景或业务特点等导致抽出的样本数据不能代表业务逻辑或业务场景；最后，建模时使用了样本中太多无关的输入变量也会导致数据的过度拟合。针对样本问题，可以进行合理、有效的抽样，用相对能够反映业务逻辑的训练集去产生决策树来解决数据的过度拟合问题。

(2) 在决策树模型构建中，若决策树的生长没有合理的限制和修剪，那么自由生长的决策树的每片叶子里可能只包含单纯的事件数据或非事件数据，这种决策树可以完美匹配(拟合)训练数据，但是一旦应用到新的业务真实数据时，效果则一塌糊涂。针对构建决策树的方法问题，可以提前停止树的生长或者对已经生成的树按照一定的规则进行后剪枝。

5.3.3 交叉验证与树的修剪问题

交叉验证是一种常用的模型选择方法。如果给定的样本数据充足，进行模型选择的一种简单方法是随机将数据集切分成三部分，分别为训练集、验证集和测试集。训练集用来训练模型，验证集用于模型的选择，而测试集用于最终对学习方法的评估。在学习到的不同复杂度的模型中，选择对验证集有最小预测误差的模型。由于验证集有足够多的数据，用它对模型进行选择也是有效的。但是，在许多实际应用中数据是不充足的。为了选择好的模型，可以采用交叉验证方法。交叉验证方法是重复使用数据；对给定的数据进行切分，将切分的数据集组合为训练集与测试集，在此基础上反复进行训练、测试以及模型选择。

(1) 简单交叉验证。简单交叉验证方法是：首先随机地将已给数据分为两部分：一部分作为训练集，另一部分作为测试集(例如，70%的数据为训练集，30%的数据为测试集)；然后用训练集在各种条件下(如不同的参数个数)训练得到不同的模型；在测试集上评价各个模型的测试误差，选出测试误差最小的模型。

(2) S 折交叉验证。应用最多的是 k 折交叉验证，方法如下：首先随机地将已给数据切分为 k 个互不相交的大小相同的子集；然后利用 $k-1$ 个子集的数据训练模型，利用余下的子集测试模型；将这一过程对可能的 k 种选择重复进行；最后选出 k 次评测中平均测试误差最小的模型。

(3) 留一交叉验证。k 折交叉验证的特殊情形是 $k=N$，称为留一交叉验证，往往在数据缺乏的情况下使用。这里，N 是给定数据集的容量。

剪枝是一个简化过拟合决策树的过程。有两种常用的剪枝方法，第一种方法为先剪枝，通过提前停止树的构建而对树“剪枝”，一旦停止，节点就成为树叶。该树叶可以持有子集元组中最频繁的类。第二种方法为后剪枝，它首先构造完整的决策树，允许树过度拟合训练数据，然后对那些置信度不够的节点子树用叶节点来代替，该叶子所标识的类别通过大多数原则确定，所标识的类称为主要类。相比于先剪枝，这种方法更常用，因为在先剪枝方法中精确地估计树何时停止增长很困难。下面详细介绍所提到的两种剪枝方法。

有多种不同的方式可以让决策树停止生长，下面介绍几种停止决策树生长的方法。

(1) 定义一个高度，当决策树达到该高度时就可以停止决策树的生长，这是一种最为简单的方法。

(2) 达到某个节点的实例具有相同的特征向量，即使这些实例不属于同一类，也可以停止决策树的生长。这种方法对于处理数据冲突问题非常有效。

(3) 定义一个阈值，当某个节点的实例个数小于该阈值时就可以停止决策树的生长。

(4) 定义一个阈值，通过计算每次生长对系统性能的增益，并比较增益值与该阈值的大小来决定是否停止决策树的生长。

后剪枝方法主要包括错误率降低剪枝法和悲观剪枝法，下面详细介绍这两种方法。

(1) 错误率降低剪枝法是一种比较简单的后剪枝方法，在该方法中，可用的数据被分成两个样例集合：一个训练集用来形成决策树，另一个验证集用来评估这个决策树在后续数据上的精度，确切地说是用来评估修剪这个决策树的影响。这个方法的动机是：即使学习器可能会被训练集中的随机错误和巧合规律误导，但验证集很难表现出同样的随机波动。所以验证集可以用来对过度拟合训练集中的虚假特征提供防护检验。

(2) 悲观剪枝法为悲观错误剪枝，悲观错误剪枝法是根据剪枝前后的错误率来判定子树的修剪。该方法引入了统计学上连续修正的概念弥补错误率降低剪枝法的缺陷，在评价子树的训练错误公式中添加了一个常数，假定每个叶节点都自动对实例的某个部分进行错误的分类。它不需要像错误率降低剪枝法一样需要用部分样本作为测试数据，而是完全使用训练数据来生成决策树，又用这些训练数据来完成剪枝。决策树生成和剪枝都使用训练集，所以会产生错分。

5.3.4 最佳划分的度量问题

从决策树学习基本算法的步骤可以看出，决策树学习的关键是如何选择最佳划分属性。一般而言，随着决策树构建过程的不断进行，希望决策树的分支节点所包含的样本越来越归属于同一类别，即节点的“不纯度”越来越低。

因此,为了确定按某个属性划分的效果,需要比较划分前(父节点)和划分后(所有子节点)不纯度的降低程度，降低越多，划分的效果就越好，那么需要在数学上对这个不纯度进行量化。

若记不纯度的降低程度为$\varDelta$，则用来确定划分效果的度量标准可以用以下数学公式来定义：

$$\varDelta_I = I_{(\text{parent})} - \sum_{j=1}^{k} \frac{N(j)}{N} I(j) \tag{5.19}$$

式中，$I_{(\text{parent})}$是父节点的不纯度度量；k是划分属性取值的个数；N是父节点上样本的总数；$N(j)$是第j个子节点上样本的数目；$I(j)$是第j个子节点的不纯度度量。

给定任意节点t，定义它的不纯度度量，令$p(i)$为节点t中第i类样本所占有的比例，则节点t的不纯度度量I主要包括以下三种方式。

熵：

$$\text{Entropy}(t) = -\sum_{i=1}^{c} p(i)\log p(i) \tag{5.20}$$

基尼系数：

$$\text{Gini}(t) = 1 - \sum_{i=1}^{c}\left(p(i)\right)^2 \tag{5.21}$$

误分类率：

$$\text{Error}(t) = 1 - \max_i p(i) \tag{5.22}$$

式中，c为类别数目，并且在计算熵时，令$\log 0 = 0$。CART算法以“基尼系数”为准则来选择划分属性。基尼系数反映的是从数据集中随机抽取两个样本，其类别标记不一致的概率。因此，$\text{Gini}(t)$越小，数据集纯度越高。

基于以上三种不纯度的度量方式，可以得到以下三种选择最佳划分的度量标准。

熵减最大：

$$\varDelta_{\text{EntropyReduction}} = \text{Entropy}(\text{parent}) - \sum_{j=1}^{k}\frac{N(j)}{N}\text{Entropy}(j) \tag{5.23}$$

基尼系数减最大：

$$\varDelta_{\text{GiniReduction}} = \text{Gini}(\text{parent}) - \sum_{j=1}^{k}\frac{N(j)}{j}\text{Gini}(j) \tag{5.24}$$

误分类率减最大：

$$\varDelta_{\text{ErrorReduction}} = \text{Error}(\text{parent}) - \sum_{j=1}^{k}\frac{N(j)}{N}\text{Error}(j) \tag{5.25}$$

式中，熵减最大度量标准是信息增益最大度量标准，记作$\varDelta_{\text{info}}$。

5.3.5 处理缺失属性值问题

现实任务中常会遇到不完整样本，即样本的某些属性值缺失，尤其是在属性数目较多的情况下，往往会有大量样本出现缺失值。面对属性值缺失，决策树学习会面临两个方面的问题：一是如何计算含缺失值属性的划分度量，并进行最佳划分的选择；二是选择好最佳划分后，若样本在该属性上的值缺失，如何对样本进行划分。处理这种属性值缺失的问题，通常有两种方法。

(1) 放弃这个样本，使用无缺失样本进行学习，但这种方法可能造成资源的浪费。

(2) 依据此属性值已知的其他样本来对其进行估计。首先，可以赋予当前节点以所有样本中该属性最常见的值；其次，可以赋予当前节点以同类样本中该属性最常见的值；最后，可以为缺失值属性的每个可能值赋予一个概率，而不是简单地将常见的值赋给它。

5.3.6 处理连续属性值问题

在实际操作过程中，通常会遇到连续属性，因此有必要讨论决策树如何来对连续属性进行处理。由于连续属性的可取值数目不是有限的，当选定一个特征之后，它所对应的子节点无法展开，那么就需要将数据进行离散化。数据离散化技术大致可以分为有监督离散化技术和无监督离散化技术两大类。

无监督离散化技术可以分为等深分箱法和等宽分箱法两类。在等深分箱法中，让每个分箱中的样本数目一致，本质上就是将一个区间等分成若干段，每段附一个离散值。

有监督离散化技术有二分法(C4.5 算法采用的机制)和最小长度描述法。在二分法中将连续的属性按选定的阈值分割成布尔属性。首先，按照某个连续的属性 T 对样本进行排序；然后，找到类标记不同的相邻样本，计算类标记不同的相邻样本的属性 T 的中间值，产生一组候选阈值。最后，计算与每个候选阈值关联的信息增益，选择具有最大信息增益的阈值来离散化连续属性 T。

5.3.7 叶节点判定问题

上文都是围绕决策树如何展开生长的讨论，接下来讨论决策树何时停止生长。如果暂且不考虑树的规模过大而导致的过拟合问题，在决策树学习基本算法中，有三种情形会判定为叶节点：

(1) 当前节点中的样本集合为空，即空叶子；

(2) 当前节点中的所有样本全部归属于同一类别，即纯叶子；

(3) 当前节点中的所有样本在接下来划分的所有属性上取值相同，即属性被测试完的叶子。

第(2)种情况和第(3)种情况可合并等价为最佳划分的度量值为 0 的情况。

5.3.8 待测样本分类问题

从决策树的根节点开始，首先测试这个节点指定的划分属性，按照待测样本的属性值对应的树枝向下移动。这个过程在以新节点为根的子树上重复，直到将待测样本划分到某个叶节点为止。然后，根据该叶节点上的训练样本集计算其后验概率。最后，将具有最大后验概率的类赋给待测样本。给定一个叶节点(其本质就是一个训练样本的集合)，计算其后验概率的常用方法包括投票法、加权投票法、局部概率模型法。当计算得到的后验概率相同的情况下，可以采用随机分类或者拒判方法进行处理。在计算后验概率的过程中经常会采用一些常用的概率估计方法，即基于频率的极大似然估计、拉普拉斯估计、m-估计、朴素贝叶斯估计等。

继 续 阅 读

介绍决策树学习方法的文献很多，决策树学习的思想主要来源有 ID3 算法[1]、C4.5 算法[2]、CART 算法[3,4]。决策树是一个预测模型，它代表的是对象属性与对象值之间的一种映射关系[5,6]。树中每个节点表示某个对象属性，而每个分叉路径代表某个可能的属性值，每个叶节点则对应从根节点到该叶节点经历的路径所表示的对象的值。与决策树类似的分类方法还有决策列表[7]。决策列表与决策树可以相互转换[8]。

参 考 文 献

[1] Quinlan J R. Induction of decision trees[J]. Machine Learning, 1986, 1(1): 81-106.

[2] Quinlan J R. C4.5: Programs for Machine Learning[M]. Burlington: Morgan Kaufmann Publishers, 1993.

[3] Krzywinski M, Altman N. Classification and regression trees[J]. Nature Methods, 2017, 14: 757-758.

[4] Ripley B D. Pattern Recognition and Neural Networks[M]. Cambridge: Cambridge University Press, 1996.

[5] Liu B. Web Data Mining: Exploring Hyperlinks, Contents and Usage Data[M]. Berlin: Springer-Verlag, 2006.

[6] Hyafil L, Rivest R L. Constructing optimal binary decision trees is NP-complete[J]. Information Processing Letters, 1976, 5(1): 15-17.

[7] Li H, Yamanishi K. Text classification using ESC-based stochastic decision lists[J]. Information Processing & Management, 2002, 38(3): 343-361.

[8] Yamanishi K. A learning criterion for stochastic rules[J]. Machine Learning, 1992, 9: 165-203.

第 6 章　集 成 学 习

集成学习是通过组合多个弱监督模型以期得到一个更好、更全面的强监督模型。集成学习避免了单一学习模型带来的过拟合问题，即便某一个弱学习器得到了错误的预测，但其他的弱学习器也可以将错误纠正回来，极大程度上带来预测结果的提升和稳定。

6.1　个体与集成

集成学习的基本结构为：先产生一组个体学习器，再使用某种策略将它们结合在一起。集成学习基本模型如图 6.1 所示。

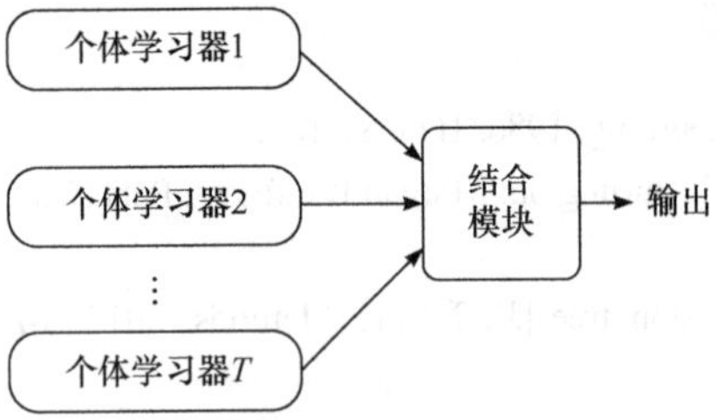

图 6.1　集成学习基本模型

在集成学习模型中，若个体学习器都属于同一类别，如都是决策树或都是神经网络，则称该集成为同质的；若个体学习器包含多种类型的学习算法，如既有决策树又有神经网络，则称该集成为异质的。

同质集成中个体学习器称为“基学习器”，对应的学习算法称为“基学习算法”。异质集成中个体学习器称为“组件学习器”或“个体学习器”。要使集成起来的学习器泛化性能比单个学习器好，就需要引出集成学习的两个重要概念：准确性和多样性。准确性指个体学习器不能太差，要有一定的准确度；多样性指个体学习器之间的输出要具有差异性。

6.2　Bagging 算法

Bagging(装袋)算法是并行式集成学习的著名代表，Bagging 算法是最早也是最基本的集成技术之一，是由 Breiman 在 1996 年提出的。Bagging 算法在原始训练集的随机子集上构建一类黑盒估计器，然后将这些估计器的预测结果结合起来形成最终的预测结果。该算法的思想是使学习算法训练多轮，每轮的训练集由从初始的训练集中随机取出的 M 个训练样本组成，某个初始训练样本在某轮训练中可以出现多次或根本不出现(即有放回抽样)，训练之后可得到一个预测函数序列，对分类问题采用投票方式决定最终的预测函数，对回归问题采用简单平均方法进行判别。

6.2.1 Bagging 算法工作机制

Bagging 算法不仅集成模型最后的预测结果，还采用一定策略来影响基模型训练，保证基模型可以服从一定的假设。在理想状态下，各个模型之间具有较大的差异性，但在实际操作中的模型往往是同质的。Bagging 算法是通过结合几个模型降低泛化误差的技术，其工作机制主要是分别训练几个不同的模型，然后对所有模型测试样例的输出进行表决。给定一个弱学习算法和一个训练集，由于单个弱学习算法准确率不高，因此将该学习算法使用多次，得出预测函数序列，进行投票。

6.2.2 Bagging 算法简介

Bagging 算法直接基于自助采样法。给定包含 N 个样本的数据集，先随机取出一个样本采样，再将该样本放回初始数据集，使得下次采样时该样本仍有可能被选中。这样，经过 M 次随机采样操作，得到含 M 个样本的采样集，初始训练集中有的样本在采样集里多次出现，有的则从未出现。照这样，可采样出 T 个含 M 个训练样本的采样集，然后基于每个采样集训练出一个基学习器，再将这些基学习器进行结合。

在对预测输出进行结合时，Bagging 算法通常对分类任务使用简单投票法，对回归任务使用简单平均法。若分类预测时出现两个同样票数的情形，最简单的做法是随机选择一个，也可进一步考察学习器投票的置信度来确定最终胜者。算法流程主要包括三步。

(1) 采样：设大小为 N 的样本集 X。随机均匀地从中抽取一个样本作为采集，采样后将样本放回以便进行下一次采样。通过重复该过程 M 次，创建 M 个采集样本。重复以上采样步骤 T 次，最后，有 T 个足够数量的训练集，可以计算原始分布的各种统计数据。

(2) 训练：为每一个生成的样本集训练一个专属于它的分类器。这个分类器可根据具体的情况而定，可以是决策树、k 近邻算法等。

(3) 分类和回归：对于分类问题，由投票表决产生分类结果；对于回归问题，由 T 个模型预测结果的均值作为最后预测的结果。

Bagging 算法通过在不同数据集上训练模型降低分类器的方差。换句话说，Bagging 算法可以预防过拟合。Bagging 算法的有效性来自不同训练数据集上单独模型的不同，它们的误差在投票过程中可以相互抵消。

6.2.3 Bagging 算法的自主采样

Bagging 算法的自主采样主要涉及以下几个步骤。

(1) Bootstrap 采样：核心思想是通过自主采样构建多个不同的训练数据集，每个数据集都是通过有放回抽样(Bootstrap 采样)从原始训练数据中抽取的。这意味着某些样本可能在同一个数据集中出现多次，而其他样本可能被遗漏。Bootstrap 采样的大小通常与原始数据集相同，但每个数据集都是随机的，并且样本分布可能略有不同。

(2) 基学习器训练：针对每个自主采样的训练数据集，训练一个独立的基学习器(通常是决策树、随机森林、支持向量机等)。由于不同的数据集和随机性，每个基学习器都会略有不同。

(3) 集成预测：当所有基学习器训练完成后，对新的输入样本进行预测时，Bagging 通过投票(对于分类问题)或取平均值(对于回归问题)的方式将所有基学习器的预测结果进行组合。这样，通过汇总多个基学习器的预测结果，可以减小模型的方差，提高模型的泛化性能。

Bagging 算法的自主采样能够减小模型的方差，因为每个基学习器都是在略有不同的数据子集上训练的，从而减少了模型对特定样本的过拟合风险。此外，Bagging 算法的自主采样还有助于提高模型的鲁棒性，因为其能够捕捉到数据中的多样性和噪声。

6.2.4 Bagging 算法的结合策略

Bagging 算法需要结合策略的原因在于其核心思想是通过构建多个基学习器来降低模型的方差，提高模型的泛化性能。这些基学习器是在不同的训练数据子集上独立训练的，每个基学习器都有其自身的特点和误差。结合策略是必要的，因为其使 Bagging 算法能够更好地利用基学习器的预测结果，以获得更稳健和准确的整体预测。

Bagging 算法的结合策略主要涉及以下三种方法。

(1) 投票法：对于分类问题，Bagging 算法的一种常见结合策略是投票。在该策略下，每个基学习器对新的输入样本进行分类预测，然后通过多数表决的方式来决定最终的分类结果。具体来说，每个基学习器投票给一个类别，最后被选为最终预测类别的是获得最多投票的类别。这种策略在解决分类问题时非常有效，因为其可以减小错误率，特别是在每个基学习器都有一定准确性的情况下。

(2) 平均法：对于回归问题，Bagging 算法的结合策略通常是平均。在这种情况下，每个基学习器对新的输入样本进行回归预测，然后对所有基学习器的预测结果取平均值，作为最终的回归结果。这种策略有助于降低回归模型的方差，因为其将多个基学习器的预测结果进行平滑处理，从而减小了对异常值的敏感性。

(3) 学习法：学习法是一种更高级的结合策略，即学习出一种“投票”的学习器，Stacking 是学习法的典型代表。Stacking 的基本思想是：首先训练出 T 个基学习器，对于一个样本它们会产生 T 个输出，将这 T 个基学习器的输出与该样本的真实标记作为新的样本，m 个样本就会产生一个 $m\times T$ 的样本集，并以此训练一个新的“投票学习器”。投票学习器的输入属性与学习算法对 Stacking 集成的泛化性能有很大的影响。

这些结合策略的核心思想是通过组合多个模型的预测结果，来获得更为稳定和准确的整体预测。Bagging 算法的优势在于其不仅可以引入各种基础学习算法，还可以提高模型的鲁棒性和泛化性能。此外，Bagging 算法的结合策略还可以通过并行计算的方式有效地加速模型的训练过程，因为每个基学习器都是独立训练的，可以在多个处理器或计算节点上并行执行。

6.2.5 偏差与方差分析

偏差指的是算法的期望预测与真实值之间的偏差程度，反映了模型本身的拟合能力；方差度量了同等大小的训练集的变动导致学习性能的变化，刻画了数据扰动所导致的影响。模型越复杂，拟合能力就越好，模型的偏差就越好。但此时如果换一组数据可能模型的变化就会很大，即模型方差变大，所以复杂的模型容易造成过拟合；当模型简单时，即使换一组数据，得出的学习器分类效果与之前分类器的效果差异也不会很大，即模型方差很小，但模型过于简单导致偏差会很大。也就是说，当建立模型时，需要兼顾偏差和方差。

对于 Bagging 算法来说，并行训练很多分类器的目的就是降低方差。对于每个基分类器的问题就是如何降低偏差，所以可以采用深度很深并且不剪枝的决策树。

对每个样本点 x，假设单分类器(如决策树)在不同数据集上学习得到的模型对样本点 x 的输出服从某种分布 Γ，且 $G_1(x),G_2(x),\cdots,G_n(x)$ 为来自分布 Γ 的随机变量且相互独立，Bagging 算法的集成策略为对弱学习器求平均，即得到模型 $F(x)$：

$$F(x)=\frac{G_1(x)+G_2(x)+\cdots+G_n(x)}{n} \tag{6.1}$$

设随机变量 G_i 的方差为 σ^2，则

$$\operatorname{var}(F(x))=\operatorname{var}\left(\frac{G_1(x)+G_2(x)+\cdots+G_n(x)}{n}\right)=\frac{\sigma^2}{n} \tag{6.2}$$

可以看到 Bagging 算法集成之后方差变小了，也就是说在不同数据集上训练得到的模型与样本的预测值之间的差距变小。若各子模型完全相同，而不是完全

独立，则

$$\mathrm{var}\big(F(x)\big)=\sigma^2 \tag{6.3}$$

由于子样本集的相似性以及使用的是同种模型，各模型有近似相等的偏差和方差。假设单个模型 $G_i(x)$ 的样本点 x 的预测值的期望 μ，即

$$E\big(G_i(x)\big)=\mu \tag{6.4}$$

则

$$E\big(F(x)\big)=E\left(\frac{G_1(x)+G_2(x)+\cdots+G_n(x)}{n}\right)=\mu \tag{6.5}$$

单模型和集成之后的模型关于样本的预测值的期望一样，因此单模型的偏差决定集成之后的模型的偏差，要尽量选择偏差比较小的单模型，通常来说模型越复杂偏差越小。

6.2.6 随机森林算法

随机森林是 Bagging 算法的一个拓展体，其基学习器固定为决策树，多棵树也就组成了森林，而“随机”则在于选择划分属性的随机，随机森林在训练基学习器时，也采用有放回采样的方式添加样本扰动，同时还引入了一种属性扰动，即在基决策树的训练过程中，在选择划分属性时，先从候选属性集中随机挑选出一个包含 K 个属性的子集，再从这个子集中选择最优划分属性。

相比决策树的 Bagging 算法集成，随机森林的起始性能较差(由于属性扰动，基决策树的准确度有所下降)，但随着基学习器数目的增多，随机森林往往会收敛到更低的泛化误差。同时，不同于 Bagging 算法中决策树从所有属性集中选择最优划分属性，随机森林只在属性集的一个子集中选择划分属性，使其训练效率更高。

6.3 Boosting 算法

Boosting(提升)算法是一种常用的统计学习方法，应用广泛且有效。在分类问题中，其通过改变训练样本的权重，学习多个分类器，并将这些分类器进行线性组合，来提高分类的性能。Boosting 算法通过迭代训练弱学习器，对之前模型预测结果错误的样本进行加权，以纠正错误，最终得到一个在整个数据集上表现出色的强学习器。

6.3.1 Boosting 算法工作机制

Boosting 算法的工作机制是首先从训练集用初始权重训练出一个弱学习器，

根据弱学习的学习误差率表现来更新训练样本的权重，使之前弱学习器学习误差率高的训练样本点的权重变高，进而使这些误差率高的点在后面的弱学习器中得到更多的重视。然后，基于调整权重后的训练集来训练后面的弱学习器，如此重复进行，直到弱学习器数达到事先指定的数目 T，最终将这 T 个弱学习器通过结合策略进行整合，得到最终的强学习器。

6.3.2 Boosting 算法的两个核心问题

Boosting 算法在其发展和应用中涉及两个核心问题，对于理解和优化 Boosting 算法非常重要，两个核心问题分别如下。

(1) 样本权重调整问题。在 Boosting 算法中，每个训练样本都被分配一个权重，这些权重用于调整每轮迭代中模型对该样本的关注度。核心问题是如何动态调整这些权重，以便让模型更加关注之前被错误分类的样本。

上述问题的解决通常涉及以下步骤：首先，初始化权重，开始时为每个样本分配相等的权重；其次，训练弱学习器，使用当前样本权重训练一个弱学习器；再次，计算错误率，根据弱学习器的表现，计算错误分类的样本的权重，Boosting 算法会根据错误率来更新每个样本的权重，通常增加错误分类的样本权重，降低正确分类的样本权重；最后，该过程在多次迭代中重复，每次都会根据前一次的结果来更新权重。

(2) 弱学习器选择问题。在 Boosting 算法中，需要选择合适的弱学习器，通常是一些简单的模型，如决策树桩(单层决策树)、线性模型等。弱学习器的选择对 Boosting 算法的性能和泛化能力至关重要。

解决该问题涉及以下步骤：首先，进行弱学习器的选择，即选择哪种类型的弱学习器以及如何配置它们的参数；然后，确定弱学习器的数量和要在提升中使用多少个弱学习器，通常需要进行交叉验证来找到最佳数量；最后，确定弱学习器的组合方式，最终的强学习器是将多个弱学习器的预测组合起来的，通常采用的方式为加权组合。

解决这两个核心问题是 Boosting 算法的关键，各种 Boosting 算法通过不同的方式来处理这些问题，如 AdaBoost、Gradient Boosting 算法以及它们的变种。这些算法的差异在于它们的样本权重调整策略和弱学习器的选择方式。

6.3.3 AdaBoost 算法

关于 Boosting 算法的研究很多，有很多算法被提出。最具代表性的是 AdaBoost 算法。对于分类问题而言，给定一个训练样本集，求比较粗糙的分类规则(弱分类器)要比求精确的分类规则(强分类器)容易得多。Boosting 算法就是从弱学习算法出发，反复学习，得到一系列弱分类器，然后组合这些弱分类器，构成一个强分类器。大多数的 Boosting 算法都是改变训练数据的概率分布(训练数据的权重分布)，针对不同的训练数据分布调用弱学习算法学习一系列弱分类器。

对 Boosting 算法来说，有两个问题需要回答：一是在每一轮如何改变训练数据的权重或概率分布；二是如何将弱分类器组合成一个强分类器。关于第一个问题，AdaBoost 算法的做法是，提高那些被前一轮弱分类器错误分类样本的权重，而降低那些被正确分类样本的权重。这样一来，那些没有得到正确分类的数据，由于其权重的加大而受到后一轮的弱分类器的更大关注。于是，分类问题被一系列的弱分类器“分而治之”。对于第二个问题，即弱分类器的组合，AdaBoost 算法采取加权多数表决的方法。具体地，加大分类误差率小的弱分类器的权重，使其在表决中起较大的作用，减小分类误差率大的弱分类器的权重，使其在表决中起较小的作用。

给定一个二分类的训练数据集

$$T=\{(x_1,y_1),(x_2,y_2),\cdots,(x_N,y_N)\} \tag{6.6}$$

式中，实例 $x_i\in X\subseteq\mathbf{R}^n$；标记 $y_i\in Y=\{-1,1\}$；X 是实例空间；Y 是标记集合。AdaBoost 算法从训练数据中学习一系列弱分类器，并将这些弱分类器线性组合成为一个强分类器。

算法 6.1 AdaBoost 算法

输入：训练数据集 $T=\{(x_1,y_1),(x_2,y_2),\cdots,(x_N,y_N)\}$。

输出：最终分类器 $G(x)$。

(1) 初始化训练数据的权重分布：

$$D_1=(\omega_{11},\omega_{12},\cdots,\omega_{1i},\cdots,\omega_{1N}),\ \ \omega_{1i}=\frac{1}{N},\ \ i=1,2,\cdots,N \tag{6.7}$$

(2) 对 $m=1,2,\cdots,M$

① 使用具有权重分布 D_m 的训练数据集学习，得到弱分类器：

$$G_m(x)=X\to\{-1,1\} \tag{6.8}$$

② 计算 $G_m(x)$ 在训练数据集上的分类误差率：

$$e_m=P(G_m(x_i)\neq y_i)=\sum_{i=1}^{N}\omega_m I(G_m(x_i)\neq y_i) \tag{6.9}$$

③ 计算 $G_m(x)$ 的系数：

$$\alpha_m=\frac{1}{2}\ln\frac{1-e_m}{e_m} \tag{6.10}$$

④ 更新训练数据集的权重分布：

$$D_{m+1}=\left(\omega_{m+1,1},\cdots,\omega_{m+1,i},\cdots,\omega_{m+1,N}\right) \tag{6.11}$$

式中，

$$\omega_{m+1,i}=\frac{\omega_{mi}}{Z_m}\exp\left(-\alpha_m y_i G_m\left(x_i\right)\right) \tag{6.12}$$

其中，Z_m 是规范化因子

$$Z_m=\sum_{i=1}^{N}\omega_{mi}\exp\left(-\alpha_m y_i G_m\left(x_i\right)\right) \tag{6.13}$$

(3) 构建弱分类器的线性组合：

$$f\left(x\right)=\sum_{m=1}^{M}\alpha_m G_m\left(x\right) \tag{6.14}$$

得到最终分类器：

$$G\left(x\right)=\text{sign}\left(\sum_{m=1}^{M}\alpha_m G_m\left(x\right)\right) \tag{6.15}$$

6.3.4 提升树算法

Boosting 算法实际采用加法模型(即基函数的线性组合)与前向分步算法。以决策树为基函数的 Boosting 算法称为提升树算法。分类问题决策树是二叉分类树，回归问题决策树是二叉回归树。提升树模型可以表示为决策树的加法模型：

$$f_M\left(x\right)=\sum_{m=1}^{M}T\left(x;\Theta_m\right) \tag{6.16}$$

式中，$T\left(x;\Theta_m\right)$ 为决策树；Θ_m 为决策树的参数；M 为树的个数。

提升树算法采用前向分步算法。首先，确定初始提升树 $f_0\left(x\right)=0$，第 m 步的模型是

$$f_m\left(x\right)=f_{m-1}\left(x\right)+T\left(x;\Theta_m\right) \tag{6.17}$$

式中，$f_{m-1}\left(x\right)$ 为当前模型，通过经验风险极小化确定下一棵决策树的参数 Θ_m

$$\Theta_m=\arg\min_{\Theta_m}\sum_{i=1}^{N}L\left(y_i,f_{m-1}\left(x_i\right)+T\left(x;\Theta_m\right)\right) \tag{6.18}$$

由于树的线性组合可以很好地拟合训练数据，即使数据中的输入与输出之间的关系很复杂也是如此，所以提升树是一个高性能的学习算法。

针对不同问题的提升树学习算法，其主要区别在于使用的损失函数不同，包括采用平方误差损失函数的回归问题，采用指数损失函数的分类问题，以及采用一般损失函数的一般决策问题。

对于二分类问题，提升树算法只需将弱分类器限制为二分类树即可，此时的提升树算法是 AdaBoost 算法的特殊情况。

已知一个训练数据集 $T=\{(x_1,y_1),(x_2,y_2),\cdots,(x_N,y_N)\}$；$x_i\in X\subseteq\mathbf{R}^n$，$X$ 为输入空间；$y_i\in Y\subseteq\mathbf{R}^n$，$Y$ 为输入空间。如果将输入空间 X 划分为 J 个互不相交的区域 $R_1,R_2,\cdots,R_J$，并且在每个区域上确定输出的常量 c_j，那么树可表示为

$$T(x;\Theta_m)=\sum_{j=1}^{J}c_jI(x\in R_j) \tag{6.19}$$

式中，参数 $\Theta_m=\{(R_1,c_1),(R_2,c_2),\cdots,(R_J,c_J)\}$ 表示树的区域划分和各区域上的常数 J 是回归树的复杂度，即叶节点个数。

回归问题提升树使用以下前向分步算法：

$$f_0(x)=0$$

$$f_m(x)=f_{m-1}(x)+T(x;\Theta_m),\quad m=1,2,\cdots,M \tag{6.20}$$

在前向分步算法的第 m 步，给定当前模型 $f_{m-1}(x)$，需求解式(6.18)得到 $\hat{\Theta}_m$，即第 m 棵树的参数。

当采用平方误差损失函数时，有

$$L(y,f(x))=(y-f(x))^2 \tag{6.21}$$

其损失变为

$$\begin{aligned}&L(y,f_{m-1}(x)+T(x;\Theta_m))\\&=[y-f_{m-1}(x)-T(x;\Theta_m)]^2\\&=[r-T(x;\Theta_m)]^2\end{aligned} \tag{6.22}$$

式中，

$$r=y-f_{m-1}(x) \tag{6.23}$$

是当前模型拟合数据的残差。所以，对回归问题的提升树算法来说，只需简单地拟合当前模型的残差。回归问题的提升树算法如下。

算法 6.2 回归问题的提升树算法

输入：训练数据集 $T=\{(x_1,y_1),(x_2,y_2),\cdots,(x_N,y_N)\}$， $x_i\in X\subseteq\mathbf{R}^n$， $y_i\in Y\subseteq\mathbf{R}^n$。

输出：提升树 $f_m(x)$。

(1) 初始化 $f_0(x)=0$。

(2) 对 $m=1,2,\cdots,M$

① 计算残差：

$$r_{mi}=y_i-f_{m-1}(x_i),\quad i=1,2,\cdots,N \tag{6.24}$$

② 拟合残差 r_{mi} 学习一个回归树，得到 $T(x;\Theta_m)$。

③ 更新 $f_m(x)=f_{m-1}(x)+T(x;\Theta_m)$。

(3) 得到回归问题提升树：

$$f_M(x)=\sum_{m=1}^{M}T(x;\Theta_m) \tag{6.25}$$

6.3.5 梯度提升决策树算法

无论是处理回归问题还是二分类以及多分类问题，梯度提升决策树(gradient boosting decision tree，GBDT)使用的决策树都是 CART 回归树，而不是 CART 分类树，因为 GBDT 每次迭代要拟合的是梯度值和连续值，所以要用回归树。

对于回归树算法来说最重要的是寻找最佳的划分点，回归树中的可划分点包含所有特征所有可取的值。在分类树中最佳划分点的判别标准是熵或者基尼系数，都是用纯度来衡量的，但是在回归树中的样本标签是连续数值，所以使用熵之类的指标不再合适，取而代之的是平方误差，其能很好地评判拟合程度。

6.4 Stacking 算法

Stacking(堆叠)算法是近年来模型融合领域最为热门的方法，其不仅是竞赛冠军队常采用的融合方法之一，也是工业中人工智能实际落地时会考虑的方案之一。作为强学习器的融合方法，Stacking 模型效果好、可解释性强、适用复杂数据三大优点于一身，属于融合领域最实用的方法。

如图 6.2 所示，Stacking 算法结构中有两层算法串联，即 level 0 和 level 1。level 0 里面可能包含 1 个或多个强学习器，而 level 1 只能包含一个学习器。在训练中，数据会先被输入 level 0 进行训练，训练完毕后，level 0 中的每个算法会输出相应的预测结果。将这些预测结果拼凑成新特征矩阵，再输入 level 1 的算法进行训练。融合模型最终输出的预测结果就是 level 1 的学习器输出的结果。

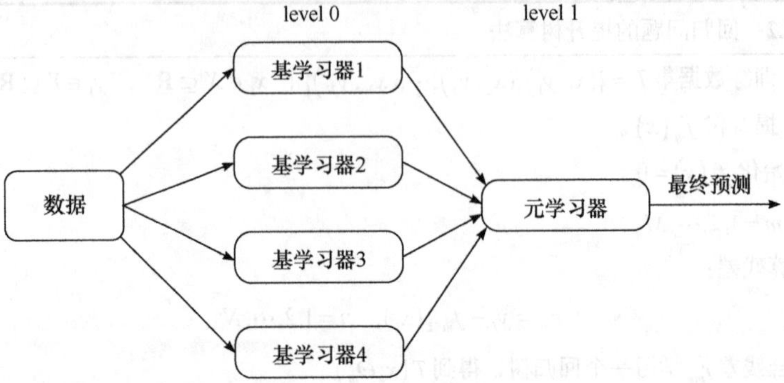

图 6.2 Stacking 算法结构

level 0 上的多个强学习器被称为基学习器，也称为个体学习器。在 level 1 上训练的学习器称为元学习器。根据行业惯例，level 0 上的学习器是复杂度高、学习能力强的学习器，如集成学习算法、支持向量机，而 level 1 上的学习器是可解释性强、较为简单的学习器，如决策树、线性回归、逻辑回归等。有这样的要求是因为 level 0 上的算法用来找出原始数据与标签的关系，即建立原始数据与标签之间的假设，因此需要强大的学习能力。但是，level 1 上的算法用来融合个体学习器做出的假设，并最终输出融合模型的结果，相当于在寻找“最佳融合规则”，而非直接建立原始数据与标签之间的假设。

Stacking 算法的本质是找出融合规则，其流程与投票法、平均法完全一致。

6.5 集成学习的结合策略

集成学习是一种机器学习方法，它通过结合多个弱学习器来构建一个强学习器。集成学习有诸多好处，从统计方面，降低由单一学习器误选导致的泛化性能不佳的风险；从计算方面，降低陷入局部极小点的风险；从表示方面，扩大假设空间，可能学到更好的近似。结合策略是集成学习的关键部分，常见的结合策略有平均法和学习法等。

6.5.1 平均法

对数值型输出，最常见结合策略是平均法。简单平均法为

$$H(x)=\frac{1}{T}\sum_{i=1}^{T}h_i(x) \tag{6.26}$$

加权平均法为

$$H(x)=\sum_{i=1}^{T}\omega_i h_i(x) \tag{6.27}$$

式中，ω_i 是个体学习器 h_i 的权重。

显然，简单平均法是加权平均法令 $\omega_i = 1/T$ 的特例。加权平均法在 20 世纪 50 年代已被广泛使用，其在集成学习中具有特别的意义，集成学习中的各种结合策略都可视为其特例或变体。事实上，加权平均法可认为是集成学习研究的基本出发点，对于给定的基学习器，不同的集成学习方法可视为通过不同的方式来确定加权平均法中的基学习器的权重。

加权平均法的权重一般是从训练数据中学习得到，现实任务中的训练样本通常不充分或存在噪声，使得学到的权重不完全可靠。尤其是对规模比较大的集成来说，要学习的权重比较多，较容易导致过拟合。一般而言，在个体学习器性能相差较大时宜使用加权平均法，而在个体学习器性能相近时宜使用简单平均法。

6.5.2 学习法

当训练数据很多时，一种更为强大的结合策略是使用学习法，即通过另一个学习器来结合。Stacking 算法是学习法的典型代表，把个体学习器称为初级学习器，用于结合的学习器称为次级学习器或元学习器。

Stacking 算法先从初始数据集训练出初级学习器，然后“生成”一个新数据集用于训练次级学习器，在这个新数据集中初级学习器的输出被当作样例输入特征，而初始样本的标记仍被当作样例标记。这里假定初级学习器使用不同学习算法产生，即初级集成是异质的。

在训练阶段，次级训练集是利用初级学习器产生的，若直接用初级学习器的训练集来产生次级训练集，则过拟合风险会比较大，所以一般是通过使用留一交叉验证的方式，用训练初级学习器未使用的样本来产生次级学习器的训练样本。

次级学习器的输入属性表示和次级学习算法对 Stacking 集成的泛化性能有很大影响。有研究表明，将初级学习器的输出类概率作为次级学习器的输入属性，用多响应线性回归作为次级学习算法效果较好，在多响应线性回归中使用不同的属性集更佳。

贝叶斯模型平均基于后验概率来为不同模型赋予权重，可视为加权平均法的一种特殊实现。理论上来说，若数据生成模型恰在当前考虑的模型中，且数据噪声很少，则贝叶斯模型平均不差于 Stacking 模型；然而，在现实应用中无法确保数据生成模型一定在当前考虑的模型中，甚至可能难以用当前考虑的模型来进行近似。因此，Stacking 模型通常优于贝叶斯模型平均，因为其鲁棒性比贝叶斯模型平均更好，而且贝叶斯模型平均对模型近似误差非常敏感。

继续阅读

关于集成学习的文献很多，集成学习的方法主要有 Bagging 算法[1]、Boosting 算法[2]、Stacking 算法[3]。集成学习的结合策略[4]是学习的关键部分，常见的结合策略有平均法、投票法、学习法等[5]。

参考文献

[1] Breiman L. Bagging predictors[J]. Machine Learning, 1996, 24(2): 123-140.

[2] Freund Y, Schapire R E. A decision-theoretic generalization of on-line learning and an application to boosting[J]. Journal of Computer and System Sciences, 1997, 55(1): 119-139.

[3] Wolpert D H. Stacked generalization[J]. Neural Networks, 1992, 5(2): 241-259.

[4] Hastie T, Tibshirani R, Friedman J H. The Elements of Statistical Learning: Data Mining, Inference, and Prediction[M]. New York: Springer, 2001.

[5] Dietterich T G. Ensemble methods in machine learning[M]//Kittler J, Roli F. Multiple Classifier Systems. Berlin: Springer-Verlag, 2000: 1-15.

第 7 章　回 归 分 析

假设一家房地产公司想要预测房屋价格，以便更好地为客户提供房地产投资建议。公司数据库包含大量数据，包括房屋的面积、卧室数量、浴室数量、地理位置等信息，以及相应的房屋销售价格。通过回归分析寻找输入变量与房屋价格之间的关系进行建模。该模型可以帮助预测未知房屋的价格，并解释不同变量对房屋价格的影响。

建模步骤如下：首先，选择一个适当的回归模型，并将数据集分为训练集和测试集。然后，利用训练集来训练回归模型，通过最小化预测值与实际观测值之间的差异来估计模型中的参数。最后，使用测试集来评估模型的性能并计算模型的预测误差，并使用评估指标(如均方误差)来衡量模型的准确性。如果模型表现良好，则可以将其应用于新的未知数据，以预测房屋价格。

通过回归分析，还可以得到以下类似结论：房屋面积对价格的影响最大，而卧室数量和浴室数量对价格的影响较小等。这些结论可以帮助公司更好地理解房地产市场，并为客户提供更准确的投资建议。

7.1　回归分析的概念与特点

回归分析是机器学习中的一种最常见的技术之一。利用统计学方法分析数据，建立解释变量 X 与被解释变量 Y 之间关系的模型，从而便于了解两个或多个变量间是否相关、相关方向与强度。具体来说，回归分析可以给出自变量变化时因变量的变化量。一般来说，通过回归分析可以由自变量估计因变量的条件期望或者预测、解释一个或多个连续型输出变量[1,2]。回归分析的特点如下。

(1) 建立关系模型。回归分析通过分析输入变量和输出变量之间的关系，建立一个数学模型。这个模型可以用来预测未知的输出变量值，或者解释输入变量对输出变量的影响。

(2) 连续型输出变量。回归分析适用于连续型输出变量，如房价、销售额、股票价格等。它可以帮助理解输入变量对输出变量的影响程度，并进行预测。

(3) 多个输入变量。回归分析可以处理多个输入变量，这些变量可以是数值型、分类型或者其他类型。通过考虑多个输入变量，可以更全面地建立模型，提高预测的准确性。

(4) 参数估计。回归分析通过最小化预测值与实际观测值之间的差异，来估计模型中的参数。这些参数表示输入变量对输出变量的影响程度，可以用来解释模型的结果。

(5) 模型评估。回归分析需要对模型进行评估，以确定其预测能力和可靠性。常用的评估指标包括均方误差、决定系数等。

(6) 可解释性。回归分析提供了对输入变量和输出变量之间关系的解释。通过分析模型中的参数，可以了解不同输入变量对输出变量的影响程度，从而得出有关问题的洞察和结论。

回归分析在许多领域都有广泛的应用，如经济学、金融学、医学、市场营销学等。它是机器学习中的重要技术之一，为理解和预测现实世界中的连续型变量提供了有力的工具。

7.2 回归模型的选择

虽然回归分析在诸多领域有着广泛的应用前景，但是面对一个个纷繁复杂的具体问题和不同特点的数据集，该如何兼顾模型类别和数据特点呢？通常来说，常用的回归模型如下[3,4]。

(1) 线性回归。线性回归适用于目标变量与特征之间存在线性关系的情况，它假设特征与目标变量之间的关系可以用线性方程表示。线性回归对于数据量大、特征数量较少且特征之间相关性较低的情况表现良好。

(2) 多项式回归。多项式回归适用于目标变量与特征之间存在非线性关系的情况，它通过引入特征的高次项来拟合非线性关系。多项式回归对于数据分布复杂、特征与目标变量之间存在非线性关系的情况表现良好。

(3) 岭回归。岭回归是一种正则化线性回归模型，适用于存在多重共线性(特征之间高度相关)的情况，它通过添加正则化项来控制模型的复杂度，从而减少过拟合的风险。

(4) Lasso 回归。Lasso 回归也是一种正则化线性回归模型，适用于特征选择的问题，它通过添加一个 L_1 正则化项，可以使得某些特征的系数变为零，从而实现特征选择和模型简化。

(5) 逻辑回归。逻辑回归适用于二分类或多分类问题，它将线性回归的结果映射到一个概率值，并使用逻辑函数(如 sigmoid 函数)将其转化为分类结果。逻辑回归对于处理分类问题和预测概率的情况表现良好。

(6) 其他常见的回归模型还包括逐步回归、最小二乘回归、弹性回归等。

为了更好地确定回归模型，以下几个因素通常会被认为是需要考虑的。

(1) 数据量和特征数量。回归模型对于大量数据和较少的特征数量表现良好。如果数据量很大，而且特征数量相对较少，回归模型可能是一个不错的选择。

(2) 数据分布。回归模型假设数据服从某种分布，例如线性回归假设数据服从正态分布。因此，需要对数据的分布进行分析，以确定模型是否适用。

(3) 特征相关性。回归模型假设特征之间存在一定的相关性。因此，需要分析特征之间的相关性，以确保回归模型的有效性。

(4) 模型复杂度。回归模型有不同的复杂度级别，如线性回归、多项式回归、岭回归等。需要根据数据的复杂性和模型的解释能力来选择适当的模型复杂度。

7.3 常用的回归模型

7.3.1 线性回归

1. 基本思想

线性回归是一种用于建立变量之间线性关系的监督学习算法，它是统计学和机器学习中最简单和最常用的回归方法之一。其基本思想是建立自变量和因变量之间的线性关系，并使用这个关系来进行预测和建模。

线性回归的基本概念包括以下几个要点[5, 6]。

(1) 自变量和因变量。自变量是用来预测因变量的变量。

(2) 线性关系。线性回归假设自变量和因变量之间存在线性关系，即可以用一条直线来描述它们之间的关系。这意味着当自变量发生变化时，因变量也会按照一定的比例发生变化。

(3) 拟合直线。线性回归的目标是找到一条最佳拟合直线，使得预测值与实际观测值之间的误差最小化。这可以通过最小化预测值与实际观测值之间的平方误差来实现，通常使用最小二乘法来确定最佳拟合直线的参数。

(4) 模型评估。通常需要一些指标评估模型的性能和拟合程度。常见的评估指标包括均方误差、平均绝对误差和决定系数等，用于衡量预测值与实际观测值之间的差异和模型的解释能力。

2. 线性回归模型

线性回归模型假设如下。

(1) 变量是相互无关的。

(2) 变量的作用是可以叠加的。

线性回归模型的基本形式：

$$f(x)=\omega_1 x_1+\omega_2 x_2+\cdots+\omega_n x_n+b \tag{7.1}$$

一般采用向量形式写成：

$$f(x)=\sum_{i=1}^{n}\omega_i x_i+b=\omega^{\mathrm{T}}x+b \tag{7.2}$$

式中，ω为权重；b为偏置；x为特征输入；$f(x)$为预测变量。

那么该如何确定ω和b呢？通常采取均方误差作为损失函数来评价真实值y和预测值$f(x)$的误差。这个损失函数的值越小，说明直线越能拟合数据，即希望最小化损失函数：

$$\min L(\omega,b)=\frac{1}{2}\sum_{j}\left|y_j-f_j(x)\right|^2 \tag{7.3}$$

最小二乘法通过最小化误差的平方和来寻找数据的最佳函数匹配。利用最小二乘法可以简便地求得未知的数据，并使得这些求得的数据与实际数据之间误差的平方和为最小。由于损失函数式(7.3)为二次函数，通常采用最小二乘法优化ω和b的值，$L(\omega,b)$分别对ω和b求导，得到

$$\frac{\partial L}{\partial\omega}=\omega\sum_{i=1}^{n}x_i^2-\sum_{i=1}^{n}(y_i-b)x_i \tag{7.4}$$

$$\frac{\partial L}{\partial b}=\omega b-\sum_{i=1}^{n}(y_i-\omega x_i) \tag{7.5}$$

分别令两个偏导数为0，得到ω和b的最优解ω^*和b^*：

$$\omega^*=\frac{\sum_{i=1}^{n}y_i(x_i-\overline{x})}{\sum_{i=1}^{n}x_i^2-\frac{1}{n}\left(\sum_{i=1}^{n}x_i\right)^2} \tag{7.6}$$

$$b^*=\frac{1}{n}\sum_{i=1}^{n}(y_i-\omega x_i) \tag{7.7}$$

式中，$\overline{x}$为x的均值。

7.3.2 逻辑回归

由7.3.1节可知，线性回归可以很好地拟合直线，学习数据线性规律，得到非常精准的预测结果，但如果现在又有更多需求呢？回到本章开头的房屋销售的例子中，如果现在公司要求通过分析市场数据，给不同的商品房贴上“涨价出售”“降价出售”的标签，能否更好地满足客户需求呢？回归问题转变为分类问题。且若考虑其他非线性因素，如顾客心理等，传统的线性模型就无法解决问题。因此，为了解决分类问题，引入了逻辑回归模型[7,8]。

逻辑回归通过 sigmoid 函数引入了非线性因素，将回归问题转变为二分类问题。最常见的二分类问题就是 0-1 分类，而如何将连续变量的线性函数 $f(x)=\omega^{\mathrm{T}}x+b$ 转化为 0-1 标签呢？一种很简单的想法是利用单位阶跃函数，若预测值 $f(x)$ 大于 0 就判为正例，小于 0 则判为反例，预测值为零则可判定为任意一类。

但是，如果采用单位阶跃函数，则在数学处理上会遇到很严重的问题，即单位阶跃函数不连续且不可微。因此，采用式(7.8)所示的逻辑函数(sigmoid 函数)代替单位阶跃函数：

$$g(z)=\frac{1}{1+\mathrm{e}^{-z}} \tag{7.8}$$

其函数曲线如图 7.1 所示。

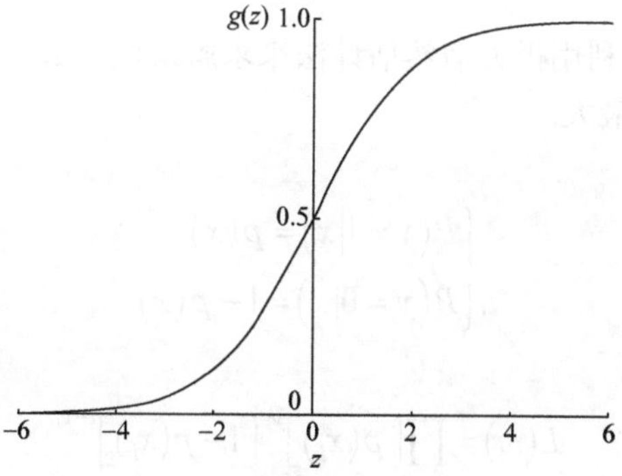

图 7.1 sigmoid 函数曲线

从图 7.1 可以看到 sigmoid 函数是一个 S 形的曲线，它的取值为[0,1]，在远离 0 处函数值会很快接近 0 或者 1。而且它在任意点连续且任意阶导数均存在，它的这个特性对于解决二分类问题十分重要。

将线性函数 $f(x)=\omega^{\mathrm{T}}x+b$ 代入 sigmoid 函数，得到

$$y=\frac{1}{1+\mathrm{e}^{-(\omega^{\mathrm{T}}x+b)}} \tag{7.9}$$

两边取对数，若将 y 视为正例的可能性，则 $1-y$ 是反例的可能性。两者的比值 odds 称为几率，指该事件发生与不发生的概率比值，若事件发生的概率为 p，则对数几率：

$$\ln(\text{odds})=\ln\frac{y}{1-y} \tag{7.10}$$

将 y 视为类后验概率估计，重写公式有

$$\begin{cases} P(y=1|x)=\dfrac{e^{\omega^{T}x+b}}{1+e^{\omega^{T}x+b}} \\ P(y=0|x)=\dfrac{1}{1+e^{\omega^{T}x+b}} \end{cases} \tag{7.11}$$

通过上述推导可以看到逻辑回归实际上是使用线性回归模型的预测值逼近分类任务真实标记的对数几率，其优点如下。

(1) 直接对分类的概率建模，无须实现假设数据分布，从而避免了假设分布不准确带来的问题(区别于生成式模型)。

(2) 不仅可预测出类别，还能得到该预测的概率，这对一些利用概率辅助决策的任务很有用。

(3) 对数几率函数是任意阶可导的凸函数，有许多数值优化算法都可以求出最优解。

下面来研究如何利用极大似然估计法来求解最优参数，使得在这组参数下，数据的似然度(概率)最大。

设

$$\begin{cases} P(y=1|x)=p(x) \\ P(y=0|x)=1-p(x) \end{cases} \tag{7.12}$$

似然函数：

$$L(\omega)=\prod\left[p(x_i)\right]^{y_i}\left[1-p(x_i)\right]^{1-y_i} \tag{7.13}$$

为了方便求解，两边取对数，得到对数似然函数：

$$\ln L(\omega)=\sum\left[y_i \ln p(x_i)+(1-y_i)\ln\left(1-p(x_i)\right)\right] \tag{7.14}$$

损失函数为最大化似然函数：

$$\max J(\omega)=\ln L(\omega) \tag{7.15}$$

7.3.3　多项式回归

本章开头的房屋售价预测例子是对线性关系的建模。在线性回归中，会假设自变量和因变量之间是线性关系或者近似线性关系。然而，在现实生活中，许多关系则几乎完全不是线性的。因此，为了分析、描述更复杂的实际问题，需要对线性模型进行扩展。

多项式回归是线性回归的一种扩展，可以对非线性关系进行建模。线性回归使用直线来拟合数据，如一次函数 $f(x)=\omega_1 x_1+\omega_2 x_2+\cdots+\omega_n x_n$ 等，而多项式回归使用曲线来拟合数据，如二次函数 $f(x)=ax^2+bx+c$、三次函数 $f(x)=ax^3+bx^2+cx+d$ 以及多次函数等来拟合数据[9,10]。

多项式函数形如：

$$y = a_n x^n + a_{n-1} x^{n-1} + \cdots + a_1 x + a_0 \tag{7.16}$$

多项式函数是由常数与自变量 x 经过有限次乘法与加法运算得到的。显然，当 $n=1$ 时，其为一次函数，当 $n=2$ 时，其为二次函数。由泰勒公式得知，任何复杂的函数都可以用多项式函数逼近，因此从理论上来说，多项式函数可以描述任何复杂的问题。但是如何选择多项式的次数和估计多项式系数呢?

(1) 选择多项式次数。当前往往采用观察法与试凑法结合的方法来确定多项式次数。一般来说，先绘制散点图观察并猜测分布情况，如有两个“弯”，可以考虑用三次多项式等，然后建立 3 阶模型进行分析—计算损失函数—优化的过程。如果损失太大，则可以在 3 阶模型基础上修改为相邻阶数的模型(如 2 阶或 4 阶)，然后重复分析—计算损失函数—优化的过程，直到满意为止。

(2) 计算多项式最优参数。多元线性回归比较复杂，下面以一元二次线性回归函数 $y = ax^2 + bx + c$ 举例。假设有 p 个样本，它的矩阵形式为

$$Y = X\alpha \tag{7.17}$$

式中，$Y = \begin{bmatrix} y_1 \\ \vdots \\ y_p \end{bmatrix}$；$X = \begin{bmatrix} 1 & x_1 & x_1^2 \\ \vdots & \vdots & \vdots \\ 1 & x_p & x_p^2 \end{bmatrix}$；$\alpha = \begin{bmatrix} \alpha_1 \\ \alpha_2 \\ \alpha_3 \end{bmatrix}$。

于是，就变成了多元线性回归求解最优参数的问题。

类比于线性回归，通常希望最小化均方误差损失函数来拟合数据，即

$$\min L = \frac{1}{2}\sum_{j=1}^{N}\left|y_j - f_j(x)\right|^2 \tag{7.18}$$

式中，$f(x)$ 为多项式函数。由于损失函数为二次方程，因此一定能找到最优解。

7.3.4　逐步回归

逐步回归模型的基本思路是自动从大量可供选择的变量中选取最重要的变量，建立回归分析的预测或者解释模型，其基本做法是：将自变量逐个引入，引入的条件是其偏回归平方和经检验后是显著的。同时，在引入每一个新的自变量后，都要对旧的自变量逐个检验，剔除偏回归平方和不显著的自变量。这样一边引入一边剔除，直到既无新变量引入也无旧变量剔除为止。它的实质是建立“最优”的多元线性回归方程。

依据上述思想，可利用逐步回归筛选并剔除引起多重共线性的变量，其具体

步骤如下：先用被解释变量对每一个所考虑的解释变量进行简单回归，然后以对被解释变量贡献最大的解释变量所对应的回归方程为基础，再逐步引入其余解释变量。经过逐步回归，使得最后保留在模型中的解释变量既是重要的，又没有严重多重共线性。

逐步回归的实现通常分为前向逐步回归和后向逐步回归两种。下面将分别介绍前向逐步回归和后向逐步回归方法。

1. 前向逐步回归

将自变量逐个引入模型，引入一个自变量后要查看该变量的引入是否使得模型发生显著性变化(F 检验)，如果发生了显著性变化，那么则将该变量引入模型中，否则忽略该变量，直至所有变量都进行了考虑，即将变量按照贡献度从大到小排列，依次引入模型。步骤如下：

(1) 初始化模型，只包含截距项。

(2) 针对每个自变量 X_j 分别计算一元回归方程回归系数 b_j 和回归系数的检验统计量 F。

(3) 求出 F 最大值 $F_{k_1}^1 = \max\left\{F_1^1, F_2^1, \cdots, F_n^1\right\}$，将对应的自变量 X_{k_1} 加入模型中。

(4) 对于还未加入模型的自变量 X_j，计算其与已加入模型的所有自变量的多重相关系数 R_{jk}，并计算调整后的 F 统计量的值 $F_{k_2}^2$。

(5) 选择调整后的 F 统计量的值最大的自变量 X_{k_2}。

重复步骤(4)和(5)，直到进一步加入任何一个自变量都不能显著提高模型的拟合程度为止，即 $F_{k_1} < F_\alpha(1, n-2)$，$\alpha$ 为置信度。

2. 后向逐步回归

步骤如下：

(1) 初始化模型，建立包含所有自变量的线性回归模型 $y = \beta_n x_n + \beta_{n-1} x_{n-1} + \cdots + \beta_1 x_1 + \beta_0$。

(2) 针对每个自变量 X_j，计算在已有变量的条件下，删除自变量 X_j 之后的多元回归系数估计 $\hat{\beta}_j$。

(3) 计算删除每个自变量之后的残差平方和(SSE)。

(4) 选择删除之后 SSE 值最小的自变量 X_j，将其从模型中删除。

重复步骤(2)～(4)，直到进一步删除任何一个自变量都不能显著提高模型的拟合程度为止。

3. 逐步回归的优缺点

优点：①自动化选择。逐步回归能够自动识别具有预测价值的自变量，并且能够找到一个相对简单但仍然很有效的模型。②灵活性。逐步回归不需要一个完整的理论模型，因此可以灵活地应用于实际问题中。③节约时间和成本。与传统的手动变量选择方法相比，逐步回归能够节省大量的时间和成本。

缺点：①模型过拟合。如果添加了过多的自变量，可能会导致模型过拟合，从而不具有很好的预测能力。②过于依赖数据。逐步回归可能受到样本数据的影响，因此需要谨慎使用。

7.3.5 岭回归与 Lasso 回归

在线性回归中，通常采取均方误差作为损失函数来评价真实值 y 和预测值 $f(x)$ 的误差，如果是一元线性回归，通常设定以下损失函数并希望使其最小化：

$$\min L(\omega,b)=\frac{1}{2}\sum\left|y_j-f_j(x)\right|^2 \tag{7.19}$$

然后，利用最小二乘法得到最优解 ω^* 和 b^*。

如果是多元线性回归，则化为矩阵形式：

$$\min L(\beta)=\frac{1}{2}(y-X\beta)^{\mathrm{T}}(y-X\beta) \tag{7.20}$$

式中，$\beta=[\omega_1,\omega_2,\cdots,\omega_n]^{\mathrm{T}}$，求解得到 $\beta=\left(X^{\mathrm{T}}X\right)X^{\mathrm{T}}y$。

这里需要假设 $X^{\mathrm{T}}X$ 满秩，然而现实任务中 $X^{\mathrm{T}}X$ 往往不是满秩矩阵或者某些列之间的线性相关性比较大，例如，存在许多任务中，会出现变量数远超过样例数，导致 X 的列数多于行数，$X^{\mathrm{T}}X$ 显然不满秩，即 $X^{\mathrm{T}}X$ 成为奇异矩阵，此时可解出多个 β 解(即有无穷多个解)，它们都能使均方误差最小化，即在多元回归中，特征之间会出现多重共线问题，使用最小二乘法估计系数会出现系数不稳定问题，缺乏稳定性和可靠性，也造成模型很容易出现过拟合的情况。下面介绍两种常见方法来处理过拟合问题。

1. 岭回归

为了解决上述问题，需要将不适定问题转化为适定问题，如在矩阵 $X^{\mathrm{T}}X$ 的对角线元素上加入一个小的常数值 λ，然后取其逆求得系数：

$$\beta_{\text{ridge}}=\left(X^{\mathrm{T}}X+\lambda I_n\right)X^{\mathrm{T}}Y \tag{7.21}$$

式中，I_n 是单位矩阵；λ 是岭系数。

随后，损失函数就改为以下形式：

$$L(\beta)=\frac{1}{2}\sum\left|y^j-f^j(x)\right|^2+\lambda\sum\beta_j^2=\mathrm{SSE}+\lambda\|\beta\|_2 \tag{7.22}$$

式中，λ 是超参数，用来控制对 β_j 的惩罚强度，λ 值越大，生成的模型就越简单。

如式(7.22)所示，用正则化的 L_2 范数限制线性回归权重大小的方法就称为岭回归(ridge regression)，$\|\beta\|_2$ 为 L_2 范数，$\lambda\|\beta\|_2$ 为收缩惩罚项，因为它试图“缩小”模型，减小线性回归模型的方差。

可以看到，岭回归是一种改良的最小二乘估计法，通过放弃最小二乘法的无偏性，以损失部分信息、降低精度为代价获得回归系数，它是更实际、更可靠的回归方法，对存在离群点的数据的拟合要强于最小二乘法。

2. Lasso 回归

Lasso 回归是另一种常见的利用正则化来处理回归模型过拟合问题的方法。Lasso 回归采用所有参数绝对值之和，即 L_1 范数来约束损失函数，引入了稀疏性，使得一些特征的系数被压缩为零，从而实现了自动的特征选择。因此，Lasso 回归不仅可以进行预测，还可以识别出对目标变量有重要影响的特征。Lasso 回归的损失函数如下：

$$L(\beta)=\frac{1}{2}\sum\left|y^j-f^j(x)\right|^2+\lambda\sum\left|\beta_j\right| \tag{7.23}$$

Lasso 回归与普通最小二乘法区别：

(1) Lasso 回归通过引入 L_1 正则化项，使得部分特征的系数变为零。这种特性使得 Lasso 回归能够实现特征选择，从而减少了模型的复杂度和噪声的影响。而普通最小二乘法并没有引入正则化项，无法直接进行特征选择。

(2) Lasso 回归的估计结果更具有解释性。由于 L_1 正则化的存在，Lasso 回归可以将不相关或冗余的特征系数置为零，只保留与目标变量相关的重要特征。这样一来，Lasso 回归得到的模型更简洁、更易解释。而普通最小二乘法会给出所有特征的系数估计值，无法过滤掉不相关特征。

(3) Lasso 回归适用于高维数据集。在高维情况下，特征的数量远大于样本的数量，Lasso 回归能够通过特征选择来缓解维度灾难的问题。而普通最小二乘法在高维数据集中容易出现过拟合的情况。

3. 岭回归与 Lasso 回归的区别

在优化过程中，最优解为函数等值线与约束空间的交集，如图 7.2 所示。正则项可以看成是约束空间，L_2 范数的约束空间是一个球形，L_1 范数的约束空间是一个方形，这也就是 L_2 范数会得到很多参数接近 0 的值，而 L_1 范数会尽可能使非零参数最少。

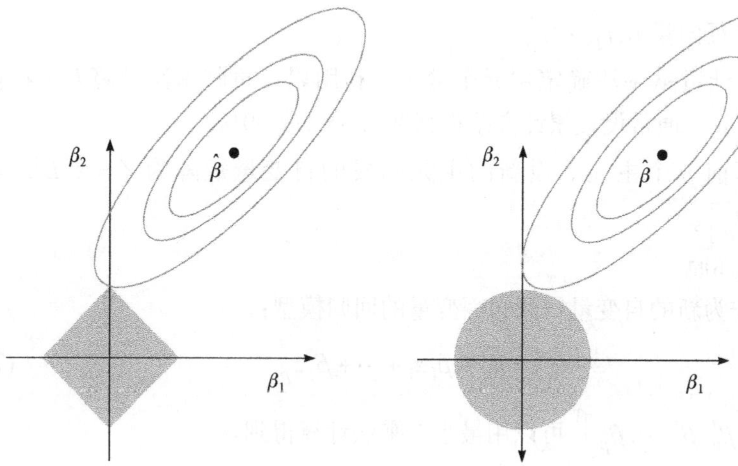

(a) L_1范数 (b) L_2范数

图 7.2 L_1 范数与 L_2 范数约束空间优化图

7.3.6 主元回归

上面介绍的岭回归和 Lasso 回归通过正则化的方法解决了稀疏矩阵可能存在的奇异问题，从而保证了解的唯一性，但是哪怕使用了正则化方法，回归需要考虑的变量数还是没有降低，如果遇到较大规模的数据集(有上百甚至上千特征)，那么计算会变得十分复杂，那能否从源头出发，直接降低特征维数？如何能既可以大大降低计算量，又不容易陷入奇异矩阵。主元回归很好地解决了这个问题。

主元回归，也称为主成分回归，通过正交变换产生新的自变量(主元)，新自变量是原自变量的线性组合，这在尽量保留原始数据信息的同时大大降低了维数。主元回归分析建模具体步骤如下。

(1) 将自变量 X 和因变量 Y 按列进行 Z-score 标准化，得到标准化矩阵 X^* 和 Y^*。其中 X^* 和 Y^* 的每列 x_j^* 和 y_j^* 形式为

$$\begin{cases} x_j^* = \dfrac{x_j - x_{\mathrm{m}j}}{x_{\mathrm{s}j}} \\ y_j^* = \dfrac{y_j - y_{\mathrm{m}j}}{y_{\mathrm{s}j}} \end{cases} \tag{7.24}$$

式中，$x_{\mathrm{m}j}$ 为第 j 列的均值；$x_{\mathrm{s}j}$ 为第 j 列的方差；$y_{\mathrm{m}j}$ 为第 j 列的均值；$y_{\mathrm{s}j}$ 为第 j 列的方差。

(2) 计算协方差矩阵。

(3) 对协方差矩阵进行特征分解，求得特征值 $\lambda_1,\lambda_2,\cdots,\lambda_p$, 且 $\lambda_1>\lambda_2>\cdots>\lambda_p$

及其对应的特征向量 $I_1, I_2, \cdots, I_p$。

(4) 用累计贡献率法确定主元个数 k。利用累计贡献率法计算 k 个特征值 $\lambda_1 > \lambda_2 > \cdots > \lambda_k$。通常设置累计方差贡献度为 85%或 90%。

(5) 计算前 p 个主元。设新的主元构成的自变量矩阵为 $Z = X^* L$，其中 $L = \left[l_1, l_2, \cdots, l_p \right]$。

(6) 主元还原。

将主元作为新的自变量得到与因变量的回归模型：

$$y^* = \beta_0^* + \beta_1^* z_1 + \cdots + \beta_p^* z_p \tag{7.25}$$

式中，$\beta^* = \left[\beta_0^*, \beta_1^*, \cdots, \beta_p^* \right]^{\mathrm{T}}$ 可以用最小二乘法计算得到。

然后假设原自变量构建的多元回归方程如下：

$$y^* = \beta_0 + \beta_1 x_1^* + \cdots + \beta_n x_n^* \tag{7.26}$$

根据 $Z = X^* L$，整理得到主元回归方程表示为

$$y^* = \beta_0^* + \sum_{j=1}^{n} x_j^* \sum_{i=1}^{p} \beta_i^* l_{ij} \tag{7.27}$$

(7) 反标准化。

7.3.7 偏最小二乘回归

在实际问题中，经常需要研究两组多重相关变量间的相互依赖关系，并研究用一组变量(常称为自变量或预测变量)去预测另一组变量(常称为因变量或响应变量)。除了最小二乘准则下的经典多元线性回归分析、提取自变量主成分的主成分回归分析等方法外，还有近年发展起来的偏最小二乘回归模型。

偏最小二乘回归提供一种多对多线性回归建模的方法，特别是当两组变量的个数很多，且都存在多重相关性，而观测数据的数量(样本量)又较少时，用偏最小二乘回归建立的模型具有传统的经典回归分析等方法所没有的优点。偏最小二乘回归分析在建模过程中集中了主成分分析、典型相关分析和线性回归分析方法的特点。

考虑 p 个因变量 $y_1, y_2, \cdots, y_p$ 与 m 个自变量 $x_1, x_2, \cdots, x_m$ 的建模问题。偏最小二乘回归的基本做法是首先在自变量集中提出第一成分 t_1(t_1 是 $x_1, x_2, \cdots, x_m$ 的线性组合，且尽可能多地提取原自变量集中的变异信息)；同时在因变量集中也提取第一成分 u_1(u_1 是 $y_1, y_2, \cdots, y_p$ 的线性组合)，并要求 t_1 与 u_1 相关程度达到最大。然后建立因变量 $y_1, y_2, \cdots, y_p$ 与 t_1 的回归，如果回归方程已达到满意的精度，则算法中止。否

则继续提取第二成分t_2，直到能达到满意的精度为止。若最终对自变量集提取 r 个成分$t_1,t_2,\cdots,t_r$，偏最小二乘回归将通过建立$y_1,y_2,\cdots,y_p$与$t_1,t_2,\cdots,t_r$的回归，然后再表示为$y_1,y_2,\cdots,y_p$与原自变量的回归方程式，即偏最小二乘回归方程式。

为方便起见，不妨假定p个因变量$y_1,y_2,\cdots,y_p$与m个自变量$x_1,x_2,\cdots,x_m$均为标准化变量。记自变量和因变量的n次标准化观测数据矩阵分别为

$$F_0=\begin{bmatrix} y_{11} & \cdots & y_{1p} \\ \vdots & & \vdots \\ y_{n1} & \cdots & y_{np} \end{bmatrix},\ E_0=\begin{bmatrix} x_{11} & \cdots & x_{1m} \\ \vdots & & \vdots \\ x_{n1} & \cdots & x_{nm} \end{bmatrix} \tag{7.28}$$

偏最小二乘回归分析建模具体步骤如下。

(1) 分别提取两变量集的第一对成分，并使之相关性达到最大。

假设从两组变量分别提出第一对成分为t_1与u_1，t_1是自变量集$X=(x_1,x_2,\cdots,x_m)^{\mathrm{T}}$的线性组合：$t_1=\omega_{11}x_1+\omega_{12}x_2+\cdots+\omega_{1m}x_m=\omega_1^{\mathrm{T}}X$；$u_1$是自变量集$Y=(y_1,y_2,\cdots,y_p)^{\mathrm{T}}$的线性组合：$u_1=v_{11}y_1+v_{12}y_2+\cdots+v_{1p}y_p=v_1^{\mathrm{T}}Y$。然后通过$E_0$和$F_0$可以计算得到第一对成分的得分向量$\hat{t}_1$和$\hat{u}_1$：$\hat{t}_1=E_0w_1$；$\hat{u}_1=F_0v_1$。

对于t_1和u_1有以下要求：t_1和u_1各自尽可能多地提取所在变量集的变异信息，t_1和u_1的相关程度达到最大。为了满足以上要求，通常转化为以下的条件极值问题：

$$\begin{cases} \max\left(\hat{t}_1,\hat{u}_1\right)=\max\left(E_0\omega_1,F_0v_1\right)=\max\ \omega_1^{\mathrm{T}}E_0^{\mathrm{T}}F_0v_1 \\ \omega_1^{\mathrm{T}}\omega_1=\|\omega_1\|_2=1, v_1^{\mathrm{T}}v_1=\|v_1\|_2=1 \end{cases} \tag{7.29}$$

利用拉格朗日乘子法求解上述优化问题，得到

$$L=\omega_1^{\mathrm{T}}E_0^{\mathrm{T}}F_0v_1-\frac{\lambda}{2}\left(\omega_1^{\mathrm{T}}\omega_1-1\right)-\frac{\theta}{2}\left(v_1^{\mathrm{T}}v_1-1\right) \tag{7.30}$$

式中，λ和θ为拉格朗日乘子，分别求偏导数得到

$$\begin{cases} E_0^{\mathrm{T}}F_0F_0^{\mathrm{T}}E_0\omega_1=\lambda^2\omega_1 \\ F_0^{\mathrm{T}}E_0E_0^{\mathrm{T}}F_0v_1=\theta^2v_1 \end{cases} \tag{7.31}$$

所以，ω_1就是$E_0^{\mathrm{T}}F_0F_0^{\mathrm{T}}E_0$的最大特征值对应的单位特征向量；$v_1$就是$F_0^{\mathrm{T}}E_0E_0^{\mathrm{T}}F_0$的最大特征值对应的单位特征向量。得到了$\omega_1$和$v_1$，回代可得$t_1$和$u_1$。

(2) 建立$y_1,y_2,\cdots,y_p$对t_1的回归及$x_1,x_2,\cdots,x_m$对t_1的回归。

假定回归模型为

$$\begin{cases} E_0 = \hat{t}_1\alpha_1^{\mathrm{T}} + E_1 \\ F_0 = \hat{v}_1\beta_1^{\mathrm{T}} + F_1 \end{cases} \tag{7.32}$$

式中，$\alpha_1 = (\alpha_{11}, \alpha_{12}, \cdots, \alpha_{1m})^{\mathrm{T}}$ 与 $\beta_1 = (\beta_{11}, \beta_{12}, \cdots, \beta_{1p})^{\mathrm{T}}$ 为多对一的回归模型中的参数向量，E_1 和 F_1 是残差矩阵。回归系数向量 α_1 和 β_1 的最小二乘估计为

$$\begin{cases} \alpha_1 = E_0^{\mathrm{T}}\hat{t}_1 / \|\hat{t}_1\|_2 \\ \beta_1 = F_0\hat{t}_1 / \|\hat{t}_1\|_2 \end{cases} \tag{7.33}$$

(3) 用残差矩阵 E_1 和 F_1 代替 E_0 和 F_0 重复以上步骤。

(4) 设 $n \times m$ 矩阵 E_0 的秩为 r，则存在 r 个成分 $t_1, t_2, \cdots, t_r$，使得

$$\begin{cases} E_0 = \hat{t}_1\alpha_1^{\mathrm{T}} + \hat{t}_2\alpha_2^{\mathrm{T}} + \cdots + E_r \\ F_0 = \hat{t}_1\beta_1^{\mathrm{T}} + +\hat{t}_2\beta_2^{\mathrm{T}} + \cdots + F_r \end{cases} \tag{7.34}$$

将 $t_k = \omega_{k1}x_1 + \omega_{k2}x_2 + \cdots + \omega_{km}x_m$ 代入 $Y = t_1\beta_1 + t_2\beta_2 + \cdots + t_r\beta_r$ 得到偏最小二乘回归方程：

$$y_k = \alpha_{k1}x_1 + \alpha_{k2}x_2 + \cdots + \alpha_{km}x_m \tag{7.35}$$

7.3.8 弹性回归

在 7.3.5 节学习了岭回归与 Lasso 回归两种正则化的方法，分别使用 L_1 范数和 L_2 范数对参数空间进行约束。当多个特征存在相关时，Lasso 回归可能只会随机选择其中一个，岭回归则会选择所有的特征。那么如何兼顾岭回归和 Lasso 回归的优点？结合上面两种正则化的算法称为弹性网络回归，简称弹性回归。

弹性回归算法的损失函数结合了 Lasso 回归和岭回归的正则化方法，通过两个参数 λ 和 ρ 来控制惩罚项的大小：

$$L(\omega) = \sum_{i=1}^{n}\left(y_i - \omega^{\mathrm{T}}x_i\right)^2 + \lambda\rho\|\omega\|_1 + \frac{\lambda(1-\rho)}{2}\|\omega\|_2 \tag{7.36}$$

式中，$\|\omega\|_1$ 和 $\|\omega\|_2$ 分别为 ω 的 L_1 范数和 L_2 范数；ρ 为弹性因子。

可以看到，当 $\rho = 0$ 时，弹性回归就退化为岭回归问题，当 $\rho = 1$ 时，弹性回归就退化为 Lasso 回归。弹性回归与 Lasso 回归一样，损失函数中有绝对值存在，不是处处可导的，所以无法通过求导函数的解得到 ω 的解析解，但是可以采用坐标下降法来求解 ω。

继 续 阅 读

下面简单介绍在编程时，如何解决回归问题。Python 拥有非常丰富的库，在

数据采集、数据分析、数据可视化领域有着广泛的应用，因此往往作为实验室常用的数据处理工具。通常解决问题步骤如下：

(1) 选定训练模型，即为程序选定一个求解框架，如线性回归模型等。

(2) 导入训练集，即给模型提供大量可供学习参考的正确数据。

(3) 选择合适的学习算法，通过训练集中大量输入输出结果让程序不断优化输入数据与输出数据间的关联性，从而提升模型的预测准确度。

(4) 在训练结束后即可让模型预测结果，为程序提供一组新的输入数据，模型根据训练集的学习成果来预测这组输入对应的输出值。

参考文献

[1] 周志华. 机器学习[M]. 北京：清华大学出版社，2016.

[2] 李航. 统计学习方法[M]. 2 版. 北京：清华大学出版社，2019.

[3] Harrington P. 机器学习实战[M]. 李锐，李鹏，曲亚东，等译. 北京：人民邮电出版社, 2016.

[4] Goodfellow I, Bengio Y, Courville A. 深度学习[M]. 赵申剑，黎彧君，符天凡，等译. 北京：人民邮电出版社, 2017.

[5] Lathuilière S, Mesejo P, Alameda-Pineda X, et al. A comprehensive analysis of deep regression[J]. IEEE Transactions on Pattern Analysis and Machine Intelligence, 2019, 42(9): 2065-2081.

[6] Friedman H. Multivariate adaptive regression splines[J]. The Annals of Statistics, 1991, 19(1):1-67.

[7] Friedman J, Hastie T, Tibshirani R. Additive logistic regression: A statistical view of boosting (with discussion and a rejoinder by the authors)[J]. The Annals of Statistics, 2000, 28(2): 337-407.

[8] Ryan T P. Modern Regression Methods[M]. New York: John Wiley & Sons, 2008.

[9] Fernández-Delgado M, Sirsat M S, Cernadas E, et al. An extensive experimental survey of regression methods[J]. Neural Networks, 2019, 111: 11-34.

[10] Montgomery D C, Peck E A, Vining G G. Introduction to Linear Regression Analysis[M]. New York: John Wiley & Sons, 2012.

第 8 章　支持向量机

支持向量机(support vector machine，SVM)是一类按监督学习方式对数据进行二元分类的广义线性分类器，其决策边界是对学习样本求解的最大间隔超平面。SVM 使用损失函数计算经验风险并在求解系统中加入了正则化项以优化结构风险，是一个具有稀疏性和鲁棒性的分类器。SVM 可以通过核方法进行非线性分类，是常见的核学习方法之一。

8.1　间隔与支持向量

给定训练样本集 $D=\{(x_1,y_1),(x_2,y_2),\cdots,(x_m,y_m)\}$，$y_i\in\{-1,1\}$，分类学习最基本的想法就是基于训练集在样本空间中找到一个划分超平面，将不同类别的样本分开。但能将训练样本分开的划分超平面可能有很多，如图 8.1 中的细实线，该如何选择划分超平面呢?

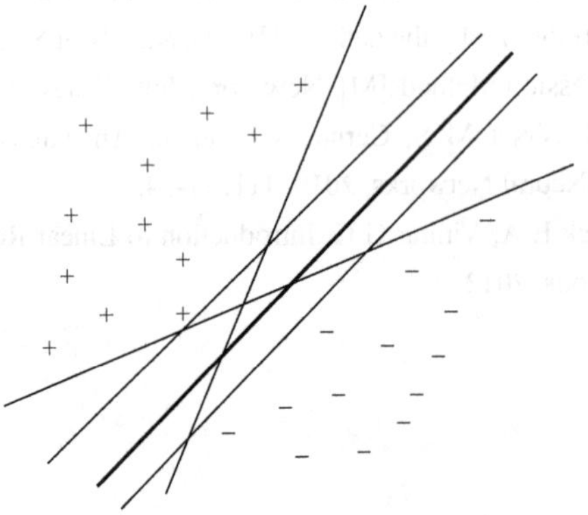

图 8.1　最优超平面

直观上看，应该去找位于两类训练样本“正中间”的划分超平面，即图 8.1 中加粗的直线，因为该划分超平面对训练样本局部扰动的“容忍”性最好。例如，由于训练集的局限性或噪声的因素，训练集外的样本可能比图 8.1 中的训练样本更接近两个类的分隔界，这将使许多划分超平面出现错误，而加粗的超平面受影响最小。换言之，这个划分超平面所产生的分类结果是鲁棒性最强的，对未见示例的泛化能力最强。

在样本空间中，划分超平面可通过如下线性方程来描述：

$$\omega^{\mathrm{T}}x+b=0 \tag{8.1}$$

式中，ω为法向量，决定超平面的方向；b为截距，决定超平面与原点之间的距离。那么由一组(ω,b)决定了唯一的超平面。样本空间中任意点x_0到超平面(ω,b)的距离r可写为

$$r=\frac{\left|\omega^{\mathrm{T}}x_0+b\right|}{\|\omega\|} \tag{8.2}$$

式中，$\|\omega\|$为法向量的长度。

假设超平面(ω,b)能将样本正确分类，如果存在样本x_i，使得$\omega^{\mathrm{T}}x_i+b=1$或者$\omega^{\mathrm{T}}x_i+b=-1$，那么这个样本$x_i$就被称为“支持向量”，两个异类支持向量到超平面的距离(ω,b)之和为$r=\dfrac{2}{\|\omega\|}$，称为间隔。以上就是 SVM 的基本型。

8.2　线性可分支持向量机与硬间隔最大化

下面先介绍线性可分 SVM。线性可分 SVM 就是要求训练集线性可分，即存在线性超平面，使得所有样本点被分为其标签所属类，满足这样超平面的间隔称为硬间隔最大化超平面。

8.2.1　函数间隔和几何间隔

在超平面$\omega^{\mathrm{T}}x+b$=0 确定的情况下，$\left|\omega^{\mathrm{T}}x_i+b\right|$可以相对地表示点$x_i$距离超平面的远近。对于两类分类问题，如果$\omega^{\mathrm{T}}x_i+b>0$，则$x_i$的类别被判定为 1；否则判定为−1。所以，如果对于(x_i,y_i)，$y_i(\omega^{\mathrm{T}}x_i+b)>0$，则认为$x_i$分类正确，否则是错误的，且$y_i(\omega^{\mathrm{T}}x_i+b)$的值越大，分类结果的确信度越大。

(x_i,y_i)与超平面(ω,b)的函数距离r_f为

$$r_{\mathrm{f}}=y_i\left(\omega^{\mathrm{T}}x_i+b\right) \tag{8.3}$$

不难发现，如果参数ω和b等比缩放，超平面保持不变，但是函数距离却等比变化，这样对描述样本与超平面的关系带来了极大的不便，为了解决这个问题，通常利用几何中点到平面的距离，即几何距离。下面定义几何间隔r_{g}为

$$r_{\mathrm{g}}=y_i\left(\frac{\omega}{\|\omega\|}\cdot x_i+\frac{b}{\|\omega\|}\right) \tag{8.4}$$

不难看出，几何间隔是函数间隔归一化的结果。通常采用几何间隔刻画样本与超平面间的关系。

8.2.2 间隔最大化

为了在正确分类的同时尽可能提高模型的鲁棒性，通常会希望两个异类支持向量到超平面的距离(ω,b)之和，也就是间隔$r=\frac{2}{\|\omega\|}$尽可能大。

因此，划分超平面也就变成了找到满足约束条件的(ω,b)，使得r最大：

$$\begin{aligned}&\max_{\omega}\frac{2}{\|\omega\|}\\&\text{s.t.}\sum_{i=1}^{m}y_i\left(\omega^{\mathrm{T}}x_i+b\right)\geqslant m\end{aligned}\tag{8.5}$$

由于$\frac{2}{\|\omega\|}$不容易求导，通常将其转化为最小化ω^2，即

$$\begin{aligned}&\min_{\omega}\frac{1}{2}\|\omega\|^2\\&\text{s.t.}\sum_{i=1}^{m}y_i\left(\omega^{\mathrm{T}}x_i+b\right)\geqslant m\end{aligned}\tag{8.6}$$

8.2.3 对偶问题求解

注意到式(8.6)本身是一个凸二次规划问题。对式(8.6)使用拉格朗日乘子法可得到其“对偶问题”。具体来说，对式(8.6)的每条约束添加拉格朗日乘子α_i，则该问题的拉格朗日函数可写为

$$\min_{\omega,b}\max_{\alpha_i\geqslant 0}L(\omega,b,\alpha)=\frac{1}{2}\|\omega\|_2+\sum_{i=1}^{m}\alpha_i\left[1-y_i\left(\omega^{\mathrm{T}}x_i+b\right)\right]\tag{8.7}$$

由于式(8.7)计算复杂，故考虑利用格朗日函数对偶性转化为

$$\max_{\alpha_i\geqslant 0}\min_{\omega,b}L(\omega,b,\alpha)=\frac{1}{2}\|\omega\|_2+\sum_{i=1}^{m}\alpha_i\left[1-y_i\left(\omega^{\mathrm{T}}x_i+b\right)\right]\tag{8.8}$$

通常式(8.7)与式(8.8)的极值不一定相同，若对偶问题与原问题的极值相等，则要满足以下两个条件：①优化问题是凸优化问题；②满足 KKT(Karush-Kuhn-Tucker)条件。

$$\begin{cases}\alpha_i\geqslant 0\\y_i\left(\omega^{\mathrm{T}}x_i+b\right)-1\geqslant 0\\\alpha_i\left[y_i\left(\omega^{\mathrm{T}}x_i+b\right)-1\right]=0\end{cases}\tag{8.9}$$

令 $L(\omega,b,\alpha)$ 对 (ω,b) 的偏导数等于 0：

$$\begin{cases}\omega^{*}=\sum_{i=1}^{m}\alpha_i y_i x_i\\ \sum_{i=1}^{m}\alpha_i y_i=0\end{cases} \tag{8.10}$$

将式(8.10)代回式(8.8)，得到对偶问题为

$$\begin{aligned}&\max_{\alpha}\sum_{i=1}^{m}\alpha_i-\frac{1}{2}\sum_{i,j=1}^{m}\alpha_i\alpha_j y_i y_j x_i^{\mathrm{T}}x_j\\ &\text{s.t.}\sum_{i=1}^{m}\alpha_i y_i=0,\ \alpha_i\geqslant 0\end{aligned} \tag{8.11}$$

求解得到 (ω,b)，于是分类超平面方程如下：

$$\begin{cases}f(x)=\omega^{\mathrm{T}}x+b=\sum_{i=1}^{m}\alpha_i y_i x_i^{\mathrm{T}}x+b\\ b^{*}=\frac{1}{|S|}\sum_{s\in S}\left(y_s-\omega^{*}x_s\right)\end{cases} \tag{8.12}$$

式中，S 为所有支持向量的下标集，这里为了增加鲁棒性，采用所有支持向量求解的平均值，当然为了减少计算量，选择任意一个支持向量代入超平面方程均可以得到 b。

8.3　线性支持向量机与软间隔最大化

在实际应用中，完全线性可分的样本集是很少的，如果遇到了不能够完全线性可分的样本，则会陷入困境。如果可以适当放宽条件，即容忍部分样本点在间隔带里面甚至容忍一定的分类错误，这就是线性 SVM。

线性 SVM 与线性可分 SVM 最大的区别在于允许部分样本点不满足约束条件，即对于约束条件 $y_i\left(\omega^{\mathrm{T}}x_i+b\right)\geqslant 1$ 进行松弛，通常为每个样本引入一个松弛变量 $\xi_i\geqslant 0$，约束条件为

$$1-y_i\left(\omega^{\mathrm{T}}x_i+b\right)-\xi_i\leqslant 0 \tag{8.13}$$

由于加入了松弛变量，硬间隔变小，因此也把线性 SVM 的优化目标说成软间隔最大化。

8.3.1　软间隔的对偶算法

加入松弛变量 ξ_i 后，线性 SVM 的优化目标变成

$$\begin{gathered}\min_{\omega}\frac{1}{2}\|\omega\|^2+C\sum_{i=1}^{m}\xi_i\\ \text{s.t. } g_i(\omega,b)=1-y_i\left(\omega^{\mathrm{T}}x_i+b\right)-\xi_i\leqslant 0\end{gathered}\tag{8.14}$$

式中，C为大于 0 的常数，用来刻画错误样本的惩罚程度，当$C\to\infty$时，线性SVM就退化为线性可分SVM。

下面利用拉格朗日乘子法解决线性SVM的优化问题。

构造拉格朗日函数

$$\begin{aligned}L(\omega,b,\xi_i,\lambda,\mu)=&\frac{1}{2}\|\omega\|^2+C\sum_{i=1}^{m}\xi_i\\&+\sum_{i=1}^{m}\lambda_i\left[1-y_i\left(\omega^{\mathrm{T}}x_i+b\right)-\xi_i\right]-\sum_{i=1}^{m}\mu_i\xi_i\end{aligned}\tag{8.15}$$

$$\text{s.t. } \lambda_i\geqslant 0,\mu_i\geqslant 0$$

式中，λ_i和μ_i是拉格朗日乘子。

$L(\omega,b,\xi_i,\lambda,\mu)$分别对$\omega$、$b$、$\xi_i$求偏导，并令偏导数为0，得到

$$\begin{cases}\omega=\sum_{i=1}^{m}\lambda_i y_i x_i\\ \sum_{i=1}^{m}\lambda_i y_i=0\\ \lambda_i+\mu_i=C\end{cases}\tag{8.16}$$

将式(8.16)代回式(8.15)，得到

$$L(\omega,b,\xi_i,\lambda,\mu)=\sum_{i=1}^{m}\lambda_i-\frac{1}{2}\sum_{i,j=1}^{m}\lambda_i\lambda_j y_i y_j\mu_i\left(x_i\cdot x_j\right)\tag{8.17}$$

式中，$\left(x_i\cdot x_j\right)$为点积运算，随后只需要最大化$L$：

$$\begin{gathered}\max_{\lambda}\sum_{i=1}^{m}\lambda_i-\frac{1}{2}\sum_{i,j=1}^{m}\lambda_i\lambda_j y_i y_j\mu_i\left(x_i\cdot x_j\right)\\ \text{s.t. }\sum_{i=1}^{m}\lambda_i y_i=0,\lambda_i\geqslant 0,C-\lambda_i-\mu_i=0\end{gathered}\tag{8.18}$$

下面和线性可分SVM一样，求解得到最优解ω^*：

$$\begin{cases}\omega^*=\sum_{i=1}^{m}\alpha_i y_i x_i^{\mathrm{T}}\\ b=\frac{1}{|S|}\sum_{s\in S}\left(y_s-\omega^* x_s\right)\end{cases}\tag{8.19}$$

8.3.2 Hinge 损失函数

SVM 通过建立二次规划原始问题，引入拉格朗日乘子，然后转换成对偶的形式去求解，这是一种理论非常扎实的解法。这里换一种角度来思考，在机器学习领域，一般的做法是经验风险最小化，即构建假设函数为输入输出间的映射，然后采用损失函数来衡量模型的优劣。

基于 Hinge 损失函数的目标函数如下：

$$L(\omega,b)=\sum_{i=1}^{m}\left[1-y_i\left(\omega^{\mathrm{T}}x_i+b\right)\right]_{+}+\lambda\|\omega\|_2 \tag{8.20}$$

第一项是经验损失，也称为 Hinge 损失函数；第二项是 L_2 范数的正则化项，$[z]_+$ 函数表示为

$$[z]_+=\begin{cases}z, & z>0\\ 0, & z\leqslant 0\end{cases} \tag{8.21}$$

这就是说，当 (x_i,y_i) 被正确分类且函数间隔(确信度) $y_i\left(\omega^{\mathrm{T}}x_i+b\right)$ 大于 1 时，损失是 0，否则损失是 $1-y_i\left(\omega^{\mathrm{T}}x_i+b\right)$。

Hinge 损失函数如图 8.2 所示，横轴是函数间隔 $y_i\left(\omega^{\mathrm{T}}x_i+b\right)$，纵轴是损失。由于函数形状像一个合页，故名 Hinge(合页)损失函数。

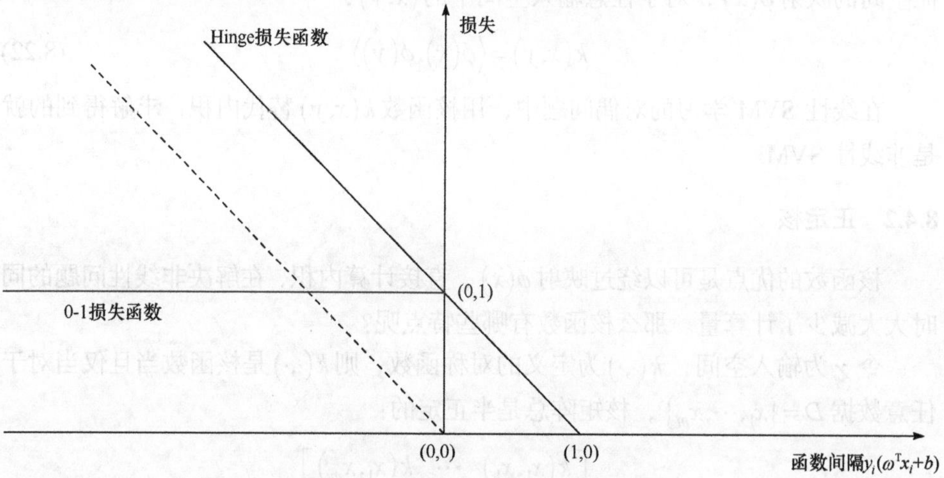

图 8.2　Hinge 损失函数示意图

图 8.2 中还画出了 0-1 损失函数，可以认为它是一个二分类问题的真正的损失函数，而 Hinge 损失函数是 0-1 损失函数的上界。由于 0-1 损失函数不是连续可导的，直接优化其构成的目标函数比较困难，可以认为线性 SVM 优化由 0-1

损失函数的上界(Hinge 损失函数)构成的目标函数。这时的上界损失函数又称为代理损失函数。图中虚线显示的是 SVM 的损失函数$\left[1-y_i\left(\omega^{\mathrm{T}}x_i+b\right)\right]_+$。这时当$(x_i,y_i)$被正确分类时，损失是 0，否则损失是$-y_i\left(\omega^{\mathrm{T}}x_i+b\right)$，相比之下，Hinge 损失函数不仅要分类正确，还要确信度足够高时损失才是 0，也就是说，Hinge 损失函数对学习有更高的要求。

8.4 非线性支持向量机与核函数

8.4.1 核技巧

8.2 节和 8.3 节讨论的硬间隔和软间隔都是指样本完全线性可分或者大部分线性可分，但对于输入空间中的非线性分类问题就难以处理了。这时可以通过非线性变换将它转化为某维特征空间中的线性分类问题，在高维特征空间中学习线性 SVM，这就是非线性 SVM。在线性 SVM 学习的对偶问题里，目标函数和分类决策函数都只涉及实例和实例之间的内积，所以不需要显式地指定非线性变换，而是用核函数替换当中的内积。核函数表示通过一个非线性转换后的两个实例间的内积。具体地，设$k(x,y)$是一个函数或正定核，意味着存在一个从输入空间到特征空间的映射$\phi(x)$，对于任意输入空间中的(x,y)：

$$k(x,y)=\langle\phi(x),\phi(y)\rangle \tag{8.22}$$

在线性 SVM 学习的对偶问题中，用核函数$k(x,y)$替代内积，求解得到的就是非线性 SVM。

8.4.2 正定核

核函数的优点是可以绕过映射$\phi(x)$，直接计算内积，在解决非线性问题的同时大大减少了计算量。那么核函数有哪些特点呢?

令χ为输入空间，$k(\cdot,\cdot)$为定义的对称函数，则$k(\cdot,\cdot)$是核函数当且仅当对于任意数据$D=\{x_1,\cdots,x_m\}$，核矩阵总是半正定的：

$$K=\begin{bmatrix} k(x_1,x_1) & \cdots & k(x_1,x_m) \\ \vdots & & \vdots \\ k(x_m,x_1) & \cdots & k(x_m,x_m) \end{bmatrix} \tag{8.23}$$

只要一个对称函数所对应的核矩阵半正定，它就能作为核函数使用。事实上，对于一个半正定核矩阵，总能找到一个与之对应的映射$\phi(x)$。换言之，任何一个核函数都隐式地定义了一个称为“再生核希尔伯特空间”的特征空间。

从上文可以看到，虽然给出了核函数的充分条件，但是并没有考虑不同模型、不同数据集核函数的选取方法。事实上，核函数的选择和参数的调整是非线性 SVM 的最大变化所在，如果选取得不合适，效果甚至可能不如线性 SVM 分类器。

8.4.3 核非线性支持向量机

首先设 x 表示原来的样本点，$\phi(x)$ 表示 x 映射到新的特征空间后的向量。那么分割超平面可以表示为

$$f(x)=\omega\phi(x)+b \tag{8.24}$$

对于非线性 SVM 的对偶问题就变成

$$\begin{aligned}&\min_{\lambda}\left[\frac{1}{2}\sum_{i,j=1}^{m}\lambda_i\lambda_j y_i y_j\big(\big(\phi(x_i)\cdot\phi(x_j)\big)-\sum_{j=1}^{m}\lambda_j\right]\\&\text{s.t.}\sum_{i=1}^{m}\lambda_i y_i=0,\lambda_i\geqslant 0,C-\lambda_i-\mu_i=0\end{aligned} \tag{8.25}$$

式中，λ_i 和 μ_i 为拉格朗日乘子；C 为松弛系数，表示对分类超平面的容忍程度。

8.5 序列最小优化算法

由 8.2 节可知，在求解 SVM 最优参数时，人们经常将其转化为对偶问题。但是，这仍是一个二次规划问题，在实际求解中，如果变量样本数过大，仍会带来巨大的计算复杂度，那么如何进一步加快收敛速度呢？下面介绍序列最小优化(sequential minimal optimization，SMO)算法。SMO 算法是一种启发式算法，基本思路是：如果所有变量的解都满足此最优化问题的 KKT 条件，那么就可以得到最优化问题的解了。

8.5.1 两个变量二次规划的求解方法

SMO 算法是一种坐标下降法，以迭代方式求解 SVM 的对偶问题，其设计是在每个迭代步选择拉格朗日乘子中的两个变量 α_i 和 α_j 并固定其他参数，将原优化问题化简至 1 维子可行域，此时约束条件有如下等价形式：

$$\sum_{i=1}^{m}\alpha_i y_i=0\Leftrightarrow\alpha_i y_i+\alpha_j y_j=-\sum_{k\neq i,j}\alpha_k y_k \tag{8.26}$$

将式(8.26)右侧代入 SVM 的对偶问题并消去求和项中的 α_j 可以得到仅关于

α_i 的二次规划问题，该优化问题有闭式解。

现在假设只有两个变量 α_i 和 α_j，求解方法如下：由 $\alpha_i y_i + \alpha_j y_j = 0$，得 $\alpha_j = \dfrac{-\alpha_i y_i}{y_j}$，那么原问题就转化为仅有一个约束条件的最优化问题。令偏导数为 0，求出 α_i，再利用 $\alpha_j = \dfrac{-\alpha_i y_i}{y_j}$ 可以得到 α_j。

8.5.2　SMO 算法步骤

由 8.5.1 节可得，在 SMO 算法每一步优化中，会挑选参数集 $\alpha = (\alpha_1, \cdots, \alpha_n)$ 中的 α_i 和 α_j 作为变量，其他视为常数，问题就变成类似二次方程求最大值的问题，从而能求出解析解。那么该如何选择这两个变量呢？先假设选择的乘子为 α_1 和 α_2，其他变量均为常数。则 SMO 最优化问题改写为

$$\begin{aligned} \min_{\alpha_1,\alpha_2} W(\alpha_1,\alpha_2) = \frac{1}{2}K_{11}\alpha_1^2 + \frac{1}{2}K_{22}\alpha_2^2 + y_1 y_2 K_{12}\alpha_1\alpha_2 \\ -(\alpha_1+\alpha_2) + y_1\alpha_1\sum_{i=3}^{n} y_i\alpha_i K_{i1} \\ + y_2\alpha_2\sum_{i=3}^{n} y_i\alpha_i K_{i2} \\ \text{s.t.}\ \alpha_1 y_1 + \alpha_2 y_2 = -\sum_{i=3}^{n} y_2\alpha_i \end{aligned} \tag{8.27}$$

式中，$K_{ij} = K(x_i, x_j)$，线性 SVM 即表示 x_i 和 x_j 的内积。

假设初始可行解为 α_1^{old} 和 α_2^{old}，最优解为 α_1^{new} 和 α_2^{new}，考虑到约束条件，则 α_2^{new} 需满足

$$\begin{gathered} L \leqslant \alpha_2^{\text{new}} \leqslant H \\ \begin{cases} L = \max\left(0, \alpha_2^{\text{old}} - \alpha_1^{\text{old}}\right), H = \min\left(C, C + \alpha_2^{\text{old}} - \alpha_1^{\text{old}}\right), y_1 \neq y_1 \\ L = \max\left(0, \alpha_2^{\text{old}} + \alpha_1^{\text{old}} - C\right), H = \min\left(C, \alpha_2^{\text{old}} + \alpha_1^{\text{old}}\right), y_1 = y_1 \end{cases} \end{gathered} \tag{8.28}$$

设 E_i 为误差项，η 为学习率，则有

$$\begin{cases} E_i = \left(\sum_{i=1}^{n} \alpha_i y_j K_{ji} + b\right) - y_j, \quad i = 1,2 \\ \eta = K_{11} + K_{22} - 2K_{12} \end{cases} \tag{8.29}$$

不加证明地给出 α_2^{new} 经过剪辑后的解 $\alpha_2^{\text{new,unc}}$ 为

$$\alpha_2^{\text{new,unc}} = \alpha_2^{\text{old}} + \frac{y_2\left(E_1 - E_2\right)}{\eta} \tag{8.30}$$

考虑约束以后，得到最终经剪辑过的 α_2^{new} 解为

$$\alpha_2^{\text{new}} = \begin{cases} H, & \alpha_2^{\text{new,unc}} > H \\ \alpha_2^{\text{new}}, & L \leqslant \alpha_2^{\text{new,unc}} \leqslant H \\ L, & \alpha_2^{\text{new,unc}} < L \end{cases} \tag{8.31}$$

进一步得到

$$\alpha_1^{\text{new}} = \alpha_1^{\text{old}} + y_1 y_2 \left(\alpha_2^{\text{old}} - \alpha_2^{\text{new}}\right)$$

最后总结 SMO 算法步骤如下：

(1) 计算误差 E_i；

(2) 计算上下边界 L 、H ；

(3) 计算 η ；

(4) 更新 α_2 ；

(5) 根据取值范围修剪 α_2 ；

(6) 更新 α_1 。

继续阅读

本节介绍的 SVM 模型基本都是考虑二分类问题，但是实际情况有多分类情况，下面简单介绍如何处理多分类问题。

目前，构造 SVM 多分类器的方法主要有两类：一类是直接法，直接在目标函数上进行修改，将多个分类面的参数求解合并到一个最优化问题中，通过求解该最优化问题“一次性”实现多分类。这种方法看似简单，但其计算复杂度比较高，实现起来比较困难，只适合用于小型问题中。另一类是间接法，主要通过组合多个二分类器来实现多分类器的构造，常见的方法有一对多法和一对一法两种。

(1) 一对多法。训练时依次把某个类别的样本归为一类，其他剩余的样本归为另一类，这样 k 个类别的样本就构造出了 k 个 SVM。分类时将未知样本分类为具有最大分类函数值的那类[1,2]。

(2) 一对一法。在任意两类样本之间设计一个 SVM，因此 k 个类别的样本就需要设计 $k(k-1)/2$ 个 SVM。当对一个未知样本进行分类时，最后得票最多的类别即为该未知样本的类别[3,4]。

(3) 层次分类法。首先将所有类别分成两个子类，再将子类进一步划分成两

个次级子类，如此循环，直到得到一个单独的类别为止[5,6]。

除了以上几种方法外，还有有向无环图 SVM 和对类别进行二进制编码的纠错编码 SVM[7]。

SVM 另一个问题是参数调优，如正则化参数和核函数参数，正常来说，当参数在合理范围时，模型在训练集和测试集的准确率都比较高；当模型在训练集上准确率比较高，而测试集上准确率比较低时，模型处于过拟合状态；当模型在训练集和测试集上准确率都比较低时，模型处于欠拟合状态。正常来说测试集上的准确率都会比训练集要低。为了保证调参的精度，一般都使用网格搜索法来确定参数。网格搜索法就是给出各个参数的调节范围和调节步长，计算出每个参数的可能取值，然后遍历所有的组合情况，返回最佳的参数值。

参 考 文 献

[1] Cervantes J, Garcia-Lamont F, Rodríguez-Mazahua L, et al. A comprehensive survey on support vector machine classification: Applications, challenges and trends[J]. Neurocomputing, 2020, 408: 189-215.

[2] Tanveer M, Rajani T, Rastogi R, et al. Comprehensive review on twin support vector machines[J]. arXiv preprint arXiv: 2015. 00336v3, 2022.

[3] Hearst M A, Dumais S T, Osuna E, et al. Support vector machines[J]. IEEE Intelligent Systems and Their Applications, 1998, 13(4): 18-28.

[4] Steinwart I, Christmann A. Support Vector Machines[M]. New York: Springer, 2008.

[5] Guo Y N, Zhang Z R, Tang F Z. Feature selection with kernelized multi-class support vector machine[J]. Pattern Recognition, 2021, 117: 107988.

[6] Zhou J, Qiu Y G, Zhu S L, et al. Optimization of support vector machine through the use of metaheuristic algorithms in forecasting TBM advance rate[J]. Engineering Applications of Artificial Intelligence, 2021, 97: 104015.

[7] Mammone A, Turchi M, Cristianini N. Support vector machines[J]. Wiley Interdisciplinary Reviews: Computational Statistics, 2009, 1(3): 283-289.

第 9 章　隐马尔可夫模型

隐马尔可夫模型(hidden Markov model，HMM)作为一种统计分析模型，创立于 20 世纪 70 年代,在 80 年代得到了传播和发展,成为信号处理的一个重要方向,现已成功地用于语音识别、行为识别、文字识别以及故障诊断等领域。

9.1　马尔可夫模型

马尔可夫模型是一种统计模型，广泛应用在语音识别、词性自动标注、音字转换、概率文法等自然语言处理应用领域。长期的发展，尤其是在语音识别中的成功应用，使它成为一种通用的统计工具。

马尔可夫模型是一个很大的概念，从模型的定义和性质来看，具有马尔可夫性质的随机过程/随机模型被统称为马尔可夫模型，如马尔可夫链、马尔可夫决策过程、HMM 等。

下面着重介绍两个概念——随机过程和马尔可夫性质。

随机过程：设 (Ω,P) 是一个概率空间，T 是实参数，定义 (Ω,T) 上的二元函数 $X(\omega,t)$，如果对于任一确定 $t\in T$，$X(\omega,t)$ 是 (Ω,P) 上的随机变量，则称 $\{X(\omega,t),\omega\in\Omega,t\in T\}$ 为概率空间上的随机过程，简记为 $\{X(t),t\in T\}$。对于所有 $t\in T$ 的 $X(t)$ 构成的集合称为状态空间，空间内任意确定的 t 对应的 $X(t)$ 称为状态。当 $\omega\in\Omega$ 固定时，$X(t)$ 是定义在 T 上不具有随机性的普通函数，记为 $x(t)$，称为随机过程的样本函数，其图像称为样本函数的样本曲线。

马尔可夫性质：当一个随机过程在给定现状及所有过去状态的情况下，其未来状态的条件概率分布仅依赖于当前状态；换句话说，在给定现状时，如果它与过去状态是条件独立的，那么此随机过程具有马尔可夫性质。具有马尔可夫性质的随机过程通常称为马尔可夫过程。

数学上，如果 $X(t)$ 为一个随机过程，则马尔可夫性质就是指

$$P\left[X(t+\Delta t)=y|X(s)=x(s)\right]=P\left[X(t+\Delta t)=y|X(t)=X(s)\right] \tag{9.1}$$

式中，$s\leqslant t,\ \Delta t>0$。

在离散情况下，如果一个系统有 N 个状态 $(S_1,S_2,\cdots,S_N)$，且状态会随着时间转换。如果用 q_t 表示系统在时间 t 的状态变量，那么 t 时刻的状态取值

$S_j\left(1 \leqslant j \leqslant N\right)$ 的概率取决于前 $t-1$ 个时刻的状态，该概率为

$$P\left(q_t = S_j | q_{t-1} = S_i, q_{t-2} = S_k, \cdots\right) \tag{9.2}$$

假设 1：如果在特定情况下，系统在时间 t 的状态只与其在时间 $t-1$ 的状态相关，则该系统构成一个离散的一阶马尔可夫链：

$$P\left(q_t = S_j | q_{t-1} = S_i, q_{t-2} = S_k, \cdots\right) = P\left(q_t = S_j | q_{t-1} = S_i\right) \tag{9.3}$$

假设 2：如果只考虑独立于时间 t 的随机过程，状态与时间无关，即 t 时刻状态的概率取决于前 $t-1$ 个时刻的状态，且状态的转换与时间无关，则该随机过程就是马尔可夫模型。

9.2　隐马尔可夫模型的要素和假设

在马尔可夫模型中，每个状态代表一个可观察的事件，所以，马尔可夫模型有时又称为可视马尔可夫模型(visible Markov model，VMM)，这在某种程度上限制了模型的适应性。在一些问题中，各种限制因素使得观测者无法得知状态序列，仅能得到观测序列，而问题又要求对状态序列进行推断。例如，作者现在打字撰写本节，在键盘上敲出来的字符序列就是观测序列，而实际对于 HMM 的介绍内容就是隐藏序列，输入法的任务就是从敲入的一系列字符尽可能猜测作者要写的一段话，并把最可能的词语放在最前面让作者选择。面对这种问题马尔可夫模型显得非常无力。

那么，能否找到一种算法，从得到观测序列入手，通过构建状态序列和观测序列的转换桥梁，从而推测出状态序列呢？这便是 HMM。

9.2.1　要素

HMM 的 λ 三要素包括初始状态概率向量 π、状态转移概率矩阵 A 和观测概率矩阵 B，即 $\lambda = \left(A, B, \pi\right)$。状态转移概率矩阵 A 与初始状态概率向量 π 确定了隐藏的马尔可夫链，生成不可观测的状态序列。观测概率矩阵 B 确定了如何从状态生成观测，与状态序列综合确定如何产生观测序列。下面详细介绍以上三要素。

设 Q 是所有可能的状态集合，V 是所有可能的观测集合，I 是长度为 T 的状态序列，O 是对应的观测序列，状态转移概率矩阵 A 定义为

$$A = \left[a_{ij}\right]_{N \times N} \tag{9.4}$$

式中，$a_{ij} = P\left(i_{t+1} = q_j | i_t = q_i\right), i = 1, 2, \cdots, N, j = 1, 2, \cdots, N$，表示在时刻 t 处于状态 q_i 的条件下在时刻 $t+1$ 转移到状态 q_j 的概率。

观测概率矩阵 B 定义为

$$B=\left[b_j(k)\right]_{N\times M} \tag{9.5}$$

式中，$b_j(k)=P(o_t=v_k|i_t=q_i),k=1,2,\cdots,M,\ j=1,2,\cdots,N$，表示在时刻 t 处于状态 q_i 的条件下生成观测 v_k 的概率。

初始态概率向量 π 定义为

$$\pi=(\pi_i) \tag{9.6}$$

式中，$\pi_i=P(i_1=q_i),i=1,2,\cdots,N$，表示 $t=1$ 时刻处于状态 q_i 的概率。

9.2.2 假设

齐次马尔可夫性假设：假设隐藏的马尔可夫链在任意时刻 t 的状态只依赖于其前一时刻的状态，与其他时刻的状态及观测无关，也与时刻 t 无关。

观测独立性假设：假设任意时刻的观测只依赖于该时刻的马尔可夫链的状态，与其他观测及状态无关。

9.3 隐马尔可夫模型的基本问题

HMM 有 3 个经典问题：评估问题、学习问题、解码问题。下面将分别阐述。

1. 评估问题

评估问题也称为概率计算问题，即给定 HMM、$\lambda=(A,B,\pi)$ 和观测序列 O，计算在模型 λ 下观测序列出现的最大概率 $P(O|\lambda)$。它的意义在于检测观察到的结果和已知的模型是否一致。

2. 学习问题

学习问题即已知观测序列，估计模型中的参数 $\lambda=\left(\hat{A},\hat{B},\hat{\pi}\right)$，使得在该模型下观测序列概率 $P(O|\lambda)$ 最大，即用极大似然估计的方法估计参数。

若训练数据包含观测序列和状态序列，则 HMM 的学习问题非常简单，是监督学习算法。下面将结合大数定律，直接给出 HMM 的参数估计：

$$\hat{\pi}_i=\frac{|S_i|}{\sum_{i=1}^{n}|S_i|}\quad \hat{a}_{ij}=\frac{|S_{ij}|}{\sum_{i=1}^{n}|S_{ij}|}\quad \hat{b}_j(k)=\frac{|q_{jk}|}{\sum_{k=1}^{m}|q_{jk}|} \tag{9.7}$$

式中，$|S_i|$ 表示状态 S_i 的总个数；$\sum_{i=1}^{n}|S_i|$ 表示所有时间点上的状态个数；$|S_{ij}|$ 表示

状态 i 转移到状态 j 的个数；$\sum_{i=1}^{n}\left|S_{ij}\right|$ 表示所有时间点上状态 i 转移到状态 j 的个数；$\left|q_{jk}\right|$ 表示状态为 j 且观测状态为 k 的个数；$\sum_{k=1}^{m}\left|q_{jk}\right|$ 表示所有时间点上状态为 j 且观测状态为 k 的个数。

若训练数据只包含观测序列，则 HMM 的学习问题需要使用期望最大化(expectation maximization，EM)算法求解，是无监督学习算法。下面具体介绍 Baum-Welch 算法。

期望步(E 步)：求 Q 函数 $Q\left(\lambda,\bar{\lambda}\right)$，即

$$\begin{aligned}Q\left(\lambda,\bar{\lambda}\right)&=\sum_{I}\log P\left(O,I|\lambda\right)P\left(O,I|\bar{\lambda}\right)\\&=\sum_{I}\log\pi_{i_1}P\left(O,I|\bar{\lambda}\right)\\&\quad+\sum_{I}\left(\sum_{t=1}^{T-1}\log a_{i_t}i_{t+1}\right)P\left(O,I|\lambda\right)\\&\quad+\sum_{I}\left(\sum_{t=1}^{T}\log b_{i_t}\left(o_t\right)\right)P\left(O,I|\lambda\right)\\&=Q_1+Q_2+Q_3\end{aligned}\tag{9.8}$$

式中，$\bar{\lambda}$ 是 HMM 参数的当前估计值；λ 是要极大化的 HMM 参数。

最大化步(M 步)：极大化 Q 函数，求模型参数 $\lambda=\left(A,B,\pi\right)$。

对式(9.8)展开 3 项分别极大化，求取 $\hat{\pi}$、$\hat{A}$、$\hat{B}$。

(1) $\hat{\pi}$：

$$\begin{gathered}Q_1=\sum_{I}\log\pi_{i_1}P\left(O,I|\bar{\lambda}\right)=\sum_{I}\log\pi_{i_1}P\left(O,i_1=i|\bar{\lambda}\right)\\\sum_{i=1}^{N}\pi_i=1\end{gathered}\tag{9.9}$$

将 Q_1 改写为拉格朗日函数：

$$L_1=\sum_{I}\log\pi_{i_1}P\left(O,i_1=i|\bar{\lambda}\right)+\gamma\left(\sum_{i=1}^{N}\pi_i-1\right)\tag{9.10}$$

式中，γ 为拉格朗日乘子。

对 π_i 求偏导令之为 0，得到 N 个等式：

$$P\left(O,i_1=i|\bar{\lambda}\right)+\gamma\pi_i=0\tag{9.11}$$

对所有的 i 求和，得到

$$\sum_{i=1}^{N}P\left(O,i_1=i|\bar{\lambda}\right)+\gamma\sum_{i=1}^{N}\pi_i=0 \tag{9.12}$$

可解得 $\gamma=-P(O|\bar{\lambda})$，回代得到 $\hat{\pi}_i$：

$$\hat{\pi}_i=\frac{P(O,i_1=1|\bar{\lambda})}{P(O|\bar{\lambda})} \tag{9.13}$$

同理可以得到 $\hat{A}$、$\hat{B}$ 估计值。

(2) $\hat{A}$：

$$Q_2=\sum_I\left(\sum_{t=1}^{T-1}\log a_{i_t}i_{t+1}\right)P(O,I|\lambda)=\sum_{i=1}^{N}\sum_{j=1}^{N}\sum_{t=1}^{T-1}\log a_{ij}P(O,i_t=i,i_{t+1}=j|\bar{\lambda})$$

$$\sum_{i=1}^{N}a_{ij}=1 \tag{9.14}$$

构造拉格朗日函数并对 a_{ij} 求偏导为 0，得到

$$\sum_{t=1}^{T-1}P(O,i_t,i_{t+1}=j|\bar{\lambda})+\gamma a_{ij}=0 \tag{9.15}$$

对 j 求和，解出 γ 后回代，得到 $\hat{a}_{ij}$：

$$\hat{a}_{ij}=\frac{\sum_{t=1}^{T-1}P(O,i_t=i,i_{t+1}=j|\bar{\lambda})}{\sum_{t=1}^{T-1}P(O,i_t=i|\bar{\lambda})} \tag{9.16}$$

(3) $\hat{B}$：

$$Q_3=\sum_I\left(\sum_{t=1}^{T}\log b_{i_t}\left(o_t\right)\right)P(O,I|\lambda)=\sum_{j=1}^{N}\sum_{t=1}^{T}\log b_j\left(o_t\right)P(O,i_t=j|\lambda)$$

$$\sum_{j=1}^{M}b_j\left(k\right)=1 \tag{9.17}$$

构造拉格朗日函数并对 $b_j\left(k\right)$ 求偏导令之为 0，得到

$$\sum_{t=1}^{T}P(O,i_t=j|\bar{\lambda})I\left(o_t=v_k\right)+\gamma b_j\left(k\right)=0 \tag{9.18}$$

对 k 求和，解出 γ 后回代，得到

$$\hat{b}_j\left(k\right)=\frac{\sum_{t=1}^{T}P(O,i_t=j|\bar{\lambda})I\left(o_t=v_k\right)}{\sum_{t=1}^{T}P(O,i_t=j|\bar{\lambda})} \tag{9.19}$$

3. 解码问题

已知模型 $\lambda=(A,B,\pi)$ 和观测序列 O，求对给定观测序列条件概率最大的状态序列 $I=(i_1,i_2,\cdots,i_T)$。即给定观测序列，求最有可能对应的隐藏状态序列。该部分通常可以用动态规划方法——Viterbi 算法求解，具体可阅读 9.4.3 节。

9.4 三个基本问题的求解算法

9.4.1 前向算法

对于第一个问题，即评估问题，如果对于长度为 T 的状态序列 I，状态集共有 N 个不同的状态，计算复杂度高达 $O\left(TN^T\right)$，显然很难采用。因此，通常采用前向算法和后向算法，本节先介绍前向算法，9.4.2 节将介绍后向算法。

首先定义前向概率 α_t。给定 HMM，定义到时刻 t 部分观测序列为 $o_1,o_2,\cdots,o_t$，且状态为 q_i 的概率为前向概率，记作

$$a_t(i)=P(o_1,o_2,\cdots,o_t,i_t=q_i\mid\lambda) \tag{9.20}$$

可以递推地求得前向概率 $a_t(i)$ 以及观测序列概率 $P(O\mid\lambda)$。算法步骤如下。

(1) 初始化前向概率，也就是初始时刻 $t=1$ 的状态 $i_1=q_i$ 和观测 o_1 的联合概率。

(2) 根据前向概率的递推公式，计算到时刻 $t+1$ 部分观测序列为 $o_1,o_2,\cdots,o_t,o_{t+1}$，且在 $t+1$ 处于状态 q_i 的前向概率。$a_t(j)$ 表示到 t 时刻观测到 $o_1,o_2,\cdots,o_t$ 并在 t 时刻处于状态 q_j 的前向概率；$\sum_{j=1}^{N}a_t(j)a_{ji}$ 表示在 t 时刻对所有 N 个状态求和，最终得到时刻 t 观测为 $o_1,o_2,\cdots,o_t$ 并在时刻 $t+1$ 到达状态 q_i 的联合概率。

算法 9.1　前向算法

输入：λ,O。

输出：$P(O\mid\lambda)$。

(1) 初值：$a_1(i)=\pi_i b_i(o_1),\quad i=1,2,\cdots,N$；

(2) 递推：对 $t=1,2,\cdots,T-1$，

$$a_{t+1}(i)=\left[\sum_{j=1}^{N}a_t(j)a_{ji}\right]b_i(o_{t+1}),\quad i=1,2,\cdots,N$$

(3) 终止：

$$P(O|\lambda)=\sum_{i=1}^{N}\alpha_T(i)$$

式中，$\alpha_T(i)=P(o_1,o_2,\cdots,o_T,i_T=q_i\mid\lambda)$。

实际上前向算法是根据状态序列的路径结构递推计算 $P(O|\lambda)$ 的算法，通过转移矩阵 A 和观测概率分布来分别对从时刻 t 到 $t+1$ 的状态和观测值的递推，从而局部计算前向概率，然后再递推到全局，得到 $P(O|\lambda)$。

9.4.2　后向算法

可以看到前向算法是从初始时刻状态 q_i 向最终状态 q_j 递推关系，而后向算法刚好相反，从最终状态 q_j 向初始时刻状态 q_i 递推。下面先定义后向概率 $\beta_t(i)$。给定 HMM，定义在时刻 t 状态为 q_i 的条件下，从 $t+1$ 到 T 的部分观测序列 $o_{t+1},o_{t+2},\cdots,o_T$ 的概率为后向概率，记作

$$\beta_t(i)=P(o_{t+1},o_{t+2},\cdots,o_T\mid i_t=q_i,\lambda) \tag{9.21}$$

可以递推地求得后向概率 $\beta_t(i)$ 以及观测序列概率 $P(O|\lambda)$。

算法步骤如下。

(1) 初始化后向概率，对最终时刻的所有状态 q_i 规定 $\beta_T(i)=1$。

(2) 采用后向概率的递推公式，计算在时刻 t 状态为 q_i 的条件下，时刻 $t+1$ 之后的观测序列为 $o_{t+1},o_{t+2},\cdots,o_T$ 的后向概率 $\beta_t(i)$，只需考虑在时刻 $t+1$ 所有可能的 N 个状态 q_j 的转移概率 a_{ij}，以及在此状态下的观测 o_{t+1} 的观测概率 $b_j(o_{t+1})$，然后考虑状态 q_j 之后的观测序列的后向概率 $\beta_{t+1}(j)$。

算法 9.2　后向算法

输入：λ,O。

输出：$P(O|\lambda)$。

(1) 初始化：$\beta_T(i)$，$i=1,2,\cdots,N$

(2) 递推：对 $t=T-1,T-2,\cdots,1$，

$$\beta_t(i)=\left[\sum_{j=1}^{N}a_{ij}b_j(o_{t+1})\right]\beta_{t+1}(j),\quad i=1,2,\cdots,N$$

(3) 终止：

$$P(O|\lambda)=\sum_{i=1}^{N}\pi_i b_i(o_1)\beta_1(i)$$

9.4.3 Viterbi 算法

Viterbi 算法是一种动态规划算法，最早用来求解图最短路径，计算复杂度为 $O(ND^2)$，其中 N 为长度，D 为宽度。Viterbi 算法用于寻找最有可能产生观测事件序列的 Viterbi 路径——隐含状态序列，特别是在马尔可夫信息源上下文和 HMM 中。通常用来求解解码问题，即推测最有可能对应的隐藏状态序列。假设观测序列为 $I=(i_1,i_2,\cdots,i_T)$；隐藏状态序列为 $o_1,o_2,\cdots,o_T$：

$$\begin{aligned} o_1,o_2,\cdots,o_T &= \arg\max_{o\in P} P(o_1,o_2,\cdots,o_T|i_1,i_2,\cdots,i_T) \\ &= \arg\max_{o\in O} \prod_{j=1}^{T} P(i_j \mid o_j) P(o_j \mid o_{j-1}) \end{aligned} \tag{9.22}$$

式中，$P(o_j \mid o_{j-1})$ 是状态之间的转移概率；$P(i_j \mid o_j)$ 是每个状态的产生概率。Viterbi 算法描述如下：

(1) 如果概率最大的路径 P 经过某点，则从开始点到该点的子路径也一定是从开始点到该点路径中概率最大的。

(2) 假定第 i 时刻有 k 个状态，从开始点到 i 时刻的 k 个状态有 k 条最短路径，而最终的最短路径必然经过其中的一条。

(3) 结合以上两点，在计算第 $i+1$ 状态的最短路径时，只需要考虑从开始点到当前的 k 个状态值的最短路径和当前状态值到第 $i+1$ 状态值的最短路径即可，如求 $t=3$ 时的最短路径，等于求 $t=2$ 时的所有状态节点 X_{2i} 的最短路径加上 $t=2$ 到 $t=3$ 的各节点的最短路径。

为了记录中间变量，引入变量 δ 和 ψ 。定义 t 时刻状态为 i 的所有单个路径 $(i_1,i_2,\cdots,i_t)$ 中最大概率值(最短路径)为

$$\delta_t(i) = \max P(i_t = i, i_{t-1}=1, o_t,\cdots,o_1|\lambda), \quad i=1,2,\cdots,N \tag{9.23}$$

式中，i_t 表示最短路径；o_t 表示观测值；λ 表示 HMM 参数。递推得到 $\delta_{t+1}(t)$：

$$\begin{gathered} \delta_{t+1}(i) = \max\left[\delta_t(j)a_{ji}\right]\cdot b_i(o_{t+1}) \\ i=1,2,\cdots,N, t=1,2,\cdots,T-1 \end{gathered} \tag{9.24}$$

式中，$\delta_{t+1}(i)$ 表示 t 时刻处于状态 q_j ，$t+1$ 时刻转移到状态 q_i 且观测序列值为 o_{t+1} 的最大概率。

定义 $\psi_t(i)$ 为时刻 t 到状态为 i 的概率最大路径的前一个时刻经过的节点，即它保存了最短路径所经过的节点：

$$\psi_t(i) = \arg\max_{1\leqslant j\leqslant N}\left[\delta_{t-1}(j)a_{ji}\right] \tag{9.25}$$

继续阅读

HMM 在许多领域都有着广泛的应用，例如：

(1) 语音识别。语音识别并没有想象得那么容易，它会遇到很多问题。事实上它不是一个简单的对录下来的声音进行分析的过程，单单是声音信号的保存就要用到很多的数学处理。信号有波形，有频率，它的形状保存下来变成了振幅和频率的数字信号。第一种想法，可以用波形匹配字符吗？这种想法是因为波形相似，则发音是一样的。不过同一个发音，实际字符经常是不同的，同一个字符也可能发音不准确[1,2]。

(2) 蛋白质序列观测。对于蛋白质的功能研究来说，生物信息是结合得很紧密的。在目前的生物信息学研究中，根据蛋白质序列得到的不仅仅是蛋白质的结构，而且还跟遗传学的亲缘关系、蛋白质功能的研究有很大的关系[3,4]。蛋白质的氨基酸序列是一个观测序列，对于不同的蛋白质来说，它的产生概率显然不是固定的。在生物学内部，对蛋白质会有一个标准的蛋白质表示方法，也就是用一个氨基酸序列来表示它。

(3) 量化交易。一部分金融界的人会采用 HMM 辅助预测量化交易的趋势，当然，他们用到的 HMM 往往复杂度并不在问题的抽象上，而在数学处理上，用到的模型还经常混合了其他模型[5]。

(4) 人脸识别、手势识别。在计算机视觉中当然也可以用到 HMM，比如一张识别一张人脸照片的表情，识别一个手势动作的含义等，这些也都是模式识别的一些应用[6,7]。

参考文献

[1] Eddy S R. What is a hidden Markov model?[J]. Nature Biotechnology, 2004, 22(10): 1315-1316.

[2] Eddy S R. Hidden Markov models[J]. Current Opinion in Structural Biology, 1996, 6(3): 361-365.

[3] Felsenstein J, Churchill G A. A hidden Markov model approach to variation among sites in rate of evolution[J]. Molecular Biology and Evolution, 1996, 13(1): 93-104.

[4] Altman R M K. Mixed hidden Markov models: An extension of the hidden Markov model to the longitudinal data setting[J]. Journal of the American Statistical Association, 2007, 102(477): 201-210.

[5] Awad M, Khanna R. Efficient Learning Machines: Theories, Concepts, and Applications for Engineers and System Designers[M]. Berkeley: Apress, 2015.

[6] Mor B, Garhwal S, Kumar A. A systematic review of hidden Markov models and their applications[J]. Archives of Computational Methods in Engineering, 2021, 28: 1429-1448.

[7] Glennie R, Adam T, Leos-Barajas V, et al. Hidden Markov models: Pitfalls and opportunities in ecology[J]. Methods in Ecology and Evolution, 2023, 14(1): 43-56.

第 10 章　条件随机场

条件随机场(conditional random field, CRF)是给定一组输入随机变量条件下另一组输出随机变量的条件概率分布模型，其特点是假设输出随机变量构成马尔可夫随机场。条件随机场可以用于不同的预测问题，本书仅论及它在标注问题的应用，因此主要讲述线性链条件随机场，这时，问题变成了由输入序列对输出序列预测的判别模型，形式为对数线性模型，其学习方法通常是极大似然估计或正则化的极大似然估计。线性链条件随机场应用于标注问题是由 Lafferty 等于 2001 年提出的。

10.1　概率无向图模型

概率无向图模型(probabilistic undirected graphical model, PUGM)又称为马尔可夫随机场，是一个可以由无向图表示的联合概率分布。本节首先叙述概率无向图模型的定义，然后介绍概率无向图模型的因子分解。

10.1.1　概率无向图模型的定义

图是由节点及连接节点的边组成的集合。节点和边分别记作v和e，节点和边的集合分别记作V和E，图记作$G=(V,E)$。无向图是指边没有方向的图。

概率图模型(probabilistic graphical model, PGM)是由图表示的概率分布。设有联合概率分布$P(Y)$,Y是一组随机变量。由无向图$G=(V,E)$表示概率分布$P(Y)$，即在图G中，节点$v\in V$表示一个随机变量Y_v，$Y=(Y_v)_{v\in V}$，边$e\in E$表示随机变量之间的概率依赖关系。

给定一个联合概率分布$P(Y)$和表示它的无向图G。首先定义无向图表示的随机变量之间存在的成对马尔可夫性、局部马尔可夫性和全局马尔可夫性。

成对马尔可夫性：设u和v是无向图G中任意两个没有边连接的节点，节点u和v分别对应随机变量Y_u和Y_v。其他所有节点为O，对应的随机变量组是Y_o。成对马尔可夫性是指给定随机变量组Y_o的条件下随机变量Y_u和Y_v是条件独立的，即

$$P(Y_u,Y_v|Y_o)=P(Y_u\mid Y_o)P(Y_v\mid Y_o) \tag{10.1}$$

局部马尔可夫性：设$v\in V$是无向图G中任意一个节点；W是与v有边连接

的所有节点；O是v和W以外的其他所有节点。v表示的随机变量是Y_v；W表示的随机变量组是Y_w；O表示的随机变量组是Y_o。局部马尔可夫性是指在给定随机变量组Y_w的条件下随机变量Y_v与随机变量组Y_o是独立的，即

$$P(Y_v,Y_o|Y_w)=P(Y_v|Y_w)P(Y_o|Y_w) \tag{10.2}$$

在$P(Y_o|Y_w)>0$时，等价地，有

$$P(Y_v|Y_w)=P(Y_v|Y_w,Y_o) \tag{10.3}$$

全局马尔可夫性：设节点集合A、B是在无向图G中被节点集合C分开的任意节点集合，如图 10.1 所示。节点集合A、B和C所对应的随机变量组分别是Y_A、Y_B和Y_C。全局马尔可夫性是指给定随机变量组Y_C条件下随机变量组Y_A和Y_B是条件独立的，即

$$P(Y_A,Y_B|Y_C)=P(Y_A|Y_C)P(Y_B|Y_C) \tag{10.4}$$

上述成对的、局部的、全局的马尔可夫性定义是等价的。

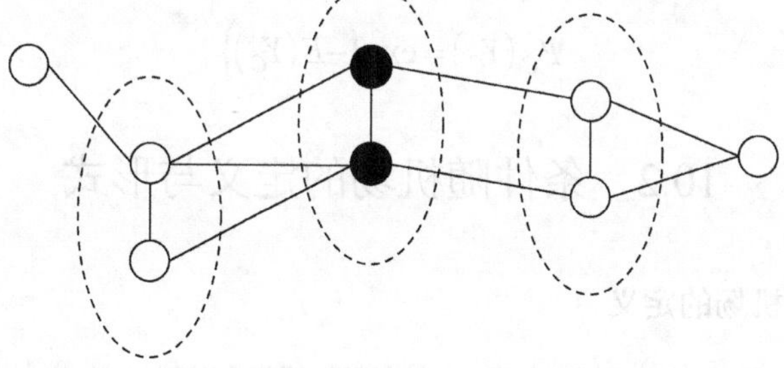

图 10.1　全局马尔可夫性

概率无向图模型的定义为：设有联合概率分布$P(Y)$由无向图$G=(V,E)$表示，在图G中，节点表示随机变量，边表示随机变量之间的依赖关系。如果联合概率分布$P(Y)$满足成对、局部或全局马尔可夫性，就称此联合概率分布为概率无向图模型或马尔可夫随机场。

以上是概率无向图模型的定义，实际上，用户更关心的是如何求其联合概率分布。对于给定的概率无向图模型，希望将整体的联合概率写成若干子联合概率乘积的形式，也就是将联合概率进行因子分解，这样便于模型的学习与计算。事实上，概率无向图模型的最大特点就是易于因子分解。下面介绍这一过程。

10.1.2　概率无向图模型的因子分解

首先给出无向图中的团与最大团的定义。

无向图G中任何两个节点均有边连接的节点子集称为团。若C是无向图G的

一个团，并且不能再加进任何一个 G 的节点使其成为一个更大的团，则称此 C 为最大团。

将概率无向图模型的联合概率分布表示为其最大团上随机变量的函数乘积形式的操作，称为概率无向图模型的因子分解。

给定概率无向图模型，设其无向图为 G；C 为 G 上的最大团；Y_C 表示 C 对应的随机变量。那么概率无向图模型的联合概率分布 $P(Y)$ 可写成图中所有最大团 C 上的函数 $\Psi_C(Y_C)$ 的乘积形式，即

$$P(Y)=\frac{1}{Z}\prod_{C}\Psi_C(Y_C) \tag{10.5}$$

式中，Z 是规范化因子(normalization factor)，如下：

$$Z=\sum_{Y}\prod_{C}\Psi_C(Y_C) \tag{10.6}$$

规范化因子保证 $P(Y)$ 构成一个概率分布；函数 $\Psi_C(Y_C)$ 称为势函数，这里要求势函数 $\Psi_C(Y_C)$ 是严格正的，通常定义为指数函数：

$$\Psi_C(Y_C)=\exp\{-E(Y_C)\} \tag{10.7}$$

10.2 条件随机场的定义与形式

10.2.1 条件随机场的定义

条件随机场是在给定随机变量 X 条件下，随机变量 Y 的马尔可夫随机场。这里主要介绍定义在线性链上的特殊的条件随机场，称为线性链条件随机场。线性链条件随机场可以用于标注等问题。这时，在条件概率模型 $P(Y|X)$ 中，Y 是输出变量，表示标记序列，也把标记序列称为状态序列。X 是输入变量，表示需要标注的观测序列。学习时，利用训练数据集通过极大似然估计或正则化的极大似然估计得到条件概率模型 $\hat{P}(Y|X)$；预测时，对于给定的输入序列 x，求出条件概率 $\hat{P}(y|x)$ 最大的输出序列 $\hat{y}$。

首先，定义一般的条件随机场，然后定义线性链条件随机场。

条件随机场：设 X 与 Y 是随机变量，$P(Y|X)$ 是在给定 X 的条件下 Y 的条件概率分布。若随机变量 Y 构成一个由无向图 $G=(V,E)$ 表示的马尔可夫随机场，即

$$P(Y_v|X,Y_w,w\neq v)=P(Y_v|X,Y_w,w-v) \tag{10.8}$$

对任意节点 v 成立，则称条件概率分布 $P(Y|X)$ 为条件随机场。式中，$w-v$ 表示在图 $G=(V,E)$ 中与节点 v 有边连接的所有节点，$w(w\neq v)$ 表示节点 v 以外的所有

节点；Y_v 与 Y_w 为节点 v 与 w 对应的随机变量。

在定义中并没有要求 X 和 Y 具有相同的图结构。现实中，一般假设 X 和 Y 有相同的图结构。本部分主要考虑无向图为图 10.2 与图 10.3 所示的线性链的情况，即

$$G=\left(V=\{1,2,\cdots,n\},E=\{(i,i+1)\}\right),\quad i=1,2,\cdots,n-1 \tag{10.9}$$

在此情况下，$X=(X_1,X_2,\cdots,X_n)$，$Y=(Y_1,Y_2,\cdots,Y_n)$，最大团是相邻两个节点的集合。线性链条件随机场有下面的定义。

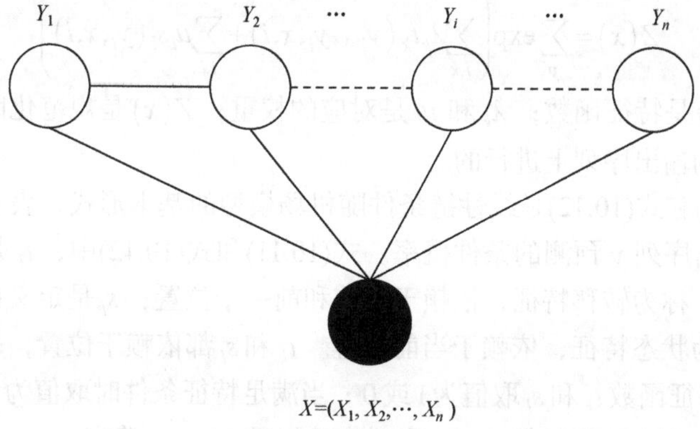

图 10.2　线性链条件随机场

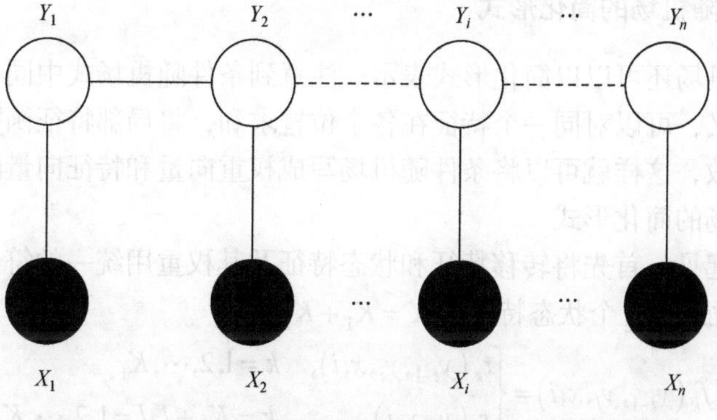

图 10.3　X 和 Y 有相同的图结构的线性链条件随机场

线性链条件随机场：设 $X=(X_1,X_2,\cdots,X_n)$，$Y=(Y_1,Y_2,\cdots,Y_n)$ 均为线性链表示的随机变量序列，若在给定随机变量序列 X 的条件下，随机变量序列的条件概率分布 $P(Y|X)$ 构成条件随机场，即满足马尔可夫性：

$$P(Y_i|X,Y_1,\cdots,Y_{i-1},Y_{i+1},\cdots,Y_n)=P(Y_i|X,Y_{i-1},Y_{i+1}) \tag{10.10}$$

则称 $P(Y|X)$ 为线性链条件随机场。在标注问题中，X 表示输入观测序列；Y 表示对应的输出标记序列或状态序列。

10.2.2　条件随机场的参数化形式

线性链条件随机场的参数化形式：设 $P(Y|X)$ 为线性链条件随机场，则在随机变量 X 取值为 x 的条件下，随机变量 Y 取值为 y 的条件概率具有如下形式：

$$P(y|x)=\frac{1}{Z(x)}\exp\left(\sum_{i,k}\lambda_k t_k(y_{i-1},y_i,x,i)+\sum_{i,l}\mu_l s_l(y_i,x,i)\right) \tag{10.11}$$

式中，

$$Z(x)=\sum_y \exp\left(\sum_{i,k}\lambda_k t_k(y_{i-1},y_i,x,i)+\sum_{i,l}\mu_l s_l(y_i,x,i)\right) \tag{10.12}$$

式中，t_k 和 s_l 是特征函数；λ_k 和 μ_l 是对应的权重；$Z(x)$ 是规范化因子，求和是在所有可能的输出序列上进行的。

式(10.11)和式(10.12)是线性链条件随机场模型的基本形式，表示给定输入序列 x 下对输出序列 y 预测的条件概率。式(10.11)和式(10.12)中，t_k 是定义在边上的特征函数，称为转移特征，依赖于当前和前一个位置；s_l 是定义在节点上的特征函数，称为状态特征，依赖于当前位置。t_k 和 s_l 都依赖于位置，是局部特征函数。通常，特征函数 t_k 和 s_l 取值为 1 或 0；当满足特征条件时取值为 1，否则为 0。条件随机场完全由特征函数 t_k、s_l 和对应的权重 λ_k、μ_l 确定。

10.2.3　条件随机场的简化形式

条件随机场还可以以简化形式表示。注意到条件随机场式中同一特征在各个位置都有定义，可以对同一个特征在各个位置求和，将局部特征函数转化为一个全局特征函数，这样就可以将条件随机场写成权重向量和特征向量的内积形式，即条件随机场的简化形式。

为简便起见，首先将转移特征和状态特征及其权重用统一的符号表示。设有 K_1 个转移特征，K_2 个状态特征，$K=K_1+K_2$，记

$$f_k(y_{i-1},y_i,x,i)=\begin{cases} t_k(y_{i-1},y_i,x,i), & k=1,2,\cdots,K_1 \\ s_l(y_i,x,i), & k=K_1+l, l=1,2,\cdots,K_2 \end{cases} \tag{10.13}$$

然后，对转移与状态特征在各个位置 i 求和，记作

$$f_k(y,x)=\sum_{i=1}^{n} f_k(y_{i-1},y_i,x,i),\quad k=1,2,\cdots,K \tag{10.14}$$

用 w_k 表示特征的权重 $f_k(y,x)$，即

$$w_k=\begin{cases} \lambda_k, & k=1,2,\cdots,K_1 \\ \mu_l, & k=K_1+l, l=1,2,\cdots,K_2 \end{cases} \tag{10.15}$$

于是，条件随机场可表示为

$$P(y|x)=\frac{1}{Z(x)}\exp\sum_{k=1}^{K}w_k f_k(y,x) \tag{10.16}$$

$$Z(x)=\sum_{y}\exp\sum_{k=1}^{K}w_k f_k(y,x) \tag{10.17}$$

若以 w 表示权重向量，即

$$w=(w_1,w_2,\cdots,w_K)^{\mathrm{T}} \tag{10.18}$$

以 $F(y,x)$ 表示全局特征向量，即

$$F(y,x)=\left(f_1(y,x),f_2(y,x),\cdots,f_K(y,x)\right)^{\mathrm{T}} \tag{10.19}$$

则条件随机场可以写成向量 w 与 $F(y,x)$ 的内积的形式：

$$P_w(y|x)=\frac{\exp\left(w\cdot F(y,x)\right)}{Z_w(x)} \tag{10.20}$$

式中，

$$Z_w(x)=\sum_{y}\exp\left(w\cdot F(y,x)\right) \tag{10.21}$$

10.2.4　条件随机场的矩阵形式

条件随机场还可以由矩阵表示。假设 $P_w(y|x)$ 是由式(10.20)、式(10.21)给出的线性链条件随机场，表示对给定观测序列 x，相应的标记序列 y 的条件概率。对每个标记序列引进特殊的起点和终点状态标记 $y_0=\text{start}$ 和 $y_{n+1}=\text{stop}$，这时标注序列的概率 $P_w(y|x)$ 可以通过矩阵形式表示并有效计算。

对于观测序列 x 的每一个位置 $i=1,2,\cdots,n+1$，由于 y_{i-1} 和 y_i 在 m 个标记中取值，可以定义一个 m 阶随机变量矩阵：

$$M_i(y_{i-1},y_i|x)=\left[M_i(y_{i-1},y_i|x)\right] \tag{10.22}$$

随机变量矩阵的元素为

$$M_i(y_{i-1},y_i|x)=\exp\left(W_i(y_{i-1},y_i|x)\right) \tag{10.23}$$

$$W_i(y_{i-1},y_i|x)=\sum_{k=1}^{K}w_k f_k(y_{i-1},y_i,x,i) \tag{10.24}$$

式中，w_k 和 f_k 分别由式(10.15)和式(10.13)给出；y_{i-1} 和 y_i 是标记随机变量 Y_{i-1} 和 Y_i 的取值。

这样，给定观测序列 x，相应标记序列 y 的非规范化概率可以通过该序列 $n+1$

个矩阵中适当元素的乘积$\prod_{i=1}^{n+1} M_i(y_{i-1}, y_i|x)$表示。于是，条件概率$P_w(y|x)$为

$$P_w(y|x) = \frac{1}{Z_w(x)} \prod_{i=1}^{n+1} M_i(y_{i-1}, y_i|x) \tag{10.25}$$

式中，$Z_w(x)$为规范化因子，是$n+1$个矩阵的乘积的$(\text{start}, \text{stop})$元素，即

$$Z_w(x) = \left[M_1(x) M_2(x) \cdots M_{n+1}(x)\right]_{\text{start},\text{stop}} \tag{10.26}$$

注意，$y_0 = \text{start}$与$y_{n+1} = \text{stop}$表示开始状态与终止状态，规范化因子$Z_w(x)$是以 start 为起点 stop 为终点通过状态的所有路径$y_1 y_2 \cdots y_n$的非规范化概率$M_i(y_{i-1}, y_i|x)$之和。

10.3　条件随机场的概率计算问题

条件随机场的概率计算问题是给定条件随机场$P(Y|X)$，观测序列x和标记序列y，计算条件概率$P(Y_i = y_i | x)$、$P(Y_{i-1} = y_{i-1}, Y_i = y_i | x)$以及相应的数学期望的问题。为了方便起见，像 HMM 那样，引进前向-后向向量，递归地计算以上概率及期望值。这样的算法也称为前向-后向算法。

10.3.1　前向-后向算法

对于每个指标$i = 0,1,2,\cdots,n+1$，定义前向向量$\alpha_i(x)$的起始位置值：

$$\alpha_0(y|x) = \begin{cases} 1, & y = \text{start} \\ 0, & \text{其他} \end{cases} \tag{10.27}$$

递推公式为

$$\alpha_i^{\mathrm{T}}(y_i|x) = \alpha_{i-1}^{\mathrm{T}}(y_{i-1}|x)\left[M_i(y_{i-1}, y_i|x)\right], \quad i = 1,2,\cdots,n+1 \tag{10.28}$$

又可表示为

$$\alpha_i^{\mathrm{T}}(x) = \alpha_{i-1}^{\mathrm{T}}(x) M_i(x) \tag{10.29}$$

式中，$\alpha_i(y_i|x)$表示在位置i的标记是y_i并且从1到i的前部分标记序列的非规范化概率，y_i可取的值有m个，所以$\alpha_i(x)$是m维列向量。

同样，对每个指标$i = 0,1,2,\cdots,n+1$，定义后向向量$\beta_i(x)$：

$$\beta_{n+1}(y_{n+1}|x) = \begin{cases} 1, & y_{n+1} = \text{stop} \\ 0, & \text{其他} \end{cases} \tag{10.30}$$

$$\beta_i(y_i|x) = \left[M_{i+1}(y_i, y_{i+1}|x)\right] \beta_{i+1}(y_{i+1}|x) \tag{10.31}$$

又可表示为

$$\beta_i(x) = M_{i+1}(x) \beta_{i+1}(x) \tag{10.32}$$

式中，$\beta_i(y_i|x)$ 表示在位置 i 的标记为 y_i 并且从 $i+1$ 到 n 的后部分标记序列的非规范化概率。

10.3.2　概率计算

按照前向-后向向量的定义，很容易计算标记序列在位置 i 是标记 y_i 的条件概率和在位置 $i-1$ 与 i 是标记 y_{i-1} 和 y_i 的条件概率：

$$P(Y_i = y_i|x) = \frac{\alpha_i^{\mathrm{T}}(y_i \mid x)\beta_i(y_i \mid x)}{Z(x)} \tag{10.33}$$

$$P(Y_{i-1} = y_{i-1}, Y_i = y_i|x) = \frac{\alpha_{i-1}^{\mathrm{T}}(y_{i-1} \mid x) M_i(y_{i-1}, y_i \mid x)\beta_i(y_i \mid x)}{Z(x)} \tag{10.34}$$

式中，

$$Z(x) = \alpha_n^{\mathrm{T}}(x)\mathbf{1} = \mathbf{1}\beta_1(x) \tag{10.35}$$

式中，$\mathbf{1}$ 是元素均为 1 的 m 维列向量。

10.3.3　期望计算

利用前向-后向向量，可以计算特征函数关于联合分布 $P(X,Y)$ 和条件分布 $P(Y \mid X)$ 的数学期望。

特征函数 f_k 关于条件分布 $P(Y \mid X)$ 的数学期望是

$$\begin{aligned} E_{P(Y|X)}(f_k) &= \sum_y P(y|x) f_k(y,x) \\ &= \sum_{i=1}^{n+1} \sum_{y_{i-1}, y_i} f_k(y_{i-1}, y_i, x, i) \frac{\alpha_{i-1}^{\mathrm{T}}(y_{i-1}|x) M_i(y_{i-1}, y_i|x)\beta_i(y_i|x)}{Z(x)} \\ & k = 1, 2, \cdots, K \end{aligned} \tag{10.36}$$

式中，

$$Z(x) = \alpha_n^{\mathrm{T}}(x)\mathbf{1} \tag{10.37}$$

假设经验分布为 $\tilde{P}(X)$，特征函数关于联合分布 $P(X,Y)$ 的数学期望是

$$\begin{aligned} E_{P(X,Y)}(f_k) &= \sum_{x,y} P(x,y) \sum_{i=1}^{n+1} f_k(y_{i-1}, y_i, x, i) \\ &= \sum_x \tilde{P}(X) \sum_y P(y \mid x) \sum_{i=1}^{n+1} f_k(y_{i-1}, y_i, x, i) \\ &= \sum_x \tilde{P}(X) \sum_{i=1}^{n+1} \sum_{y_{i-1}, y_i} f_k(y_{i-1}, y_i, x, i) \frac{\alpha_{i-1}^{\mathrm{T}}(y_{i-1}|x) M_i(y_{i-1}, y_i|x)\beta_i(y_i|x)}{Z(x)} \\ & k = 1, 2, \cdots, K \end{aligned} \tag{10.38}$$

式中，

$$Z(x)=\alpha_n^{\mathrm{T}}(x)\mathbf{1} \tag{10.39}$$

式(10.38)和式(10.39)是特征函数数学期望的一般计算公式。对于转移特征 $t_k(y_{i-1},y_i,x,i)$，$k=1,2,\cdots,K_1$，可以将式中的 f_k 换成 t_k；对于状态特征，可以将式中的 f_k 换成 s_k，表示为 $s_k(y_i,x,i)$，$k=K_1+l$，$l=1,2,\cdots,K_2$。

有了式(10.36)～式(10.39)，对于给定的观测序列 x 与标记序列 y，可以通过一次前向扫描计算 α_i 及 $Z(x)$，通过一次后向扫描计算 β_i，从而计算所有的概率和特征的期望。

10.4　条件随机场的学习算法

10.4.1　改进的迭代尺度法

已知训练数据集，由此可知经验概率分布 $\tilde{P}(X,Y)$。可以通过极大化训练数据的对数似然函数来求模型参数。

训练数据的对数似然函数为

$$L(w)=L_{\tilde{P}}(P_w)=\log\prod_{x,y}P_w(y|x)^{\tilde{P}(x,y)}=\sum_{x,y}\tilde{P}(x,y)\log P_w(y|x) \tag{10.40}$$

当 P_w 是一个由式(10.20)和式(10.21)给出的条件随机场模型时，对数似然函数为

$$\begin{aligned}L(w)&=\sum_{x,y}\tilde{P}(x,y)\log P_w(y|x)\\&=\sum_{x,y}\left[\tilde{P}(x,y)\sum_{k=1}^{K}w_k f_k(y,x)-\tilde{P}(x,y)\log Z_w(x)\right]\\&=\sum_{j=1}^{N}\sum_{k=1}^{K}w_k f_k(y_j,x_j)-\sum_{j=1}^{N}\log Z_w(x_j)\end{aligned} \tag{10.41}$$

改进的迭代尺度法通过迭代的方法不断优化对数似然函数改变量的下界，达到极大化对数似然函数的目的。假设模型的当前参数向量为 $w=(w_1,w_2,\cdots,w_K)^{\mathrm{T}}$，向量的增量为 $\delta=(\delta_1,\delta_2,\cdots,\delta_K)^{\mathrm{T}}$，更新参数向量为 $w+\delta=(w_1+\delta_1,w_2+\delta_2,\cdots,w_K+\delta_K)^{\mathrm{T}}$，在迭代过程中，通过迭代尺度法依次求解，得到 $\delta=(\delta_1,\delta_2,\cdots,\delta_K)^{\mathrm{T}}$。

关于转移特征 t_k 的更新方程为

$$E_{\tilde{P}}(t_k)=\sum_{x,y}\tilde{P}(x,y)\sum_{i=1}^{n+1}t_k(y_{i-1},y_i,x,i)$$
$$=\sum_{x,y}\tilde{P}(x)P(y|x)\sum_{i=1}^{n+1}t_k(y_{i-1},y_i,x,i)\exp(\delta_k T(x,y)) \tag{10.42}$$

$$k=1,2,\cdots,K_1$$

关于状态特征 s_l 的更新方程为

$$E_{\tilde{P}}(s_l)=\sum_{x,y}\tilde{P}(x,y)\sum_{i=1}^{n+1}s_l(y_i,x,i)$$
$$=\sum_{x,y}\tilde{P}(x)P(y|x)\sum_{i=1}^{n}s_l(y_i,x,i)\exp(\delta_{K_1+l}T(x,y)) \tag{10.43}$$

$$l=1,2,\cdots,K_2$$

式中，$T(x,y)$ 是在数据 (x,y) 中出现所有特征数的总和：

$$T(x,y)=\sum_k f_k(y,x)=\sum_{k=1}^{K}\sum_{i=1}^{n+1}f_k(y_{i-1},y_i,x,i) \tag{10.44}$$

条件随机场模型学习的改进的迭代尺度法如算法 10.1 所示。

算法 10.1　改进的迭代尺度法

输入：特征函数 $t_1,t_2,\cdots,t_{K_1}$，$s_1,s_2,\cdots,s_{K_2}$；经验分布 $\tilde{P}(X,Y)$。

输出：参数估计值 $\hat{w}$，模型 $P_{\hat{w}}$。

(1) 对所有 $k\in\{1,2,\cdots,K\}$，取值 $w_k=0$。

(2) 对每一个 $k\in\{1,2,\cdots,K\}$：

当 $k=1,2,\cdots,K_1$ 时，令 δ_k 是方程

$$\sum_{x,y}\tilde{P}(x)P(y|x)\sum_{i=1}^{n+1}t_k(y_{i-1},y_i,x,i)\exp(\delta_k T(x,y))=E_{\tilde{P}}(t_k) \tag{10.45}$$

的解。

当 $k=1,2,\cdots,K_1$，$l=1,2,\cdots,K_2$ 时，令 δ_{K_1+l} 是方程

$$\sum_{x,y}\tilde{P}(x)P(y|x)\sum_{i=1}^{n}s_l(y_i,x,i)\exp(\delta_{K_1+l}T(x,y))=E_{\tilde{P}}(s_l) \tag{10.46}$$

的解，式中 $T(x,y)$ 由式(10.44)给出。

更新 w_k 值：$w_k\leftarrow w_k+\delta_k$。

(3) 如果不是所有 w_k 都收敛，重复步骤(2)。

在式(10.40)和式(10.45)中，$T(x,y)$表示数据(x,y)中的特征总数，对不同的数据(x,y)取值可能不同。为了处理这个问题，定义松弛特征：

$$s(x,y)=S-\sum_{i=1}^{n+1}\sum_{k=1}^{K}f_k(y_{i-1},y_i,x,i) \tag{10.47}$$

式中，S是一个常数。选择足够大的常数S使得对训练数据集的所有数据(x,y)有$s(x,y)>0$成立。这时特征总数可取S。

对于转移特征t_k，δ_k的更新方程是

$$\sum_{x,y}\tilde{P}(x)P(y|x)\sum_{i=1}^{n+1}t_k(y_{i-1},y_i,x,i)\exp(\delta_k S)=E_{\tilde{P}}(t_k) \tag{10.48}$$

$$\delta_k=\frac{1}{S}\log\frac{E_{\tilde{P}}(t_k)}{E_P(t_k)} \tag{10.49}$$

式中，

$$\begin{aligned}&E_P(t_k)\\&=\sum_x\tilde{P}(x)\sum_{i=1}^{n+1}\sum_{y_{i-1},y_i}t_k(y_{i-1},y_i,x,i)\frac{\alpha_{i-1}^{\mathrm{T}}(y_{i-1}|x)M_i(y_{i-1},y_i|x)\beta_i(y_i|x)}{Z(x)}\end{aligned} \tag{10.50}$$

同样，对于状态特征s_l，δ_{K_1+l}的更新方程是

$$\sum_{x,y}\tilde{P}(x)P(y|x)\sum_{i=1}^{n}s_l(y_i,x,i)\exp(\delta_{K_1+l}S)=E_{\tilde{P}}(s_l) \tag{10.51}$$

$$\delta_{K_1+l}=\frac{1}{S}\log\frac{E_{\tilde{P}}(s_l)}{E_P(s_l)} \tag{10.52}$$

式中，

$$E_P(s_l)=\sum_x\tilde{P}(x)\sum_{i=1}^{n}\sum_{y_i}s_l(y_i,x,i)\frac{\alpha_i^{\mathrm{T}}(y_i|x)\beta_i(y_i|x)}{Z(x)} \tag{10.53}$$

以上算法称为算法S。在算法S中需要使常数S取足够大，这样一来，每步迭代的增量向量会变大，算法收敛会变慢。算法T试图解决这个问题。算法T对每个观测序列x计算其特征总数最大值$T(x)$：

$$T(x)=\max_y T(x,y) \tag{10.54}$$

利用前向-后向递推公式，可以很容易地计算$T(x)=t$。

这时，关于转移特征参数的更新方程可以写成

$$\begin{aligned}E_{\tilde{P}}(t_k) &= \sum_{x,y}\tilde{P}(x)P(y|x)\sum_{i=1}^{n+1}t_k(y_{i-1},y_i,x,i)\exp\left(\delta_k T(x)\right)\\ &= \sum_{x}\tilde{P}(x)\sum_{y}P(y\mid x)\sum_{i=1}^{n+1}t_k(y_{i-1},y_i,x,i)\exp\left(\delta_k T(x)\right)\\ &= \sum_{x}\tilde{P}(x)a_{k,t}\exp(\delta_k t) = \sum_{t=0}^{T_{\max}}a_{k,t}\beta_k^t\end{aligned} \tag{10.55}$$

式中，$a_{k,t}$ 是特征 t_k 的期待值；$\delta_k = \log\beta_k$，β_k 是多项式方程(10.55)唯一的实根，可以用牛顿法求得，从而求得相关的 δ_k。

同样，关于状态特征的参数更新方程可以写成

$$\begin{aligned}E_{\tilde{P}}(s_l) &= \sum_{x,y}\tilde{P}(x)P(y|x)\sum_{i=1}^{n}s_l(y_i,x,i)\exp\left(\delta_{K_1+l}T(x)\right)\\ &= \sum_{x}\tilde{P}(x)\sum_{y}P(y\mid x)\sum_{i=1}^{n}s_l(y_i,x,i)\exp\left(\delta_{K_1+l}T(x)\right)\\ &= \sum_{x}\tilde{P}(x)b_{l,t}\exp(\delta_l t) = \sum_{t=0}^{T_{\max}}b_{l,t}\gamma_l^t\end{aligned} \tag{10.56}$$

式中，$b_{l,t}$ 是特征 s_l 的期望值；$\delta_l = \log\gamma_l$，γ_l 是多项式方程唯一的实根，也可以用牛顿法求得。

10.4.2　拟牛顿法

拟牛顿法的 BFGS(Broyden，Fletcher，Goldfarb，Shanno)算法如下。

算法 10.2　BFGS 算法

输入：特征函数 $f_1, f_2, \cdots, f_n$，经验分布 $\tilde{P}(X,Y)$。

输出：最优参数值 $\hat{w}$，最优模型 $P_{\hat{w}}(y\mid x)$。

(1) 选定初始点 $w^{(0)}$，取 B_0 为正定矩阵，设置 $k=0$。

(2) 计算 $g_k = g\left(w^{(k)}\right)$。若 $g_k = 0$，则停止计算；否则转(3)。

(3) 由 $B_k p_k = -g_k$ 求出 p_k。

(4) 一维搜索：求 λ_k 使得

$$\lambda_k = \arg\min_{\lambda>0} f\left(w^{(k)} + \lambda p_k\right) \tag{10.57}$$

(5) 置 $w^{(k+1)} = w^{(k)} + \lambda_k p_k$。

(6) 计算 $g_{k+1} = g\left(w^{(k+1)}\right)$，若 $g_{k+1} = 0$，则停止计算；否则，按式(10.58)求出 B_{k+1}：

$$B_{k+1}=B_k+\frac{y_k y_k^{\mathrm{T}}}{y_k^{\mathrm{T}}\delta_k}-\frac{B_k\delta_k\delta_k^{\mathrm{T}}B_k}{\delta_k^{\mathrm{T}}B_k\delta_k} \tag{10.58}$$

式中，

$$y_k=g_{k+1}-g_k,\quad \delta_k=w^{(k+1)}-w^{(k)} \tag{10.59}$$

(7) 置 $k=k+1$，转(3)。

继续阅读

关于概率无向图模型可以参阅文献[1]和[2]。关于条件随机场可以参阅文献[3]和[4]。在条件随机场提出之前已有最大熵马尔可夫模型等模型被提出[5]。条件随机场可以看成最大熵马尔可夫模型在标注问题上的推广。

参考文献

[1] Bishop M. Pattern Recognition and Machine Learning[M]. New York: Springer-Verlag, 2006.

[2] Koller D, Friedman N. Probabilistic Graphical Models: Principles and Techniques[M]. Cambridge: MIT Press, 2009.

[3] Lafferty J D, McCallum A, Pereira F C N. Conditional random fields: Probabilistic models for segmenting and labeling sequence data[C]//International Conference on Machine Learning, Williamstown, 2001:282-289.

[4] Sha F, Pereira F. Shallow parsing with conditional random fields[C]// Proceedings of the 2003 Conference of the North American Chapter of the Association for Computational Linguistics on Human Language Technology, Stroudsburg, 2003: 134-141.

[5] McCallum A, Freitag D, Pereira F. Maximum entropy Markov models for information extraction and segmentation[C]//Proceedings of the International Conference on Machine Learning, Stanford, 2000: 591-598.

第三篇　无监督学习篇

第 11 章　贝叶斯学习

贝叶斯学习最早起源于数学家托马斯·贝叶斯(Thomas Bayes)在 1963 年所证明的一个关于贝叶斯公式的特例。经过多位统计学家的共同努力，贝叶斯统计在 20 世纪 50 年代之后逐步建立起来，成为统计学中一个重要的组成部分。贝叶斯统计因其对于概率的主观置信程度的独特理解而闻名。此后，贝叶斯统计在后验推理、参数估计、模型检测、隐概率变量模型等诸多统计机器学习领域方面有广泛而深远的应用。

11.1　贝叶斯理论

11.1.1　先验概率和后验概率

先验概率仅仅依赖于主观上的经验估计，也就是事先根据已有知识的推断，先验概率就是没有经过实验验证的概率，或者根据已知进行的主观臆测。其中：

(1) 利用过去历史资料计算得到的先验概率，称为客观先验概率；

(2) 历史资料无从取得或资料不完全时，凭人们的主观经验判断而得到的先验概率，称为主观先验概率。

先验概率是通过古典概率模型加以定义的，故又称为古典概率。古典概率模型要求满足两个条件：①实验的所有可能结果是有限的；②每一种可能结果出现的可能性(概率)相等。

后验概率是指在得到“结果”的信息后重新修正的概率，是“执果寻因”问题中的“果”。先验概率与后验概率有不可分割的联系，后验概率的计算要以先验概率为基础。在已知果 B 的前提下，得到重新修正的因 A 的概率 $P(A|B)$，称为 A 的后验概率，也即条件概率。后验概率可以通过贝叶斯公式求解。

11.1.2　贝叶斯公式

贝叶斯公式也称为贝叶斯规则或贝叶斯法则，是概率论中的一个重要定理，用于在已知一些先验信息的情况下，更新一个事件的概率。这个公式以 18 世纪的英国数学家和神经学家托马斯·贝叶斯的名字命名。

设 $B_1,B_2,\cdots,B_n$ 是样本空间的一个完备事件组，A 是一个事件，若 $P(A)>0$，

$P\left(B_j\right)>0$， $j=1,2,\cdots,n$， 则

$$P\left(B_k|A\right)=\frac{P\left(AB_k\right)}{P\left(A\right)}=\frac{P\left(B_k\right)P\left(A\,|\,B_k\right)}{\sum_{j=1}^{n}P\left(B_j\right)P\left(A\,|\,B_j\right)} \tag{11.1}$$

此公式称为贝叶斯公式。

11.1.3 极大后验假设

与极大似然假设不同的是，极大后验假设中引入了先验概率(先验分布属于贝叶斯学派引入的，像 L_1、L_2 正则化就是对参数引入了拉普拉斯先验分布和高斯先验分布)，极大后验估计可以写成下面的形式：

$$\begin{aligned}\arg\max\, p\left(\theta|X\right)&=\arg\max\frac{p(X\,|\,\theta)p\left(\theta\right)}{p\left(X\right)}\\&=\arg\max p(X\,|\,\theta)p\left(\theta\right)=\arg\max\left(\prod_{i=1}^{n}p\left(x_i|\theta\right)\right)p\left(\theta\right)\end{aligned} \tag{11.2}$$

在求极大后验概率时，可以忽略分母，因为该值不影响对概率的估计。

为了方便计算，对两边取对数，后验概率最大化就变成：

$$\arg\max\left(\sum_{i=1}^{n}\log p\left(x_i|\theta\right)+\log p\left(\theta\right)\right) \tag{11.3}$$

11.1.4 极大似然假设

极大似然估计的核心思想是：认为当前发生的事件是概率最大的事件。因此就可以使给定的数据集发生的概率最大来求得模型中的参数。似然函数如下：

$$p\left(X|\theta\right)=\prod_{i=1}^{n}p\left(x_i|\theta\right) \tag{11.4}$$

为了便于计算，对似然函数两边取对数，生成新的对数似然函数(因为对数函数是单调增函数，所以求似然函数最大化就可以转换成使对数似然函数最大化)：

$$p'\left(X|\theta\right)=\ln\, p\left(X|\theta\right)=\sum_{i=1}^{n}\ln\, p(x_i\,|\,\theta) \tag{11.5}$$

求对数似然函数最大化，可以通过一阶优化算法或者二阶优化算法求解。

极大似然估计只关注当前的样本，也就是只关注当前发生的事情，不考虑事情的先验情况。极大似然估计计算简单，而且不需要关注先验知识，因此在机器学习中的应用非常广。

11.2　贝叶斯公式和概念学习

11.2.1　Brute-Force 贝叶斯概念学习算法

Brute-Force 贝叶斯概念学习算法是一种基于穷举搜索的贝叶斯概念学习方法。在这个算法中，系统会尝试所有可能的概念组合，并选择具有极大后验概率的概念。尽管这种算法在小规模问题上可能有效，但在面对大规模、高维度的数据时，计算复杂度会呈指数增长，因此不太适用于大规模的实际问题。算法步骤如下。

(1) 生成所有可能的概念组合：对于给定的特征集合和类别集合，生成所有可能的概念组合。例如，如果有两个特征 A 和 B，每个特征可以取值“是”或“否”，那么可能的概念组合为{A 是，B 是}，{A 是，B 否}，{A 否，B 是}，{A 否，B 否}。

(2) 计算每个概念的后验概率：对于每个生成的概念组合，使用贝叶斯公式计算其后验概率。后验概率是指在给定观察到的数据(特征和类别)的情况下，该概念组合成为真实概念的概率。

(3) 选择具有极大后验概率的概念组合：从所有计算得到的后验概率中选择概率最大的那个概念组合作为学习结果。

虽然 Brute-Force 贝叶斯概念学习算法保证了找到全局最优解，但它在大规模问题上的计算复杂度非常高，因此通常不被用于实际的大规模数据分析任务中。在实际应用中，人们更常使用近似方法、采样方法或启发式算法来处理贝叶斯概念学习问题，以提高算法的效率和可扩展性。

11.2.2　特定情况下的极大后验假设

在贝叶斯统计学中，极大后验估计是一种基于贝叶斯公式的参数估计方法。贝叶斯公式描述了在给定观测数据 D 的情况下，参数 θ 的后验概率分布。数学上，贝叶斯公式可以表示为

$$P(\theta|D)=\frac{P(D|\theta)P(\theta)}{P(D)} \tag{11.6}$$

式中，$P(\theta|D)$ 是给定数据 D 后参数 θ 的后验概率分布；$P(D|\theta)$ 是在给定参数 θ 下，观测到数据 D 的概率，也称为似然度；$P(\theta)$ 是参数 θ 的先验概率分布，即在未观测到数据前，对参数 θ 的信念；$P(D)$ 是观测到数据 D 的概率，也称为边缘似然度，通常被用作归一化因子。

在极大后验估计中，寻找能够使后验概率 $P(\theta|D)$ 最大化的参数值，极大后验估计可以表示为

$$\theta_{\mathrm{MAP}} = \arg\max_{\theta} P(\theta \mid D) = \arg\max_{\theta} \frac{P(D \mid \theta)P(\theta)}{P(D)} = \arg\max_{\theta} P(D \mid \theta)P(\theta) \tag{11.7}$$

在特定情况下，如果先验概率分布 $P(\theta)$ 是均匀的，即对参数没有特定的先验信念，那么极大后验估计就简化为极大似然估计(maximum likelihood estimation, MLE)。在极大似然估计中，仅考虑似然度 $P(D \mid \theta)$ 并寻找使其最大化的参数值。

总体来说，极大后验估计是一种在考虑观测数据的同时，结合了先验知识的参数估计方法。它允许在缺少大量观测数据时，通过合理的先验信息来估计参数，提高估计的准确性。

11.2.3 极大后验假设和一致学习器

极大后验假设是指在贝叶斯统计学中，试图找到一个参数的估计值，使得在给定观测数据的前提下，这个参数值的后验概率最大。具体而言，给定观测数据 D，参数的极大后验估计值 θ_{MAP} 定义为

$$\theta_{\mathrm{MAP}} = \arg\max_{\theta} P(\theta \mid D) \tag{11.8}$$

式中，$P(\theta \mid D)$ 是在观测到数据 D 的条件下，参数 θ 的后验概率分布。

根据贝叶斯公式，后验概率可以表示为

$$P(\theta|D) = \frac{P(D \mid \theta) \times P(\theta)}{P(D)} \tag{11.9}$$

式中，$P(D \mid \theta)$ 是在给定参数 θ 下观测到数据 D 的概率；$P(\theta)$ 是参数 θ 的先验概率分布；$P(D)$ 是观测到数据 D 的概率，通常被用作归一化因子。在极大后验假设中，假定先验概率 $P(\theta)$ 表达了对参数的先验信念，然后通过观测数据 D 来更新信念，得到参数的后验分布。

一致学习器是指在学习理论中，一个学习算法如果在样本数量趋于无穷的情况下，能够收敛到生成真实模型的算法，就被称为一致学习器。具体来说，对于一个学习任务，如果学习算法在样本数量 N 趋于无穷时，以概率1收敛到真实模型(或真实概率分布)，则称该学习算法是一致学习器。

一致学习器的概念与统计学中的一致性概念相对应。在统计学中，一致性表示随着样本数量的增加，估计值趋近于真实参数的性质。在机器学习中，一致学习器的概念是对学习算法的一个理论要求，它保证了当有足够多的数据时，学习算法能够准确地逼近真实模型。一致学习器的性质在理论分析中具有重要意义，

它为我们提供了关于学习算法行为的深入理解。

11.2.4　极大似然和最小误差平方假设

极大似然估计是一种常用的参数估计方法,用于从样本数据中估计模型参数。它的基本思想是,在给定观测数据的情况下,寻找使得观测数据出现的概率(似然)最大的模型参数。假设有一个概率分布模型，其中包含一些未知参数(如正态分布的均值和方差)，可以观测到一些样本数据。极大似然估计的目标就是要找到使这些样本数据在该模型下出现的概率最大的参数值。数学上，如果有观测数据 $X_1, X_2, \cdots, X_n$，并且这些数据是独立同分布的，那么似然函数可以表示为

$$L(\theta|X) = P(X_1 = x_1, X_2 = x_2, \cdots, X_n = x_n \mid \theta) \tag{11.10}$$

式中，θ 是模型的参数。极大似然估计就是要找到使 $L(\theta|X)$ 最大的参数值 θ。

最小误差平方假设通常用于回归分析中。假设有一组样本数据 $(x_1, y_1), (x_2, y_2), \cdots, (x_n, y_n)$，其中 x_i 是输入变量；y_i 是对应的输出变量。希望找到一个模型，通常是线性模型，来描述输入变量和输出变量之间的关系。在最小误差平方假设下，目标是找到模型参数，使得模型预测的输出值与实际观测值之间的平方误差的总和最小。数学上，如果模型是一个线性函数，比如 $y = ax + b$，那么最小误差平方假设可以表示为

$$\min \sum_{i=1}^{n} [y_i - (ax_i + b)]^2 \tag{11.11}$$

式中，a 和 b 是模型参数；y_i 是实际观测值；x_i 是对应的输入变量。最小误差平方假设的目标是找到最优的 a 和 b，使得平方误差的总和最小。

11.2.5　用于预测概率的极大似然假设

极大似然估计是一种用于预测概率的统计方法。在极大似然估计中，假设观测数据是从一个特定的概率分布中独立地抽取得到的。然后，使用这些观测数据来估计这个分布的参数，以便对未来的事件或观测进行预测。

具体来说，假设有一组观测数据 $X = \{x_1, x_2, \cdots, x_n\}$，希望找到一个概率分布的参数(如均值、方差等)，使得这个参数下观测数据的出现概率最大，该概率称为似然概率，用符号 $L(\theta \mid X)$ 表示，其中 θ 是概率分布的参数。

极大似然估计的目标是找到最适合观测数据的参数值 $\hat{\theta}$，即最大化似然函数：

$$\hat{\theta} = \arg\max_{\theta} L(\theta \mid X) = \arg\max_{\theta} \prod_{i=1}^{n} f(x_i; \theta) \tag{11.12}$$

式中，$f(x_i; \theta)$ 是概率密度函数(或概率质量函数)，表示观测数据在给定参数 θ 下的概率。

一旦估计出了参数 $\hat{\theta}$，就可以使用这个参数进行概率预测。例如，如果估计了某个事件的成功概率为 $\hat{p}$，那么在未来的观测中，可以使用这个概率进行事件的预测或决策。

极大似然估计在统计学和机器学习中被广泛应用，它是许多统计模型(如线性回归、逻辑回归等)的基础，也常用于分类、回归等问题的概率预测。

11.2.6 最小描述长度准则

最小描述长度(minimum description length，MDL)准则是一种信息理论和统计学方法，用于模型选择和数据压缩。它的基本思想是：在选择模型或理论时，应该选择能够用更短的描述来表示数据的模型。MDL 准则结合了模型复杂度和数据拟合度，旨在寻找既能够很好地拟合数据又不过于复杂的模型。

MDL 准则的核心概念是“描述长度”，它表示用于描述数据的比特数(或其他单位)。MDL 准则认为，一个好的模型应该能够用较短的描述长度来表示数据。在模型选择中，MDL 准则常常采用“描述长度=模型描述长度+数据在给定模型下的编码长度”来衡量不同模型的性能。

具体来说，对于一个给定的模型和数据集，MDL 准则的描述长度可以计算为：描述长度=模型描述长度+数据在给定模型下的编码长度。

在 MDL 准则中，模型描述长度通常用来描述模型的结构和参数，而数据在给定模型下的编码长度则使用数据的条件概率分布来进行编码，通常采用信息论中的熵来度量。MDL 准则的目标是选择使总描述长度最小的模型，这样的模型既能够很好地拟合数据，又不过于复杂。

MDL 准则在模型选择、特征选择和数据压缩等领域有广泛应用，它提供了一种权衡模型复杂度和数据拟合度的方法，能够有效地避免过拟合问题。

11.2.7 贝叶斯最优分类器

贝叶斯最优分类器是一种基于贝叶斯决策理论的分类器，它是在给定观测数据的条件下，选择具有极大后验概率的类别作为预测结果。贝叶斯最优分类器的决策依据是极大后验概率准则，即选择能够使后验概率 $P(C_i \mid X)$ 最大的类别 C_i。

在贝叶斯最优分类器中，$P(C_i \mid X)$ 表示在给定观测数据 X 的条件下，类别 C_i 的后验概率，它可以使用贝叶斯公式计算：

$$P(C_i|X)=\frac{P(X \mid C_i)P(C_i)}{P(X)} \tag{11.13}$$

式中，$P(C_i|X)$ 是观测数据 X 属于类别 C_i 的后验概率；$P(X \mid C_i)$ 是在类别 C_i 下观测数据 X 的概率，即似然度；$P(C_i)$ 是类别 C_i 的先验概率，即在没有观测数据的情况下，类别 C_i 出现的概率；$P(X)$ 是观测数据 X 的边缘概率，它是所有类别下

观测数据的联合概率。

贝叶斯最优分类器的决策规则是选择使后验概率 $P(C_i|X)$ 最大的类别 C_i 作为预测结果：

$$\hat{y} = \arg\max_{C_i} P(C_i \mid X) \tag{11.14}$$

式中，$\hat{y}$ 是预测的类别。

贝叶斯最优分类器的优点在于它提供了理论上的最佳分类性能，但需要知道类别的先验概率和观测数据的似然度。在实际应用中，这些信息通常需要通过统计学习方法估计得到。

11.2.8　吉布斯算法

吉布斯(Gibbs)算法是一种用于马尔可夫链蒙特卡罗模拟的抽样方法。它被广泛应用于统计学、概率论、机器学习等领域，用于从多维分布中进行随机抽样。吉布斯算法特别适用于高维空间中的概率分布。

在吉布斯算法中，假设要从一个多维分布(联合分布)中抽样，该分布的维度为 N。吉布斯抽样的基本思想是，假设已经知道 $N-1$ 个变量的取值，那么可以通过条件概率分布抽样得到第 N 个变量的值，然后依次更新其他变量的值。这样，通过在每个步骤中单独抽样一个变量，最终得到一个完整的样本。

具体步骤如下：

(1) 初始化所有变量的值。

(2) 从条件概率分布中抽样第一个变量的值，保持其他变量不变。

(3) 从条件概率分布中抽样第二个变量的值，保持其他变量不变。

(4) 重复上述步骤，直到所有变量的值都收敛到满足联合分布的样本。

吉布斯算法的关键在于确定每个变量的条件概率分布。在某些情况下，这些条件概率分布可以直接计算得到；在其他情况下，可能需要使用其他采样方法(如 Metropolis-Hastings 算法)来估计。

吉布斯算法的优点在于它的简单性和灵活性，特别适用于高维空间中的联合分布抽样问题。但是，它的收敛速度可能相对较慢，而且在某些情况下可能会出现随机游走现象。

11.3　朴素贝叶斯

11.3.1　朴素贝叶斯的基本框架

朴素贝叶斯分类是以贝叶斯公式为基础并且假设特征条件之间相互独立的

方法，先通过已给定的训练集，以特征词之间独立作为前提假设，学习从输入到输出的联合概率分布，再基于学习到的模型，输入X求出使得后验概率最大的输出Y。

设有样本数据集$D=\{d_1,d_2,\cdots,d_n\}$，对应样本数据的特征属性集为$X=\{x_1,x_2,\cdots,x_d\}$，类变量为$Y=\{y_1,y_2,\cdots,y_m\}$，即D可以分为y_m类别。其中，$x_1,x_2,\cdots,x_d$相互独立且随机，则Y的先验概率$P_{\text{prior}}=P(Y)$，Y的后验概率$P_{\text{post}}=P(Y|X)$，由朴素贝叶斯算法可得，后验概率可以由先验概率、证据、类条件概率计算出：

$$P(Y|X)=\frac{P(Y)P(X|Y)}{P(X)} \tag{11.15}$$

朴素贝叶斯基于各特征之间相互独立，在给定类别为y的情况下，式(11.15)可以进一步表示为

$$P(X|Y=y)=\prod_{i=1}^{d}P(x_i|Y=y) \tag{11.16}$$

由式(11.15)和式(11.16)可以计算出后验概率为

$$P_{\text{post}}=P(Y|X)=\frac{P(Y)\prod_{i=1}^{d}P(x_i|Y)}{P(X)} \tag{11.17}$$

$P(X)$的大小是固定不变的，所以在比较后验概率时，只比较式(11.17)的分子部分即可。因此可以得到一个样本数据属于类别y_i的朴素贝叶斯计算：

$$P(y_i|x_1,x_2,\cdots,x_d)=\frac{P(y_i)\prod_{j=1}^{d}P(x_j|y_i)}{\prod_{j=1}^{d}P(x_j)} \tag{11.18}$$

11.3.2 朴素贝叶斯分类器

朴素贝叶斯分类器是一种相当简单常见但是又相当有效的分类算法，在监督学习领域有着很重要的应用。这个算法称为朴素贝叶斯(naive Bayes)，但是它到底朴素在哪里呢？朴素贝叶斯分类器采用了“属性条件独立假设”，用通俗的话来讲，就是属性，或者是特征之间是独立的；也正是有了这个假设，朴素贝叶斯分类器才能做这么多事情，在监督学习的世界里有着广泛的应用。

在真正谈论朴素贝叶斯分类器之前，还要制定一个分类器好坏标准，也就是一个训练的目标；有了目标，才能朝着这个目标去训练模型。一个方法就是，要知道预测模型输出的结果和这些训练数据本身对应的输出有多大的差距，就是将预测和真实结果相减再加绝对值，就能得到二者之间的差距：

$$L\left(Y,f\left(X\right)\right)=\left|Y-f\left(X\right)\right| \tag{11.19}$$

式中，Y 为预测模型输出的结果(输出空间)；X 为输入的特征向量(输入空间)；$f\left(X\right)$ 为训练出来的预测模型(暂且忽略这是如何训练的)。它的作用就是度量预测错误的程度。

需要知道的是，误差函数的值越小，预测的结果就越精确，减小损失函数的值就是目标。由于模型的输入输出 (x,y) 可以看成二维随机变量，由此可以计算损失函数的期望：

$$R_{\exp}(f)=E\left[L\left(Y,f\left(X\right)\right)\right]=\int_{x\times y}L\left(y,f\left(x\right)\right)P(x,y)\mathrm{d}x\mathrm{d}y \tag{11.20}$$

那么，学习目标就是将上述的期望风险最小化。这里的 $P(x,y)$ 是随机变量 (x,y) 遵循的联合分布。但是，这个联合分布无法直接计算，需要从训练数据中总结经验，从而推广到一般情况中。对于训练数据，可以计算它的平均损失：

$$R_{\mathrm{emp}}(f)=\frac{1}{N}\sum_{i=1}^{N}L\left(y_i,f\left(x_i\right)\right) \tag{11.21}$$

式(11.21)定义了预测模型对于训练数据的经验损失，用于后期模型的建立和求解。

11.3.3　朴素贝叶斯模型

在朴素贝叶斯分类器中，将估计联合概率 $P(x,y)$ 、最小化期望风险 $R_{\mathrm{emp}}(f)$ 作为学习目标。

朴素贝叶斯模型假设所有的实例属于若干两两互斥且包含所有事例情况的类中的一个。因此，存在一个在某个集合 $\{c_1,c_2,\cdots,c_k\}$ 中取值的类变量 C 。模型还包括一定数量的、可以观测到其值的特征 $X_1,X_2,\cdots,X_k$ 。朴素贝叶斯假设是在给定事例的类的条件下，这些特征条件独立。换言之，在事例的每个类内，不同的性质可以独立地确定，形式化地表达为

$$(X_i \perp X_{-i} \mid C) \tag{11.22}$$

从网络结构上来说，朴素贝叶斯是一种典型的尾对尾的贝叶斯网络结构，整个贝叶斯网络都是由图 11.1 所示结构组成。

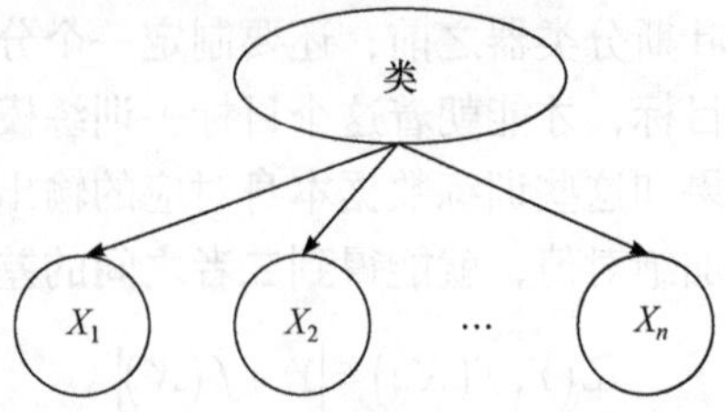

图 11.1　朴素贝叶斯模型的贝叶斯网络

基于这些独立性假设，朴素贝叶斯模型的因子分解可以表示为

$$P\left(C,X_1,\cdots,X_n\right)=P\left(C\right)\prod_{i=1}^{n}P(X_i\mid C) \tag{11.23}$$

11.3.4　平滑技术

拉普拉斯平滑是一种用于解决朴素贝叶斯算法中零概率问题的技术。在计算条件概率时，有些情况下会出现某个特征在某个类别下没有出现过的情况，导致概率为零，这就无法使用贝叶斯公式进行计算。为了避免这种情况，可以对概率进行平滑处理，使得每个特征在每个类别下至少出现一次，从而避免概率为零的情况。而拉普拉斯平滑就是一种常用的平滑方法，它在计算概率时将每个特征的计数都加上一个常数 k，从而保证每个特征至少出现 k 次。

在进行拉普拉斯平滑时，条件概率的计算会涉及多个特征的连乘积，这容易导致数值过小而出现下溢或者上溢的问题。因此，为了避免这种问题，在实际应用中通常会使用对数操作，将连乘积转换成加和运算，从而方便计算。同时，取对数还有一个好处是可以简化计算，并且防止由浮点数的精度限制而导致的计算误差。因此，在进行拉普拉斯优化时，经常会使用对数操作来计算条件概率。

引入拉普拉斯平滑的公式如下：

$$P_\lambda\left(X^{(j)}=a_{ji}|Y=c_k\right)=\frac{\sum_{i=1}^{N}I\left(x_i^{(j)}=a_{ji},y_i=c_k\right)+\lambda}{\sum_{i=1}^{N}I\left(y_i=c_k\right)+S_j\lambda} \tag{11.24}$$

$$P_\lambda\left(Y=c_k\right)=\frac{\sum_{i=1}^{N}I\left(y_i=c_k\right)+\lambda}{N+K\lambda} \tag{11.25}$$

式中，a_{ji} 代表第 j 个特征的第 i 个选择；S_j 代表第 j 个特征的个数；K 代表种类的个数。

11.4　贝叶斯网络

11.4.1　贝叶斯网络的定义及性质

贝叶斯网络是 Judea Pearl 在 1985 年首先提出，是一种模拟推理过程中因果关系的不确定性处理模型，是一个 DAG，由表示变量的节点和连接这些节点的有向边构成，它是一种概率图模型。由节点来表示随机变量，连接父节点到子节点之间的有向边来表示节点之间的关系，条件概率表示相互之间关系的强度，若没有父节点则用先验概率来进行信息表达。

贝叶斯网络的数学表达是：令 $G=\langle I,E\rangle$ 表示 DAG，I 表示图中所有节点的集合，E 表示有向边的集合，令 $X=(X_i)_{i\in I}$ 作为 DAG 中的任意一个节点 i 所代表的随机变量，这些变量可以是可观察变量、隐藏变量、未知参数等，因果(或非条件独立)的变量或命题通过箭头连接。如果两个节点之间有箭头连接，则表示一个节点是“父节点”，另一个节点是“子节点”，这两个节点将产生一个条件概率值。对于任意的随机变量，其联合概率可由各自局部条件概率分布相乘得到：$P(x_1,x_2\cdots,x_i)=P(x_i\mid x_1,x_2,\cdots,x_{i-1})\cdots P(x_2\mid x_1)P(x_1)$。

11.4.2　贝叶斯网络的结构形式

贝叶斯网络的结构形式主要包括以下几种：头对头、尾对尾、头对尾，如图 11.2～图 11.4 所示。

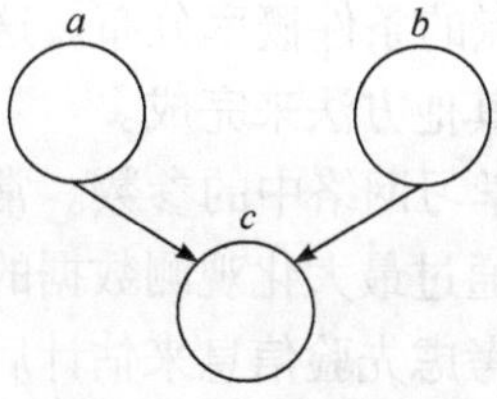

图 11.2　头对头结构

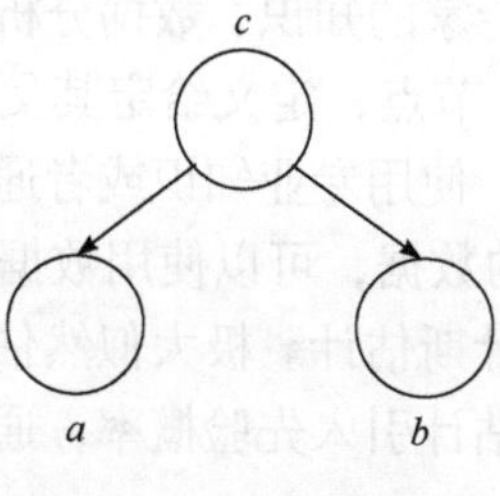

图 11.3　尾对尾结构

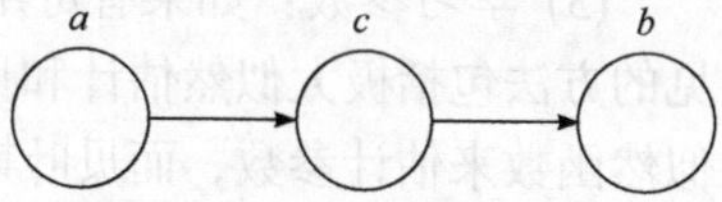

图 11.4　头对尾结构

11.4.3　贝叶斯网络的判定条件

如图 11.2 所示，当 c 未知的条件下，a、b 被阻断，是独立的，有 $P(a,b,c)=P(a)P(b)P(c\mid a,b)$ 成立，则称为头对头条件独立。

如图 11.3 所示，当 c 未知时，$P(a,b,c)=P(c)P(a\mid c)P(b\mid c)$，此时无法得出 $P(a,b)=P(a)P(b)$，即 c 未知时，a、b 不独立。

当 c 已知时，$P(a,b|c)=P(a,b,c)/P(c)$，然后将 $P(a,b,c)=P(c)P(a|c)P(b|c)$ 代入 $P(a,b|c)=P(a,b,c)/P(c)$ 中，得到：$P(a,b|c)=\dfrac{P(a,b,c)}{P(c)}=P(a|c)P(b|c)$，即 c 已知时，a、b 独立。

如图 11.4 所示，当 c 未知时，$P(a,b,c)=P(a)P(c|a)P(b|c)$，但无法推出 $P(a,b)=P(a)P(b)$，即 c 未知时，a、b 不独立。

当 c 已知时，$P(a,b|c)=P(a,b,c)/P(c)$，且根据 $P(a,c)=P(a)P(c|a)=P(c)P(a|c)$，可以化简得到：

$$P(a,b|c)=\frac{P(a,b,c)}{P(c)}=\frac{P(a)P(c|a)P(b|c)}{P(c)}=\frac{P(a,c)P(b|c)}{P(c)}=P(a|c)P(b|c) \tag{11.26}$$

所以当 c 已知时，a、b 被阻断，是独立的，成为头对尾独立。

11.4.4 贝叶斯网络的构建及学习

贝叶斯网络是一种用于建模随机变量之间的概率关系的图形模型。它是由节点(代表随机变量)和有向边(代表变量之间的依赖关系)组成的 DAG。节点之间的有向边表示条件独立性假设，即给定其父节点的情况下，每个节点与其非直接后代节点独立。

以下是构建和学习贝叶斯网络的一般步骤。

(1) 构建定义网络结构：首先，确定贝叶斯网络的结构，即确定节点和有向边的连接方式。这可以通过领域专家的知识、数据分析或其他方法来完成。

(2) 表示条件概率：对于每个节点，定义给定其父节点的条件概率分布。这可以通过直接从数据中估计概率，使用专业知识或者通过其他方法来完成。

(3) 学习参数：如果有可用的数据，可以使用数据来学习网络中的参数。常见的方法包括极大似然估计和贝叶斯估计。极大似然估计通过最大化观测数据的似然函数来估计参数，而贝叶斯估计引入先验概率，通过考虑先验信息来估计后验概率。

极大似然估计：对于每个节点，在给定其父节点的情况下，从数据中计算条件概率分布。

贝叶斯估计：引入先验概率，结合先验和观测数据，计算后验概率。

(4) 模型评估：使用一些评估指标来评估构建的贝叶斯网络模型的性能。这可以使用交叉验证或其他技术来评估模型的泛化性能。

(5) 调整网络结构：根据评估结果，可能需要调整网络结构，添加或删除节点和边，以提高模型的性能。

在实际应用中，构建和学习贝叶斯网络是一个迭代的过程。领域专家的知识和数据分析结果可能会反复用于调整网络结构和参数，以达到更好的建模效果。

继 续 阅 读

关于贝叶斯理论的介绍可见文献[1]，这是贝叶斯理论的奠基之作，朴素贝叶斯的介绍可见文献[2]和[3]。朴素贝叶斯法中假设输入变量都是条件独立的，如果假设它们之间存在概率依存关系，模型就变成了贝叶斯网络，参见文献[4]。

参 考 文 献

[1] Bayes T. An essay towards solving a problem in the doctrine of chances[J]. Biometrika, 1958, 45(3-4): 296-315.

[2] Mitchell T M. Machine Learning[M]. New York: McGraw-Hill Education, 2005.

[3] Hastie T, Tibshirani R, Friedman J. 统计学习基础：数据挖掘、推理与预测[M]. 范明，柴玉梅，昝红英，等译. 北京：电子工业出版社，2004.

[4] Bishop C. Pattern Recognition and Machine Learning[M]. New York: McGraw-Hill Education, 2006.

第 12 章　聚 类 分 析

聚类分析的目标就是以相似性为依据分类数据。聚类应用于很多领域，包括数学、计算机科学、统计学、生物学和经济学等。在不同的应用领域，很多聚类技术都得到了发展，这些技术用于描述数据，衡量不同数据源间的相似性，以及把数据源分类到不同的组(簇)中。

12.1　聚类与分类

聚类与分类是机器学习中两个不同的任务，它们都涉及对数据进行分组，但目标和方法却有所不同。聚类是一种无监督学习任务，其目标是将数据集中的样本划分为具有相似特征的组(簇)，使得同一簇内的样本相似度较高，而不同簇之间的相似度较低。聚类的主要目标是发现数据中的内在结构，将相似的样本放在同一簇内。聚类算法通常不需要事先标记训练数据，因为它是无监督的。分类是一种有监督学习任务，其目标是从先前标记的训练数据中学习一个模型，然后使用该模型对新的未标记数据进行分类。模型通常学习特征与类别之间的关系，以便能够对新数据进行预测。分类的主要目标是建立一个决策函数，将输入数据映射到预定义的类别标签，使模型能够对新数据进行正确分类。

12.2　聚类分析的过程及要求

聚类分析的过程包括：

(1) 数据收集：收集包含特征信息的数据集。

(2) 数据预处理：对数据进行清洗和预处理，包括处理缺失值、异常值，进行特征标准化等。

(3) 选择聚类算法：根据问题的性质和数据的特点选择合适的聚类算法。常见的聚类算法包括 k 均值聚类、层次聚类、基于密度的聚类(density-based spatial clustering of applications with noise, DBSCAN)等。

(4) 选择特征：根据任务需要选择适当的特征进行聚类。这一步可能需要领域专家的知识。

(5) 确定簇的数量(可选)：对于一些聚类算法，需要预先确定簇的数量。这可以通过领域知识、肘部法则等方法来完成。

(6) 应用聚类算法：使用选择的聚类算法对数据进行聚类。

(7) 结果解释：解释聚类的结果，检查每个簇的特点，理解数据中的模式。

(8) 调整参数：可能需要调整聚类算法的参数，重新运行算法以获得更好的结果。

聚类分析的要求包括：

(1) 相似性度量：需要选择合适的相似性度量来衡量样本之间的相似性。常见的相似性度量包括欧氏距离、曼哈顿距离、余弦相似度等。

(2) 数据独立性：聚类算法通常假设数据点在簇内是相似的，而不同簇之间是独立的。因此，数据应该在某种程度上满足这种独立性。

(3) 适当的特征：选择适当的特征对聚类的效果至关重要。不同的特征选择可能导致不同的聚类结果。

(4) 类簇的数量：对于某些聚类算法，需要预先知道类簇的数量。因此，对于一些应用，需要有关簇数量的先验知识或使用一些方法来估计簇的数量。

(5) 数据规模：聚类算法对数据规模敏感。对于大规模数据集，可能需要选择适用于大规模数据的聚类算法。

(6) 对异常值的鲁棒性：一些聚类算法对异常值敏感，需要考虑如何处理异常值以及选择对异常值较为鲁棒的算法。

(7) 结果解释：聚类结果需要能够解释并与实际问题相关联。这有助于确认聚类是否有意义且是否符合领域知识。

在聚类分析的实际应用中，算法、特征、相似性度量等因素的选择，以及对结果的解释都需要结合具体问题和领域背景进行综合考虑。

12.3　聚类分析的度量

常用聚类算法是希望在给定的数据集中形成一个簇内高相似度而簇间低相似度的数据划分。当类簇数量 K 的信息预先未知时，通常的做法是取不同的 K 值运行算法多次，然后评价所有聚类效果，选择聚类效果最好聚类对应的 K 值。因此，在数据已知的情况下，评价某种聚类效果符合数据集原始分布的程度称为聚类分析的度量指标，也称为聚类有效性评价指标。聚类分析的度量指标分为内部指标和外部指标两大类，其中外部指标指用事先指定的聚类模型作为参考来评价聚类结果的好坏，而内部指标是指不借助任何外部参考，只用参与聚类的样本评判聚类结果的好坏。

12.3.1 外部指标

外部指标与内部指标不同，在对数据样本集进行无监督聚类之前，观察者就已知数据样本集的真实标签，通过比较聚类结果与真实标签，评估聚类的质量。常用到的外部评估指标包括调整兰德系数(adjusted Rand index，ARI)、精度(precision)、召回率(recall)、聚类精度(clustering accuracy，CA)、*F*-measure 指数等。这些指标大都基于表 12.1 所示的混淆矩阵得出。

表 12.1 混淆矩阵

U/*V*	T	F
T	TP	FN
F	FP	TN

表 12.1 中，U、V 是对数据集 $D=\{x_1,x_2,\cdots,x_n\}$ 的两种属性划分，$U=\{U_1,U_2,\cdots,U_i\}$ 是已知的真实分组，$V=\{V_1,V_2,\cdots,V_i\}$ 是聚类算法的运行结果。有两点 $x_i,x_j\in D$，y_i、$\hat{y}_i$ 分别表示点 x_i 的真实类标和聚类后的类标，依据真实类标和聚类类标之间的异同关系，有如表 12.1 所示的四种情况，其中 TP、TN 用来计算两个划分的一致性，FP、FN 用来计算两个划分的差异性。

1. 调整兰德系数

调整兰德系数取值范围为[−1,1]，划分正确的属性越多，调整兰德系数的值越趋近于1，调整兰德系数计算如式(12.1)所示：

$$\mathrm{ARI}=\frac{2(\mathrm{TP}\cdot\mathrm{TN}-\mathrm{FN}\cdot\mathrm{FP})}{(\mathrm{TP}+\mathrm{FN})(\mathrm{FN}+\mathrm{TN})+(\mathrm{TP}+\mathrm{FP})(\mathrm{FP}+\mathrm{TN})} \tag{12.1}$$

2. 精度

精度又叫查准率，为划分正确的类别占算法聚集出的所有类别比例，如式 (12.2)所示：

$$\mathrm{precision}=\frac{\mathrm{TP}}{\mathrm{TP}+\mathrm{FP}} \tag{12.2}$$

3. 召回率

召回率也就是查全率，是为了统计有多少正确的类别被算法聚集了出来，召回率计算如式(12.3)所示：

$$\text{recall} = \frac{\text{TP}}{\text{TP} + \text{FN}} \tag{12.3}$$

4. 聚类精度

聚类精度也就是聚类准确率，用于比较真实分组和算法聚集出的分组，聚类精度计算 CA 如式 (12.4)所示：

$$\text{CA} = \frac{\sum_{i=1}^{n} \delta\left(U_i, \text{map}\left(V_j\right)\right)}{n} \tag{12.4}$$

式中，n 表示数据集的大小；$V = \{V_1, V_2, \cdots, V_j\}$ 表示聚类后得到的结果；$U = \{U_1, U_2, \cdots, U_i\}$ 表示数据集的真实分组；δ 为指示函数。

5. F-measure 指数

F-measure 指数组合了查准率与查全率，为二者的调和平均值，定义如式 (12.5)所示：

$$F\text{-measure} = \frac{2 \times \text{precision} \times \text{recall}}{\text{precision} + \text{recall}} \tag{12.5}$$

该值越大，聚类效果越好。

12.3.2　内部指标

内部评估是基于未知的评估方法，观察者事先不知道数据样本集的真实属性。聚类算法处理样本集的结果也是随机产生，观察者只能通过观察聚类结果本身来评估聚类效果。常用的内部评估指标包括 Davies-Bouldin(DB)指标、Silhouette 指标、Xie-Beni(XB)指标等。

1. DB 指标

DB 指标由 Davies 和 Bouldin 于 1979 年提出。DB 指标用类簇内样本点到聚类中心点的距离来估计聚类内部的紧致度，用各聚类中心点间的距离来估计聚类类间的分离度。DB 定义如式(12.6)～式(12.8)所示：

$$\omega_i = \frac{1}{n_i} \sum_{j=1}^{n_i} \left\| x_j - c_i \right\|^2 \tag{12.6}$$

式中，ω_i 表示类簇的所有样本点 x_j 到其中心点 c_i 的距离平均值。

$$C_{ij} = \left\| c_i - c_j \right\|^2 \tag{12.7}$$

式中，C_{ij} 表示类簇 c_i 和 c_j 中心点之间的距离。

进一步地，可得到DB：

$$\mathrm{DB}=\frac{1}{k}\sum_{i=1,j=1,j\neq i}^{k}\max\left(\frac{\omega_i+\omega_j}{C_{ij}}\right) \tag{12.8}$$

当DB值最小时，算法达到最优。

2. Silhouette 指标

Silhouette 指标也是一种内部评估指标，定义如式(12.9)～式(12.11)所示：

$$a(o)=\frac{\sum\limits_{o'\in c_i,o\neq o'}\mathrm{dist}(o,o')}{|c_i|-1} \tag{12.9}$$

式中，$\mathrm{dist}(o,o')$ 表示两个对象之间的距离；$|c_i|$ 表示类簇 c_i 的样本个数；$a(o)$ 的值表示样本点所属类簇的紧密度。

$$b(o)=\min_{\substack{c_j\\1\leqslant j\leqslant k,j\neq i}}\left\{\frac{\sum\limits_{o'\in c_i}\mathrm{dist}(o,o')}{|c_j|}\right\} \tag{12.10}$$

式中，$|c_j|$ 表示类簇 c_j 的样本个数；$b(o)$ 表示 o 与其他类簇的疏松度；样本点 o 的 $\mathrm{Sil}(o)$ 值为

$$\mathrm{Sil}(o)=\frac{b(o)-a(o)}{\max\{a(o),b(o)\}} \tag{12.11}$$

当 $\mathrm{Sil}(o)$ 值接近1时，样本 o 所在的类簇是紧密的，并且 o 远离其他簇。当 $\mathrm{Sil}(o)$ 值为负数时，表示聚类结果比较差。在一定范围内，$\mathrm{Sil}(o)$ 越大，聚类效果越好。

3. XB 指标

比值性模糊聚类有效性指标 XB，定义如式(12.12)所示：

$$\mathrm{XB}=\frac{\frac{1}{n}\sum\limits_{i=1}^{k}\sum\limits_{j=1}^{n}\mu_{ij}\left\|x_j-v_i\right\|^2}{\min\limits_{i\neq j}\left\|v_j-v_i\right\|^2} \tag{12.12}$$

式中，x_j 是第 j 个数据对象；v_i 是第 i 个类簇的中心；μ_{ij} 是一个布尔值。

利用 XB 指标非1即0的特性标记数据样本点与类簇间的关系。分子部分表示属于同一分组的样本到其组内中心的距离，表示组内聚类效果的紧密，分母表示不同分组中心点间的距离，表示组间聚类效果的分散。XB 值越小，聚类效果越好。

12.3.3 选择相似性度量的原则

选择相似性度量是聚类分析中的重要决策，不同的相似性度量适用于不同类型的数据和问题。以下是一些选择相似性度量的原则。

(1) 数据类型：不同的相似性度量适用于不同类型的数据。例如：对于连续型数据，通常使用欧氏距离或曼哈顿距离；对于二进制或离散型数据，可以使用汉明距离或杰卡德相似性；对于文本数据，常用的度量包括余弦相似性和杰卡德相似性。

(2) 数据分布：考虑数据的分布特征，如果数据具有较大的偏斜或离群值，一些鲁棒的相似性度量(如曼哈顿距离)可能更合适。

(3) 问题领域：了解问题的领域和背景信息对选择相似性度量至关重要。有时，领域专家的知识能够指导选择合适的度量。

(4) 簇的特性：聚类的目标是将相似的样本划分为簇。因此，选择的相似性度量应能够准确地反映出簇内样本的相似性。

(5) 计算效率：不同的相似性度量计算的复杂度不同。在处理大规模数据时，需要考虑计算效率，选择适用于大规模数据的相似性度量。

(6) 对称性：有些相似性度量是对称的，如欧氏距离；而有些是非对称的，如杰卡德相似性。根据问题的性质，选择对称或非对称的度量。

(7) 数据标准化：在使用某些相似性度量之前，可能需要对数据进行标准化，确保各个特征的尺度相近。对于某些度量，如欧氏距离，不同尺度的特征可能导致不准确的相似性度量。

(8) 噪声和异常值：一些相似性度量对噪声和异常值比较敏感，需要根据数据的特点选择合适的度量或进行预处理。

以下是一些常见的度量方法。

1. 基于相似性系数的度量方法

1) 夹角余弦函数

夹角余弦函数又叫向量空间余弦相似度，它不是样本空间内两个点的绝对距离，而是两个点在空间内的方向夹角余弦值。在聚类过程中，将数据集中任意两点 X_{ik} 与 Y_{jk}，看成 p 维空间的两个向量，求两者间的夹角余弦，则第 i 个和第 j 个样本间的相似系数如式(12.13)所示：

$$\cos\theta_{ij}=\frac{\sum_{k=1}^{p}X_{ik}Y_{jk}}{\sqrt{\sum_{k=1}^{p}X_{ik}^2\sum_{k=1}^{p}Y_{jk}^2}},\quad 0\leqslant\cos\theta_{ij}\leqslant 1 \tag{12.13}$$

若$\cos\theta_{ij}$的值为1，则第i个和第j个两个样本在空间内的方向夹角度数为0°，即两个样本高度相似；若$\cos\theta_{ij}$的值为0，则第i个和第j个两个样本在空间内的方向完全相反，即两个样本完全不同。

2) 皮尔逊相关系数

皮尔逊相关系数用于计算两个点X_i与X_j之间的线性相关度，其值在−1到1之间。如果两个变量的变化趋势一致，那么皮尔逊相关系数等于端点值1或−1，反之皮尔逊相关系数值为0，计算方式如式(12.14)所示：

$$r_{ij}=\frac{\sum_{k=1}^{p}\left(X_{ik}-\bar{X}_i\right)\left(X_{jk}-\bar{X}_j\right)}{\sqrt{\sum_{k=1}^{p}\left(X_{ik}-\bar{X}_i\right)^2\left(X_{jk}-\bar{X}_j\right)^2}} \tag{12.14}$$

皮尔逊相关系数能够确定每个特征之间的关系是否紧密相关，如果相关说明该特征属于重复特征，可以去掉该特征达到降维的目的。

2. 基于距离的度量方法

距离度量常用于描述两个数据对象之间的相似性，定义一个距离函数$d(x,y)$，根据距离函数的值来决定数据对象的归属。

1) 闵可夫斯基距离

闵可夫斯基距离是衡量数值点之间距离的一种常用方法，设空间中有X、Y两点，那么通过闵可夫斯基距离定义两点间距离，如式(12.15)所示：

$$d(x,y)=\left(\sum_{k=1}^{n}\left|X_k-Y_k\right|^r\right)^{\frac{1}{r}} \tag{12.15}$$

式中，r表示阶数，根据r的取值不同，闵可夫斯基距离可以表示为另一类距离公式。

2) 曼哈顿距离

曼哈顿距离由曼哈顿市的最短行车路径命名，计算空间内任意两点X、Y投射到坐标轴上的长度之和。它是闵可夫斯基距离的一种变形，当式(12.15)中的$r=1$时，转换为曼哈顿距离，如式(12.16)所示：

$$d(x,y)=\sum_{k=1}^{n}\left|X_k-Y_k\right| \tag{12.16}$$

3) 欧氏距离

欧氏距离是指在标准的欧氏空间中任意两点X、Y之间的真实距离，欧氏距离是闵可夫斯基距离的一种变形，当式(12.15)中的$r=2$时，转换为欧氏距离，如式(12.17)所示：

$$d(x,y)=\sqrt{\sum_{k=1}^{n}\left|X_k-Y_k\right|^2} \tag{12.17}$$

因为欧氏距离是基于三角形的斜边计算的，简单且便于理解，所以是目前最常用的距离度量。

4) 切比雪夫距离

切比雪夫距离又叫L_∞度量，测量任意两点坐标数值的最大差值，也是闵可夫斯基距离的一种变形，当式(12.15)中的$r=\infty$时，转换为切比雪夫距离，如式(12.18)所示：

$$d(x,y)=\left(\sum_{k=1}^{n}\left|X_k-Y_k\right|^r\right)^{\frac{1}{r}},\quad r=\infty \tag{12.18}$$

12.4 基于划分的聚类

12.4.1 *K*-means 算法

K-means(K均值)算法中K是一个超参数，表示整体数据最终划分出的簇数。随机选择K个点作为各类中心点，将数据集中所有的样本点按照欧氏距离划分至最近的中心点代表的簇中。当数据集中样本点都划分完类别后，通过计算各簇内数据平均值得到该簇新的中心点，按照分类原则将数据集中所有样本再次分类。按照该规则进行迭代，直到达到相邻迭代次数中中心点的距离变化很小或者达到预定的迭代次数为止。

对于一个数据集，一共包含n个样本，即$X=\{X_1,X_2,\cdots,X_n\}$，假设每个样本是m维向量，*K*-means 算法的目标是将n个具有类别属性的样本，根据其相似程度将其聚集到K个类簇中，且每个样本只属于与其最近的类别中心点所代表的类别中。

第一步，随机选择k个类簇的中心点$\{C_1,C_2,\cdots,C_k\}$，$1\leqslant k\leqslant n$。

第二步，计算各点与各个中心点的欧氏距离，欧氏距离计算公式如下：

$$d\left(X_i,C_j\right)=\sqrt{\sum_{t=1}^{m}\left(X_{it}-C_{jt}\right)^2} \tag{12.19}$$

式中，X_i代表第i个样本$\left(1\leqslant i\leqslant n\right)$；$C_j$代表第$j$个聚类中心$\left(1\leqslant j\leqslant k\right)$；$X_{it}$代表第$i$个样本的第$t$个属性$\left(1\leqslant t\leqslant m\right)$；$C_{jt}$代表第$j$个聚类中心的第$t$个属性。

第三步，通过判断各样本点与各个类簇中心的距离，将样本划分到距离最近的中心点代表的类簇中，最后将所有样本点分为K个类簇$\{S_1,S_2,\cdots,S_K\}$。

第四步，K-means 算法通过计算各类簇所有样本的各属性均值迭代类簇中心点，其计算公式如下：

$$C_l=\frac{\sum\limits_{X_i\in S_l}X_i}{\left|S_l\right|} \tag{12.20}$$

式中，C_l代表第l类簇的中心点$\left(1\leqslant l\leqslant k\right)$；$S_l$代表第$l$类簇；$\left|S_l\right|$代表第$l$类簇的所有样本的个数。

12.4.2 *K*-medoids 算法

K-medoids 算法是在 K-means 算法的基础上进行改良的，同样采用随机初始化的方式选择聚类参考点。与 K-means 算法在迭代聚类中心的过程中采用当前类簇样本的均值作为代表对象不同，K-medoids 算法通过选择实际的对象来代表类簇，以此削弱边缘异常值对聚类效果的不良影响，通过样本在划分块间的移动来改进聚类效果，使得相同类簇内对象高度相似，不同类簇间对象高度不相似。这使得算法对于异常值有着不错的免疫力，具有不错的鲁棒性。同时，聚类输出与数据对象的输入顺序无关,因此该算法还具有数据对象平移和正交变换不变性等。K-medoids 算法的关键是在一开始的时候就选择一个类簇，这个类簇由一个实际对象来表示类别，其余对象的划分原则是根据样本点间的欧氏距离来分到对应的类簇中，反复迭代用其他样本点代替中心点进行聚类，比较每两次迭代聚类的划分效果，保留最优结果输出。

K-medoids 算法初设包含n个数据对象的数据集$X_i=\{X_1,X_2,\cdots,X_n\}$，每个数据对象含有$M$维特征，现在计划将该数据集划分为$k$个不同的类簇$C_j=\{C_1,C_2,\cdots,C_k\},k<n$，第$i$个数据对象的第$j$个特征值为$X_{ij}$。对于任一类簇，除了代表数据对象$C_j$外，其他数据样本$X_i\in C_j$与$C_j$之间的距离用$d\left(X_i,C_j\right)$来度量，其中$d\left(X_i,C_j\right)$实际上就是两个样本点$X_i$、$C_j$之间的空间真实距离，如式 (12.21)所示，用误差平方和来度量每一个类簇中心点C_j的质量：

$$d\left(X_i,C_j\right)=\sqrt{\sum_{a=1}^{n}(X_{ia}-C_{ja})^2},\quad i=1,2,\cdots,n,j=1,2,\cdots,n \tag{12.21}$$

$$E=\sum_{j=1}^{k}\sum_{p=C_j}d\left(p,c_j\right) \tag{12.22}$$

式中，E 是数据集合中所有对象 p 和类簇 C_j 代表对象 c_j 的绝对误差之和。K-medoids 算法通常采用代价函数，如式(12.23)所示，来评估聚类质量是否优化。

$$S=E_2-E_1 \tag{12.23}$$

式中，E_2 表示替换中心点数据集合中所有代表点与其同类簇新中心点之间的绝对误差值总和；E_1 表示替换前数据集合中所有代表点与其类簇中心点之间的绝对误差值总和；S 表示替换前后总差异值，若 $S<0$，则使新中心点替换掉旧中心点，替换完成后，把剩下的数据样本重新划分到距离其最近的中心点代表的类簇中；若 $S\geqslant 0$，则无须改变当前中心点。

每次重新分配时，要想得到最佳的聚类效果，就要求误差平方之和必须尽量小，通过比较新旧中心点的误差平方和之间的差异，来评估替换后的聚类新中心点是否可以代替前聚类中心点。在反复替换聚类中心点过程中，绝对误差值总和不断减小，直到新旧聚类中心点的误差平方和之差达到一定的阈值或者不再改变，则输出簇的集合，得到最佳的聚类效果。

12.4.3 *K*-prototype 算法

K-prototype 算法是最早的处理混合型数据的聚类算法，该算法原理非常简单，将数据集中数值属性数据和分类属性数据分开处理，通过 γ 系数调整分类属性的贡献度。其中，数值属性数据使用欧氏距离计算数据的相似度，并用该聚类中所有数据的均值作为新的聚类中心；分类属性数据使用简单的“0-1”匹配计算数据的相似度，使用每一个分类属性中出现频率最高的那个值作为该分类属性新的聚类中心。

K-prototype 算法是从整个数据集中随机生成 k 个数据点作为算法的原始聚类中心，通过使用不同的相异性度量公式对数值型属性和分类型属性进行处理，并引入参数 γ 来控制分类属性数据对聚类结果的影响程度，计算各个数据点与各个聚类中心之间的相似度，按照最近邻原则将剩余的数据点分配给与其最近的类中。设 $X=\left\{X_1,X_2,\cdots,X_n\right\}$ 表示一个含有 n 个样本的数据集，其中每一个样本都包含 m 个属性，为了方便计算，将数值属性和分类属性进行区分，前 p 个属性为数值属性，第 $p+1$ 到第 m 个属性为分类属性。因此，设定为 $A=\left\{A_1^r,A_2^r,\cdots,A_p^r,A_{p+1}^c,\right.$

$A_{p+2}^c,\cdots,A_m^c\}$。分类属性 $A_j^c(p+1\leqslant j\leqslant m)$ 的值域为 $D(A_j^c)$，其中 c 表示属性 A_j^c 中值域的个数。假设数据集 X 得到的中间结果为

$$C=\{C_1,C_2,\cdots,C_k\}$$

$$C_i\cup C_j=\varnothing,\quad \bigcup_{l=1}^{k}C_l=C,\quad i,j=1,2,\cdots,k,i\neq j \tag{12.24}$$

式中，C_l 聚类中心表示为 $z_l=(z_l^r,z_l^c)$，其中数值属性和分类属性聚集中心分别为 $z_l^r=(z_{l,1}^r,z_{l,2}^r,\cdots,z_{l,p}^r)$，$z_l^c=(z_{l,p+1}^c,z_{l,p+2}^c,\cdots,z_{l,m}^c)$。通过参数 γ 来调节相异性度量中分类型部分权重的大小，定义为

$$d(x_i,z_l)=d_x(x_i^r,z_l^r)+\gamma d_c(x_i^c,z_l^c) \tag{12.25}$$

式中，$d_x(x_i^r,z_l^r)$ 表示欧氏距离；$d_c(x_i^c,z_l^c)$ 使用 0-1 简单匹配相异性度量，如式(12.26)所示：

$$d_c(x_i^c,z_l^c)=\sum_{t=p+1}^{m}\delta(x_{i,t}^c,z_{l,t}^c),\quad \delta(x_{i,t}^c,z_{l,t}^c)=\begin{cases}1, & x_{i,t}^c\neq z_{l,t}^c\\ 0, & x_{i,t}^c=z_{l,t}^c\end{cases} \tag{12.26}$$

K-prototype 算法最小化目标函数为

$$F=\sum_{l=1}^{k}\sum_{i=1}^{n}u_{li}d(x_i,Q_l) \tag{12.27}$$

式中，

$$u_{li}\in\{0,1\},\quad 1\leqslant l\leqslant k,1\leqslant i\leqslant n$$

$$\sum_{i=j}^{k}u_{li}=1,\quad 1\leqslant i\leqslant n$$

$$0<\sum_{i=1}^{n}u_{li}<n,\quad 1\leqslant l\leqslant k$$

式中，l 表示第 i 个对象属于第 l 类；0 表示第 i 个对象不属于第 l 类。

K-prototype 算法具体步骤如下。

(1) 从包含 n 维属性的数据集 $X=\{X_1,X_2,\cdots,X_n\}$ 中随机生成 k 个数据点作为算法的初始聚类中心，聚类中心表示为 $C=\{C_1,C_2,\cdots,C_k\}$。

(2) 根据式(12.26)计算数据集中除聚类中心点数据外所有的数据点 X_i 到各个聚类中心 C_l 的距离 $d_c(x_i,z_l)$。

(3) 根据最近邻原则将数据点 X_i 划分到距离其最近的聚类中心 C_l 中。

(4) 数值属性数据利用C_l中所有数据的数值属性均值更新聚类中心，分类属性数据利用C_l中所有数据每一个分类属性中出现频率最高的那个值作为该分类属性新的聚类中心均值更新聚类中心。

(5) 若式(12.27)收敛或者达到最大迭代次数，算法运行结束；否则重复第(2)步至第(4)步直至满足上述条件。

12.5 基于层次的聚类

12.5.1 聚合聚类与分裂聚类算法

层次聚类算法又称为树聚类算法，它将数据集的聚类过程类比成树状结构，将整个样本集分配在树的各个分层之中，每一个分层的数据点都要进行不断的分裂或者凝聚，以此作为层次聚类求解方式。根据层次结构形成的不同方式，层次聚类算法可以分为分裂层次聚类或凝聚层次聚类。如果把最初的所有数据对象都看成一个类簇，再通过一系列的方式将其逐层分裂，则这种自上而下的方法就是分裂层次聚类；如果刚开始将数据集样本中的所有样本都看成一个类簇，再通过某些准则将它们逐次合并，则这种自下而上的方法就是凝聚层次聚类。此外，它们需要一个阈值来定义分裂或凝聚分区作为停止条件。图 12.1 展示了凝聚层次聚类算法 AGNES 和分裂层次聚类算法 DIANA(divisve analysis)在一个包含五个对象的数据集$\{a,b,c,d,e\}$上的处理过程。

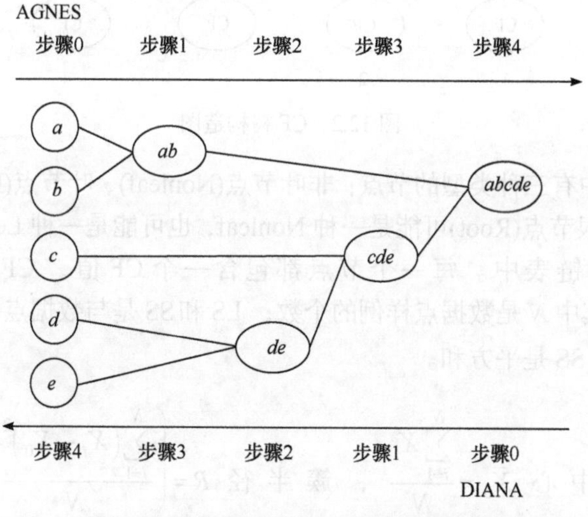

图 12.1 凝聚层次聚类和分裂层次聚类

层次聚类算法也不可避免地存在一些不足：①在凝聚和分裂点的选择上存在

问题；②该算法在聚类过程中对孤立点和噪声点比较敏感；③其对已经完成的步骤无法进行修改。

12.5.2 平衡迭代削减聚类算法

平衡迭代削减聚类(balanced iterative reducing and clustering using hierarchies，BIRCH)算法是一种适用于大数据集的聚类分析算法，通过采用聚类特征(cluster feature，CF)和聚类特征树(CF 树)的数据结构来降低 I/O 成本和内存功耗，目的是通过少量扫描数据集(实际情况中只需扫描一次)就能产生比较精准的聚类结果，算法代价和数据量呈线性关系。

BIRCH 算法的过程就是把数据集中的样本一次插入一棵树中，同时保证叶节点上的都是初始样本数据。CF 树的构成如图 12.2 所示。

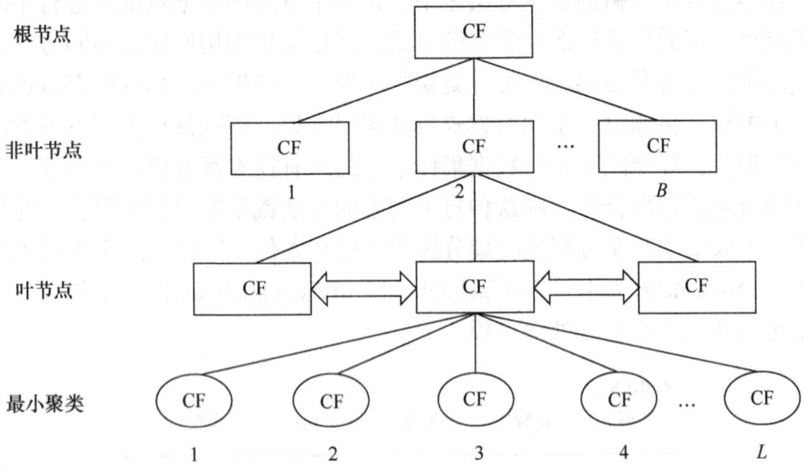

图 12.2 CF 树构造图

在这棵树中有三种类型的节点：非叶节点(Nonleaf)、叶节点(Leaf)、最小聚类(MinCluster)，根节点(Root)可能是一种 Nonleaf，也可能是一种 Leaf。所有的 Leaf 放入一个双向链表中。每一个节点都包含一个 CF 值，CF 是一个三元组 $(N,\mathrm{LS},\mathrm{SS})$，其中 N 是数据点样例的个数；LS 和 SS 是与数据点同维度的向量；LS 是线性和；SS 是平方和。

计算簇中心 $\bar{X}_0=\dfrac{\sum_{i=1}^{N}\bar{X}_i}{N}$，簇半径 $R=\left(\dfrac{\sum_{i=1}^{N}\left(\bar{X}_i-\bar{X}_0\right)^2}{N}\right)^{\frac{1}{2}}$，簇直径

$D=\left(\dfrac{\sum_{i=1}^{N}\sum_{j=1}^{N}\left(\bar{X}_i-\bar{X}_j\right)^2}{N(N-1)}\right)^{\frac{1}{2}}$，以及两个簇之间的距离$D_2=\left(\dfrac{\sum_{i=1}^{N_1+N_2}\left(\bar{X}_i-\bar{X}_j\right)^2}{N_1N_2}\right)^{\frac{1}{2}}$。

例如，有一个 MinCluster 里包含3个数据点$(1,2,3)$，$(4,5,6)$，$(7,8,9)$，则$N=3$。每个节点的CF值就是其所有子节点CF值之和，以每个节点为根节点的子树都可以看成是一个簇。Nonleaf、Leaf、MinCluster 都是有大小限制的，Nonleaf 的子节点不能超过B个，Leaf 最多只能有L个 MinCluster，而一个 MinCluster 的直径不能超过T。

先扫描数据库，拿到第一个数据点样例，创建一个空的 Leaf 和 MinCluster，将点$(1,2,3)$的 id 值放入 MinCluster，更新 MinCluster 的 CF 值为$(1,(1,2,3),(1,4,9))$，把 MinCluster 作为 Leaf 的一个子节点，更新 Leaf 的 CF 值为$(1,(1,2,3),(1,4,9))$。实际上只要往树中放入一个 CF (这里用CF 作为 Nonleaf、Leaf、MinCluster 的统称)，就要更新从 Root 到该叶节点的路径上所有节点的CF值。

当又有一个数据点要插入树中时，把这个点封装为一个 MinCluster(这样它就有了一个CF值)，把新到的数据点记为CF_new，得到树的根节点的各个子节点的CF值，根据D_2找到与CF_new 最接近的节点，然后把CF_new 加入到那棵子树上。这是一个递归过程。递归的终止点是要把CF_new 加入到一个 MinCluster 中，如果加入之后 MinCluster 的直径没有超过T，则直接加入，否则CF_new 要单独作为一个簇，成为 MinCluster 的兄弟节点。插入之后注意更新该节点及其所有祖先节点的CF值。

插入新节点后，可能有些节点的子节点数大于B(或L)，此时该节点要分裂。对于 Leaf，它现在有$L+1$个 MinCluster，需要新创建一个 Leaf，使它作为原 Leaf 的兄弟节点，同时注意每新创建一个 Leaf 都要把它插入双向链表中。$L+1$个 MinCluster 要分到两个 Leaf 中，分配的方法为：根据D_2找出这$L+1$个 MinCluster 中距离最远的两个 Cluster，剩下的 Cluster 根据距离划分。分好后更新两个 Leaf 的CF值，其祖先节点的CF值没有变化，不需要更新。这可能导致祖先节点的递归分裂，因为 Leaf 分裂后恰好其父节点的子节点数超过B。Nonleaf 的分裂方法与 Leaf 相似，只不过产生新的 Nonleaf 后不需要把它放入一个双向链表中。如果是树的根节点要分裂，则树的高度加1。

BIRCH 算法主要包含以下四个步骤。

(1) 扫描整个数据集，将数据依次插入，逐步构建一棵初始化的CF树，如果在插入的过程中遇到内存不足的情况，则提升阈值，在先前CF树的基础上重新构建一棵较小的树，满足内存需求。建树完成后，将数据集中的样本点划分为一类，将零星的离散点当成孤立点或噪声点。

(2) 二次聚类。在步骤(1)中，数据样本总是被插入到距离其最近的叶节点(簇)中，并且一旦插入成功，更新其父节点的CF值状态，同时该数据的信息也会自下而上传到根节点中；如果不能正常插入，即叶节点(簇)半径大于先前设定的阈值，此叶节点将要被分裂，新数据的插入和分裂的过程基本类似于构建树的过程。如果过程中内存占用过大，就按照步骤(1)中的办法，通过调节阈值改变树的大小重新建树，需要注意的是，这里重建特征树的时候不需要再次扫描整个数据集，而是在已存在的特征树的叶节点基础之上重新构建，由此可知，整个建树的过程只需要扫描一次数据集。

(3) 该步骤可选。在步骤(1)、(2)中可能会存在由输入顺序和页面大小带来的分裂。使用全局/半全局聚类算法对所有叶节点重新聚类来补救先前的分裂，提升现有聚类结果的质量。

(4) 该步骤可选。将数据重新划分到最近的中心点附近，即为步骤(3)中的中心点，以确保重复数据被分到同一个叶节点(簇)中，同时可以添加簇标签。

BIRCH 算法并未具体给出如何设定步骤(1)中阈值 T 的方法，一般仅仅将 T 简单赋值为 0 。

BIRCH 算法流程图如图 12.3 所示。

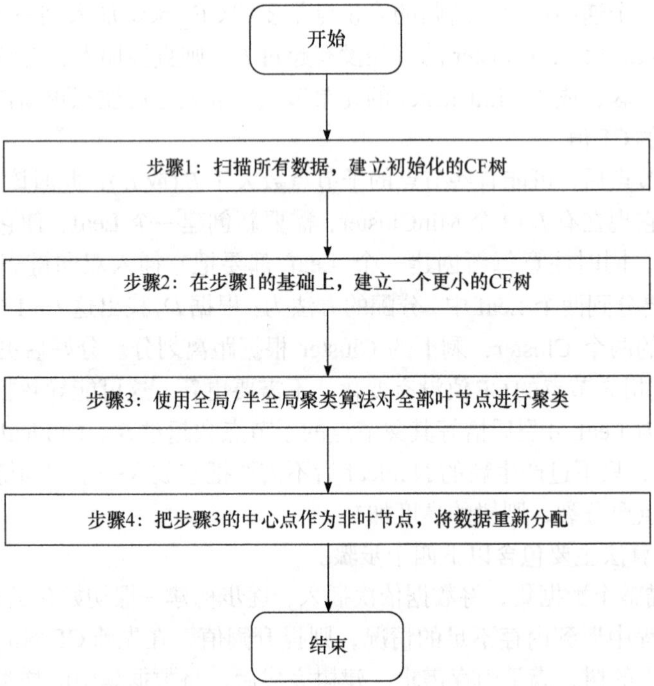

图 12.3　BIRCH 算法流程图

其中具体建树阶段算法步骤如下。

(1) 设定原始阈值T，初始化一棵CF树CF_t。

(2) 扫描整个数据集，将数据依次插入CF树CF_t中。

(3) 检测内存是否超出其承受大小，如果未超出则继续下一步，如果超出则跳转至步骤(5)。

(4) 完成对整个数据集的扫描后，将散落在磁盘中的孤立点、噪声点等再次插入CF树CF_t中，结束全部的建树过程。

(5) 增大阈值T，随着阈值T的改变需要重建一棵新的CF树CF_t'，CF_t'建立在CF_t的叶节点基础之上；建立新树的过程中若遇到CF_t的叶节点是潜在噪声点或孤立点的情况，在磁盘空间允许的前提下将该点写入磁盘，否则将该点用于重建CF_t'。完成建树后，令$CF_t = CF_t'$。

(6) 检测磁盘空间是否被噪声点等异常数据占满，如果还有剩余空间则跳转至步骤(2)进行余下的扫描；如果磁盘无可利用空间，需要将这些潜在的噪声数据吸收至CF_t再跳转至步骤(2)进行扫描。

12.5.3 使用代表点的聚类算法

使用代表点的聚类(clustering using representative，CURE)算法主要思想是先将每一个样例看成一个单独的簇，然后根据某种度量将每个簇进行合并，直到满足簇的数目或者达到设定的终止条件为止。CURE算法采用代表点方法，可以解决所有样例和基于质心的聚类方法的缺点，流程如下。

算法 12.1 CURE算法

输入：原始数据集X、簇数目K、代表点个数m、收缩因子θ。

输出：簇集合 clusters。

(1) 通过随机抽样从原始数据集中得到样例集D。

(2) 将样本集D均匀划分为n个部分。

(3) 对每个划分区域挑选代表点进行局部的聚类，并对每个簇中的代表点以θ向簇中心收缩。

(4) 对得到的所有簇，再进一步进行CURE层次聚类，聚类簇数为K。

(5) 剔除噪声点，对样本集中剩余样例进行划分得到最终的簇集合 clusters。

具体挑选代表点过程如下。

对每个划分区域，首先原始的簇$R=\{C_1,C_2,\cdots,C_n\}$包含每个样例$\{x_1,x_2,\cdots,x_n\}$，然后，计算各个簇之间的平均距离：

$$d_{\text{avg}}\left(C_i, C_j\right) = \frac{1}{n_i n_j} \sum_{x_i \in C_i} \sum_{x_j \in C_j} \left\| x_i - x_j \right\| \tag{12.28}$$

式中，簇 C_i 和簇 C_j 的样例数目用 n_i 和 n_j 表示。

两个极端的计算簇之间距离度量为最大值和最小值，这两种方法的缺点是易受噪声点和孤立点的影响。平均距离和均值距离利用所有样例的性质得到的距离度量，可以有效地克服噪声点和孤立点敏感的问题。

CURE 算法使用了两种数据结构：KD 树和堆。在利用代表点进行聚类的过程中，最近邻的计算采用了 KD 树数据结构进行计算。KD 树数据结构是利用树的思想对 K 维空间进行划分，直到每个空间中存在一个样例，因 KD 树能有效地存储和检索多维样例，故被广泛地应用于查找 N 个最近邻方法中。使用 KD 树数据结构计算最近邻时，将每个簇中的代表点存储在 KD 树中，属于最近的另一个簇的代表点保留下来，每次聚类结果簇将使用最小堆存储，样例的最近邻样例与其最近邻样例之间的距离存放在每个节点处，距离最小的样例和最近邻样例位于堆的顶端，将其合并产生簇 w ，w.mean 是簇 w 的簇中心，计算公式为

$$\text{w.mean} = \frac{\text{u.num} \cdot \text{u.mean} + \text{v.num} \cdot \text{v.mean}}{\text{u.num} + \text{v.num}} \tag{12.29}$$

式中，簇 u 和簇 v 的样例数分别为 u.num 和 v.num ；簇 u 和簇 v 的簇中所有样例平均值分别为 u.mean 和 v.mean 。

选择簇 w 中代表点的方法为：判断簇内代表点数目是否大于等于 m ，若满足条件，保留代表点即可；若不满足，重新计算代表点，首先第一个代表点选取簇 w 中所有样例的平均值 u.mean ，然后计算该代表点与所有样例的距离，取最远距离并属于 w 簇中的样例作为下一个代表点，第三个代表点选择与已知代表点最远的点，重复选取直到代表点个数等于 m 。

$$\text{w.rep} = p + \alpha\left(\text{w.rep} - p\right) \tag{12.30}$$

得到最终的代表点后，簇 u 和簇 v 被簇 w 代替，并将簇 w 添加到簇集合 R 中，从 R 中删除簇 u 和簇 v ，接着，寻找 R 中距离最近的两个簇再进行合并，直到最终簇集合 R 中的集合数为 K 。

12.6　基于密度的聚类

12.6.1　DBSCAN 算法

DBSCAN 算法是一种基于高密度连通区域的聚类方法，DBSCAN 算法将密度足够高的区域划分为簇，并可以在带有噪声的空间数据库中发现任意形状的聚

类。它定义簇为密度连通的点的最大集合。DBSCAN 算法使用了两个参数：半径 eps 和密度阈值 Minpts。DBSCAN 算法需要由用户主观来选择参数，参数的选择决定了最终的聚类结果。在计算复杂度方面，如果采用空间索引，DBSCAN 算法的计算复杂度是 $O(n\log(n))$，其中 n 是对象数，否则计算复杂度为 $O(n^2)$。DBSCAN 算法中用到以下定义。

eps 邻域：对于给定对象集 D，$\forall p \in D$，以对象 p 为中心，以 eps 为半径的邻域称为对象 p 的 eps 邻域。eps 值由用户给定，eps 值限制了中心点在空间中的搜索范围。

密度阈值 Minpts：对于给定对象集 D，$\forall p \in D$，使对象 p 成为核心点的密度阈值。

核心对象：对于给定对象集 D，$\forall p \in D$，$p_1, p_2, \cdots, p_n \in D$，$p_1, p_2, \cdots, p_n$ 在对象 p 的 eps 邻域内，若 n 大于密度阈值 Minpts，表示对象 p 的 eps 邻域内对象个数大于密度阈值，则定义 p 为核心对象。

密度：对于给定对象集 D，$\forall p \in D$，以对象 p 为中心，eps 邻域内对象的个数定义为对象 p 的密度。

直接密度可达：对于给定对象集 D，$\forall p, q \in D$，$q \in p$ 的 eps 邻域，且 p 是核心对象，则称 q 从 p 直接密度可达。

密度可达：对于给定对象集 D，$\forall p_1, p_2, \cdots, p_n \in D$，$p_1 = p$，$p_n = q$，对于 p_i，若 p_{i+1} 从 p_i 关于 eps 和 Minpts 直接密度可达，则对象 q 是从对象 p 关于 eps 和 Minpts 密度可达。

密度互连：对于给定对象集 D，$\forall p, q \in D$，若 $\forall o \in D$，使得对象 p 和 q 是从 o 关于 eps 和 Minpts 密度可达，那么对象 p 和 q 是关于 eps 和 Minpts 密度互连的。

噪声：对于给定对象集 D，$\forall p \in D$，若对象 p 不属于任何簇，则 p 为噪声。

DBSCAN 算法有以下结论。

(1) p 是对象集 D 中的一个核心对象，则由 p 密度可达的对象构成的集合 $o(p)$ 是一个聚类。

(2) o 是一个聚类，p 是 o 中的任意一个核心对象，则 o 等于由 p 密度可达的对象构成的对象集。

DBSCAN 算法聚类步骤如下：从搜索对象集 D 中随机对象的 eps 邻域开始，如果一个对象 p 的 eps 邻域包含对象数大于密度阈值 Minpts，则创建一个以 p 为核心对象的新簇，否则寻找其他对象。获得核心对象 p 之后，从该对象出发，搜索其 eps 邻域，以核心对象的 eps 邻域中的对象更新种子队列，并从种子队列中发现新的核心对象。反复搜索从这些核心对象直接密度可达的对象，这个过程可能涉及一些密度可达簇的合并。当没有新的对象可以被添加到任何簇时，聚类过程结束。如果两个聚类 C_1 和 C_2 非常接近，有可能存在边界对象 p 既属于 C_1 又属于 C_2。此时，对象 p 可以分配给首先发现它的聚类。DBSCAN 聚类过程与数据对象的访问顺序无关。如果用户定义的参数 eps 和密度阈值 Minpts 设置恰当，采用该算法可以有效地找出任意形状的簇。DBSCAN 算法对输入参数是敏感的，所以使用者需要对数据有较多的先验知识，并且 DBSCAN 算法不适用于在密度不均匀的数据集中发现聚类。

12.6.2 WS-DBSCAN 算法

DBSCAN 算法的主要缺点在于其欧氏距离计算的复杂性。为提高算法的效率，同时保证聚类的精度，Kieu 等提出了 WS-DBSCAN 算法。

与典型的 DBSCAN 算法相比，WS-DBSCAN 算法有如下特征。

(1) DBSCAN 算法在分析数据时，属于一次性分析，每组不同的数据需要重新分析；而 WS-DBSCAN 算法会充分利用现存(旧)数据的特征分析新数据。

(2) DBSCAN 算法会对所有点的邻近区域搜索，从而确定该点类别；而 WS-DBSCAN 算法只在必要时才对该点邻近区域实施搜索。

(3) WS-DBSCAN 算法在聚类时，会给予点属性，以该点邻近区域所有点属性值之和是否超过 Minpts 作为判断该点是否为核心点的标准。

12.6.3 MDCA 算法

密度最大值聚类算法(maximum density clustering algorithm，MDCA)使用最大密度对象作为起始点，考察周围对象的密度分布，据此发现基本簇(高密度超球状区域)，并通过基本簇合并获得最终的簇划分。MDCA 能够自动识别簇的数量，有效发现任意形状的密度簇，且对于偏斜数据集的处理能力良好。在选择了合适的对象邻近度定义后，MDCA 能够有效处理高维数据集、变密度数据集以及文本数据集。

基于划分的聚类事先设定好簇的数量，并以中心距离作为判断是否属于同一个簇的依据，在任何情况下簇的数量都是固定的；但对于未知的数据集，人为设定簇的数量显然很困难，而且发现的簇只能是超球状的。基于密度的聚类可以自动确定簇的数量并发现任意形状的簇，但对于密度差异不明显的数据集，可能会错误地合并或分解自然簇，并产生大量噪声。MDCA 将基于密度的思想引入划分聚类中，使用密度而不是初始中心点作为考察簇归属情况的依据，能够自动确定簇数量并发现任意形状簇。MDCA 一般不保留噪声，因此也避免了阈值选择不当而造成大量对象被丢弃的情况。

MDCA 的基本思路是寻找最大密度的对象和它所在的稠密区域，聚类过程分为三步：

(1) 将数据集划分为基本簇；

(2) 使用凝聚层次聚类的思想，合并较近的基本簇，得到最终的簇划分；

(3) 处理剩余点，归入最近的簇。

12.7 基于模型的聚类

12.7.1 基于 SOM 神经网络的聚类算法

自组织映射(self-organizing map，SOM)神经网络根据人类大脑神经元自组织映射的特点对样本进行自动聚类，属于无监督学习网络。它可以根据样本特征和内在规律将高维数据通过神经网络映射到低维空间，达到降维聚类的目的。它由输入层和输出层(也称为竞争层)两层网络结构组成，输入层与输出层之间通过权重向量连接。输入层对应于样本的输入向量；输出层对应于一系列神经元节点构成的二维平面。输出神经元节点与邻域内其他节点广泛相连，节点之间相互竞争以求被激活。在同一时刻只有一个神经元节点被激活，其他神经元节点被抑制。这个被激活的神经元节点称为获胜单元，更新获胜单元及其相邻区域的权重，使得输出节点保持输入向量的拓扑特征。通过这种无监督的竞争式学习网络，可完成对样本的自动聚类。具体步骤如下。

(1) 网络初始化。对输出层每个节点权重 W_j 随机赋予较小的初值，定义训练结束条件。

(2) 从输入样本中随机选取输入向量，求输出层中与输入向量距离最小的连接权重向量：

$$\| X_i - W_g \| = \min_j \| X_i - W_j \| \tag{12.31}$$

式中，$\|\cdot\|$ 为距离函数，这里采用欧氏距离，其具体公式如下：

$$\| X_i - W_j \| = \sqrt{\left(X_i - W_j\right)\left(X_i - W_j\right)^{\mathrm{T}}} \tag{12.32}$$

(3) 定义 g 为获胜单元，$N_g(t)$ 为获胜单元的邻近区域。对于邻近区域内的单元，按照式(12.33)调整权重使其向 X_i 靠拢：

$$W_j(t+1) = W_j(t) + \alpha(t) h_{gj}(t)\left[X_i(t) - W_j(t)\right] \tag{12.33}$$

式中，t 为学习次数；$\alpha(t)$ 为第 t 次学习率；$h_{gj}(t)$ 为 g 的邻域函数。

(4) 随着学习次数 t 的增加，重复步骤(2)以及步骤(3)，当达到训练结束条件时停止训练。

(5) 输出具体的聚类数目 k 和聚类中心 $Z=(Z_1,Z_2,\cdots,Z_k)$。

SOM 神经网络结构如图 12.4 所示。

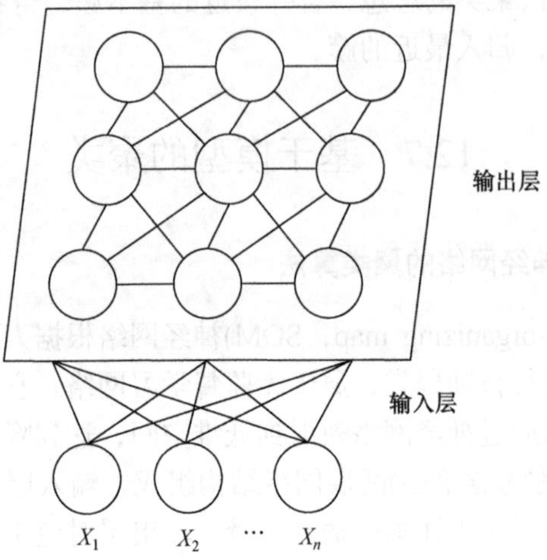

图 12.4　SOM 神经网络结构

12.7.2　基于概率模型的聚类算法

基于概率模型的聚类算法试图优化给定的数据和某些数据模型之间的拟合性：为每一个簇假定一个模型，寻找数据对给定模型的最佳拟合。这种方法通常是基于这样的假设：数据是根据潜在的概率分布生成的，一个基于概率模型的聚类算法可通过构建反映数据点空间分布的密度函数来定位聚类。图 12.5 是对基于概率模型的聚类算法。

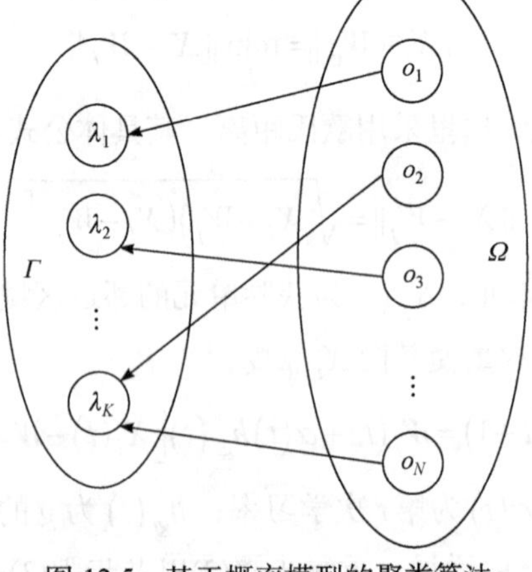

图 12.5　基于概率模型的聚类算法

在图 12.5 的右侧是要进行分析的数据集合Ω，这个样本空间中包含N个数据样本$\{o_1,o_2,\cdots,o_N\}$。这N个样本可以被分为K簇，其中的每一簇使用具有参数$\lambda_i(1\leqslant i\leqslant K)$的概率分布来表示，在图 12.5 的左边是簇的概率模型空间Γ。对于这个空间中的模型，一般都是假设它们属于同一种分布，只是这些分布的参数不同。例如：每一个模型都用正态分布表示，但是每个正态分布的各个参数是有区别的，从而将不同的模型区分开来。通过计算每一个数据样本落在不同模型中的概率来决定该样本应该属于哪一个簇，于是就建立了数据同概率模型之间的联系，也就是图中两种空间之间的连线。

基于概率模型的聚类算法的基本框架如下：首先，在考虑数据性质的情况下，要使用比较恰当的概率模型来对数据进行表示；然后，在概率表示的基础之上，使用 EM 算法对模型中的参数进行估计；最后，使用已经确定了参数的概率模型对输入数据进行划分。

继续阅读

聚类的方法很多，各种方法的详细介绍可见文献[1]和[2]。层次化聚类的方法可见文献[2]，*K*-means 聚类可见文献[3]和[4]，*K*-means 聚类的扩展可见文献[5]。基于密度的聚类算法，如 DBSCAN 可见文献[6]。

参考文献

[1] Jain A K, Dubes R C. Algorithms for Clustering Data[M]. Upper Saddle River: Prentice-Hall, 1988.

[2] Aggarwal C C, Reddy C K. Data Clustering: Algorithms and Applications[M]. Boca Raton: CRC Press, 2013.

[3] MacQueen J B. Some methods for classification and analysis of multivariate observations[C]//Proceedings of the 5th Symposium on Mathematical Statistics and Probability, Berkeley, 1967: 1-2.

[4] Hastie T, Tibshirani R, Friedman J. The Elements of Statistical Learning: Data Mining, Inference, and Prediction[M]. New York: Springer, 2001.

[5] Pelleg D, Moore A W. X-means: Extending *K*-means with efficient estimation of the number of clusters[C]//Proceedings of the Seventeenth International Conference on Machine Learning, Stanford, 2000: 727-734.

[6] Ester M, Kriegel H, Sander J, et al. A density-based algorithm for discovering clusters in large spatial databases with noise[C]//Proceedings of the Second International Conference on Knowledge Discovery and Data Mining, Portland, 1996: 226-231.

第 13 章 降维与度量学习

在机器学习诞生之初，距离就已被运用到各种学习算法中。距离在数据之间提供一种相似性度量，距离近的数据被认为是相似的，距离远的数据被认为是不同的。例如，最近邻分类器就是将样本标记为离它最近的训练集样本所在的类别。距离远近就与距离度量有关。因此，最近邻分类器的性能与度量密切相关，不同的度量可能会导致不同的结果。同样，其他基于距离的学习器也受距离度量的影响。

13.1 降维方法概述

假设有一个未知概率分布的数据集，表示为 $N \times D$ 的矩阵 X，其由 N 个 D 维的向量 $X_i(i \in \{1,2,\cdots,N\})$ 组成。假设该数据集的本征维数是 d，$d < D$。本征维数是指数据集 X 可以位于或者近似地映射到低维空间中的维度 d。而数据降维就是在尽量保存了数据集几何结构的基础上，将拥有 D 维的数据集 X 通过线性或非线性变换转化为一个新的 d 维数据集 Y。一般情况下，数据的几何结构和本征维数都是不可知的。所以，数据降维是一个不确定的问题，它只能靠假设数据的某些属性来进行处理，如本征维数。而数据降维的目的是去除高维空间的冗余信息，保留并增强有意义的特征，找到一个尽量紧缩的低维向量来表示高维空间中的原始数据。

13.2 线性降维方法

13.2.1 子集选择法

在线性降维方法中，子集选择是一种通过选择原始特征集中的子集来实现降维的方法。它的主要思想是从原始特征集中挑选出一个较小的特征子集，使得这个子集中的特征能够保留原始特征集的主要信息，同时实现降维的效果。子集选择法通常是通过某种标准或算法来选择最优的特征子集，这些标准或算法可以基于特征的重要性、相关性、稳定性等进行选择。

子集选择法的优势在于它能够提供更好的可解释性，因为降维后的特征子集通常可以保留原始数据集的关键特征，便于理解和解释。同时，它也可以减少计算和存储的成本，提高模型的训练和预测效率。然而，子集选择法主要存在如下一些挑战。

(1) 组合爆炸：当特征数目较大时，可能存在大量的特征子集组合，需要考虑的组合数量随特征数目呈指数增长，计算成本非常高。

(2) 过拟合：如果选择的特征子集过多，可能会导致模型过拟合，尤其是在样本数目相对较少的情况下。

(3) 特征相关性考虑不足：子集选择法通常不考虑特征之间的相关性，可能导致选取的特征子集不够具有代表性。

常见的子集选择法包括贪心搜索、基于启发式的方法、遗传算法等。在实际应用中，根据具体问题的特点选择合适的子集选择法非常重要。

13.2.2 主成分分析法

1. 方法简介

主成分分析(principal component analysis，PCA)是一种常用的无监督学习方法，这一方法利用正交变换将由线性相关变量表示的观测数据转换为少数几个由线性无关变量表示的数据，线性无关的变量称为主成分。主成分的个数通常小于原始变量的个数，所以主成分分析属于降维方法。主成分分析主要用于发现数据中的基本结构，即数据中变量之间的关系，是数据分析的有力工具，也用于其他机器学习方法的前处理。主成分分析属于多元统计分析的经典方法，首先由 Pearson 于 1901 年提出，但只是针对非随机变量，1933 年由 Hotelling 推广到随机变量。

2. 数学原理

用数学语言对主成分分析进行描述：设在数据集 X 中有 n 个样本，每个样本观测 p 个变量，则有

$$X = \begin{bmatrix} x_{11} & x_{12} & \cdots & x_{1p} \\ x_{21} & x_{22} & \cdots & x_{2p} \\ \vdots & \vdots & & \vdots \\ x_{n1} & x_{n2} & \cdots & x_{np} \end{bmatrix} = \left[x_1, x_2, \cdots, x_p\right] \tag{13.1}$$

式中，

$$x_i = (x_{1i}, x_{2i}, \cdots, x_{ni})^{\mathrm{T}} \quad i = 1, 2, \cdots, p \tag{13.2}$$

PCA 算法就是将原来的 p 个观测变量 $x_1, x_2, \cdots, x_p$ 进行综合，形成 p 个新变量

(综合变量)，即

$$\begin{cases} F_1 = w_{11}x_1 + w_{21}x_2 + \cdots + w_{p1}x_p \\ F_2 = w_{12}x_1 + w_{22}x_2 + \cdots + w_{p2}x_p \\ \vdots \\ F_p = w_{1p}x_1 + w_{2p}x_2 + \cdots + w_{pp}x_p \end{cases} \tag{13.3}$$

简写为

$$F_i = w_{1i}x_1 + w_{2i}x_2 + \cdots + w_{pi}x_p, \quad i = 1,2,\cdots,p \tag{13.4}$$

在此，x_i 是 n 维向量，得到的 F_i 也是 n 维向量。

上述模型的系数 w_{ij} 要满足以下三个条件：

(1) F_i 与 $F_j\left(i \neq j; i,j = 1,2,\cdots,p\right)$ 不相关；

(2) F_1 的方差大于 F_2 的方差，F_2 的方差大于 F_3 的方差，以此类推；

(3) $w_{k1}^2 + w_{k2}^2 + \cdots + w_{kp}^2 = 1, k = 1,2,\cdots,p$ 。

满足以上三个条件时，由变换所得到的新随机变量彼此之间互不相关，并且方差顺次递减。

综上，得到 $p \times p$ 的变换矩阵 W ：

$$W = \begin{bmatrix} w_{11} & w_{12} & \dots & w_{1p} \\ w_{21} & w_{22} & \dots & w_{2p} \\ \vdots & \vdots & & \vdots \\ w_{p1} & w_{p2} & \dots & w_{pp} \end{bmatrix} \tag{13.5}$$

使得

$$F = \left[F_1, F_2, \cdots, F_p\right] = W^{\mathrm{T}} X \tag{13.6}$$

在得到的新坐标系下满足各维数据之间的相关性最小，换句话说，这种变换是一个去相关性的过程，即得到的新变量间是互不相关的。

PCA 法步骤如下：

(1) 计算样本数据集 X 中样本的均值向量 μ ，即 $\mu = \dfrac{1}{n}\sum_{i=1}^{n} x_i$ ；

(2) 对每个样本取均值，即将样本数据中心化，即 $\tilde{X} = X - \mu$ ；

(3) 构造数据矩阵 $\tilde{X}$ 的协方差矩阵 V ，$V = \dfrac{1}{n}\tilde{X}\tilde{X}^{\mathrm{T}}$ ；

(4) 对矩阵 V 进行特征分解，求取特征值 λ_i 和对应的特征向量 w_i ，降序排列特征值 λ_i ；

(5) 根据贡献率的大小，取前 d 个特征值 $\Lambda=\mathrm{diag}\left[\lambda_1,\lambda_2,\cdots,\lambda_d\right]$ 和相应的特征向量 $W_d=[w_1,w_2,\cdots,w_d]$ 作为子空间的基，那么所要提取的 d 个主成分为 $F=W_d^{\mathrm{T}}\tilde{X}$；

(6) 由所提取的主成分重建原数据 $X=WF+\mu$。

3. 直观理解

PCA 法的基本思想：将原来具有一定相关性的指标(如 P 个指标)重新组合，形成一组新的彼此之间互不相关的指标，这些新指标是原来 P 个指标的线性组合(或称综合性指标)，用这组新的指标代替原来的指标进行后续分析。由概率统计观点可知，比较典型的做法就是用 F_1(所选取的第一个线性组合)的方差来表达，即 $\mathrm{Var}\left(F_1\right)$ 越大，则表示 F_1 包含的信息就越多。所以选取的 F_1 应该具有最大方差，将 F_1 称为第一主成分。倘若选取的第一主成分不能用来代表原来 P 个指标进行分析，再考虑选取第二个线性组合 F_2，在 F_2 中应去除 F_1 已有的信息，这样做可以有效地减少数据冗余，进而更好地反映原来的信息，用数学语言表达即需满足 $\mathrm{Cov}\left(F_2,F_2\right)$，将 F_2 称为第二主成分，这种做法还可以构造出第三、第四……第 P 个主成分。得到的这些主成分之间不仅互不相关，而且它们的方差依次递减。虽然由原始变量通过 PCA 法得到的新变量是互不相关的，但在此意义上是对原始变量的一种优化，同时避免了变量选取过程中的主观性。主成分的确定是以最大方差准则为基础，通过基变换对变换后的协方差矩阵进行优化，找到相关“主元”。

13.2.3　慢特征分析法

1. 方法简介

慢特征分析(slow feature analysis，SFA)法由 Wiskott 提出，最早运用于解释人类大脑对图像序列的感知过程。其核心思想为从变化的时序数据中提取一部分变化最缓慢的成分作为本质特征。

2. 数学原理

给定一个 p 维的时序输入信号 $X(t)=\left\{x_1(t),x_2(t),\cdots,x_p(t)\right\}$，SFA 法的目的在于寻找到一个 q 维的变换函数 $G(x)=\left\{g_1(X),g_2(X),\cdots,g_q(X)\right\}$，使得 q 维的输出信号 $S(t)=\left\{S_1(t),S_2(t),\cdots,S_q(t)\right\}$ 变化尽可能缓慢。其中 $S_j(t):=g_j\left(X(t)\right)$，$j\in\left[1,2,\cdots,q\right]$。SFA 法最终可以转化为如下的优化问题：

$$\min \Delta\left(S_j(t)\right):=\left\langle \dot{S}_j^2(t)\right\rangle_t \tag{13.7}$$

且满足约束条件:

$$\left\langle S_j(t)\right\rangle_t = 0 \tag{13.8}$$

$$\left\langle S_j(t)\right\rangle_t^2 = 1 \tag{13.9}$$

$$\left\langle S_i(t)S_j(t)\right\rangle_t = 0,\quad \forall i \neq j \tag{13.10}$$

式中，$\dot{S}_j(t)$为$S_j(t)$的一阶导数，由于数据常为离散形式，故采用一阶差分进行代替，可表示为$\dot{S}_j(t)=S_j(t)-S_j(t-1)$，$\langle\cdot\rangle_t$为时间平均。

式(13.7)为优化目标函数，使得输出信号变化最为缓慢；式(13.8)表示的零均值约束，只是为了使问题的求解过程变得更加简单；式(13.9)的约束保证了在输出信号归一化的同时，还避免了常值解的出现，使输出信号必须包含一定的信息；式(13.10)保证了输出信号的各个分量之间是不相关的，避免了出现冗余信号。此外，还可以根据慢特征的变化快慢进行排序，若按变化升序排序，此时$S_1(t)$即为最缓慢特征，$S_2(t)$为次缓慢特征，以此类推。

当变换函数$g_j(\cdot)$为线性时，每个慢特征$S_j(t)$都是输入变量的线性组合，即

$$S_j(t)=g_j(X)=X(t)w_j \tag{13.11}$$

由于$X(t)$已经预先进行了均值化处理，满足式(13.8)的约束条件。式 (13.7)优化目标和约束条件(13.9)可以重写为

$$\begin{aligned}\min\varDelta\left(S_j(t)\right) &= \min\left\langle \dot{S}_j^2\right\rangle_t \\ &= \min\left\langle \left(\dot{X}(t)\cdot w_j\right)^2\right\rangle_t \\ &= \min w_j^{\mathrm{T}}\left\langle \dot{X}(t)^{\mathrm{T}}\dot{X}(t)\right\rangle_t w_j \\ &= \min w_j^{\mathrm{T}} A w_j \end{aligned}\tag{13.12}$$

$$\begin{aligned}\text{s.t.}\left\langle \left(S_j(t)\right)^2\right\rangle_t &= \left\langle \left(X(t)\cdot w_j\right)^2\right\rangle_t \\ &= w_j^{\mathrm{T}}\left\langle X(t)^{\mathrm{T}}X(t)\right\rangle_t w_j \\ &= w_j^{\mathrm{T}} B w_j = 1\end{aligned}$$

式中，$A=\left\langle \dot{X}(t)^{\mathrm{T}}\dot{X}(t)\right\rangle_t$；$B=\left\langle X(t)^{\mathrm{T}}X(t)\right\rangle_t$。

进而式(13.12)的优化求解问题等价于如下的广义特征值分解问题:

$$AW = BW\varLambda \tag{13.13}$$

式中，$\varLambda=\left(\lambda_1,\cdots,\lambda_q\right)$为广义特征值构成的对角矩阵且$\lambda_1<\lambda_2<\cdots<\lambda_q$；$W=\left(w_1,\cdots,w_q\right)$

为对应的广义特征向量矩阵。

式(13.7)的优化目标正是对角矩阵Λ的主对角元素：

$$\Delta\left(S_j(t)\right)=\frac{w_j^{\mathrm{T}}Aw_j}{w_j^{\mathrm{T}}Bw_j}=\frac{w_j^{\mathrm{T}}\lambda_j Bw_j}{w_j^{\mathrm{T}}Bw_j}=\lambda_j \tag{13.14}$$

通过对式(13.13)求取广义特征值，获得相应的特征向量矩阵w，即可求取相应的慢特征$S=X(t)\cdot W$。为了方便计算，式(13.13)的广义特征值分解通常会被转化为两次简单的特征值分解问题，具体的两次特征值分解解释如下。

第一次特征值分解可理解为数据的白化，用于消除变量之间的相关性。设数据的协方差矩阵$\mathrm{Cov}\left(X^{\mathrm{T}}X\right)$的特征值分解为

$$\mathrm{Cov}\left(X^{\mathrm{T}}X\right)=U\Omega U^{\mathrm{T}} \tag{13.15}$$

式中，X已被均值化，此时白化矩阵可表示为

$$Q=\Omega^{-1/2}U^{\mathrm{T}} \tag{13.16}$$

白化后的数据表示为

$$Z(t)=XQ^{\mathrm{T}} \tag{13.17}$$

在此基础上，求解W等价于求解矩阵$P=\left(Q^{\mathrm{T}}\right)^{-1}W$，这是因为

$$S=XW=Z\left(Q^{\mathrm{T}}\right)^{-1}W=ZP \tag{13.18}$$

由式(13.8)和式(13.9)可知，慢特征S满足均值为0、方差为1的约束条件，即

$$\langle\dot{S}^{\mathrm{T}}\dot{S}\rangle_t=I \tag{13.19}$$

将式(13.18)代入式(13.19)可得

$$\langle\dot{S}^{\mathrm{T}}\dot{S}\rangle_t=P^{\mathrm{T}}\langle\dot{Z}^{\mathrm{T}}\dot{Z}\rangle_t P=P^{\mathrm{T}}P=I \tag{13.20}$$

通过式(13.20)，可以发现P必须是正定矩阵。因此，式(13.7)的优化问题可以进一步描述为求一个正交矩阵P，使得$\left\langle\dot{S}_j^{\,2}\right\rangle_t$最小。式(13.7)可进一步表示成

$$\langle\dot{S}^{\mathrm{T}}\dot{S}\rangle_t=P^{\mathrm{T}}\langle\dot{Z}^{\mathrm{T}}\dot{Z}\rangle_t P \tag{13.21}$$

分析式(13.21)可知，式(13.7)的最优化问题通过对$\langle\dot{Z}^{\mathrm{T}}\dot{Z}\rangle_t$进行一次奇异值分解(singular value decomposition，SVD)即可。

第二次特征值分解，通过对$\langle\dot{Z}^{\mathrm{T}}\dot{Z}\rangle_t$分解可得

$$\langle\dot{Z}^{\mathrm{T}}\dot{Z}\rangle_t=P\Lambda P^{\mathrm{T}} \tag{13.22}$$

式中，$\Lambda=\mathrm{diag}\left\{\lambda_1,\lambda_2,\cdots,\lambda_q\right\}$中的对角线元素就是式(13.7)中各个慢特征的变化值$\Delta(\cdot)$，即

$$\lambda_j = \left\langle \dot{S}_j^2 \right\rangle_t \tag{13.23}$$

因此，可得特征向量

$$W = Q^{\mathrm{T}} P \tag{13.24}$$

求得特征向量后，便可求得慢特征为

$$S(t) = Z(t)P = X(t)W \tag{13.25}$$

3. 直观理解

SFA 法是一种无监督的降维方法，主要用于学习过程监控的时间相关表示。SFA 法的核心思想是，一些重要的特征通常相对于时间来讲变化较慢，例如，在视频识别中，假如要探测视频中是否包含斑马，两帧之间单个像素可能从黑突变为白，所以需要一些随时间变化更慢的特征来决定预测结果。SFA 法不仅可以通过监测稳态分布来检测运行条件的偏差，还可以根据时间分布来识别过程的动态异常。时变信号的不变特征有助于分析和分类。SFA 法是基于输入信号的非线性扩展和主成分分析对扩展信号及某时间导数的应用。它可以保证直接在函数族中找到最优解，并且还可以学习提取大量的非相关特征，这些特征是根据它们的不变性程度排序的。

13.2.4 判别分析法

1. 基本理论

判别分析法又称“分辨法”，是在分类确定的条件下，根据某一研究对象的各种特征值判别其类型归属问题的一种多变量统计分析方法，其基本原理是按照一定的判别准则，建立一个或多个判别函数，用研究对象的大量资料确定判别函数中的待定系数，并计算判别指标，据此即可确定某一样本属于何类。

在实际中需要根据观测到的数据资料对所研究对象的属性、类别进行判别分析的问题随处可见。例如，根据工程安全监测资料来判别工程安全等级；根据多个经济指标判定一个国家的经济发展程度等。有的学者将判别分析法引入泥石流危险度的分析判别上。判别分析方法对参数数目的要求低，判断迅速，适用于指标较少的情况，只需要通过少量的参数就能对状态是否异常进行快速判别，准确率较高。就目前而言，利用判别分析方法对电力变压器的状态评判方面所做的研究还不多。本章从电力变压器状态等级判别的目标出发，采用较重要且常用同时数据也较为完备的状态量指标来建立电力变压器状态等级判别方法。

2. 距离判别

距离判别法的基本思想是，根据已知分类的数据，分别计算出各类重心，即分类的均值，判别准则是对任意的一次观测值，如果它与第 i 类的重心距离最近，就认为它属于第 i 类。在多元统计分析中，经常用到的距离有几种，如欧氏距离、马氏距离等。欧氏距离未将变量之间的相关性考虑在内，而马氏距离与原始数据的测量单位无关，将原始数据进行线性变换之后，马氏距离仍保持不变。

3. 贝叶斯判别

贝叶斯判别是一类基于贝叶斯理论的判别方法，用于在给定观测数据的情况下估计样本所属的类别。这种方法通常将观测数据和先验知识结合起来，通过计算后验概率来进行分类决策。

两种主要的贝叶斯判别方法为贝叶斯判别函数和贝叶斯网络。

1) 贝叶斯判别函数

在这种方法中，首先使用贝叶斯公式计算每个类别的后验概率，然后选择具有最大后验概率的类别作为样本的类别。这需要计算给定观测数据的条件概率，即 $P(C_i \mid X)$，其中 C_i 表示类别，X 表示观测数据。具体来说，这个过程可以通过以下步骤完成：

(1) 计算每个类别的先验概率，即 $P(C_i)$。

(2) 对于每个类别，计算给定类别的条件下观测数据的概率，即 $P(X \mid C_i)$。

(3) 使用贝叶斯公式计算后验概率，即 $P(C_i \mid X)$。

(4) 选择具有最大后验概率的类别作为样本的类别。

2) 贝叶斯网络

贝叶斯网络是一种用于表示和推断变量之间概率关系的图形模型。在贝叶斯网络中，节点表示随机变量，有向边表示变量之间的依赖关系。通过在网络中传播信息，可以进行概率推断。在分类问题中，贝叶斯网络可以用于类别之间关系的建模，并通过观测数据来推断样本的类别。

这两种方法都涉及概率的计算，依赖于对先验知识和条件概率的建模。在实际应用中，贝叶斯判别法可以灵活地适应不同类型的数据和问题，并充分利用先验知识进行分类决策。

贝叶斯判别法的基本思想总是假定对所研究的对象已有一定的认识，常用先验概率来描述这种认识。总体数目增加，Fisher 判别法建立的判别式随之增加，增加了计算的困难，而贝叶斯判别法的思想与其不同。贝叶斯判别法对多个总体的判别不依赖于判别式，而是通过比较新样本对各总体的条件概率 $P(l \mid x)$ (其中 $l = 1,2,\cdots,k$)的大小，将新样本判归概率最大的总体。设有 k 个总体 $G_1, G_2, \cdots, G_k$，其 m 维分布密度函数分别为 $f_1(X), f_2(X), \cdots, f_k(X)$，各总体出现的先验概率分别为 $q_1, q_2, \cdots, q_k$，$\sum q_i = 1(i = 1,2,\cdots,k)$。对于样本 $X = (x_1, x_2, \cdots, x_m)^{\mathrm{T}}$，需要判定它属于哪一个总体。把 X 看成 m 维欧氏空间 $\mathbf{R}^m$ 的一个点，那么贝叶斯判别准则期望对样本空间实现一个划分 $R_1, R_2, \cdots, R_k$，这个划分既考虑了各总体出现的概率，又考虑了使误判的可能性最小，因此形成了一个判别规则，即若 X 落入 R_i $(i=1,2,\cdots,k)$，则 $X \in G_i$。

4. Fisher 判别分析

Fisher 判别分析(Fisher discriminant analysis，FDA)是一种经典的监督学习方法，用于在给定观测数据的情况下寻找最优投影方向，以在投影后最大化类间差异并最小化类内方差。Fisher 判别分析法是由统计学家 Ronald A. Fisher 提出的，它与线性判别分析法有很强的关联，实际上，它们通常是相同的。

Fisher 判别分析法的基本思想为：用 p 维向量 $x=\left(x_1, x_2, \cdots, x_p\right)^{\mathrm{T}}$ 的少数几个线性组合 $y_1=a_1^{\mathrm{T}} x, y_2=a_2^{\mathrm{T}} x, \cdots, y_r=a_r^{\mathrm{T}} x$ (一般 r 明显小于 p)来代替原始数据的 p 个变量以达到降维的目的，并根据这 r 个判别式 $y_1, y_2, \cdots, y_r$ 对样本的归属做出判别。这个线性函数能够在把 p 维空间中的所有点转化为低维度数值，既能最大限度地缩小同类中各个样本点之间的差异，又能最大限度地扩大不同类别中各个样本点之间的差异，把原始数据间的信息很好地保留下来，可以获得较高的判别效率。Fisher 判别分析法重点如下。

(1) 最大化类间差异：Fisher 判别分析法的目标是找到一个投影方向，使得不同类别的样本在这个方向上的投影均值之间的距离尽可能大。

(2) 最小化类内方差：Fisher 判别分析法也要求在这个投影方向上同一类别的样本的方差尽可能小。

(3) 构建 Fisher 判别准则：将类间差异最大化和类内方差最小化组合成一个 Fisher 判别准则。

Fisher 判别分析法的一般步骤如下。

(1) 计算类别均值。对于每个类别，计算其样本的均值向量。

(2) 计算类内散布矩阵(within-class scatter matrix)。对于每个类别，计算其样本的协方差矩阵，并将所有类别的协方差矩阵求和，得到类内散布矩阵。

(3) 计算类间散布矩阵(between-class scatter matrix)。计算各个类别均值向量的协方差矩阵，并将其加权求和，得到类间散布矩阵。

(4) 计算广义特征值问题。解决广义特征值问题，其中投影方向的选择涉及类内散布矩阵的逆和类间散布矩阵的乘积。

(5) 选择投影方向。选择与广义特征值对应的特征向量作为最优投影方向。

(6) 投影。将原始数据投影到选择的最优方向上，以实现维度降低。

Fisher 判别分析法常用于降维和特征提取，尤其在处理具有多个特征的高维数据时。与 PCA 相比，Fisher 判别分析法在考虑类别信息的同时，更加注重于最大化类间差异，因此在一些情况下，Fisher 判别分析法可能比 PCA 法更适合进行分类任务。

13.2.5 典型相关分析法

1. 基本概念

典型相关分析(canonical correlation analysis，CCA)法是一种非常经典的多元统计分析方法，由 Hotelling 于 1936 年提出，极大地简化了多元统计分析中经常研究的两组随机变量之间的相关性问题。CCA 法研究两组随机变量中为数不多的相互之间不相关的几对变量之间的相关性，通过研究这几对变量之间的相关性来得到两组变量之间的相关性。

CCA 法的基本思想具体如下：首先构造两个零均值的随机变量 $x\in\mathbf{R}^p$ 和 $y\in\mathbf{R}^p$，最终目的是要求出一对投影方向 α 与 β，使得投影 $x^*=\alpha^{\mathrm{T}}x$ 与 $y^*=\beta^{\mathrm{T}}y$ 之间相关性最大，这两个随机变量之间的相关性即为典型相关。详细过程为：x_1^*、y_1^* 为第一对典型变量；然后由 x、y 找出第二对典型变量 x_2^*、y_2^*，此处要求 x_2^*、y_2^* 与 x_1^*、y_1^* 不相关，但 x_2^* 与 y_2^* 之间满足典型相关(即 x_2^* 与 y_2^* 之间相关性最大)。如此重复执行下去，直到将 x 与 y 的所有相关性特征全部提取出来。这样就将 x 与 y 之间的相关性问题转化成了分析提取的典型变量中的少数几对变量之间的相关性问题。

式(13.26)为获得投影方向的准则函数，一般通过最大化该函数即可获得 α 与 β：

$$\begin{aligned}\rho&=\frac{E\left[\alpha^{\mathrm{T}}xy^{\mathrm{T}}\beta\right]}{\sqrt{E\left[\alpha^{\mathrm{T}}xx^{\mathrm{T}}\alpha\right]\cdot E\left[\beta^{\mathrm{T}}yy^{\mathrm{T}}\beta\right]}}=\frac{\alpha^{\mathrm{T}}E\left[xy^{\mathrm{T}}\right]\beta}{\sqrt{\alpha^{\mathrm{T}}E\left[xx^{\mathrm{T}}\right]\alpha\cdot\beta^{\mathrm{T}}E\left[yy^{\mathrm{T}}\right]\beta}}\\&=\frac{\alpha^{\mathrm{T}}S_{xy}\beta}{\sqrt{\alpha^{\mathrm{T}}S_{xx}\alpha\cdot\beta^{\mathrm{T}}S_{yy}\beta}}\end{aligned}\tag{13.26}$$

式中，S_{xx} 与 S_{yy} 分别表示 x 与 y 的协方差矩阵；S_{xy} 表示 x 与 y 之间的互协方差矩阵。

2. 方法介绍

CAA 法的主要流程如下。

算法 13.1 CCA 法

输入：训练样本。

输出：投影矩阵 W_x、W_y。

(1) 构建训练样本空间 A、B，抽取模式的两组不同特征向量，变换原模式空间；

(2) 分别计算 A、B 中样本的协方差矩阵 S_{xx}、S_{yy} 和互协方差矩阵 S_{xy}；

---

(3) 计算出矩阵 G_1 和矩阵 G_2 的非零特征值 $\lambda_1^2 \geqslant \lambda_2^2 \geqslant \cdots \geqslant \lambda_r^2$ 及其对应标准正交特征向量 $u_i, v_i \left(i=1,2,\cdots,r\right)$；

(4) 计算所有典型投影向量 $\alpha_i, \beta_i \left(i=1,2,\cdots,r\right)$，取前 d 对投影向量构成新投影矩阵 W_x 和 W_y；

(5) 抽取组合特征并进行分类。

3. 方法拓展

CCA 法本质上是一种线性融合方法，它仅能全局地揭示两模态之间的线性相关性，无法掌握两模态之间的高维非线性关系。为了更好地揭示非线性关系，在 CCA 法的理论基础上引入核函数，提出核典型相关分析(kernel CCA，KCCA)法，该方法通过非线性映射将原始数据映射到更高维度的空间中，使得原始数据在更高维空间中线性可分，从而得到原始数据的非线性关系。该类方法仅仅关注了数据的全局性而忽视了局部结构信息，且数据依赖的核函数与核参数的选择也是一大棘手问题。2000 年，流形学习的思想被提出，受局部线性嵌入(local linear embedding，LLE)和局部保持投影(local preserving projection，LPP)流形学习思想的启发，局部保持典型相关分析(local preserving CCA，LPCCA)法被提出，LPCCA 法可以将全局非线性问题转化为若干个局部线性子问题，使得每个样本的邻域内样本之间的相关性最大，有效地解决了全局非线性问题。

除了考虑数据结构信息外，标签信息的引入也可以增强识别能力。引入样本标签信息的鉴别典型相关分析(discriminative CCA，DCCA)法被提出，该方法将标签信息融合到典型相关分析的框架中，使得数据在投影后的低维子空间中，模态内部分布更为聚集，模态间的分布更为离散，其在后续的聚类和识别任务中具有更好的鲁棒性和鉴别力。通过将判别信息和局部几何结构相融合，提出判别型局部保持典型相关分析(discriminative local preserving CCA，DLPCCA)法，类似引入判别信息的还有核判别典型相关分析(kernelized discriminative CCA，KDCCA)法和监督局部保持典型相关分析(supervised LPCCA，SLPCCA)法。

此外，由于 CCA 学习的相关投影方向不具有正交性，在 CCA 中加入正交约束，提出了正交典型相关分析(orthogonal CCA，OCCA)法。该方法借助双特征分解获取正交典型相关分析的解析解，在训练样本较小且维数较高的情况下具有较佳的识别率和鲁棒性。

数据收集和统计分析的进步促进了典型相关分析的发展，使其可用于更深入的研究。在近年来的发展中，人们根据不同的机器学习机制提出了许多 CCA 模型，CCA 法也成为众多学者进一步探索信息融合和模式识别等领域的有力工具。

13.2.6　奇异值分解法

奇异值分解是一种矩阵因子分解方法，是线性代数的概念，但在统计学习中被广泛使用，成为重要工具。

任意一个 $m\times n$ 的矩阵，都可以表示为三个矩阵的乘积(因子分解)形式，分别是 m 阶正交矩阵、由降序排列非负的对角线元素组成的 $m\times n$ 对角矩阵和 n 阶正交矩阵，称为该矩阵的奇异值分解。矩阵的奇异值分解一定存在，但不唯一。奇异值分解可以看成是矩阵数据压缩的一种方法，即用因子分解的方式近似地表示原始矩阵，这种近似是在平方损失意义下的最优近似。

奇异值分解：矩阵的奇异值分解是指，将一个非零的 $m\times n$ 实矩阵 A 表示为以下三个实矩阵乘积形式的运算，即进行矩阵的因子分解：

$$A = U\Sigma V^{\mathrm{T}} \tag{13.27}$$

式中，U 是 m 阶正交矩阵；V 是 n 阶正交矩阵；Σ 是由降序排列且非负的对角线元素组成的 $m\times n$ 的矩形对角矩阵，满足

$$UU^{\mathrm{T}} = I \tag{13.28}$$

$$VV^{\mathrm{T}} = I \tag{13.29}$$

$$\Sigma = \operatorname{diag}\left(\sigma_1, \sigma_2, \cdots, \sigma_p\right) \tag{13.30}$$

$$\sigma_1 \geqslant \sigma_2 \geqslant \cdots \geqslant \sigma_p \geqslant 0 \tag{13.31}$$

$$p = \min(m, n) \tag{13.32}$$

$U\Sigma V^{\mathrm{T}}$ 称为矩阵 A 的奇异值分解；σ_i 称为矩阵的奇异值；U 的列向量称为左奇异向量；V 的列向量称为右奇异向量。

注意奇异值分解不要求矩阵 A 是方阵，事实上矩阵的奇异值分解可以看成方阵对角化的推广。

给定 $m\times n$ 的矩阵 A，奇异值分解的计算过程如下。

1) 首先求 $A^{\mathrm{T}}A$ 的特征值和特征向量

计算对称矩阵 $W = A^{\mathrm{T}}A$。求解特征方程

$$(W - \lambda I)x = 0 \tag{13.33}$$

得到特征值 λ_i，并将特征值由大到小排列：

$$\lambda_1 \geqslant \lambda_2 \geqslant \cdots \geqslant \lambda_n \geqslant 0 \tag{13.34}$$

将特征值 $\lambda_i\,(i = 1, 2, \cdots, n)$ 代入特征方程求得对应的特征向量。

2) 求 n 阶正交矩阵 V

将特征向量单位化，得到单位特征向量 $v_1, v_2, \cdots, v_n$，构成 n 阶正交矩阵 V：

$$V = [v_1, v_2, \cdots, v_n] \tag{13.35}$$

3) 求 $m \times n$ 对角矩阵 Σ

计算 A 的奇异值：

$$\sigma_i = \sqrt{\lambda_i}, \quad i = 1, 2, \cdots, n \tag{13.36}$$

构造 $m \times n$ 的对角矩阵 Σ，主对角线元素是奇异值，其余元素是零，表示为

$$\Sigma = \mathrm{diag}(\sigma_1, \sigma_2, \cdots, \sigma_n) \tag{13.37}$$

4) 求 m 阶正交矩阵 U

对 A 的前 r 个正奇异值，令

$$u_j = \frac{1}{\sigma_j} A v_j, \quad j = 1, 2, \cdots, r \tag{13.38}$$

得到

$$U_1 = [u_1, u_2, \cdots, u_r] \tag{13.39}$$

求 A^{T} 的零空间的一组标准正交基，令

$$U_2 = [u_{r+1}, u_{r+2}, \cdots, u_m] \tag{13.40}$$

并令

$$U = [U_1, U_2] \tag{13.41}$$

5) 得到奇异值分解

$$A = U\Sigma V^{\mathrm{T}} \tag{13.42}$$

13.2.7 因子分析法

因子分析法是通过将原有变量内部的相互依赖关系数据化，把大量复杂关系归为少量的几个综合因子的统计方法。它的基本思想是通过分析各变量之间的方差贡献率，将贡献率大的即相关性高的变量分在同一个类别中，而不同类则相关性较低。一个类别描述了一种独立结构，这个结构在因子分析法中称为公共因子。该方法的研究目的就是尝试使用少数几个不可测的公共因子进行组合来描述每一个变量以及各变量之间的关系。

因子分析法的核心问题有两个：一是如何构造公共因子；二是如何对公共因子进行解释。对此，因子分析法的基本思路就基于这两个问题展开。

常见的因子分析法使用以下几个基本步骤：

(1) 对信息数据进行标准化、归一化处理；

(2) 计算空间向量矩阵的相关矩阵 R；

(3) 求 R 的特征根以及特征向量；

(4) 根据使用要求统计方差贡献率以确定公共因子个数；

(5) 计算因子的载荷矩阵 A；

(6) 求出公共因子矩阵并选择降维；

(7) 基于结果数据，分析系统的效果。

建立因子分析模型，求出公共因子，选择主因子后，可用于后续的数据计算。同时，可以解释每个因子的意义，以便对实际问题进行分析。如果主因子不足以进行数据的信息解释，不具有突出的特点，则还需要进行因子的旋转，可以最终求得比较有效的主因子。

旋转的方法有很多，如正交旋转和斜交旋转。其中最大方差正交旋转法在因子分析中是常用的。多次因子旋转使得载荷矩阵中因子的载荷向两个极端偏移，一个更大，另一个更小。在因子旋转过程中，如果因子使用的轴相互之间是正交的，则为正交旋转法，否则为斜交旋转法。

13.3　非线性降维方法

13.3.1　流形学习简介

基于流形学习的降维方法是模式识别、机器学习、数据挖掘等领域的研究热点之一。这类方法的主要思想是：假设分布在高维空间中的样本点处于或者近似地处于非线性流形上，运用此类方法能够发现嵌入在高维数据空间中的低维光滑流形。它是一个具有基础性和前瞻性的研究方向，为探索非线性流形分布数据的内在结构提供了一种有效的途径。

流形学习是研究非线性问题的一个重要手段，流形学习的发展开启了一种新的非线性数据分析思路。流形学习的目的是找出高维空间中隐藏的低维结构，找出数据集分布的内在规律性。可以将流形学习定义为：由有限样本点集合来计算嵌入在高维欧氏空间中的低维流形的问题。换句话说，从数据集的内蕴几何出发，获取与其内蕴几何相一致的低维表示的过程即为流形学习。流形学习的具体数学描述如下：

给定数据集 $X=\{x_i\,|\,i=1,2,\cdots,N\}\in\mathbf{R}^D$，并假设 X 中的样本是由低维空间中的数据集 $Y=\{y_i\,|\,i=1,2,\cdots,N\}\in\mathbf{R}^d$ 通过某个非线性变换 f 所生成，即 $x_i=f(y_i)+\varepsilon_i$。那么，流形学习的目的就是通过给定的观测数据集 X，获取低维表示 $Y=\{y_i\,|\,i=1,2,\cdots,N\}\in\mathbf{R}^d$，即构造高维到低维的非线性映射 $f^{-1}:\mathbf{R}^D\to\mathbf{R}^d$。

13.3.2　保留局部特征

1. 局部线性嵌入

局部线性嵌入算法是由 Saul 和 Roweis 提出的一种非线性流形学习方法。LLE 是一种局部非线性降维方法，只试图保留数据点的局部性质，这使得 LLE 算法能够解决“洞”的问题，且允许非凸流形的嵌入，其基本思想概括起来就是局部、线性、嵌入。局部：把全局数据划分为局部数据，再对局部数据进行分析，综合反映数据的全局特性。线性：认为每个样本点和其相应邻域内的样本点共同存在于某个线性或近乎线性的区域中，且每个样本点都可以通过局部线性重构获得该区域中其他样本点的线性表示。嵌入：全局信息嵌入在相互叠加的局部邻域中。

LLE 算法具体如下。设输入的原始数据集 $X=\{X_1,X_2,\cdots,X_n\},X_i\in\mathbf{R}^d$，映射到新的数据集 $Y=\{Y_1,Y_2,\cdots,Y_n\},Y_i\in\mathbf{R}^m$ 中。

1) 计算邻域

计算邻域有以下两种方法：① k 阶邻域法，即根据输入的数据集 X 确定每个样本点 X_i 与其他样本点之间的欧氏距离 $d(X_i,X_j)$，取它的最近 k 个点为最近邻点；② ε 邻域方法，即若欧氏距离 $d(X_i,X_j)<\varepsilon$，则根据 X_j 是 X_i 的邻域点来确定邻域。

2) 计算样本点 X_i 与邻域点的重构权重

在样本分布均匀、样本数量充足的前提下，通过样本点 X_i 邻域点的线性组合来逼近。要想达到好的逼近效果，则必须使得下列重构代价函数值为最小值：

$$\varepsilon(W)=\sum_{i=1}^{n}\left\|X_i-\sum_{j=1}^{K}W_{ij}X_{ij}\right\|^2 \tag{13.43}$$

式中，X_i 的邻域点有 $\sum_j W_{ij}=1$，非 X_i 的邻域点有 $W_{ij}=0$。W_{ij} 代表第 i 个点重建时第 j 个点的权重。研究第 i 个点的情况，其重构代价函数可以表示为

$$\varepsilon_i(W)=\left\|X_i-\sum_{j=1}^{K}W_{ij}X_{ij}\right\|^2=\sum_{j=1}^{K}\sum_{m=1}^{K}W_{ij}Q_{ij}Q_{jm}^{(i)} \tag{13.44}$$

式中，$Q_{jm}^{(i)}$ 为 $K\times K$ 矩阵：

$$Q_{jm}^{(i)}=\left(X_i-X_j\right)^{\mathrm{T}}\left(X_i-X_m\right) \tag{13.45}$$

令 $R^{(i)}=\left(Q^{(i)}\right)^{-1}$，在约束条件 $\sum_j W_{ij}=1$ 下解决重构代价下的最小矩阵问题，将有

$$W_{ij}=\frac{\sum_{i=1}^{n}R_{ji}^{(i)}}{\sum_{p=1}^{K}\sum_{q=1}^{K}R_{pq}^{(i)}} \tag{13.46}$$

$Q_{jm}^{(i)}$ 也可以用 X 中所有样本的平方欧氏距离矩阵 D 来计算：

$$Q_{jm}^{(i)} = \left(D_{ij} + D_{im} + D_{jm}\right)/2 \tag{13.47}$$

根据误差公式，权重系数w对于样本点及其邻域的旋转、尺度伸缩和平移具有不变性，因此w代表了样本X的内在集合属性。

3) 计算新的m维向量Y_j

判别函数取最小值：

$$\phi(Y) = \sum_{i=1}^{n}\left\| Y_i - \sum_{j=1}^{K} W_{ij} Y_j \right\|^2 \tag{13.48}$$

式中，W_{ij}存储于$n \times n$的稀疏矩阵中。要求$\sum_{i=1}^{n} Y_i = 0$且$\frac{\sum_{i=1}^{n} Y_i Y_i^{\mathrm{T}}}{n} = I$，使得$\phi(Y)$对平移、旋转、伸缩等变换都具有不变性，重新改进后可得

$$\phi(Y) = \sum_{i=1}^{n}\sum_{j=1}^{K} W_{ij} Y_i^{\mathrm{T}} Y_i = \mathrm{tr}\left(YMY^{\mathrm{T}}\right) \tag{13.49}$$

式中，$M = (I - W)^{\mathrm{T}}(I - W)$且$Y$是由所有$Y_i$为列向量所组成的矩阵。在$\sum_{i=1}^{n} Y_i = 0$且$\frac{\sum_{i=1}^{n} Y_i Y_i^{\mathrm{T}}}{n} = I$条件下，最小化$\phi(Y)$等价于最小化$\mathrm{tr}(YMY^{\mathrm{T}})$，矩阵$M$最小的几个特征值所对应的特征向量构成的矩阵为最小化的解。取M最小的$d+1$个特征值所对应的特征向量，因为最小特征值为零，其对应的特征向量的每个分量都为1，丢掉这个特征向量可以满足条件。丢掉其中最小的特征值对应的特征向量，剩余d个特征向量组成的矩阵就是得到的低维空间中的样本，即为原始空间样本的低维嵌入向量。

2. 拉普拉斯映射

拉普拉斯映射(Laplacian eigenmaps，LE)算法与 LLE 算法类似，也是一种基于局部保留的算法。LE 算法的基本思想是：认为在高维空间中离得很近的点投影到低维空间中的像也离得很近，使用两点间的加权距离作为损失函数，求得相应的降维结果。

LE 算法具体如下。

设$X = \{x_1, x_2, \cdots, x_n\}$是$\mathbf{R}^D$空间上的离散数据集，构造一个$n$个顶点的加权图，运用加权图的权重表示各个顶点之间的位置关系。然后通过计算该加权图的

拉普拉斯矩阵的特征向量，得到从 $\mathbf{R}^D$ 到某低维空间的嵌入映射。

1) 构造加权图

(1) 利用 k 阶邻域法：根据输入的数据集 X 确定每个样本点 x_i 与其他样本点间的欧氏距离，当 x_j 是 x_i 最近的 k 个点中的一个时，加权图有边 x_ix_j。

(2) 利用 ε 域法：若 x_j 到 x_i 的欧氏距离 $d\left(x_i,x_j\right)$ 小于一个固定值 ε，则可认为加权图有边 x_ix_j。

2) 为各条边设置权重

有两种方法可以设置权重。

(1) 热核法：若点 x_i 和 x_j 之间有一条边，则该边的权重为

$$W_{ij}=\exp\left(-\frac{\left\|x_i-x_j\right\|^2}{t}\right),\ t\in\mathbf{R} \tag{13.50}$$

(2) 简约法：若点 x_i 和 x_j 之间有一条边，则该边的权重为 $W_{ij}=1$。当 $t=\infty$ 时，得到的 W_{ij} 构成一个对称的权重矩阵 $W=\left(W_{ij}\right)_{n\times n}$。

3) 进行特征映射

利用式(13.51)进行特征值与特征向量的计算：

$$Ly=\lambda Dy \tag{13.51}$$

式中，L 是一个对称的半正定矩阵；D 是对角矩阵，$D_{ij}=\sum_j W_{ij}$ 是加权图的拉普拉斯矩阵。设 $\lambda_0,\lambda_1,\cdots,\lambda_{n-1}$ 以及对应的 $y_0,y_1,\cdots,y_{n-1}$ 是其解，其特征值从小到大排序，即 $0=\lambda_0\leqslant\lambda_1\leqslant\cdots\leqslant\lambda_{n-1}$，由此可以看出 y_0 是零特征值对应的特征向量，将其排除，得到接下来 d 个特征向量 $y_1,y_2,\cdots,y_d$ 为最佳的投影结果，即 $x_i\to\left(y_1^{(i)},y_2^{(i)},\cdots,y_d^{(i)}\right)$。

因此，$\mathbf{R}^D$ 空间的点集 X 被映射到 d 维空间中为 $\left(y_1^{(i)},y_2^{(i)},\cdots,y_d^{(i)}\right)$。拉普拉斯降维算法的实质是寻求加权图的最佳低维表示，加权图到低维空间的映射，优化过程如下所示：

设 G 是一个图，其中 V 表示节点集合；E 表示连接节点的边；$|V|=n$，且邻近的点之间有边连接。设 G 是各边被赋予权重的连通图，权重表示各点之间的位置关系。此算法的目的就是寻求一个从 G 到 R 的投影，这个投影 R 能最优地保持 G 中各点的位置关系，且使得 G 中有边连接的点都最大限度地靠在一起。设 $y=\left(y_1,y_2,\cdots,y_n\right)^{\mathrm{T}}$ 是所求的最佳投影，可以通过在一定的约束条件下，寻找下面目标函数的最小值来得到它：

$$\sum_{ij}\left(y_i-y_j\right)^2 W_{ij} \tag{13.52}$$

也就是说，当加权图中的两个近邻点被投影后离得很远时，目标函数的值会变大。因此，只要使得该目标函数达到最小，就能保证加权图中的两个近邻点被投影后仍然离得很近。式(13.52)说明了此目标函数与图 G 的拉普拉斯矩阵之间的联系。

对于任意的投影集合 $y=\left(y_1,y_2,\cdots,y_n\right)^{\mathrm{T}}$，有

$$\frac{1}{2}\sum_{ij}\left(y_i-y_j\right)^2 W_{ij}=y^{\mathrm{T}}Ly \tag{13.53}$$

式中，$L=D-W$。

事实上，由于 W 是对称矩阵，且 $D_{ij}=\sum_j W_{ij}$，故有

$$\begin{aligned}\sum_{ij}\left(y_i-y_j\right)^2 W_{ij}&=\sum_{ij}\left(y_i^2+y_j^2-2y_iy_j\right)W_{ij}\\&=\sum_i y_i^2 D_{ii}+\sum_j y_j^2 D_{jj}-2\sum_{ij}y_iy_jW_{ij}=2y^{\mathrm{T}}Ly\end{aligned} \tag{13.54}$$

由此可知，寻求目标函数最小化的问题转化为最优问题：

$$\begin{aligned}&\min\ y^{\mathrm{T}}Ly\\&\text{s.t. } y^{\mathrm{T}}Dy=1\end{aligned} \tag{13.55}$$

式中，$y^{\mathrm{T}}Dy=1$是一个强制的尺度约束。

特征方程 $Ly=\lambda Dy$ 的最小值对应满足 $y^{\mathrm{T}}Dy=1$ 便是该最优问题的解。

3. 局部切空间排列

局部切空间排列(local tangent space alignment，LTSA)是流形学习算法中数学模型比较复杂的一种算法，基本思路是通过逼近每一个样本点的切空间邻域信息，进一步构造低维空间的局部几何结构，通过仿射变换得到特征空间对应的全局坐标。给定原始数据集 $X_{\mathrm{a}}=\left[x_{\mathrm{a}1},\cdots,x_{\mathrm{a}N}\right]$，标准化后的数据集 $X=\left[x_1,\cdots,x_N\right]$，LTSA 算法的具体步骤如下。

1) 提取局部信息

构造近邻矩阵 X_i，对于数据集中的每一个点，都可以用其近邻矩阵 $X_i=\left[x_{i1},\cdots,x_{ik}\right]$ 描述。高维到低维的映射可以表示为 $x_i=f\left(y_i\right)+\varepsilon_i(i=1,\cdots,N)$，其中 $y_i\in\mathbf{R}^d,x_i\in\mathbf{R}^m,d<m$，计算出欧氏距离，应满足

$$\min_{x,\Theta,Q}\sum_{j=1}^{k}\left\|x_{ij}-\left(x+Q\theta_j\right)\right\|_2 \tag{13.56}$$

式中，Q为切空间的正交基向量矩阵；θ_j是Q对应的局部低维嵌入。

2) 计算局部坐标

由所有x_{ij}的均值$\overline{x}_i$得出x，局部切空间中的样本点的投影坐标矩阵$\Theta=\left[\theta_1,\cdots,\theta_k\right]$可定义如下：

$$\Theta_i=Q_i^{\mathrm{T}}x_i\left(I-\frac{1}{k}ee^{\mathrm{T}}\right)=\left[\theta_1^{(i)},\theta_2^{(i)},\cdots,\theta_k^{(i)}\right] \tag{13.57}$$

式中，e是单位向量。

假设

$$H_k=I-\frac{1}{k}ee^{\mathrm{T}} \tag{13.58}$$

因此：

$$x_{ij}=\overline{x}_i+Q_i\theta_{ij}^{(i)}+\xi_j^{(i)} \tag{13.59}$$

Q由Q_i得出，即由X_iH_k的最大d个奇异值对应的左矢量构成，重构误差是

$$\xi_j^{(i)}=\left(I-Q_iQ_i^{\mathrm{T}}\right)\left(x_{ij}-\overline{x}_i\right) \tag{13.60}$$

3) 构建局部切空间的全局坐标

每一个样本点对应一个局部坐标系统Θ_i，将这些局部坐标排列起来就得到全局坐标系统，即$Y=\left[y_1,\cdots,y_N\right]$，这些局部坐标经过线性仿射变换后能够重新进行排列得出全局坐标为

$$y_{ij}=\overline{y}_i+L_i\Theta_j^{(i)}+\varepsilon_j^{(i)},\quad j=1,\cdots,k,i=1,\cdots,N \tag{13.61}$$

式中，$\overline{y}_i$是X的低维坐标中心；L_i是仿射变换关系；$\varepsilon_j^{(i)}$是局部重构误差。

记$Y_i=\left[y_{i1},\cdots,y_{ik}\right],E_i=\left[\varepsilon_1^{(i)},\cdots,\varepsilon_k^{(i)}\right]$，则$Y_i$的计算公式为

$$Y_i=\frac{1}{k}ee^{\mathrm{T}}+L_i\Theta_i+E_i \tag{13.62}$$

所以，重构误差E_i就可以写成

$$E_i=Y_i\left(I-\frac{1}{k}ee^{\mathrm{T}}\right)-L_i\Theta_i=Y_iH_k-L_i\Theta_i \tag{13.63}$$

为了在低维特征空间中保留尽可能多的局部几何特征，将重构误差 $\varepsilon_j^{(i)}$ 最小化，得

$$\sum_i \| E_i \|_2^2 = \sum_i \left\| Y_i \left(I - \frac{1}{k} ee^{\mathrm{T}} \right) - L_i \Theta_i \right\|_2 \tag{13.64}$$

4) 提取低维子流形

L_i 为最优转化矩阵：

$$L_i = Y_i \left(I - \frac{1}{k} ee^{\mathrm{T}} \right) \Theta_i^+ \tag{13.65}$$

式中，Θ_i^+ 是 Θ_i 的 Moore-Penrose 广义逆。

设 S_i 是布尔矩阵，$YS_i = Y_i$，则目标函数转化为

$$J(Y) = \min \| YSW \| = \min \operatorname{tr}\left(YSWW^{\mathrm{T}} S^{\mathrm{T}} Y^{\mathrm{T}} \right) \tag{13.66}$$

式中，$S = [S_1, \cdots, S_i, \cdots, S_N]$ 是近邻选择矩阵；$W = \operatorname{diag}(W_1, \cdots, W_i, \cdots, W_N)$。

$$W_i = H_k \left(I - V_i V_i^{\mathrm{T}} \right) \tag{13.67}$$

式中，V_i 是矩阵 $X_i H_k$ 的最大奇异值对应的右奇异矢量，为了使 Y 为唯一值，增加约束条件 $YY^{\mathrm{T}} = I_d$，设 A 为线性映射，由映射关系可得目标函数为

$$J(A) = \operatorname{tr}\left(AXH_N BH_N^{\mathrm{T}} X^{\mathrm{T}} A \right) \tag{13.68}$$

$$B = SWW^{\mathrm{T}} S^{\mathrm{T}} = S_1 W_1 W_1^{\mathrm{T}} S_1^{\mathrm{T}} + \cdots + S_N W_N W_N^{\mathrm{T}} S_N^{\mathrm{T}} \tag{13.69}$$

特征向量矩阵 B 对应的特征值为 Y，引入正交约束条件 $YY^{\mathrm{T}} = I_d$，特征向量 e 对应的特征值为 0，因此需要求取的最优特征值 Y 由特征向量 B 的 $2 \sim d+1$ 个特征向量所对应的特征值决定。

13.3.3　保留全局特征

1. 多维缩放

多维缩放(multi-dimensional scaling，MDS)也是一种被广泛应用的线性降维方法，主要用于相似或不相似数据的结构分析。MDS 是一种多元数据分析技术，通过数据在低维空间中的表示来分析数据的结构。MDS 按照不同的分类标准分为不同的类别。按照相似性数据测量尺度的不同 MDS 可分为度量 MDS 和非度量 MDS。度量 MDS 的主要思想是：利用数据点间的距离或相似性，将距离平方阵转化为内积阵，通过求内积阵的特征值和特征向量获取低维表示。非度量 MDS

的主要思想是：利用原始数据点间的顺序信息，通过迭代方法来获得其低维表示。按相似性矩阵的个数和 MDS 模型的性质可以分为古典 MDS、重复 MDS、权重 MDS。

实现 MDS 的主要思路是：首先计算 n 个样本点间的欧氏距离，之后求得各样本点间的相异性或相似性，再求出这 n 个样本点在该空间的散点图。在整个过程中要使各样本点间的欧氏距离与空间中的散点图尽量一致。其算法如下：

假设 $D=\left(d_{ij}\right)_{n\times n}$ 是 $n\times n$ 的距离矩阵，在 d 维空间 $\mathbf{R}^d$ 中求 n 个点 $x_{1i},x_{2i},\cdots,x_{ni}$，使得 n 个点的距离与矩阵 D 中的距离在某种意义下尽可能接近。

设求得的 n 个点为 $x_{1i},x_{2i},\cdots,x_{ni}$，表示为 $X=\left(x_{1i},x_{2i},\cdots,x_{ni}\right)^{\mathrm{T}}$，则称 X 为距离矩阵 D 的一个低维嵌入，由这 n 个点之间的距离构成的矩阵称为 D 的拟合距离矩阵 $\hat{D}$。具体步骤如下。

(1) 将原始数据归一化，求其距离矩阵 $D=\left(d_{i,j}\right)$，运用欧氏距离：

$$d_{i,j}=\left[\sum_{m=1}^{k}\left(x_{im}-x_{jm}\right)^2\right]^{1/2} \tag{13.70}$$

(2) 通过矩阵 D，构造矩阵 C。

(3) 由 C 构造中心化内积矩阵 B：

$$B=\left(b_{ij}=a_{ij}-\frac{1}{n}\sum_{j=1}^{n}a_{ij}-\frac{1}{n}\sum_{i=1}^{n}a_{ij}+\frac{1}{n^2}\sum_{i=1}^{n}\sum_{j=1}^{n}a_{ij}\right) \tag{13.71}$$

(4) 计算内积矩阵 B 的特征根和 r 个最大特征根所对应的单位向量。

(5) 求解 r 维拟合图。

2. 等度量映射

等度量映射(ISOMAP)是由 Tenenbaum 于 2000 年提出的一种典型的全局特性保持方法。ISOMAP 可以说是一种非线性扩张，力求保持数据点的内在几何特性，即保持两点间的测地距离。ISOMAP 的主要思想是：计算最近邻图中的最短路径得到近似的测地距离，之后运用 MDS 获得嵌入在高维空间中的低维光滑流形的表示。与 MDS 相比，ISOMAP 运用了测地距离而不是欧氏距离。测地距离就是指两点间沿着流形的最短距离。在计算测地距离时需要两个参数：一个是邻域的大小，另一个是本征维数，其中本征维数是通过绘制残差曲线得到的。其具体算法如下。

1) 构造邻接图 G

计算每个样本点与其他所有样本点之间的欧氏距离。若样本点 x_i 和 x_j 之间的欧氏距离 $d\left(x_i,x_j\right)$ 小于阈值 ε 或者点 x_i 是点 x_j 的第 K 个近邻点，那么判定这两个点彼此相邻，即这两个点在图 G 中有边连接，且边的权重为 $d_x\left(x_i,x_j\right)$。

2) 计算最短路径

对于样本点 x_i 和 x_j，若图 G 中有边连接，初始设置其为最短路径 $d_{\mathrm{G}}\left(x_i,x_j\right)=d\left(x_i,x_j\right)$，否则 $d_{\mathrm{G}}\left(x_i,x_j\right)=\infty$。设置 i，j 为 $1,2,\cdots,n$，其中 n 为样本点数，计算 $d_{\mathrm{G}}(i,j)=\min\left\{d_{\mathrm{G}}\left(x_i,x_j\right),d_{\mathrm{G}}\left(x_i,x_l\right)+d_{\mathrm{G}}\left(x_l,x_j\right)\right\}$ 可得到最短路径距离矩阵 $D_{\mathrm{G}}=\left\{d_{\mathrm{G}}\left(x_i,x_j\right)\right\}$，它由近邻图 G 中的任意两点之间的最短路径距离组成。

3) 计算 d 维嵌入

将多维尺度分析算法应用到最短路径距离矩阵 D_{G} 中，构造保持内部流形全局几何特性的 d 维嵌入坐标 γ，通过极小化下列目标函数来获得全局低维坐标 Y：

$$E=\left\|\left[\tau\left(D_{\mathrm{G}}\right)-\tau\left(D_Y\right)\right]\right\|_{L_2} \tag{13.72}$$

D_Y 表示低维嵌入坐标的欧氏距离矩阵，$\left\{d_\gamma(i,j)=\| y_i-y_j \|\right\},\| A\|_{L_2}=\sqrt{\sum_{ij}A_{ij}^2}$，表示 L_2 矩阵范数，矩阵操作算子 $\tau(D)=-HSH/2$，S 是平方距离矩阵 $\left\{S_{i,j}=D_{ij}^2\right\}$，$H$ 是中心化矩阵 $\left\{H_{ij}=\delta_{ij}-\dfrac{1}{n}\right\}$。设 λ_p 和 v_p 分别是矩阵 $\tau\left(D_{\mathrm{G}}\right)$ 的第 p 个特征值和相应的特征向量，当低维嵌入坐标 Y 取矩阵 $\tau\left(D_G\right)$ 的前 d 个最大特征值对应的特征向量时，即 $Y=\left[y_1,\cdots,y_n\right]=\left[\sqrt{\lambda_1}v_1,\cdots,\sqrt{\lambda_d}v_d\right]^{\mathrm{T}}$，目标达到全局最小。

ISOMAP 是一种全局优化算法，其嵌入结果能够反映高维空间中样本点间的流形距离。对于单一流形结构而言，ISOMAP 能够得到很理想的嵌入结果。但当流形曲率较大，特别是当流形上有“洞”时，ISOMAP 算法在计算流形上样本点间的最短路径时会产生较大的偏差，因为 ISOMAP 所计算的空洞两侧样本点间的最短路径是它们绕过空洞的距离，从而导致嵌入结果产生较大的变形。因此，ISOMAP 要求所学习的流形必须是非凸的。

3. 核主成分分析

核主成分分析(KPCA)通过非线性映射 $\varPhi$ 实现输入空间到特征空间的转换，然后对映射后的数据进行线性 PCA，因而具有很强的非线性处理能力。

对于输入空间中的 M 个样本 x_k，使 $\sum_{k=1}^{M} x_k = 0$，则其协方差矩阵为

$$C = \frac{1}{M}\sum_{j=1}^{M} x_j x_j^{\mathrm{T}} \tag{13.73}$$

对于一般 PCA 法，即通过求解特征方程

$$\lambda v = Cv \tag{13.74}$$

获得贡献率大的特征值(对应较大的特征值)及与之对应的特征向量。现引入非线性映射函数 Φ，使输入空间中的样本点 $x_1, x_2, \cdots, x_M$ 变换为特征空间中的样本点 $\Phi(x_1), \Phi(x_2), \cdots, \Phi(x_M)$，并假设

$$\sum_{k=1}^{M} \Phi(x_k) = 0 \tag{13.75}$$

则在特征空间 F 中的协方差矩阵为

$$\bar{C} = \frac{1}{M}\sum_{j=1}^{M} \Phi(x_j)\Phi^{\mathrm{T}}(x_j) \tag{13.76}$$

因此，在特征空间中 PCA 是求解方程

$$\lambda v = \bar{C} v$$

式中，λ为特征值，v 为特征向量。进而有

$$\lambda\left(\Phi(x_k)\cdot v\right) = \Phi(x_k)\cdot \bar{C} v, \quad k = 1, 2, \cdots, M \tag{13.77}$$

注意到式(13.77)中 v 可以由 $\Phi(x_i)(i = 1, 2, \cdots, M)$ 线性表示，即

$$v = \sum_{i=1}^{M} \alpha_i \Phi(x_i) \tag{13.78}$$

由式(13.76)～式(13.78)得

$$\begin{aligned} &\lambda \sum_{i=1}^{M} \alpha_i \left(\Phi(x_k)\cdot \Phi(x_i)\right) \\ &= \frac{1}{M}\sum_{i=1}^{M} \alpha_i \left(\Phi(x_k)\cdot \sum_{j=1}^{M} \Phi(x_j)\right)\left(\Phi(x_i)\cdot \Phi(x_i)\right), \quad k = 1, 2, \cdots, M \end{aligned} \tag{13.79}$$

定义 $M \times M$ 矩阵 K：

$$K_{ij} \equiv \Phi(x_i)\cdot \Phi(x_j) \tag{13.80}$$

式(13.79)可简化为

$$M\lambda K\alpha = K^2 \alpha \tag{13.81}$$

显然满足

$$M\lambda\alpha = K\alpha \tag{13.82}$$

则必然满足式(13.81)。通过对式(13.82)的求解，即可获得要求的特征值和特征向量。测试样本在 F 空间向量 V^k 上的投影为

$$V^k \cdot \Phi(x) = \sum_{i=1}^{M} \alpha_i^k \left(\Phi(x_i) \cdot \Phi(x)\right) \tag{13.83}$$

最后一个问题是假设式(13.75)在一般情况下是不成立的，此时式(13.82)中的 K 用 $\tilde{K}$ 代替。

$$\tilde{K}_{ij} = K_{ij} - \frac{1}{M}\sum_{m=1}^{M} l_{im}K_{mj} - \frac{1}{M}\sum_{n=1}^{M} K_{in}l_{nj} + \frac{1}{M^2}\sum_{m,n=1}^{M} l_{im}K_{mn}l_{nj} \tag{13.84}$$

式中，$l_{ij} = 1$。

4. 堆叠自动编码器

自动编码器(autoencoder，AE)的概念最早提出于 1986 年。AE 可以对输入数据进行重构，结构可以分为编码器和解码器，是一种无监督学习算法。编码器可以将原始输入数据映射为编码数据，而解码器可以根据编码数据重构出原始的输入数据。若编码后的数据维度小于输入数据维度，则 AE 可以被视为降维算法。

在深度学习中，AE 不仅仅被当作降维算法。输入数据经过编码器被表征为特征向量，因为特征向量可以经过解码器重构为原数据。所以认为经过编码器提取的特征向量中包含原数据的大部分关键信息。因此，AE 也被当成一种特征提取的算法来使用。相比较于传统的人为设计特征，AE 可以自动提取特征，无须花费大量精力设计特征。

AE 可以被看成一个三层全连接网络：第一层为输入层，对应输入数据；第二层为隐藏层，对应特征向量；第三层为输出层，对应输入数据的重构。AE 以输入数据和输出数据之间的均方误差作为损失函数，其目标函数是最小化损失函数。AE 的编码器由输入层与隐藏层构成，用于自动提取输入数据的特征，可以表示为一个原始输入 x 到特征向量 h 的映射函数 $f_\theta(\cdot)$：

$$h = f_\theta(x) = S_f\left(Wx + b_{\mathrm{h}}\right) \tag{13.85}$$

式中，$\theta = \{W, b_{\mathrm{h}}\}$，$W$、$b_{\mathrm{h}}$ 分别为输入层和隐藏层之间的连接权重与偏置；S_f 为编码器的激活函数。

相应地，AE 的解码器由隐藏层和输出层构成，可以表示为特征向量 h 到输出

$\hat{x}$的另一个映射函数$g_{\theta'}(\cdot)$：

$$\hat{x} = g_{\theta'}(h) = S_g\left(\hat{W}h + b_{\mathrm{v}}\right) \tag{13.86}$$

式中，$\theta' = \left\{\hat{W}, b_{\mathrm{v}}\right\}$，$\hat{W}$、$b_{\mathrm{v}}$分别为隐藏层和输出层之间的连接权重与偏置；$S_g$为解码器的激活函数，一般与编码器的激活函数相同。

AE 中自由参数$\hat{W}$、b_{h}、b_{v}通过最小化x与$\hat{x}$之间的均方误差进行调整，其损失函数如下所示：

$$L_1(x,\hat{x}) = \frac{1}{2M}\sum_{m=1}^{M}\| x^m - \hat{x}^m \|^2 \tag{13.87}$$

式中，M为训练数据集中所有原始输入样本的数量。隐藏层的输出h包含训练样本的绝大多数信息，可以用于重构原始输入数据。

AE 是典型的神经网络之一，可以用于数据降维和特征提取。但是当数据更加复杂时，只有由输入层和一个隐藏层构成的单层编码器无法有效地提取复杂数据的特征。在深度学习中，更深的网络具有更强的特征表征能力。因此，Hinton 等将多个 AE 分层堆叠构成堆叠自编码器(stacking AE，SAE)，用于对复杂数据进行降维和特征提取。SAE 由 AE 的隐藏层堆叠而成，其中前一个 AE 的输出作为后一个 AE 的输入，如此层层叠加，第 1 个 AE 的输入为原始输入数据。1 个n层的 SAE 可以通过n个 AE 堆叠构成，具有更深的网络结构和更强的特征表征能力。

13.4 度量学习

13.4.1 度量的定义

度量学习又名距离度量学习，也称相似度学习。度量学习的目标就是学习出一个变换函数，该变换函数可以把数据点从一个原始的向量空间映射到一个新的向量空间，而且在新的向量空间中相似度高的数据点离得近，相似度低的数据点离得远。度量就是一个用来定义集合中各元素之间距离的函数，可以通过距离函数来衡量数据之间的相似性。例如，要计算两幅图片之间的相似度，可以采用度量的方式来对图片之间的相似度进行判断。

13.4.2 KL 散度

KL 散度的定义是建立在熵的基础上的。此处以离散随机变量为例，先给出熵的定义，再给定 KL 散度的定义。

若一个离散随机变量 X 的可能取值为 $X=\{x_1,x_2,\cdots,x_n\}$，而对应的概率为 $p_i=p(X=x_i)$，则随机变量 X 的熵定义为

$$H(X)=-\sum_{i=1}^{n}p(x_i)\log p(x_i) \tag{13.88}$$

当规定 $p(x_i)=0$ 时，$p(x_i)\log p(x_i)=0$。

若有两个随机变量 P、Q，且其概率分布分别为 $p(x)$、$q(x)$，则 p 相对 q 的相对熵为

$$D_{\mathrm{KL}}(p\|q)=\sum_{x}p(x)\log\frac{p(x)}{q(x)} \tag{13.89}$$

之所以称为相对熵，是因为其可以通过两随机变量的交叉熵以及信息熵推导得到。

针对上述离散变量的概率分布 $p(x)$、$q(x)$ 而言，其交叉熵定义为

$$\begin{aligned}H(p,q)&=\sum_{x}p(x)\log\frac{1}{q(x)}\\&=-\sum_{x}p(x)\log q(x)\end{aligned} \tag{13.90}$$

因此，KL 散度或相对熵可通过式(13.91)得出：

$$\begin{aligned}D_{\mathrm{KL}}(p\|q)&=H(p,q)-H(p)\\&=-\sum_{x}p(x)\log q(x)-\sum_{x}-p(x)\log p(x)\\&=-\sum_{x}p(x)\big(\log q(x)-\log p(x)\big)\\&=-\sum_{x}p(x)\log\frac{q(x)}{p(x)}\end{aligned} \tag{13.91}$$

继 续 阅 读

主成分分析是最常用的降维方法，要进一步了解主成分分析，可参阅文献 [1]～[4]。可以通过核方法隐式地在高维空间中进行主成分分析，相关的方法称为核主成分分析，可以参阅文献[5]。主成分分析是关于一组变量之间的相关关系的分析方法，典型相关分析是关于两组变量之间的相关关系的分析方法，可参阅文献[6]。

参 考 文 献

[1] 方开泰. 实用多元统计分析[M]. 上海: 华东师范大学出版社, 1989.
[2] 夏绍纬, 杨家本, 杨振斌. 系统工程导论[M]. 北京: 清华大学出版社, 1995.

[3] Jolliffe I T. Principal Component Analysis[M]. 2nd ed. New York: Spring-Verlag, 2002.

[4] Shlens J. A tutorial on principal component analysis[J]. arXiv preprint arXiv: 14016.1100, 2014.

[5] Schölkopf B, Smola A, Müller K R. Kernel principal component analysis[C]. Intenational Conference on Artificial Neural Networks, Berlin, 1997: 583-588.

[6] Hardoon D R, Szedmak S, Shawe-Taylor J. Canonical correlation analysis: An overview with application to learning methods[J]. Neural Computation, 2004, 16(12): 2639-2664.

第 14 章　概率潜在语义分析

概率潜在语义分析是一种利用概率生成式模型对文本集合进行话题分析的无监督学习方法。模型的最大特点是用隐变量表示话题：整个模型表示文本生成话题，话题生成单词，从而得到单词-文本共现数据的过程；假设每个文本由一个话题分布决定，每个话题由一个单词分布决定。

14.1　单词向量空间与话题向量空间

14.1.1　单词向量空间

文本信息处理，如文本信息检索、文本数据挖掘的一个核心问题是对文本的语义内容进行表示，并进行文本之间的语义相似度计算。最简单的方法是利用向量空间模型(vector space model，VSM)，也就是单词向量空间模型(word vector space model)。向量的每一维对应一个单词，其数值为该单词在该文本中出现的频数或权重；基本假设是利用文本中所有单词的出现情况表示文本的语义内容；文本集合中的每个文本都表示为一个向量，存在一个向量空间，向量空间的度量用内积或标准化内积表示文本之间的“语义相似度”。

定义：给定一个含有 n 个文本的集合 $D=\{d_1,d_2,\cdots,d_n\}$，以及在所有文本中出现的 m 个单词的集合 $W=\{w_1,w_2,\cdots,w_m\}$。将单词在文本中出现的数据用一个单词-文本矩阵表示，记作 X：

$$X=\begin{bmatrix} x_{11} & x_{12} & \cdots & x_{1n} \\ x_{21} & x_{22} & \cdots & x_{2n} \\ \vdots & \vdots & & \vdots \\ x_{m1} & x_{m2} & \cdots & x_{mn} \end{bmatrix} \tag{14.1}$$

这是一个 $m\times n$ 矩阵，元素 x_{ij} 表示单词 w_i 在文本 d_j 中出现的频数或权重。由于单词的种类很多，而每个文本中出现的单词的种类通常较少，所以单词-文本矩阵是一个稀疏矩阵。

权重通常用单词频率-逆文本频率(term frequency-inverse document frequency，TFIDF)表示，其表达式为

$$\mathrm{TFIDF}_{ij}=\frac{\mathrm{tf}_{ij}}{\mathrm{tf}_{\cdot j}}\log\frac{\mathrm{df}}{\mathrm{df}_i},\quad i=1,2,\cdots,m,\ j=1,2,\cdots,n \tag{14.2}$$

式中，tf_{ij} 是单词 w_i 出现在文本 d_j 中的频数；$\mathrm{tf}_{\cdot j}$ 是文本 d_j 中出现的所有单词的频数之和；df_i 是含有单词 w_i 的文本数；df 是文本集合 D 的全部文本数。

直观上，一个单词在一个文本中出现的频率越高，这个单词在这个文本中的重要度越高；一个单词在整个文本集合中出现的文本数越少，这个单词越能表示其所在文本的特点，重要度就越高；一个单词在一个文本的 TFIDF 是两种重要度的积，表示综合重要度。

单词向量空间模型直接使用单词-文本矩阵的信息。单词-文本矩阵的第 j 列向量 x_j 表示文本 d_j：

$$x_j=\begin{bmatrix} x_{1j} \\ x_{2j} \\ \vdots \\ x_{mj} \end{bmatrix},\quad j=1,2,\cdots,n \tag{14.3}$$

式中，x_{ij} 是单词 w_i 在文本 d_j 的权重，$i=1,2,\cdots,m$，权重越大，单词在该文本中的重要度就越高。这时矩阵 X 也可以写作 $X=\begin{bmatrix} x_1 & x_2 & \cdots & x_n \end{bmatrix}$。

两个单词向量的内积或标准化内积(余弦)表示对应的文本之间的语义相似度。因此，文本 d_i 和 d_j 之间的相似度为

$$x_i\cdot x_j \text{ 或 } \frac{x_i\cdot x_j}{\|x_i\|\|x_j\|} \tag{14.4}$$

式中，$\cdot$ 表示向量的内积；$\|\cdot\|$ 表示向量的范数。

直观上，在两个文本中共同出现的单词越多，其语义内容就越相近，这时，对应的单词向量同不为零的维度就越多，内积就越大(单词向量元素的值都是非负的)，表示两个文本在语义内容上越相似。这个模型虽然简单，却能很好地表示文本之间的语义相似度，与人们对语义相似度的判断接近，在一定程度上能够满足应用的需求，至今仍在文本信息检索、文本数据挖掘等领域被广泛使用，可以认为是文本信息处理的一个基本原理。注意，两个文本的语义相似度并不是由一两个单词是否在两个文本中出现决定，而是由所有的单词在两个文本中共同出现的"模式"决定。

单词向量空间模型的优点是模型简单，计算效率高。因为单词向量通常是稀疏的两个向量的内积计算，只需要在其同不为零的维度上进行即可，需要的计算很少，可以高效地完成。单词向量空间模型也有一定的局限性，体现在内积相似

度未必能够准确表达两个文本的语义相似度上。因为自然语言的单词具有一词多义性及多词一义性，即同一个单词可以表示多个语义，多个单词可以表示同一个语义，所以基于单词向量的相似度计算存在不精确的问题。

14.1.2　话题向量空间

两个文本的语义相似度可以体现在两者的话题相似度上。话题并没有严格的定义，就是指文本所讨论的内容或主题。一个文本一般含有若干个话题。如果两个文本的话题相似，那么两者的语义应该也相似。话题可以由若干个语义相关的单词表示，同义词(如“airplane”与“aircraft”)可以表示同一个话题，而多义词(如“apple”)可以表示不同的话题。这样，基于话题的模型就可以解决上述基于单词的模型存在的问题。

可以设想定义一种话题向量空间模型。给定一个文本，用话题空间的一个向量表示该文本，该向量的每一个分量对应一个话题，其数值为该话题在该文本中出现的权重。用两个向量的内积或标准化内积表示对应的两个文本的语义相似度。注意话题的个数通常远远小于单词的个数，话题向量空间模型更加抽象。事实上潜在语义分析正是构建话题向量空间的方法(即话题分析的方法)，单词向量空间模型与话题向量空间模型可以互为补充，现实中，两者可以同时使用。

1. 话题向量空间的表示

给定一个文本集合 $D=\{d_1,d_2,\cdots,d_n\}$ 和一个相应的单词集合 $W=\{w_1,w_2,\cdots,w_m\}$，可以获得其单词-文本矩阵 X，X 构成原始的单词向量空间，每一列是一个文本在单词向量空间中的表示：

$$X=\begin{bmatrix} x_{11} & x_{12} & \cdots & x_{1n} \\ x_{21} & x_{22} & \cdots & x_{2n} \\ \vdots & \vdots & & \vdots \\ x_{m1} & x_{m2} & \cdots & x_{mn} \end{bmatrix} \tag{14.5}$$

矩阵 X 也可以写作 $X=\begin{bmatrix} x_1 & x_2 & \cdots & x_n \end{bmatrix}$。

假设所有文本共含有 k 个话题，每个话题由一个定义在单词集合 W 上的 m 维向量表示，称为话题向量，即

$$t_l=\begin{bmatrix} t_{1l} \\ t_{2l} \\ \vdots \\ t_{ml} \end{bmatrix}, \quad l=1,2,\cdots,k \tag{14.6}$$

式中，t_{il} 是单词 w_i 在话题 t_l 的权重，$i=1,2,\cdots,m$，权重越大，该单词在该话题中的重要度越高。这 k 个话题向量 $t_1,t_2,\cdots,t_k$ 张成一个话题向量空间(topic vector space)，维数为 k。注意话题向量空间 T 是单词向量空间 X 的一个子空间。

话题向量空间 T 也可以表示为一个矩阵，称为单词-话题矩阵(word-topic matrix)，记作

$$T=\begin{bmatrix} t_{11} & t_{12} & \cdots & t_{1k} \\ t_{21} & t_{22} & \cdots & t_{2k} \\ \vdots & \vdots & & \vdots \\ t_{m1} & t_{m2} & \cdots & t_{mk} \end{bmatrix} \tag{14.7}$$

矩阵 T 也可以写作 $T=\begin{bmatrix} t_1 & t_2 & \cdots & t_k \end{bmatrix}$。

2. 文本在话题向量空间的表示

现在考虑文本集合 D 的文本 d_j，在单词向量空间中由一个向量 x_j 表示，将 x_j 投影到话题向量空间 T 中，得到在话题向量空间的一个向量 y_j，y_j 是一个 k 维向量，其表达式为

$$y_j=\begin{bmatrix} y_{1j} \\ y_{2j} \\ \vdots \\ y_{kj} \end{bmatrix}, \quad j=1,2,\cdots,n \tag{14.8}$$

式中，y_{lj} 是文本 d_j 在话题 t_l 的权重，$l=1,2,\cdots,k$，权重越大，该话题在该文本中的重要度就越高。

矩阵 Y 表示话题在文本中出现的情况，称为话题-文本矩阵(topic-document matrix)，记作

$$Y=\begin{bmatrix} y_{11} & y_{12} & \cdots & y_{1n} \\ y_{21} & y_{22} & \cdots & y_{2n} \\ \vdots & \vdots & & \vdots \\ y_{k1} & y_{k2} & \cdots & y_{kn} \end{bmatrix} \tag{14.9}$$

矩阵 Y 也可以写作 $Y=\begin{bmatrix} y_1 & y_2 & \cdots & y_n \end{bmatrix}$。

3. 从单词向量空间到话题向量空间的线性变换

这样一来，在单词向量空间的文本向量 x_j 可以通过它在话题向量空间中的向量 y_j 近似表示，具体地由 k 个话题向量以 y_j 为系数的线性组合近似表示：

$$x_j \approx y_{1j}t_1 + y_{2j}t_2 + \cdots + y_{kj}t_k,\quad j=1,2,\cdots,n \tag{14.10}$$

所以，单词-文本矩阵 X 可以近似地表示为单词-话题矩阵 T 与话题-文本矩阵 Y 的乘积形式。这就是潜在语义分析：

$$X \approx TY \tag{14.11}$$

直观上，潜在语义分析是将文本在单词向量空间的表示通过线性变换转换为在话题向量空间中的表示。

在原始的单词向量空间中，两个文本 d_i 与 d_j 的相似度可以由对应的向量内积表示，即 $x_i \cdot x_j$。经过潜在语义分析之后，在话题向量空间中，两个文本 d_i 与 d_j 的相似度可以由对应的向量内积，即 $y_i \cdot y_j$ 表示。

要进行潜在语义分析，需要同时确定两部分内容：一是话题向量空间 T，二是文本在话题空间的表示 Y，使两者的乘积是原始矩阵数据的近似，而这一结果完全从话题-文本矩阵的信息中获得。

14.2 潜在语义分析算法

14.2.1 矩阵奇异值分解算法

1. 单词-文本矩阵

给定文本集合 $D=\{d_1,d_2,\cdots,d_n\}$ 和单词集合 $W=\{w_1,w_2,\cdots,w_m\}$。潜在语义分析首先将这些数据表示成一个单词-文本矩阵：

$$X=\begin{bmatrix} x_{11} & x_{12} & \cdots & x_{1n} \\ x_{21} & x_{22} & \cdots & x_{2n} \\ \vdots & \vdots & & \vdots \\ x_{m1} & x_{m2} & \cdots & x_{mn} \end{bmatrix} \tag{14.12}$$

这是一个 $m\times n$ 矩阵，元素 x_{ij} 表示单词 w_i 在文本 d_j 中出现的频数或权重。

2. 截断奇异值分解

潜在语义分析根据确定的话题个数 k 对单词-文本矩阵 X 进行截断奇异值分解：

$$X \approx U_k \Sigma_k V_k^{\mathrm{T}} = \begin{bmatrix} u_1 & u_2 & \cdots & u_k \end{bmatrix} \begin{bmatrix} \sigma_1 & 0 & \cdots & 0 \\ 0 & \sigma_2 & \cdots & 0 \\ \vdots & \vdots & & \vdots \\ 0 & 0 & \cdots & \sigma_k \end{bmatrix} \begin{bmatrix} v_1^{\mathrm{T}} \\ v_2^{\mathrm{T}} \\ \vdots \\ v_k^{\mathrm{T}} \end{bmatrix} \tag{14.13}$$

式中，$k \leqslant n \leqslant m$，$U_k$ 是 $m \times k$ 矩阵，它的列由 X 的前 k 个互相正交的左奇异向量组成，Σ_k 是 k 阶对角方阵，对角元素为前 k 个最大奇异值，V_k 是 $n \times k$ 矩阵，它的列由 X 的前 k 个互相正交的右奇异向量组成。

3. 话题向量空间

在单词-文本矩阵 X 的截断异值分解式(14.13)中矩阵 U_k 的每一个列向量 $u_1, u_2, \cdots, u_k$ 表示一个话题，称为话题向量。由这 k 个话题向量张成一个子空间

$$U_k = \begin{bmatrix} u_1 & u_2 & \cdots & u_k \end{bmatrix} \tag{14.14}$$

称为话题向量空间。

4. 文本的话题空间表示

有了话题向量空间，接着考虑文本在话题空间的表示。将式(14.13)写作

$$\begin{aligned} X &= \begin{bmatrix} x_1 & x_2 & \cdots & x_n \end{bmatrix} \approx U_k \Sigma_k V_k^{\mathrm{T}} \\ &= \begin{bmatrix} u_1 & u_2 & \cdots & u_k \end{bmatrix} \begin{bmatrix} \sigma_1 & 0 & \cdots & 0 \\ 0 & \sigma_2 & \cdots & 0 \\ \vdots & \vdots & & \vdots \\ 0 & 0 & \cdots & \sigma_k \end{bmatrix} \begin{bmatrix} v_{11} & x_{21} & \cdots & x_{n1} \\ v_{12} & x_{22} & \cdots & x_{n2} \\ \vdots & \vdots & & \vdots \\ v_{1k} & x_{2k} & \cdots & x_{nk} \end{bmatrix} \\ &= \begin{bmatrix} u_1 & u_2 & \cdots & u_k \end{bmatrix} \begin{bmatrix} \sigma_1 v_{11} & \sigma_1 x_{21} & \cdots & \sigma_1 x_{n1} \\ \sigma_2 v_{12} & \sigma_2 x_{22} & \cdots & \sigma_2 x_{n2} \\ \vdots & \vdots & & \vdots \\ \sigma_k v_{1k} & \sigma_k x_{2k} & \cdots & \sigma_k x_{nk} \end{bmatrix} \end{aligned} \tag{14.15}$$

式中，

$$u_l = \begin{bmatrix} u_{1l} \\ u_{2l} \\ \vdots \\ u_{ml} \end{bmatrix}, \quad l = 1, 2, \cdots, k \tag{14.16}$$

由式(14.15)可知，矩阵 X 的第 j 列向量 x_j 满足

$$x_j \approx U_k \left(\Sigma_k V_k^{\mathrm{T}} \right)_j = \begin{bmatrix} u_1 & u_2 & \cdots & u_k \end{bmatrix} \begin{bmatrix} \sigma_1 v_{j1} \\ \sigma_2 v_{j2} \\ \vdots \\ \sigma_k v_{jk} \end{bmatrix}$$

$$= \sum_{l=1}^{k} \sigma_l v_{jl} u_l, \quad j = 1,2,\cdots,n \tag{14.17}$$

式中，$\left(\Sigma_k V_k^{\mathrm{T}}\right)_j$ 是矩阵$\left(\Sigma_k V_k^{\mathrm{T}}\right)$的第 j 列向量。

式(14.17)是文本 d_j 的近似表达式，由 k 个话题向量 u_l 的线性组合构成。矩阵$\left(\Sigma_k V_k^{\mathrm{T}}\right)$的每一个列向量

$$\begin{bmatrix} \sigma_1 v_{11} \\ \sigma_2 v_{12} \\ \vdots \\ \sigma_k v_{1k} \end{bmatrix}, \begin{bmatrix} \sigma_1 v_{21} \\ \sigma_2 v_{22} \\ \vdots \\ \sigma_k v_{2k} \end{bmatrix}, \cdots, \begin{bmatrix} \sigma_1 v_{n1} \\ \sigma_2 v_{n2} \\ \vdots \\ \sigma_k v_{nk} \end{bmatrix} \tag{14.18}$$

是一个文本在话题空间向量的表示。

综上，可以通过对单词-文本矩阵的奇异值分解进行潜在语义分析

$$X \approx U_k \Sigma_k V_k^{\mathrm{T}} = U_k \left(\Sigma_k V_k^{\mathrm{T}}\right) \tag{14.19}$$

得到话题空间 U_k，以及文本在话题空间的表示$\left(\Sigma_k V_k^{\mathrm{T}}\right)$。

14.2.2　应用案例

1. 数据集准备

假设有以下五篇简短的文本文档。

文档 1:“我喜欢吃苹果和香蕉。”

文档 2:“我喜欢吃香蕉和橙子。”

文档 3:“苹果和橙子是好水果。”

文档 4:“我喜欢看电影和听音乐。”

文档 5:“音乐和电影使人放松。”

2. 单词-文本矩阵构建

首先，将创建一个单词-文本矩阵(表 14.1)，其中行表示单词，列表示文本。在这个矩阵中，每个元素的值表示该单词在相应文本中出现的频率。

表 14.1　单词-文本矩阵

单词	文本 1	文本 2	文本 3	文本 4	文本 5
我	1	1	0	1	0
喜欢	1	1	0	1	0
吃	1	1	0	0	0

续表

单词	文本 1	文本 2	文本 3	文本 4	文本 5
苹果	1	0	1	0	0
香蕉	1	1	0	0	0
橙子	0	1	1	0	0
是	0	0	1	0	0
好	0	0	1	0	0
水果	0	0	1	0	0
看	0	0	0	1	0
电影	0	0	0	1	1
音乐	0	0	0	1	1
使	0	0	0	0	1
放松	0	0	0	0	1

3. 执行潜在语义分析

接下来，将应用奇异值分解来分解单词-文本矩阵，以识别隐含的主题或概念。假设想识别两个主题，可以得到以下分解。

话题矩阵 U_2 表示为

$$U_2=\begin{bmatrix} -0.506 & -0.068 \\ -0.506 & -0.068 \\ -0.367 & 0.162 \\ -0.246 & 0.283 \\ -0.367 & 0.162 \\ -0.246 & 0.283 \\ -0.063 & 0.202 \\ -0.063 & 0.202 \\ -0.063 & 0.202 \\ -0.139 & -0.231 \\ -0.180 & -0.486 \\ -0.180 & -0.486 \\ -0.041 & -0.255 \\ -0.041 & -0.255 \end{bmatrix}$$

奇异值矩阵 Σ_2 表示为

$$\Sigma_2 = \begin{bmatrix} 3.295 & 0 \\ 0 & 2.410 \end{bmatrix}$$

矩阵 V_2^{T} 表示为

$$V_2^{\mathrm{T}} = \begin{bmatrix} -0.604 & -0.604 & -0.206 & -0.458 & -0.134 \\ 0.196 & 0.198 & 0.486 & -0.556 & -0.615 \end{bmatrix}$$

现在，将 Σ_2 与 V_2^{T} 相乘，整体变成两个矩阵乘积的形式，那么有

$$\begin{aligned} X &\approx U_2(\Sigma_2 V_2^{\mathrm{T}}) \\ &= \begin{bmatrix} -0.506 & -0.068 \\ -0.506 & -0.068 \\ -0.367 & 0.162 \\ -0.246 & 0.283 \\ -0.367 & 0.162 \\ -0.246 & 0.283 \\ -0.063 & 0.202 \\ -0.063 & 0.202 \\ -0.063 & 0.202 \\ -0.139 & -0.231 \\ -0.180 & -0.486 \\ -0.180 & -0.486 \\ -0.041 & -0.255 \\ -0.041 & -0.255 \end{bmatrix} \begin{bmatrix} -1.99018 & -1.99018 & -0.67877 & -1.50911 & -0.44153 \\ 0.47236 & 0.47718 & 1.17126 & -1.33996 & -1.48215 \end{bmatrix} \end{aligned}$$

矩阵 U_2 有 2 个列向量，表示 2 个话题，矩阵 U_2 表示话题向量空间。矩阵 $\left(\Sigma_2 V_2^{\mathrm{T}}\right)$ 有 5 个列向量，表示 5 个文本，矩阵 $\left(\Sigma_2 V_2^{\mathrm{T}}\right)$ 是文本集合在话题向量空间的表示。

14.3 非负矩阵分解算法

14.3.1 非负矩阵分解

若一个矩阵的所有元素非负，则称该矩阵为非负矩阵，若 X 是非负矩阵，则记作 $X \geqslant 0$。给定一个非负矩阵 $X \geqslant 0$，找到两个非负矩阵 $W \geqslant 0$ 和 $H \geqslant 0$ 使得

$$X \approx WH \tag{14.20}$$

即将非负矩阵 X 分解为两个非负矩阵 W 和 H 乘积的形式，称为非负矩阵分解。因为很难实现 WH 与 X 完全相等，所以只要求 WH 与 X 近似相等。

假设非负矩阵 X 是 $m\times n$ 矩阵，非负矩阵 W 和 H 分别为 $m\times k$ 矩阵和 $k\times n$ 矩阵。假设 $k<\min(m,n)$，即 W 和 H 小于原矩阵 X，所以非负矩阵分解是对原数据的压缩。

由式(14.20)可知，矩阵 X 的第 j 列向量 x_j 满足

$$\begin{aligned} x_j &\approx Wh_j \\ &= \begin{bmatrix} w_1 & w_2 & \cdots & w_k \end{bmatrix} \begin{bmatrix} h_{1j} \\ h_{2j} \\ \vdots \\ h_{kj} \end{bmatrix} \\ &= \sum_{l=1}^{k} h_{lj} w_l, \quad j=1,2,\cdots,n \end{aligned} \tag{14.21}$$

式中，h_j 是矩阵 H 的第 j 列；w_l 是矩阵 W 的第 l 列；h_{lj} 是 h_j 的第 l 个元素。

式(14.21)表示，矩阵 X 的第 j 列 x_j 可以由矩阵 W 的 k 个列 w_l 的线性组合逼近，线性组合系数是矩阵 H 的第 j 列 h_j 的元素。这里矩阵 W 的列向量为一组基矩阵 H 的列向量，即线性组合系数。称 W 为基矩阵，H 为系数矩阵。非负矩阵分解旨在用较少的基向量、系数向量来表示较大的数据矩阵。

14.3.2 潜在语义分析模型

给定一个 $m\times n$ 非负的单词-文本矩阵 $X\geqslant 0$，假设文本集合共包含 k 个话题，对 X 进行非负矩阵分解，即求非负的 $m\times k$ 矩阵 $W\geqslant 0$ 和 $k\times n$ 矩阵 $H\geqslant 0$，使得

$$X\approx WH \tag{14.22}$$

令 $W=\begin{bmatrix} w_1 & w_2 & \cdots & w_k \end{bmatrix}$ 为话题向量空间，$w_1,w_2,\cdots,w_k$ 为文本集合的 k 个话题，令 $H=\begin{bmatrix} h_1 & h_2 & \cdots & h_n \end{bmatrix}$ 为文本在话题向量空间的表示，$h_1,h_2,\cdots,h_n$ 表示文本集合的 n 个文本。这就是基于非负矩阵分解的潜在语义分析模型。

非负矩阵分解具有很直观的解释，话题向量和文本向量都非负，对应着“伪概率分布”，向量的线性组合表示局部叠加构成整体。

14.3.3 非负矩阵分解的形式化

非负矩阵分解可以形式化为最优化问题求解。首先定义损失函数。

第一种损失函数是平方损失。设两个非负矩阵 $A=\left[a_{ij}\right]_{m\times n}$ 和 $B=\left[b_{ij}\right]_{m\times n}$，平

方损失函数定义为

$$\| A-B \|^2=\sum_{ij}\left(a_{ij}-b_{ij}\right)^2 \tag{14.23}$$

其下界是 0，当且仅当 $A=B$ 时达到下界。

另一种损失函数是散度(divergence)。设两个非负矩阵 $A=\left[a_{ij}\right]_{m\times n}$ 和 $B=\left[b_{ij}\right]_{m\times n}$，散度损失函数定义为

$$D\left(A\| B\right)=\sum_{ij}\left(a_{ij}\log\frac{a_{ij}}{b_{ij}}-a_{ij}+b_{ij}\right) \tag{14.24}$$

其下界也是0，当且仅当 $A=B$ 时达到下界。A 和 B 不对称。当 $\sum_{ij}a_{ij}=\sum_{ij}b_{ij}=1$ 时散度损失函数退化为 KL 散度或相对熵，这时 A 和 B 是概率分布。

接着定义以下的最优化问题。

目标函数 $\| X-WH \|^2$ 关于 W 和 H 的最小化，满足约束条件 $W,H\geqslant 0$ 即

$$\begin{aligned}&\min_{W,H}\|X-WH^2\|\\&\text{s.t.}\quad W,H\geqslant 0\end{aligned} \tag{14.25}$$

14.4　概率潜在语义分析模型

概率潜在语义分析(probabilistic latent semantic analysis，PLSA)也称概率潜在语义索引(probabilistic latent semantic indexing，PLSI)，是一种利用概率生成模型对文本集合进行话题分析的无监督学习方法。模型的最大特点是用隐变量表示话题；整个模型表示文本生成话题，话题生成单词，从而得到单词-文本共现数据的过程；假设每个文本由一个话题分布决定，每个话题由一个单词分布决定。概率潜在语义分析受潜在语义分析的启发，1999 年由 Hofmann 提出，前者基于概率模型，后者基于非概率模型。概率潜在语义分析最初用于文本数据挖掘，后来扩展到其他领域。

14.4.1　基本想法

给定一个文本集合，每个文本讨论若干个话题，每个话题由若干个单词表示。对文本集合进行概率潜在语义分析，就能够发现每个文本的话题，以及每个话题的单词。话题是不能从数据中直接观察到的，是潜在的。

文本集合转换为文本-单词共现数据，具体表现为单词-文本矩阵。每一行对应一个单词，每一列对应一个文本，每一个元素表示单词在文本中出现的次数。一个话题表示一个语义内容。文本数据基于如下的概率模型产生(共现模型)：首先有话题的概率分布，然后给定条件下话题文本的条件概率分布，以及话题给定条件下单词的条件概率分布。概率潜在语义分析就是发现由隐变量表示的话题，即潜在语义。直观上，语义相近的单词、语义相近的文本会被聚到相同的“软的类别”中，而话题所表示的就是这样的软的类别。

14.4.2 生成模型

假设有单词集合 $W=\{w_1,w_2,\cdots,w_M\}$，其中 M 是单词个数；文本(指标)集合 $D=\{d_1,d_2,\cdots,d_N\}$，其中 N 是文本个数；话题集合 $Z=\{z_1,z_2,\cdots,z_K\}$，其中 K 是预先设定的话题个数。随机变量 w 取值于单词集合；随机变量 d 取值于文本集合，随机变量 z 取值于话题集合。概率分布 $P(d)$、条件概率分布 $P(z|d)$、条件概率分布 $P(w|z)$ 皆属于多项分布，其中 $P(d)$ 表示生成文本 d 的概率，$P(z|d)$ 表示文本 d 生成话题 z 的概率，$P(w|z)$ 表示话题 z 生成单词 w 的概率。

每个文本 d 拥有自己的话题概率分布 $P(z|d)$，每个话题 z 拥有自己的单词概率分布 $P(w|z)$；也就是说一个文本的内容由其相关话题决定，一个话题的内容由其相关单词决定。

生成模型通过以下步骤生成单词-文本共现数据：

(1) 依据概率分布 $P(d)$，从文本(指标)集合中随机选取一个文本 d，共生成 N 个文本，针对每个文本，执行以下操作；

(2) 在文本 d 给定条件下，依据条件概率分布 $P(z|d)$，从话题集合随机选取一个话题 z，共生成 L 个话题，这里 L 是文本长度；

(3) 在话题 z 给定条件下，依据条件概率分布 $P(w|z)$，从单词集合中随机选取一个单词 w。

注意这里为叙述方便，假设文本都是等长的，现实中不需要这个假设。

生成模型中，单词变量 w 与文本变量 d 是观测变量，话题变量 z 是隐变量。也就是说模型生成的是单词-话题-文本三元组 (w,z,d) 的集合，但观测到的是单词-文本元组 (w,d) 的集合，观测数据表示为单词-文本矩阵 T 的形式，矩阵 T 的行表示单词，列表示文本，元素表示单词-文本对 (w,d) 的出现次数。

14.4.3 共现模型

可以定义与以上的生成模型等价的共现模型。

单词-文本共现数据 T 的生成概率为所有单词-文本对 (w,d) 生成概率的乘积：

$$P(T)=\prod_{(w,d)}P(w,d)^{n(w,d)} \tag{14.26}$$

式中 $n(w,d)$ 为单词在文本中出现的次数每个单词-文本对 (w,d) 的概率由以下公式决定：

$$P(w,d)=\sum_{z\in Z}P(z)P(w|z)P(d|z) \tag{14.27}$$

式(14.27)即共现模型的定义。容易验证，生成模型和共现模型是等价的。

共现模型假设在话题 z 给定条件下，单词 w 与文本 d 是条件独立的，即

$$P(w,d|z)=P(w|z)P(d|z) \tag{14.28}$$

虽然生成模型与共现模型在概率公式意义上是等价的，但是拥有不同的性质生成模型刻画单词-文本共现数据生成的过程，共现模型描述文本-单词共现数据拥有的模式。生成模型式中单词变量 w 与文本变量 d 是非对称的，而共现模型式中单词变量 w 与文本变量 d 是对称的；所以前者也称为非对称模型，后者也称为对称模型。由于两个模型的形式不同，其学习算法的形式也不同。

14.4.4 模型性质

1. 模型参数

如果直接定义单词与文本的共现概率 $P(w,d)$，模型参数的个数是 $O(M\cdot N)$，其中 M 是单词数；N 是文本数。概率潜在语义分析的生成模型和共现模型的参数个数是 $O(M\cdot K+N\cdot K)$，其中 K 是话题数。概率潜在语义分析通过话题对数据进行了更简洁的表示，减少了学习过程中过拟合的可能性。图 14.1 显示概率潜在语义分析中文本、话题、单词之间的关系。

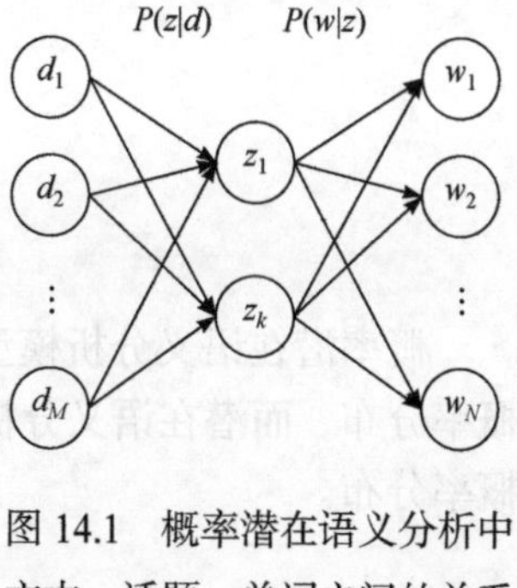

图 14.1　概率潜在语义分析中文本、话题、单词之间的关系

2. 模型的几何解释

下面给出生成模型的几何解释。概率分布 $P(w|d)$ 表示文本 d 生成单词 w 的概率：

$$\sum_{i=1}^{M}P(w_i|d)=1,\quad 0\leqslant P(w_i|d)\leqslant 1, i=1,2,\cdots,M \tag{14.29}$$

可以由 M 维空间的 $M-1$ 维单纯形(simplex)中的点表示。

由式(14.29)可知，概率潜在分析模型(生成模型)中的文本概率分布 $P(w|d)$ 有

下面的关系成立：

$$P(w|d)=\sum_z P(z|d)P(w|z) \tag{14.30}$$

这里概率分布 $P(w|z)$ 表示话题 z 生成单词 w 的概率。

概率分布 $P(w|z)$ 也存在于 M 维空间中的 $M-1$ 维单纯形之中。如果有 K 个话题，那么就有 K 个概率分布 $P(w|z_k)(k=1,2,\cdots,K)$，由 $M-1$ 维单纯形上的 K 个点表示。以这 K 个点为顶点，构成一个 $K-1$ 维单纯形，称为话题单纯形。话题单纯形是单词单纯形的子单纯形。

由式(14.30)可知，生成模型中文本的分布 $P(w|d)$ 可以由 K 个话题的概率分布 $P(w|z_k)(k=1,2,\cdots,K)$ 的线性组合表示，文本对应的点就在 K 个话题的点构成的 $K-1$ 个话题单纯形中。这就是生成模型的几何解释。

3. 与潜在语义分析的关系

概率潜在语义分析模型(共现模型)可以在潜在语义分析模型的框架下描述。潜在语义分析，对单词-文本矩阵进行奇异值分解得到 $X=U\Sigma V^{\mathrm{T}}$，其中 U 和 V 为正交矩阵；Σ 为非负降序对角矩阵。共现模型也可以表示为三个矩阵乘积的形式。这样，概率潜在语义分析与潜在语义分析的对应关系可以从中看得很清楚。下面是共现模型的矩阵乘积形式：

$$\begin{aligned}
&X'=U'\Sigma'V'^{\mathrm{T}}\\
&X'=\left[P(w,d)\right]_{M\times N}\\
&U'=\left[P(w|z)\right]_{M\times K}\\
&\Sigma'=\left[P(z)\right]_{K\times K}\\
&V'=\left[P(d|z)\right]_{N\times K}
\end{aligned} \tag{14.31}$$

概率潜在语义分析模型(14.31)中的矩阵 U' 和 V' 是非负的规范化的，表示条件概率分布，而潜在语义分析模型中的矩阵 U 和 V 是正交的，未必非负，并不表示概率分布。

14.5 概率潜在语义分析算法

概率潜在语义分析模型是含有隐变量的模型，其学习通常使用 EM 算法。本节介绍生成模型学习的 EM 算法。

EM 算法是一种迭代算法，每次迭代包括交替的两步：E 步，求期望；M 步，求极大值。E 步是计算 Q 函数，即完全数据的对数似然函数对不完全数据的条件分布的期望。M 步是对 Q 函数极大化，更新模型参数。下面叙述生成模型的 EM 算法。

设单词集合为 $W=\{w_1,w_2,\cdots,w_M\}$，文本集合为 $D=\{d_1,d_2,\cdots,d_N\}$，话题集合为 $Z=\{z_1,z_2,\cdots,z_K\}$。给定单词-文本共现数据 $T=\{n(w_i,d_j)\}$，$i=1,2,\cdots,M$，$j=1,2,\cdots,N$，目标是估计概率潜在语义分析模型(生成模型)的参数。如果使用极大似然估计，对数似然函数是

$$\begin{aligned}L&=\sum_{i=1}^{M}\sum_{j=1}^{N}n(w_i,d_j)\log P(w_i,d_j)\\&=\sum_{i=1}^{M}\sum_{j=1}^{N}n(w_i,d_j)\log\left[\sum_{k=1}^{K}P(w_i|z_k)P(z_k|d_j)P(d_j)\right]\end{aligned}\tag{14.32}$$

但是模型含有隐变量，对数似然函数的优化无法用解析方法求解，这时使用 EM 算法。应用 EM 算法的核心是定义 Q 函数。

E 步：计算 Q 函数。

Q 函数为完全数据的对数似然函数对不完全数据的条件分布的期望。针对概率潜在语义分析的生成模型，Q 函数是

$$Q=\sum_{k=1}^{K}\left\{\sum_{j=1}^{N}n(d_j)\left[\log P(d_j)+\sum_{i=1}^{M}\frac{n(w_i,d_j)}{n(d_j)}\log P(w_i|z_k)P(z_k|d_j)\right]\right\}P(z_k|w_i,d_j)\tag{14.33}$$

式中，$n(d_j)=\sum_{i=1}^{M}n(w_i,d_j)$ 表示文本 d_j 中的单词个数；$n(w_i,d_j)$ 表示单词 w_i 在文本 d_j 中出现的次数。条件概率分布 $P(z_k|w_i,d_j)$ 代表不完全数据，是已知变量。条件概率分布 $P(z_k|w_i,d_j)$ 和 $P(z_k|d_j)$ 的乘积代表完全数据，是未知变量。

由于可以从数据中直接统计得出 $P(d_j)$ 的估计，这里只考虑 $P(w_i|z_k)$、$P(z_k|d_j)$ 的估计，可将 Q 函数简化为 Q' 函数，即

$$Q'=\sum_{i=1}^{M}\sum_{j=1}^{N}n(w_i,d_j)\sum_{k=1}^{K}P(z_k|w_i,d_j)\log\left[P(w_i|z_k)P(z_k|d_j)\right]\tag{14.34}$$

Q' 函数中的 $P(z_k|w_i,d_j)$ 可以根据贝叶斯公式计算：

$$P(z_k|w_i,d_j)=\frac{P(w_i|z_k)P(z_k|d_j)}{\sum_{k=1}^{K}P(w_i|z_k)P(z_k|d_j)}\tag{14.35}$$

式中，$P\left(z_k|d_j\right)$和$P\left(w_i|z_k\right)$由上一步迭代得到。

M 步：极大化Q函数。

通过约束最优化求解Q函数的极大值，$P\left(z_k|d_j\right)$和$P\left(w_i|z_k\right)$是变量$P\left(w_i|z_k\right)$，$P\left(z_k|d_j\right)$形成的概率分布，满足约束条件

$$\begin{aligned}&\sum_{i=1}^{M}P\left(w_i|z_k\right)=1,\quad k=1,2,\cdots,K\\&\sum_{k=1}^{K}P(z_k\mid d_j)=1,\quad j=1,2,\cdots,N\end{aligned}\tag{14.36}$$

应用拉格朗日法，引入拉格朗日乘子τ_k和ρ_j，定义拉格朗日函数Λ为

$$\Lambda=Q'+\sum_{k=1}^{K}\tau_k\left(1-\sum_{i=1}^{M}P\left(w_i|z_k\right)\right)+\sum_{j=1}^{N}\rho_j\left(1-\sum_{k=1}^{K}P\left(z_k|d_j\right)\right)\tag{14.37}$$

将拉格朗日函数Λ分别对$P\left(w_i|z_k\right)$和$P\left(z_k|d_j\right)$求偏导数，并令其等于 0，得到下面的方程组：

$$\begin{aligned}&\sum_{j=1}^{N}n\left(w_i,d_j\right)P\left(z_k|w_i,d_j\right)-\tau_kP\left(w_i|z_k\right)=0,\\&\qquad i=1,2,\cdots,M;\quad k=1,2,\cdots,K\\&\sum_{i=1}^{M}n\left(w_i,d_j\right)P\left(z_k|w_i,d_j\right)-\rho_jP\left(z_k|d_j\right)=0,\\&\qquad j=1,2,\cdots,N;\quad k=1,2,\cdots,K\end{aligned}\tag{14.38}$$

解方程组得到 M 步的参数估计公式：

$$\begin{aligned}&P(w_i|z_k)\frac{\sum_{j=1}^{N}n\left(w_i,d_j\right)P\left(z_k|w_i,d_j\right)}{\sum_{m=1}^{M}\sum_{j=1}^{N}n\left(w_m,d_j\right)P\left(z_k|w_m,d_j\right)}\\&P\left(z_k|d_j\right)=\frac{\sum_{i=1}^{M}n\left(w_i,d_j\right)P\left(z_k|w_i,d_j\right)}{n\left(d_j\right)}\end{aligned}\tag{14.39}$$

继 续 阅 读

文献[1]为潜在语义分析的原始论文，相关的介绍还有文献[2]，主要是关于基于矩阵奇异值分解的潜在语义分析。基于非负矩阵分解的潜在语义分析可以参照

文献[3]～[5]。另外，还有基于稀疏矩阵分解的方法[6]。后两种方法可以通过并行计算实现，大大提高计算效率。

概率潜在语义分析的原始文献有[7]～[9]。在文献[10]中，作者讨论了概率潜在语义分析与非负矩阵分解的关系。

参考文献

[1] Deerwester S, Dumais S T, Furnas G W, et al. Indexing by latent semantic analysis[J]. Journal of the American Society for Information Science, 1990, 41(6): 391-407.

[2] Landauer T K. Latent Semantic Analysis[M]. New York: Wiley, 2006.

[3] Lee D D, Seung H S. Learning the parts of objects by non-negative matrix factorization[J]. Nature, 1999, 401(6755): 788-791.

[4] Lee D D, Seung H S. Algorithms for non-negative matrix factorization[C]//Proceedings of the 13th International Conference on Neural Information Processing Systems, Denver, 2000: 535-541.

[5] Xu W, Liu X, Gong Y H. Document clustering based on non-negative matrix factorization[C]//Proceedings of the 26th Annual International ACM SIGIR Conference on Research and Development in Information Retrieval, Toronto, 2003: 267-273.

[6] Wang Q, Xu J, Li H, et al. Regularized latent semantic indexing[C]//Proceedings of the 34th International ACM SIGIR Conference on Research and Development in Information Retrieval, Beijing, 2011: 685-694.

[7] Hofmann T. Probabilistic latent semantic analysis[C]//Proceedings of the Fifteenth Conference on Uncertainty in Artificial Intelligence, Stockholm, 1999: 289-296.

[8] Hofmann T. Probabilistic latent semantic indexing[C]//Proceedings of the 22nd Annual International ACM SIGIR Conference on Research and Development in Information Retrieval, Berkeley, 1999: 50-57.

[9] Hofmann T. Unsupervised learning by probabilistic latent semantic analysis[J]. Machine Learning, 2001, 42: 177-196.

[10] Ding C, Li T, Peng W. On the equivalence between non-negative matrix factorization and probabilistic latent semantic indexing[J]. Computational Statistics & Data Analysis, 2008, 52(8): 3913-3927.

第 15 章　潜在狄利克雷分布

潜在狄利克雷分布(latent Dirichlet allocation，LDA)作为基于贝叶斯学习的话题模型，是潜在语义分析、概率潜在语义分析的扩展，于 2002 年由 Blei 等提出。LDA 在文本数据挖掘、图像处理、生物信息处理等领域被广泛使用。

15.1　概 率 分 布

15.1.1　分布定义

LDA 模型是文本集合的生成概率模型。假设每个文本由话题的一个多项分布表示，每个话题由单词的一个多项分布表示，特别假设文本的话题分布的先验分布是狄利克雷分布，话题的单词分布的先验分布也是狄利克雷分布。先验分布的导入使 LDA 能够更好地应对话题模型学习中的过拟合现象。

LDA 的文本集合的生成过程如下：首先随机生成一个文本的话题分布，之后在该文本的每个位置，依据该文本的话题分布随机生成一个话题，然后在该位置依据该话题的单词分布随机生成一个单词，直至文本的最后一个位置，生成整个文本。重复以上过程生成所有文本。

LDA 模型是含有隐变量的概率图模型。模型中，每个话题的单词分布、每个文本的话题分布、文本的每个位置的话题是隐变量；文本的每个位置的单词是观测变量。LDA 模型的学习与推理无法直接求解，通常使用吉布斯抽样(Gibbs sampling)和变分 EM 算法(variational EM algorithm)，前者是蒙特卡罗法，后者是近似算法。

首先介绍作为 LDA 模型基础的多项分布和狄利克雷分布。

1) 多项分布

多项分布是一种多元离散随机变量的概率分布，是二项分布的扩展。

假设重复进行 n 次独立随机试验，每次试验可能出现的结果有 k 种，第 i 种结果出现的概率为 p_i，第 i 种结果出现的次数为 n_i。如果用随机变量 $X=\left(X_1,X_2,\cdots,X_k\right)$ 表示试验所有可能结果的次数，其中 X_i 表示第 i 种结果出现的次数，那么随机变量 X 服从多项分布。

定义：若多元离散随机变量 $X=\left(X_1,X_2,\cdots,X_k\right)$ 的概率密度函数为

$$
\begin{aligned}
p\left(X_1=n_1, X_2=n_2, \cdots, X_k=n_k\right) &= \frac{n!}{n_1!n_2!\cdots n_k!} p_1^{n_1} p_2^{n_2} \cdots p_k^{n_k} \\
&= \frac{n!}{\prod_{i=1}^{k} n_i!} \prod_{i=1}^{k} p_i^{n_i}
\end{aligned} \tag{15.1}
$$

式中，$p=\left(p_1, p_2, \cdots, p_k\right)$，$p_i \geqslant 0, i=1,2,\cdots,k$，$\sum_{i=1}^{k} p_i=1, \sum_{i=1}^{k} n_i=n$，则称随机变量 X 服从参数为 (n, p) 的多项分布，记作 $X \sim \operatorname{Mult}(n, p)$。

当试验的次数 n 为1时，多项分布变成类别分布。类别分布表示试验可能出现的 k 种结果的概率。显然多项分布包含类别分布。

2) 狄利克雷分布

狄利克雷分布是一种多元连续随机变量的概率分布，是贝塔分布的扩展。在贝叶斯学习中，狄利克雷分布常作为多项分布的先验分布使用。

定义：若多元连续随机变量 $\theta=\left(\theta_1, \theta_2, \cdots, \theta_k\right)$ 的概率密度函数为

$$
p(\theta \mid \alpha)=\frac{\Gamma\left(\sum_{i=1}^{k} \alpha_i\right)}{\prod_{i=1}^{k} \Gamma\left(\alpha_i\right)} \prod_{i=1}^{k} \theta_i^{\alpha_i-1} \tag{15.2}
$$

式中，$\sum_{i=1}^{k} \theta_i=1, \theta_i \geqslant 0$，$\alpha=\left(\alpha_1, \alpha_2, \cdots, \alpha_k\right)$，$\alpha_i>0$，$i=1,2,\cdots,k$，则称随机变量 θ 服从参数为 α 的狄利克雷分布，记作 $\theta \sim \operatorname{Dir}(\alpha)$；$\Gamma(s)$ 是伽马函数，定义为

$$
\Gamma(s)=\int_0^{\infty} x^{s-1} \mathrm{e}^{-x} \mathrm{d}x, \quad s>0 \tag{15.3}
$$

具有性质

$$
\Gamma(s+1)=s \Gamma(s) \tag{15.4}
$$

当 s 是自然数时，有

$$
\Gamma(s+1)=s! \tag{15.5}
$$

由于满足条件

$$
\theta_i \geqslant 0, \quad \sum_{i=1}^{k} \theta_i=1 \tag{15.6}
$$

所以狄利克雷分布 θ 存在于 $k-1$ 维单纯形上。

令

$$\mathrm{B}(\alpha)=\frac{\prod_{i=1}^{k}\Gamma(\alpha_i)}{\Gamma\left(\sum_{i=1}^{k}\alpha_i\right)} \tag{15.7}$$

则狄利克雷分布的概率密度函数可以写成

$$p(\theta|\alpha)=\frac{1}{\mathrm{B}(\alpha)}\prod_{i=1}^{k}\theta_i^{\alpha_i-1} \tag{15.8}$$

$\mathrm{B}(\alpha)$是规范化因子，称为多元贝塔函数(或扩展的贝塔函数)。由密度函数的性质

$$\int\frac{\Gamma\left(\sum_{i=1}^{k}\alpha_i\right)}{\prod_{i=1}^{k}\Gamma(\alpha_i)}\prod_{i=1}^{k}\theta_i^{\alpha_i-1}\mathrm{d}\theta=\frac{\Gamma\left(\sum_{i=1}^{k}\alpha_i\right)}{\prod_{i=1}^{k}\Gamma(\alpha_i)}\int\prod_{i=1}^{k}\theta_i^{\alpha_i-1}\mathrm{d}\theta=1 \tag{15.9}$$

得

$$\mathrm{B}(\alpha)=\int\prod_{i=1}^{k}\theta_i^{\alpha_i-1}\mathrm{d}\theta \tag{15.10}$$

所以式(15.10)是多元贝塔函数的积分表示。

3) 二项分布和贝塔分布

二项分布是多项分布的特殊情况，贝塔分布是狄利克雷分布的特殊情况。

二项分布是指如下概率分布。X 为离散随机变量，取值为 m，其概率密度函数为

$$P(X=m)=\binom{n}{m}p^m(1-p)^{n-m},\quad m=0,1,2,\cdots,n \tag{15.11}$$

式中，n 和 $p(0\leqslant p\leqslant 1)$ 是参数；n 为重复次数；p 为每次试验成功的概率。

贝塔分布是指如下概率分布，X 为连续随机变量，取值范围为[0,1]，其概率密度函数为

$$p(x)=\begin{cases}\dfrac{1}{\mathrm{B}(s,t)}x^{s-1}(1-x)^{t-1}, & 0\leqslant x\leqslant 1\\ 0, & 其他\end{cases} \tag{15.12}$$

式中，$s>0$ 和 $t>0$ 是参数；$\mathrm{B}(s,t)=\dfrac{\Gamma(s)\Gamma(t)}{\Gamma(s+t)}$ 是贝塔函数，定义为

$$\mathrm{B}(s,t)=\int_0^1 x^{s-1}(1-x)^{t-1}\,\mathrm{d}x \tag{15.13}$$

当 s、t 是自然数时，有

$$\mathrm{B}(s,t)=\frac{(s-1)!(t-1)!}{(s+t-1)!} \tag{15.14}$$

当 n 为1时，二项分布变成伯努利分布或 0-1 分布。伯努利分布表示试验可能出现两种结果的概率。显然二项分布包含伯努利分布。图 15.1 给出了几种概率分布之间的关系。

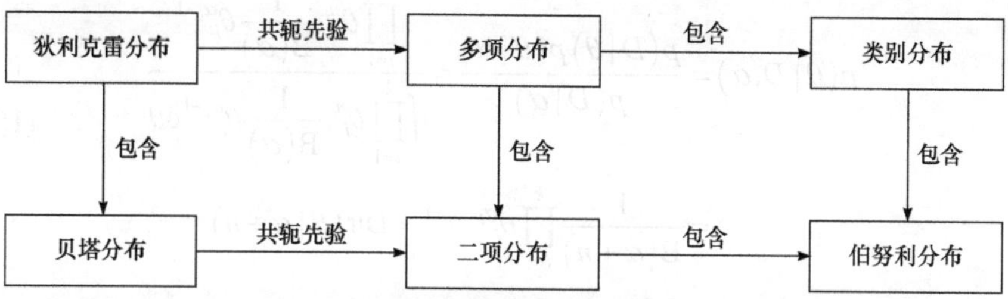

图 15.1　概率分布之间的关系

15.1.2　共轭先验

狄利克雷分布有一些重要性质：①狄利克雷分布属于指数分布族；②狄利克雷分布是多项分布的共轭先验。

贝叶斯学习中常使用共轭分布。如果后验分布与先验分布属于同类，则先验分布与后验分布称为共分布，先验分布称为共驱先验。如果多项分布的先验分布是狄利克雷分布，则其后验分布也为狄利克雷分布，两者构成共轭分布。作为先验分布的狄利克雷分布的参数又称为超参数。使用共轭分布的好处是便于从先验分布计算后验分布。

设 $w=\{w_1,w_2,\cdots,w_k\}$ 是由 k 个元素组成的集合。随机变量 X 服从 w 上的多项分布，$X\sim\mathrm{Mult}(n,\theta)$，其中 $n=(n_1,n_2,\cdots,n_k)$ 和 $\theta=(\theta_1,\theta_2,\cdots,\theta_k)$ 是参数。参数 n 为从 w 中重复独立抽取样本的次数，n_i 为样本中 w_i 出现的次数 $(i=1,2,\cdots,k)$；参数 θ_i 为 w_i 出现的概率 $(i=1,2,\cdots,k)$。

将样本数据表示为 D，目标是计算在样本数据 D 给定条件下参数 θ 的后验概率 $p(\theta|D)$。对于给定的样本数据 D，似然函数是

$$p(D|\theta)=\theta_1^{n_1}\theta_2^{n_2}\cdots\theta_k^{n_k}=\prod_{i=1}^{k}\theta_i^{n_i} \tag{15.15}$$

假设随机变量 θ 服从狄利克雷分布 $p(\theta|\alpha)$，其中 $\alpha=(\alpha_1,\alpha_2,\cdots,\alpha_k)$ 为参数，

则θ的先验分布为

$$p(\theta|\alpha)=\frac{\Gamma\left(\sum_{i=1}^{k}\alpha_i\right)}{\prod_{i=1}^{k}\Gamma(\alpha_i)}\prod_{i=1}^{k}\theta_i^{\alpha_i-1}=\frac{1}{\mathrm{B}(\alpha)}\prod_{i=1}^{k}\theta_i^{\alpha_i-1}=\mathrm{Dir}(\theta|\alpha),\quad \alpha_i>0 \tag{15.16}$$

根据贝叶斯规则，在给定样本数据D和参数α的条件下，θ的后验概率分布是

$$p(\theta|D,\alpha)=\frac{p(D|\theta)p(\theta|\alpha)}{p(D|\alpha)}=\frac{\prod_{i=1}^{k}\theta_i^{n_i}\frac{1}{\mathrm{B}(\alpha)}\theta_i^{\alpha_i-1}}{\int\prod_{i=1}^{k}\theta_i^{n_i}\frac{1}{\mathrm{B}(\alpha)}\theta_i^{\alpha_i-1}\mathrm{d}\theta} \tag{15.17}$$

$$=\frac{1}{\mathrm{B}(\alpha+n)}\prod_{i=1}^{k}\theta_i^{\alpha_i+n_i-1}=\mathrm{Dir}(\theta|\alpha+n)$$

可以看出先验分布和后验分布都是狄利克雷分布，两者有不同的参数，所以狄利克雷分布是多项分布的共轭先验。狄利克雷后验分布的参数等于狄利克雷先验分布参数$\alpha=(\alpha_1,\alpha_2,\cdots,\alpha_k)$加上多项分布的观测计数$n=(n_1,n_2,\cdots,n_k)$，在试验之前就已经观察到计数$\alpha=(\alpha_1,\alpha_2,\cdots,\alpha_k)$，因此也把$\alpha$称为先验伪计数。

15.2　潜在狄利克雷分布模型

15.2.1　模型定义

潜在狄利克雷分布使用三个集合：①单词集合$W=\{w_1,\cdots,w_v,\cdots,w_V\}$，其中$w_v$是第$v$个单词，$v=1,2,\cdots,V$，$V$是单词的个数。②文本集合$D=\{d_1,\cdots,d_m,\cdots,d_M\}$，其中$d_m$是第$m$个文本，序列$m=1,2,\cdots,M$，$M$是文本的个数。文本$d_m$是一个单词序列$d_m=\left(w_{m1},\cdots,w_{mn},\cdots,w_{mN_m}\right)$，其中$w_{mn}$是文本$d_m$的第$n$个单词，$n=1,2,\cdots,N_m$，$N_m$是文本$d_m$中单词的个数。③话题集合$Z=\{z_1,\cdots,z_k,\cdots,z_K\}$，其中$z_k$是第$k$个话题，$k=1,2,\cdots,K$，$K$是话题的个数。

每一个话题z_k由一个单词的条件概率分布$p(w|z_k)$决定，$w\in W$。分布$p(w|z_k)$服从多项分布(严格意义上为类别分布)，其参数为φ_k。参数φ_k服从狄利克雷分布(先验分布)，其超参数为β。参数φ_k是一个V维向量$\varphi_k=(\varphi_{k1},\varphi_{k2},\cdots,\varphi_{kV})$，其中$\varphi_{kv}$表示话题$z_k$生成单词$w_v$的概率。所有话题的参数向量构成一个$K\times V$矩

阵 $\varphi=\{\varphi_k\}_{k=1}^{K}$。超参数 β 也是一个 V 维向量 $\beta=(\beta_1,\beta_2,\cdots,\beta_V)$。

每一个文本 d_m 由一个话题的条件概率分布 $p(z|d_m)$ 决定，$z\in Z$。分布 $p(z|d_m)$ 服从多项分布(严格意义上为类别分布)，其参数为 θ_m。参数 θ_m 服从狄利克雷分布(先验分布)，其超参数为 α。参数 θ_m 是一个 K 维向量 $\theta_m=(\theta_{m1},\cdots,\theta_{mk},\cdots,\theta_{mK})$，其中 θ_{mk} 表示文本 d_m 生成话题 z_k 的概率。所有文本的参数向量构成一个 $M\times K$ 矩阵 $\theta=\{\theta_m\}_{m=1}^{M}$。超参数 α 也是一个 K 维向量 $\alpha=(\alpha_1,\alpha_2,\cdots,\alpha_K)$。

每一个文本 d_m 中的每一个单词 w_{mn} 由该文本的话题分布 $p(z|d_m)$ 以及所有话题的单词分布 $p(w|z_k)$ 决定。

给定单词集合 W、文本集合 D、话题集合 Z、狄利克雷分布的超参数 α 和 β，LDA 文本集合的生成过程如下。

(1) 生成话题的单词分布。

随机生成 K 个话题的单词分布。具体过程如下，按照狄利克雷分布 $\mathrm{Dir}(\beta)$ 随机生成一个参数向量 φ_k，$\varphi_k\sim\mathrm{Dir}(\beta)$，作为话题 z_k 的单词分布 $p(w|z_k)$，$w\in W$，$k=1,2,\cdots,K$。

(2) 生成文本的话题分布。

随机生成 M 个文本的话题分布。具体过程如下：按照狄利克雷分布 $\mathrm{Dir}(\alpha)$ 随机生成一个参数向量 θ_m，$\theta_m\sim\mathrm{Dir}(\alpha)$，作为文本 d_m 的话题分布 $p(z|d_m)$，$m=1,2,\cdots,M$。

(3) 生成文本的单词序列。

随机生成 M 个文本的 N_m 个单词。文本 $d_m(m=1,2,\cdots,M)$ 的单词 $w_{mn}(n=1,2,\cdots,N_m)$ 的生成过程如下：

首先按照多项分布 $\mathrm{Mult}(\theta_m)$ 随机生成一个话题 z_{mn}，$z_{mn}\sim\mathrm{Mult}(\theta_m)$，然后按照多项分布 $\mathrm{Mult}(\varphi_{z_{mn}})$ 随机生成一个单词 w_{mn}，$w_{mn}\sim\mathrm{Mult}(\varphi_{z_{mn}})$。文本 d_m 本身是单词序列 $d_m=(w_{m1},w_{m2},\cdots,w_{mN_m})$，对应着隐式的话题序列 $z_m=(z_{m1},z_{m2},\cdots,z_{mN_m})$。

15.2.2 概率图模型

LDA 模型本质是一种概率图模型。图 15.2 为 LDA 作为概率图模型的板块表示。图中节点表示随机变量，其中实心节点是观测变量，空心节点是隐变量；有向边表示概率依存关

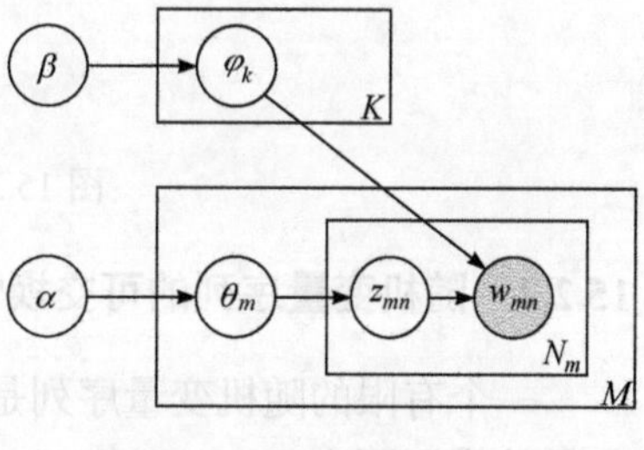

图 15.2 LDA 的板块表示

系；矩形(板块)表示重复，板块内数字表示重复的次数。

图 15.2 中的 LDA 板块表示，节点 α 和 β 是模型的超参数，节点 φ_k 表示话题的单词分布的参数，节点 θ_m 表示文本的话题分布的参数，节点 z_{mn} 表示话题，节点 w_{mn} 表示单词。节点 β 指向节点 φ_k，重复 K 次，表示根据超参数 β 生成 K 个话题的单词分布的参数 φ_k；节点 α 指向节点 θ_m，重复 M 次，表示根据超参数 α 生成 M 个文本的话题分布的参数 θ_m；节点 θ_m 指向节点 z_{mn}，重复 N_M 次，表示根据文本的话题分布 θ_m 生成 N_M 个话题 z_{mN_m}；节点 z_{mn} 指向节点 w_{mn}，同时 K 个节点 φ_k 也指向节点 w_{mn}，表示根据话题 z_{mn} 以及 K 个话题的单词分布 φ_k 生成单词 w_{mn}。

板块表示的优点是简洁，板块表示展开之后，成为普通的有向图表示(图 15.3)。有向图中节点表示随机变量，有向边表示概率依存关系，可以看出 LDA 是相同随机变量被重复多次使用的概率图模型。

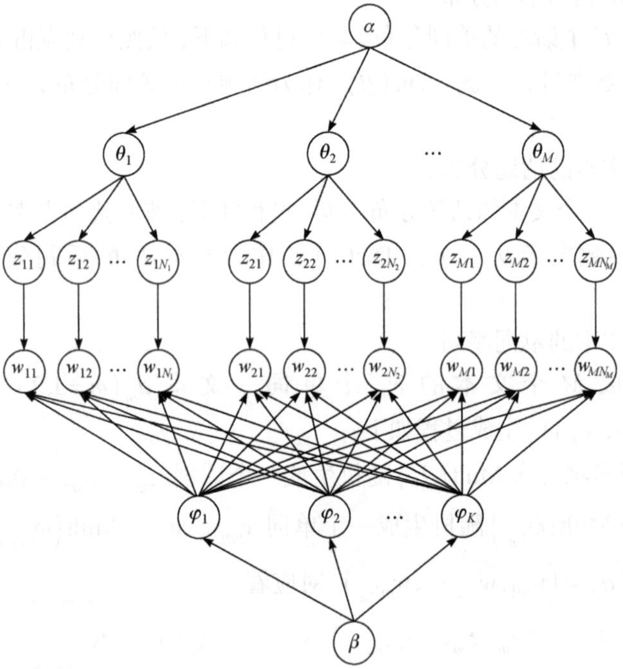

图 15.3　LDA 的展开图模型表示

15.2.3　随机变量序列的可交换性

一个有限的随机变量序列是可交换的，是指随机变量的联合概率分布对随机变量的排列不变。

$$P(x_1, x_2, \cdots, x_N) = P\left(x_{\pi(1)}, x_{\pi(2)}, \cdots, x_{\pi(N)}\right) \tag{15.18}$$

式中，$\pi(1), \pi(2), \cdots, \pi(N)$ 为自然数 $1, 2, \cdots, N$ 的任意一个排列。

一个无限的随机变量序列是无限可交换的，是指它的任意一个有限子序列都是可交换的。

如果一个随机变量序列 $X_1, X_2, \cdots, X_N, \cdots$ 是独立同分布的，那么它们是无限可交换的。反之不然。

随机变量序列可交换的假设在贝叶斯学习中经常使用。根据 de Finetti 定理，任意一个无限可交换的随机变量序列对一个随机参数是条件独立同分布的，即任意一个无限可交换的随机变量序列 $X_1, X_2, \cdots, X_i, \cdots$ 基于一个随机参数 Y 的条件概率，等于基于这个随机参数 Y 的各个随机变量 $X_1, X_2, \cdots, X_i, \cdots$ 的条件概率的乘积。

$$P(X_1, X_2, \cdots, X_i, \cdots | Y) = P(X_1 | Y) P(X_2 | Y) \cdots P(X_i | Y) \tag{15.19}$$

LDA 假设文本由无限可交换的话题序列组成。由 de Finetti 定理可知，实际是假设文本中的话题对一个随机参数是条件独立同分布的。所以在参数给定的条件下，文本中的话题的顺序可以忽略。作为对比，概率潜在语义模型假设文本中的话题是独立同分布的，文本中的话题的顺序也可以忽略。

15.2.4　概率公式

LDA 模型整体是由观测变量和隐变量组成的联合概率分布，可以表示为

$$\begin{aligned} & p(d, z, \theta, \varphi | \alpha, \beta) \\ & = \prod_{k=1}^{K} p(\varphi_k | \beta) \prod_{m=1}^{M} p(\theta_m | \alpha) \prod_{n=1}^{N_m} p(z_{mn} | \theta_m) p(w_{mn} | z_{mn}, \varphi) \end{aligned} \tag{15.20}$$

式中，观测变量 d 表示所有文本中的单词序列；隐变量 z 表示所有文本中的话题序列；隐变量 θ 表示所有文本的话题分布的参数；隐变量 φ 表示所有话题的单词分布的参数；α 和 β 是超参数；$p(\varphi_k | \beta)$ 表示超参数 β 给定条件下第 k 个话题的单词分布的参数 φ_k 的生成概率；$p(\theta_m | \alpha)$ 表示超参数 α 给定条件下第 m 个文本的话题分布的参数 θ_m 的生成概率；$p(z_{mn} | \theta_m)$ 表示第 m 个文本的话题分布 θ_m 给定条件下文本的第 n 个位置的话题 z_{mn} 的生成概率；$p(w_{mn} | z_{mn}, \varphi)$ 表示在第 m 个文本的第 n 个位置的话题 z_{mn} 及所有话题的单词分布的参数 φ 给定条件下第 m 个文本的第 n 个位置的单词 w_{mn} 的生成概率。

第 m 个文本的联合概率分布可以表示为

$$p(d_m,z_m,\theta_m,\varphi\mid\alpha,\beta)=\prod_{k=1}^{K}p(\varphi_k\mid\beta)p(\theta_m\mid\alpha)\prod_{n=1}^{N_m}p(z_{mn}\mid\theta_m)p(w_{mn}\mid z_{mn},\varphi) \tag{15.21}$$

式中，d_m 表示该文本中的单词序列；z_m 表示该文本的话题序列；θ_m 表示该文本的话题分布参数。

LDA 模型的联合分布含有隐变量，对隐变量进行积分得到边缘分布。

参数 θ_m 和 φ 给定条件下第 m 个文本的生成概率是

$$p(d_m\mid\theta_m,\varphi)=\prod_{n=1}^{N_m}\left[\sum_{k=1}^{K}p(z_{mn}=k\mid\theta_m)p(w_{mn}\mid\varphi_k)\right] \tag{15.22}$$

超参数 α 和 β 给定条件下第 m 个文本的生成概率是

$$\begin{aligned}&p(d_m|\alpha,\beta)\\&=\prod_{k=1}^{K}\int p(\varphi_k|\beta)\left\{\int p(\theta_m|\alpha)\prod_{n=1}^{N_m}\left[\sum_{l=1}^{K}p(z_{mn}=l|\theta_m)p(w_{mn}|\varphi_l)\right]\mathrm{d}\theta_m\right\}\mathrm{d}\varphi_k\end{aligned} \tag{15.23}$$

超参数 α 和 β 给定条件下所有文本的生成概率是

$$\begin{aligned}&p(d|\alpha,\beta)\\&=\prod_{k=1}^{K}\int p(\varphi_k|\beta)\left\{\sum_{m=1}^{M}\int p(\theta_m|\alpha)\prod_{n=1}^{N_m}\left[\sum_{l=1}^{K}p(z_{mn}=l|\theta_m)p(w_{mn}|\varphi_l)\right]\mathrm{d}\theta_m\right\}\mathrm{d}\varphi_k\end{aligned} \tag{15.24}$$

15.3 LDA 的吉布斯抽样算法

15.3.1 基本思想

LDA 模型的学习：给定文本(单词序列)的集合 $D=\{d_1,\cdots,d_m,\cdots,d_M\}$，其中 d_m 是第 m 个文本(单词序列)，$d_m=\left(w_{m1},\cdots,w_{mn},\cdots,w_{mN_m}\right)$，以 d 表示文本集合的单词序列，即 $d=\left(w_{11},w_{12},\cdots,w_{1N_1},w_{21},w_{22},\cdots,w_{2N_2},\cdots,w_{M1},w_{M2},\cdots,w_{MN_M}\right)$；超参数 α 和 β 已知。目标是要推断：①话题序列的集合 $z=\{z_1,\cdots,z_m,\cdots,z_M\}$ 的后验概率分布，其中 z_m 是第 m 个文本的话题序列，$z_m=\left(z_{m1},\cdots,z_{mn},\cdots,z_{mN_m}\right)$；②参数 $\theta=\{\theta_1,\cdots,\theta_m,\cdots,\theta_M\}$，其中 θ_m 是文本 d_m 的话题分布的参数；③参数 $\varphi=\{\varphi_1,\cdots,\varphi_k,\cdots,\varphi_K\}$，其中 φ_k 是话题 z_k 的单词分布的参数。也就是说，要对联合概率分布 $p(d,z,\theta,\varphi\mid\alpha,\beta)$ 进行估计，其中 d 是观测变量，而 z、θ、φ 是隐变量。

吉布斯抽样是一种常用的马尔可夫链蒙特卡罗法。为了估计多元随机变量 x 的联合分布 $p(x)$，采用吉布斯抽样算法选择 x 的一个分量，固定其他分量按照其条件概率分布进行随机抽样，依次循环对每一个分量执行这个操作，得到联合分布 $p(x)$ 的一个随机样本，重复这个过程，在燃烧期之后，得到联合概率分布 $p(x)$ 的样本集合。

LDA 模型的学习通常采用收缩的吉布斯抽样算法，基本思想是，通过对隐变量 θ 和 φ 积分得到边缘概率分布 $p(d,z\mid\alpha,\beta)$（也是联合分布），其中变量 d 是可观测的，变量 z 是不可观测的；对后验概率分布 $p(z\mid d,\alpha,\beta)$ 进行吉布斯抽样，得到分布 $p(z\mid d,\alpha,\beta)$ 的样本集合；再利用这个样本集合对参数 θ 和 φ 进行估计，最终得到 LDA 模型 $p(d,z,\theta,\varphi\mid\alpha,\beta)$ 的所有参数估计。

15.3.2　算法的主要部分

根据上面的分析，问题转化为对后验概率分布 $p(z\mid d,\alpha,\beta)$ 的吉布斯抽样，该分布表示在所有文本的单词序列给定条件下所有可能话题序列的条件概率。这里先给出该分布的表达式，之后给出该分布的满条件分布表达式。

1. 抽样分布的表达式

首先有关系

$$p(z|d,\alpha,\beta)=\frac{p(d,z|\alpha,\beta)}{p(d|\alpha,\beta)}\propto p(d,z|\alpha,\beta) \tag{15.25}$$

式中，变量 d、α 和 β 已知，分母相同，可以不予考虑。

联合分布 $p(z|d,\alpha,\beta)$ 的表达式可以进一步分解为

$$p(d,z|\alpha,\beta)=p(d|z,\alpha,\beta)p(z|\alpha,\beta)=p(d|z,\beta)p(z|\alpha)$$

两个因子处理。

推导第一个因子 $p(d|z,\beta)$ 的表达式。首先

$$p(d|z,\varphi)=\prod_{k=1}^{K}\prod_{v=1}^{V}\varphi_{kv}^{n_{kv}} \tag{15.26}$$

式中，φ_{kv} 是第 k 个话题生成单词集合第 v 个单词的概率；n_{kv} 是数据第 k 个话题生成第 v 个单词的次数。于是

$$\begin{aligned}p(d|z,\beta)&=\int p(d|z,\varphi)p(\varphi|\beta)\mathrm{d}\varphi\\&=\int\prod_{k=1}^{K}\frac{1}{\mathrm{B}(\beta)}\prod_{v=1}^{V}\varphi_{kv}^{n_{kv}+\beta_v-1}\mathrm{d}\varphi\\&=\prod_{k=1}^{K}\frac{1}{\mathrm{B}(\beta)}\int\prod_{v=1}^{V}\varphi_{kv}^{n_{kv}+\beta_v-1}\mathrm{d}\varphi\end{aligned}$$

$$=\prod_{k=1}^{K}\frac{\mathrm{B}(n_k+\beta)}{\mathrm{B}(\beta)} \tag{15.27}$$

式中，$n_k=\{n_{k1},n_{k2},\cdots,n_{kV}\}$。

第二个因子 $p(z|\alpha)$ 的表达式可以类似推导。首先

$$p(z|\theta)=\prod_{m=1}^{M}\prod_{k=1}^{K}\theta_{mk}^{n_{mk}} \tag{15.28}$$

式中，θ_{mk} 是第 m 个文本生成第 k 个话题的概率；n_{mk} 是数据中第 m 个文本生成第 k 个话题的次数。于是

$$\begin{aligned}p(z|\alpha)&=\int p(z|\theta)p(\theta|\alpha)\mathrm{d}\theta\\&=\int\prod_{m=1}^{M}\frac{1}{\mathrm{B}(\alpha)}\prod_{k=1}^{K}\theta_{mk}^{n_{mk}+\alpha_k-1}\mathrm{d}\theta\\&=\prod_{m=1}^{M}\frac{1}{\mathrm{B}(\alpha)}\int\prod_{k=1}^{K}\theta_{mk}^{n_{mk}+\alpha_k-1}\mathrm{d}\theta\\&=\prod_{m=1}^{M}\frac{\mathrm{B}(n_m+\alpha)}{\mathrm{B}(\alpha)}\end{aligned} \tag{15.29}$$

式中，$n_m=\{n_{m1},n_{m2},\cdots,n_{mK}\}$。

由式(15.27)和式(15.29)得

$$p(z,d|\alpha,\beta)=\prod_{k=1}^{K}\frac{\mathrm{B}(n_k+\beta)}{\mathrm{B}(\beta)}\cdot\prod_{m=1}^{M}\frac{\mathrm{B}(n_m+\alpha)}{\mathrm{B}(\alpha)} \tag{15.30}$$

故由式(15.25)和式(15.30)，得收缩的吉布斯抽样分布的公式为

$$p(z|d,\alpha,\beta)\propto\prod_{k=1}^{K}\frac{\mathrm{B}(n_k+\beta)}{\mathrm{B}(\beta)}\cdot\prod_{m=1}^{M}\frac{\mathrm{B}(n_m+\alpha)}{\mathrm{B}(\alpha)} \tag{15.31}$$

2. 满条件分布的表达式

分布 $p(z|d,\alpha,\beta)$ 的满条件分布可以写成

$$p(z_i|z_{-i},w_i,\alpha,\beta)=\frac{1}{Z_{z_i}}p(z|w_i,\alpha,\beta) \tag{15.32}$$

式中，w_i 表示所有文本的单词序列的第 i 个位置的单词；z_i 表示单词 w_i 对应的话题，$i=1,2,\cdots,I$；$z_{-i}=\{z_j:j\neq i\}$；Z_{z_i} 表示分布 $p(z|d,\alpha,\beta)$ 对变量 z_i 的边缘化因子。

式(15.32)是在所有文本单词序列、其他位置话题序列给定条件下第 i 个位置

的话题的条件概率分布。由式(15.31)和式(15.32)可以推出

$$p\left(z_i|z_{-i},d,\alpha,\beta\right) \propto \frac{n_{kv}+\beta_v}{\sum_{v=1}^{V}\left(n_{kv}+\beta_v\right)} \cdot \frac{n_{mk}+\alpha_k}{\sum_{k=1}^{K}\left(n_{mk}+\alpha_k\right)} \tag{15.33}$$

式中，话题 z_i 是话题集合的第 k 个话题；n_{kv} 表示第 k 个话题中第 v 个单词的计数；n_{mk} 表示第 m 个文本中第 k 个话题的计数。

15.3.3　算法的后处理

通过吉布斯抽样得到的分布 $p(z|d,\alpha,\beta)$ 的样本，可以得到变量的分配值，也可以估计变量 θ 和 φ。

1. 参数 $\theta=\{\theta_m\}$ 的估计

根据 LDA 模型的定义，后验概率满足

$$p(\theta_m \mid z_m,\alpha) = \frac{1}{Z_{\theta_m}}\prod_{n=1}^{N_m} p(z_{mn} \mid \theta_m) p(\theta_m \mid \alpha) = \mathrm{Dir}(\theta_m \mid n_m+\alpha) \tag{15.34}$$

式中，$n_m=\{n_{m1},n_{m2},\cdots,n_{mK}\}$ 是第 m 个文本的话题的计数；Z_{θ_m} 表示分布 $p(\theta_m,z_m \mid \alpha)$ 对变量 θ_m 的边缘化因子。于是得到参数 $\theta=\{\theta_m\}$ 的估计式：

$$\theta_{mk} = \frac{n_{mk}+\alpha_k}{\sum_{k=1}^{K}\left(n_{mk}+\alpha_k\right)},\quad m=1,2,\cdots,M,\ k=1,2,\cdots,K \tag{15.35}$$

2. 参数 $\varphi=\{\varphi_k\}$ 的估计

后验概率满足

$$p(\varphi_k|d,z,\beta) = \frac{1}{Z_{\varphi_k}}\prod_{i=1}^{I} p(d_i|\varphi_k) p(\varphi_k|\beta) = \mathrm{Dir}(\varphi_k|n_k+\beta) \tag{15.36}$$

式中，$n_k=\{n_{k1},n_{k2},\cdots,n_{kV}\}$ 是第 k 个话题的单词的计数；Z_{φ_k} 表示分布 $p(\varphi_k,d \mid z,\beta)$ 对变量 φ_k 的边缘化因子；I 是文本集合单词序列 d 的单词总数。于是得到参数的估计式：

$$\varphi_{kv} = \frac{n_{kv}+\beta_v}{\sum_{v=1}^{V}\left(n_{kv}+\beta_v\right)},\quad k=1,2,\cdots,K,\ v=1,2,\cdots,V \tag{15.37}$$

15.4 LDA 的变分 EM 算法

15.4.1 变分推理

变分推理是贝叶斯学习中常用的、含有隐变量模型的学习和推理方法。变分推理和马尔可夫链蒙特卡罗(Markov chain Monte Carlo，MCMC)法具有不同的技巧。MCMC 法通过随机抽样近似计算模型的后验概率，变分推理则通过解析计算模型的后验概率的近似值。

变分推理的基本思想如下：假设模型是联合概率分布 $p(x,z)$，其中 x 是观测变量(数据)； z 是隐变量，包括参数。目标是学习模型的后验概率分布 $p(z|x)$，用模型进行概率推理。但这是一个复杂的分布，直接估计分布的参数很困难。所以考虑用概率分布 $q(z)$ 近似条件概率分布 $p(z|x)$，用 KL 散度 $D\left(q(z)\|p(z|x)\right)$ 计算两者的相似度， $q(z)$ 称为变分分布。如果能找到与 $p(z|x)$ 在 KL 散度意义下最近的分布 $q^*(z)$，则可以用这个分布近似 $p(z|x)$：

$$p(z|x)\approx q^*(z) \tag{15.38}$$

KL 散度可以写成

$$\begin{aligned}D\left(q(z)\|p(z|x)\right)&=E_q\left[\log q(z)\right]-E_q\left[\log p(z|x)\right]\\&=E_q\left[\log q(z)\right]-E_q\left[\log p(x,z)\right]+\log p(x)\\&=\log p(x)-\left\{E_q\left[\log p(x,z)\right]-E_q\left[\log q(z)\right]\right\}\end{aligned} \tag{15.39}$$

注意到 KL 散度大于等于零，当且仅当两个分布一致时为零，由此可知式(15.39)右端第一项与第二项满足关系：

$$\log p(x)\geqslant E_q\left[\log p(x,z)\right]-E_q\left[\log q(z)\right] \tag{15.40}$$

不等式右端是左端的下界，左端称为证据，右端称为证据下界(evidence lower bound，ELBO)，证据下界记作：

$$L(q)=E_q\left[\log p(x,z)\right]-E_q\left[\log q(z)\right] \tag{15.41}$$

KL 散度(15.39)的最小化可以通过证据下界(15.41)的最大化实现，因为目标是求 $q(z)$ 使 KL 散度最小化，这时 $\log p(x)$ 是常量。因此，变分推理变成求解证据下界最大化的问题。

变分推理可以从另一个角度理解。目标是通过证据 $\log p(x)$ 的最大化，估计联合概率分布 $p(x,z)$。因为含有隐变量 z，直接对证据进行最大化较困难，转而根据式(15.40)对证据下界进行最大化。

对变分分布 $q(z)$ 要求是具有容易处理的形式，通常假设 $q(z)$ 对 z 的所有分量都是互相独立的(实际是条件独立于参数)，即满足

$$q(z)=q(z_1)q(z_2)\cdots q(z_n) \tag{15.42}$$

这时的变分分布称为平均场。KL 散度的最小化或证据下界最大化实际是在平均场的集合，即满足独立假设的分布集合 $Q=\left\{q(z)\mid q(z)=\prod_{i=1}^{n}q(z_i)\right\}$ 中进行的。

总结起来，变分推理有以下几个步骤：定义变分分布 $q(z)$；推导其证据下界表达式；用最优化方法对证据下界进行优化，如坐标上升，得到最优分布 $q^*(z)$，作为后验分布 $p(z\mid x)$ 的近似。

15.4.2　变分 EM 算法

在变分推理中，可以通过迭代的方法最大化证据下界，这时算法是 EM 算法的推广，称为变分 EM 算法。

假设模型是联合概率分布 $p(x,z\mid\theta)$，其中 x 是观测变量；z 是隐变量；θ 是参数。目标是通过观测数据的概率(证据) $\log p(x\mid\theta)$ 的最大化，估计模型的参数 θ。使用变分推理，导入平均场 $q(z)=\prod_{i=1}^{n}q(z_i)$，定义证据下界：

$$L(q,\theta)=E_q\left[\log p(x,z\mid\theta)\right]-E_q\left[\log q(z)\right] \tag{15.43}$$

通过迭代，分别以 q 和 θ 为变量对证据下界进行最大化，就得到变分 EM 算法。

15.4.3　算法推导

1. 证据下界的定义

为简单起见，一次只考虑一个文本，记作 d。文本的单词序列 $d=(w_1,\cdots,w_n,\cdots,w_N)$，对应的话题序列 $z=(z_1,\cdots,z_n,\cdots,z_N)$，以及话题分布 θ，随机变量 w、z 和 θ 的联合分布是

$$p(\theta,z,d\mid\alpha,\varphi)=p(\theta\mid\alpha)\prod_{n=1}^{N}p(z_n|\theta)p(w_n\mid z_n,\varphi) \tag{15.44}$$

式中，d 是可观测变量；θ 和 z 是隐变量；α 和 φ 是参数。

定义基于平均场的变分分布：

$$q(\theta,z|\gamma,\eta)=q(\theta|\gamma)\prod_{n=1}^{N}q(z_n|\eta_n) \tag{15.45}$$

式中，γ 是狄利克雷分布参数；$\eta=(\eta_1,\eta_2,\cdots,\eta_n)$ 是多项分布参数；变量 θ 和 z 的各个分量都是条件独立的。目标是求 KL 散度意义下最相近的变分分布 $q(\theta,z|\gamma,\eta)$，以近似 LDA 模型的后验分布 $p(\theta,z|d,\alpha,\varphi)$。

图 15.4 是基于平均场的变分分布。LDA 模型中隐变量 θ 和 z 之间存在依存关系，变分分布中这些依存关系被去掉，变量 θ 和 z 条件独立。

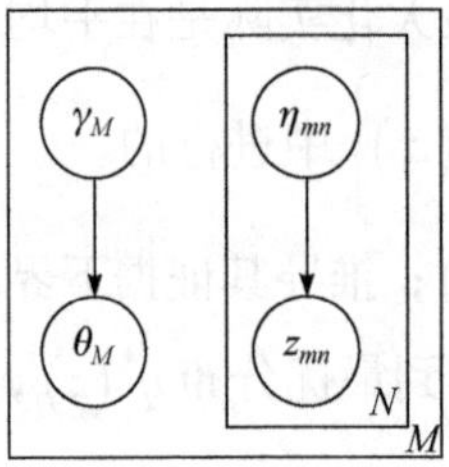

图 15.4 基于平均场的变分分布

由此得到一个文本的证据下界：

$$L(\gamma,\eta,\alpha,\varphi)=E_q\left[\log p(\theta,z,d|\alpha,\varphi)\right]-E_q\left[\log q(\theta,z|\gamma,\eta)\right] \tag{15.46}$$

式中，数学期望是对分布 $q(\theta,z|\gamma,\eta)$ 定义的，为了方便写作 $E_q[\cdot]$；γ 和 η 是变分分布的参数；α 和 φ 是 LDA 模型的参数。

所有文本的证据下界为

$$\begin{aligned}L_{\mathrm{d}}(\gamma,\eta,\alpha,\varphi)=\sum_{m=1}^{M}\Big\{&E_{q_m}\left[\log p(\theta_m,z_m,w_m|\alpha,\varphi)\right]\\&-E_{q_m}\left[\log q(\theta_m,z_m|\gamma_m,\eta_m)\right]\Big\}\end{aligned} \tag{15.47}$$

为求解证据下界 $L(\gamma,\eta,\alpha,\varphi)$ 的最大化，首先写出证据下界的表达式。为此展开证据下界式：

$$\begin{aligned}L(\gamma,\eta,\alpha,\varphi)=&E_q\left[\log p(\theta\,|\,\alpha)\right]+E_q\left[\log p(z\,|\,\theta)\right]\\&+E_q\left[\log p(d\,|\,z,\varphi)\right]-E_q\left[\log q(\theta\,|\,\gamma)\right]\\&-E_q\left[\log q(z\,|\,\eta)\right]n\end{aligned} \tag{15.48}$$

根据变分参数 γ 和 η，继续展开模型参数 α 和 φ，并将展开式的每一项写成一行

$$\begin{aligned}L(\gamma,\eta,\alpha,\varphi)=&\log\Gamma\left(\sum_{l=1}^{K}\alpha_l\right)-\sum_{k=1}^{K}\log\Gamma(\alpha_k)\\&+\sum_{k=1}^{K}(\alpha_k-1)\left[\Psi(\gamma_k)-\Psi\left(\sum_{l=1}^{K}\gamma_l\right)\right]\\&+\sum_{n=1}^{N}\sum_{k=1}^{K}\eta_{nk}\left[\Psi(\gamma_k)-\Psi\left(\sum_{l=1}^{K}\gamma_l\right)\right]\\&+\sum_{n=1}^{N}\sum_{k=1}^{K}\sum_{v=1}^{V}\eta_{nk}w_n^v\log\varphi_{kv}-\log\Gamma\left(\sum_{l=1}^{K}\gamma_l\right)\end{aligned}$$

$$
\begin{aligned}
&+\sum_{k=1}^{K}\log\Gamma(\gamma_k)\\
&-\sum_{k=1}^{K}(\gamma_k-1)\left[\Psi(\gamma_k)-\Psi\left(\sum_{l=1}^{K}\gamma_l\right)\right]\\
&-\sum_{n=1}^{N}\sum_{k=1}^{K}\eta_{nk}\log\eta_{nk}
\end{aligned}
\tag{15.49}
$$

式中，$\Psi(\alpha_k)$是对数伽马函数的导数，即

$$
\Psi(\alpha_k)=\frac{\mathrm{d}}{\mathrm{d}\alpha_k}\log\Gamma(\alpha_k) \tag{15.50}
$$

第一项推导，求$E_q\left[\log p(\theta\mid\alpha)\right]$，是关于分布$q(\theta,z|\gamma,\eta)$的数学期望：

$$
\begin{aligned}
&E_q\left[\log p(\theta\mid\alpha)\right]\\
&=\sum_{k=1}^{K}(\alpha_k-1)E_q\left[\log\theta_k\right]+\log\Gamma\left(\sum_{l=1}^{K}\alpha_l\right)-\sum_{k=1}^{K}\log\Gamma(\alpha_k)
\end{aligned}
\tag{15.51}
$$

式中，$\theta\sim\mathrm{Dir}(\theta\mid\gamma)$，由于指数分布族对数规范化因子对自然参数的导数等于充分统计量的数学期望，所以

$$
E_{q(\theta|r)}\left[\log\theta_k\right]=\Psi(\gamma_k)-\Psi\left(\sum_{l=1}^{K}\gamma_l\right) \tag{15.52}
$$

故得

$$
\begin{aligned}
&E_q\left[\log p(\theta\mid\alpha)\right]\\
&=\log\Gamma\left(\sum_{l=1}^{K}\alpha_l\right)-\sum_{k=1}^{K}\log\Gamma(\alpha_k)\\
&+\sum_{k=1}^{K}(\alpha_k-1)\left[\Psi(\gamma_k)-\Psi\left(\sum_{i=1}^{K}\gamma_i\right)\right]
\end{aligned}
\tag{15.53}
$$

式中，α_k和γ_k表示第k个话题的狄利克雷分布参数。

第二项推导，求$E_q\left[\log p(z|\theta)\right]$，是关于分布$q(\theta,z|\gamma,\eta)$的数学期望：

$$
\begin{aligned}
E_q\left[\log p(z\mid\theta)\right]&=\sum_{n=1}^{N}E_q\left[\log p(z_n\mid\theta)\right]\\
&=\sum_{n=1}^{N}E_{q(\theta,z_n|\gamma,\eta)}\left[\log(z_n\mid\theta)\right]
\end{aligned}
$$

$$
\begin{aligned}
&= \sum_{n=1}^{N}\sum_{k=1}^{K} q(z_{nk}|\eta) E_{q(\theta|\gamma)}\left[\log\theta_k\right] \\
&= \sum_{n=1}^{N}\sum_{k=1}^{K} \eta_{nk}\left[\Psi(\gamma_k)-\Psi\left(\sum_{i=1}^{K}\gamma_i\right)\right]
\end{aligned} \tag{15.54}
$$

式中，η_{nk} 表示文档第 n 个位置的单词由第 k 个话题产生的概率；γ_k 为第 k 个话题的狄利克雷分布参数。

第三项推导，求 $E_q\left[\log p(d|z,\varphi)\right]$，是关于分布 $q(\theta,z|\gamma,\eta)$ 的数学期望：

$$
\begin{aligned}
E_q\left[\log p(d|z,\varphi)\right] &= \sum_{n=1}^{N} E_q\left[\log p(w_n|z_n,\varphi)\right] \\
&= \sum_{n=1}^{N} E_{q(z_n|\eta)}\left[\log p(w_n \mid z_n,\varphi)\right] \\
&= \sum_{n=1}^{N}\sum_{k=1}^{K} q(z_{nk}|\eta)\log p(w_n|z_{nk},\varphi) \\
&= \sum_{n=1}^{N}\sum_{k=1}^{K}\sum_{v=1}^{V} \eta_{nk} w_n^v \log\varphi_{kv}
\end{aligned} \tag{15.55}
$$

式中，η_{nk} 表示文档第 n 个位置的单词由第 k 个话题产生的概率；w_n^v 在第 n 个位置的单词是单词集合的第 v 个单词时取值为1，否则取值为0；φ_{kv} 表示第 k 个话题生成单词集合中第 v 个单词的概率。

第四项推导，求 $E_q\left[\log q(\theta \mid \gamma)\right]$，是关于分布 $q(\theta,z|\gamma,\eta)$ 的数学期望。由于 $\theta \sim \mathrm{Dir}(\gamma)$，类似式(15.50)可以得到

$$
\begin{aligned}
& E_q\left[\log q(\theta \mid \gamma)\right] \\
&= \log\Gamma\left(\sum_{l=1}^{K}\gamma_l\right) - \sum_{k=1}^{K}\log\Gamma(\gamma_k) \\
&\quad + \sum_{k=1}^{K}(\gamma_k-1)\left[\Psi(\gamma_k)-\Psi\left(\sum_{l=1}^{K}\gamma_l\right)\right]
\end{aligned} \tag{15.56}
$$

式中，γ_k 表示第 k 个话题的狄利克雷分布参数。

第五项公式推导，求 $E_q\left[\log q(z|\eta)\right]$，是关于分布 $q(\theta,z|\gamma,\eta)$ 的数学期望：

$$
\begin{aligned}
E_q\left[\log q(z|\eta)\right] &= \sum_{n=1}^{N} E_q\left[\log q(z_n|\eta)\right] \\
&= \sum_{n=1}^{N} E_{q(z_n|\eta)}\left[\log q(z_n \mid \eta)\right]
\end{aligned}
$$

$$
\begin{aligned}
&= \sum_{n=1}^{N}\sum_{k=1}^{K} q(z_{nk}|\eta)\log q(z_{nk}|\eta) \\
&= \sum_{n=1}^{N}\sum_{k=1}^{K} \eta_{nk}\log \eta_{nk}
\end{aligned}
\tag{15.57}
$$

式中，η_{nk} 表示文档第 n 个位置的单词由第 k 个话题产生的概率。

2. 变分参数 γ 和 η 的估计

首先通过证据下界最优化估计参数 η 。η_{nk} 表示第 n 个位置的单词是由第 k 个话题生成的概率。考虑式(15.49)关于 η_{nk} 的最大化，η_{nk} 满足约束条件 $\sum_{l=1}^{k}\eta_{nl}=1$ 。包含 η_{nk} 的约束最优化问题拉格朗日函数为

$$
\begin{aligned}
L_{[\eta_{nk}]} = {} & \eta_{nk}\left[\Psi(\gamma_k)-\Psi\left(\sum_{l=1}^{K}\gamma_l\right)\right] + \eta_{nk}\log\varphi_{kv} - \eta_{nk}\log\eta_{nk} \\
& + \lambda_n\left(\sum_{l=1}^{K}\eta_{nl}-1\right)
\end{aligned}
\tag{15.58}
$$

式中，φ_{kv} 是(在第 n 个位置)由第 k 个话题生成第 v 个单词的概率。

对 η_{nk} 求偏导数得

$$
\frac{\partial L}{\partial \eta_{nk}} = \Psi(\gamma_k)-\Psi\left(\sum_{l=1}^{K}\gamma_l\right) + \log\varphi_{kv} - \log\eta_{nk} - 1 + \lambda_n \tag{15.59}
$$

令偏导数为零，得到参数 η_{nk} 的估计值：

$$
\eta_{nk} \propto \varphi_{kv}\exp\left(\Psi(\gamma_k)-\Psi\left(\sum_{l=1}^{K}\gamma_l\right)\right) \tag{15.60}
$$

接着通过证据下界最优化估计参数 γ 。γ_k 是第 k 个话题的狄利克雷分布参数。考虑式(15.49)关于 γ_k 的最大化：

$$
\begin{aligned}
L_{[\gamma_k]} = {} & \sum_{k=1}^{K}(\alpha_k-1)\left[\Psi(\gamma_k)-\Psi\left(\sum_{l=1}^{K}\gamma_l\right)\right] \\
& + \sum_{n=1}^{N}\sum_{k=1}^{K}\eta_{nk}\left[\Psi(\gamma_k)-\Psi\left(\sum_{l=1}^{K}\gamma_l\right)\right] \\
& - \log\Gamma\left(\sum_{l=1}^{K}\gamma_l\right) + \log\Gamma(\gamma_k)
\end{aligned}
$$

$$-\sum_{k=1}^{K}(\gamma_k-1)\left[\Psi(\gamma_k)-\Psi\left(\sum_{l=1}^{K}\gamma_l\right)\right] \tag{15.61}$$

简化为

$$\begin{aligned}L_{[\gamma_k]}=&\sum_{k=1}^{K}\left[\Psi(\gamma_k)-\Psi\left(\sum_{l=1}^{K}\gamma_l\right)\right]\left(\alpha_k+\sum_{n=1}^{N}\eta_{nk}-\gamma_k\right)\\&-\log\Gamma\left(\sum_{l=1}^{K}\gamma_l\right)+\log\Gamma(\gamma_k)\end{aligned} \tag{15.62}$$

对 γ_k 求偏导数得

$$\frac{\partial L}{\partial\gamma_k}=\left[\Psi'(\gamma_k)-\Psi'\left(\sum_{l=1}^{K}\gamma_l\right)\right]\left(\alpha_k+\sum_{n=1}^{N}\eta_{nk}-\gamma_k\right) \tag{15.63}$$

令偏导数为零，求解得到参数 γ_k 的估计值：

$$\gamma_k=\alpha_k+\sum_{n=1}^{N}\eta_{nk} \tag{15.64}$$

3. 模型参数 α 和 φ 的估计

给定一个文本集合 $D=\{d_1,\cdots,d_m,\cdots,d_M\}$，模型参数估计对所有文本同时进行。

首先通过证据下界的最大化估计 φ。φ_{kv} 表示第 k 个话题生成单词集合第 v 个单词的概率。将式(15.49)扩展到所有文本，并考虑关于 φ 的最大化。满足 K 个约束条件：

$$\sum_{v=1}^{V}\varphi_{kv}=1,\quad k=1,2,\cdots,K \tag{15.65}$$

约束最优化问题的拉格朗日函数为

$$L_{[\beta]}=\sum_{m=1}^{M}\sum_{n=1}^{N_m}\sum_{k=1}^{K}\sum_{v=1}^{V}\eta_{mnk}w_{mn}^{v}\log\varphi_{kv}+\sum_{k=1}^{K}\lambda_k\left(\sum_{v=1}^{V}\varphi_{kv}-1\right) \tag{15.66}$$

对 φ_{kv} 求偏导数并令其为零，归一化求解，得到参数 φ_{kv} 的估计值：

$$\varphi_{kv}=\sum_{m=1}^{M}\sum_{n=1}^{N_m}\eta_{mnk}w_{mn}^{v} \tag{15.67}$$

式中，η_{mnk} 为第 m 个文本的第 n 个单词属于第 k 个话题的概率；w_{mn}^{v} 在第 m 个文本的第 n 个单词是单词集合的第 v 个单词时取值为1，否则为0。

接着通过证据下界的最大化估计参数 α。α_k 表示第 k 个话题的狄利克雷分布参数。将式(15.49)扩展到所有文本，并考虑关于 α 的最大化：

$$\begin{aligned} L_{[\alpha]} = \sum_{m=1}^{M} \Bigg\{ & \log\Gamma\left(\sum_{l=1}^{K}\alpha_l\right) - \sum_{k=1}^{K}\log\Gamma(\alpha_k) \\ & + \sum_{k=1}^{K}(\alpha_k - 1)\left[\Psi(\gamma_{mk}) - \Psi\left(\sum_{l=1}^{K}\gamma_{ml}\right)\right]\Bigg\} \end{aligned} \tag{15.68}$$

对 α_k 求偏导数得

$$\frac{\partial L}{\partial \alpha_k} = M\left[\Psi\left(\sum_{l=1}^{K}\alpha_l\right) - \Psi(\alpha_k)\right] + \sum_{m=1}^{M}\left[\Psi(\gamma_{mk}) - \Psi\left(\sum_{l=1}^{K}\gamma_{ml}\right)\right] \tag{15.69}$$

再对 α_l 求偏导数得

$$\frac{\partial^2 L}{\partial \alpha_k \partial \alpha_l} = M\left[\Psi'\left(\sum_{l=1}^{K}\alpha_l\right) - \delta(k,l)\Psi'(\alpha_k)\right] \tag{15.70}$$

式中，$\delta(k,l)$ 是 delta 函数。

式(15.69)和式(15.68)分别是函数(15.67)对变量 α 的梯度 $g(\alpha)$ 和 Hessian 矩阵 $H(\alpha)$。应用牛顿法(又称为牛顿-拉弗森方法)求该函数的最大化。用以下公式迭代，得到参数 α 的估计值：

$$\alpha_{\text{new}} = \alpha_{\text{old}} - \left(H(\alpha_{\text{old}})\right)^{-1} g(\alpha_{\text{old}}) \tag{15.71}$$

据此，得到估计参数 α 的算法。

继 续 阅 读

LDA 的原始论文是文献[1]和[2]，LDA 的吉布斯抽样算法见文献[3]～[5]，变分 EM 算法见文献[2]。变分推理的介绍可参考文献[6]。LDA 的分布式学习算法有文献[7]，快速学习算法有文献[8]，在线学习算法有文献[9]。

参 考 文 献

[1] Blei D M, Ng A Y, Jordan M I. Latent Dirichlet allocation[J]. Journal of Machine Learning Research, 2003, 3: 993-1022.

[2] Girolami M, Kabán A. Sequential activity profiling: Latent Dirichlet allocation of Markov chains[J]. Data Mining and Knowledge Discovery, 2005, 10(3): 175-196.

[3] Griffiths T L, Steyvers M. Finding scientific topics[J]. Proceedings of the National Academy of Sciences, 2004, 101: 5228-5235.

[4] Steyvers M, Griffiths T. Probabilistic topic models[J]. Handbook of Latent Semantic Analysis, 2007, 427(7): 424-440.

[5] Heinrich G. Parameter estimation for text analysis[R]. Leipzig, 2005.
[6] Blei D M, Kucukelbir A, McAuliffe J D. Variational inference: A review for statisticians[J]. Journal of the American Statistical Association, 2017, 112(518): 859-877.
[7] Newman D, Smyth P, Welling M, et al. Distributed inference for latent Dirichlet allocation[J]. Advances in Neural Information Processing Systems, 2007, 20: 1081-1088.
[8] Porteous I, Newman D, Ihler A, et al. Fast collapsed Gibbs sampling for latent Dirichlet allocation[C]//Proceedings of the 14th ACM SIGKDD International Conference on Knowledge Discovery and Data Mining, Las Vegas, 2008: 569-577.
[9] Hoffman M, Bach F, Blei D. Online learning for latent Dirichlet allocation[J]. Advances in Neural Information Processing Systems, 2010, 23: 856-864.

第四篇　半监督学习篇

第 16 章　基于图的半监督学习

基于图的半监督学习是一种机器学习方法，其利用数据的图结构来进行半监督学习，即训练集中部分样本有标签，而剩余样本无标签，其主要思想是利用样本之间的相似性和连接关系来提高模型性能。基于图的半监督学习方法适用于各种领域，如社交网络分析、自然语言处理、图像分类和推荐系统等。它的主要优势是能够充分利用数据的拓扑结构和相似性信息，从而在数据稀疏或标注有噪声的情况下提高模型性能。

16.1　标签传播算法

标签传播算法(label propagation algorithm，LPA)是一种用于图数据的半监督学习算法，其通过在图结构中传播已知标签来推断未标注节点的标签[1]。该算法的核心思想是节点的标签受其邻居节点的影响，相似的节点更有可能具有相似的标签。标签传播算法的特点和优点包括：简单且高效，适用于大规模图数据集；能够充分利用节点之间的连接关系传播标签信息；通常情况下，算法不需要显式地计算特征向量或学习复杂的模型，因此计算开销较小[2]。然而，标签传播算法也存在一些局限性：对于高度连接的图，算法可能会过度传播标签，导致错误的标签分配；对于非连通图，算法可能无法有效地传播标签，因此需要谨慎处理图的连接性；算法结果可能受初始标签影响，因此初始标签的选择需要谨慎考虑。

16.1.1　标签传播算法实例

标签传播算法的主要思想如下：假设节点 x 有邻居 $x_1, x_2, \cdots, x_k$，并且每个邻居都带有表示其所属社区的标签。然后，x 根据邻居的标签确定自己的社区。假设网络中每个节点都选择加入其邻居数量最大的社区，并随机均匀地打破联系。利用唯一的标签初始化每个节点，并让标签在网络中传播。随着标签的传播，密集连接的节点组迅速就唯一标签达成共识，在这种情况下，由于边的密度可能最高、所有节点都会获得相同的标签，如图 16.1 所示。当在整个网络中创建了许多这样密集的共识群体时，它们会继续向外扩展直到可能为止。在传播过程结束后，具有相同标签的节点被分组为一个社区。

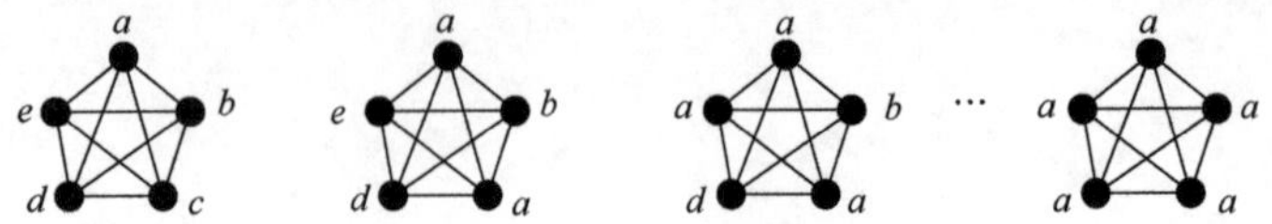

图 16.1　从左到右逐个更新节点

迭代执行该过程，在每一步中，每个节点根据其邻居的标签更新其标签。更新过程可以是同步的，也可以是异步的。在同步更新中，节点 x 在第 t 次迭代时根据其邻居在迭代 $t-1$ 时的标签更新自己的标签：

$$C_x(t)=f\left(C_{x_1}(t-1),\cdots,C_{x_k}(t-1)\right) \tag{16.1}$$

式中，$C_x(t)$ 是节点 x 在时刻 t 的标签。

然而，网络中结构为二方或接近二方的子图会导致标签振荡，图 16.2 为双部网络示意图，图中两部分的标签集不相交。在这种情况下，由于节点在步骤 t 所做的选择，节点上的标签在 a 和 b 之间振荡。在社区采用星图形式的情况下尤其如此。因此，使用异步更新，$C_x(t)=f\left(C_{x_{il}}(t),\cdots,C_{x_{im}}(t),C_{x_{i(m+1)}}(t-1),\cdots,C_{x_{ik}}(t-1)\right)$ 和 $x_{i1},\cdots,x_{im}$ 是在当前迭代中已经更新的 x 的邻居，而 $x_{i(m+1)},\cdots,x_{ik}$ 是当前迭代中尚未更新的邻居。每次迭代时，网络中所有 n 个节点的更新顺序是随机选择的。虽然在算法开始时有 n 个不同的标签，但标签的数量会随着迭代而减少，从而只产生与社区相同数量的唯一标签。

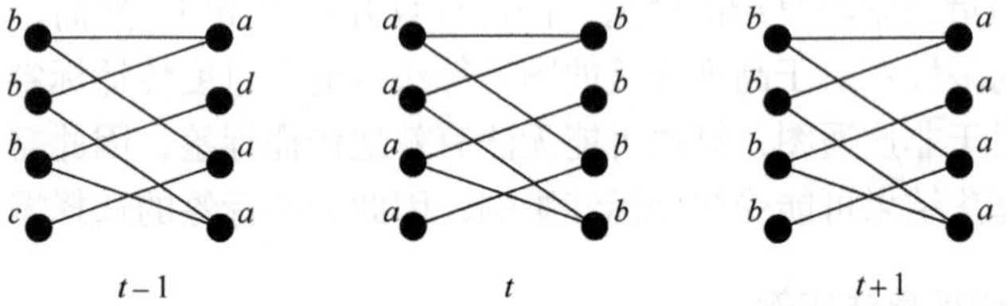

图 16.2　双部网络示意图

理想情况下，迭代过程应该继续下去，直到网络中没有节点改变其标签。然而，网络中的某些节点在两个或更多社区中具有相同数量的最大邻居。由于在可能的候选节点之间随机打破了联系，因此即使相邻节点的标签保持不变，这些节点上的标签也可能随着迭代而改变。执行迭代过程，直到网络中的每个节点都有一个标签，它的邻居属于最大数量。这样做可以将网络划分为不相交的社区，其中每个节点在其社区内的邻居至少与其他社区一样多。

在迭代过程结束时，具有相同标签的节点被分组为社区。虽然强社区要求每个节点在其社区内拥有比外部更多的邻居，但通过标签传播过程获得的社区要求每个节点在其社区内至少拥有与其他社区相同数量的邻居。标签传播算法可以被描述为以下步骤。

(1) 初始化网络中所有节点的标签，对于给定节点 $x, C_x(0) = x$。

(2) 设置 $t = 1$。

(3) 将网络中的节点按随机顺序排列，并设为 X。

(4) 对于按特定顺序选择的每个 $x \in X$，使 $C_x(t) = f\left(C_{x_{il}}(t), \cdots, C_{x_{im}}(t), C_{x_{i(m+1)}}(t-1), \cdots, C_{x_{ik}}(t-1)\right)$。$f$ 返回在邻域中出现频率最高的标签，并以均匀随机的方式打破平局。

(5) 如果每个节点的标签都是其最大数量邻居的标签，则停止算法。否则，设置 $t = t + 1$ 并转到步骤(3)。

由于在算法开始时，每个节点都带有一个唯一的标签，在最初的几次迭代中，会有不同的小块节点(密集区域)形成共识(获得相同的标签)。然后，这些共识群体会获得动力，并尝试获取更多节点来加强群体。然而，当一个共识组到达另一个共识组的边界时，它们开始争夺成员。如果组内边缘比组间边缘少，则组内节点之间的相互作用可以抵消来自外部的压力。该算法收敛，当群体之间达成全局共识时，确定最终社区。请注意，即使网络作为一个单一的社区满足停止标准，在具有底层社区结构的异构网络的情况下，这个群体形成和竞争的过程也会阻止所有节点获得相同的标签。

16.1.2　基于 scikit-learn 的标签传播算法

scikit-learn 是一个机器学习库，它提供了丰富的机器学习算法和工具。虽然 scikit-learn 并没有直接实现标签传播算法，但可以结合其他库来实现标签传播算法。以下是使用 scikit-learn 和 Network X 库来实现标签传播算法的一般步骤。

(1) 准备数据：首先，准备图数据，包括节点和边的信息。可以使用 Network X 来构建和表示图。

(2) 初始化标签：为图中的节点分配初始标签，其中一些节点具有已知的标签，而其他节点没有标签。

(3) 构建相似性矩阵：基于图的结构和节点特征，构建一个相似性矩阵，其中矩阵元素表示节点之间的相似性或连接关系。这个相似性矩阵可以用于标签传播。

(4) 执行标签传播算法：使用 Network X 库或自定义的标签传播算法在图上执行标签传播。这个算法会将已知标签从已标注节点传播到未标注节点。

(5) 标签更新：在标签传播的每一轮迭代后，更新节点的标签，然后继续迭代，直到标签不再变化或达到预定的迭代次数。

(6) 输出结果：一旦算法停止，将得到所有节点的标签，包括未标注节点。

以下是一个使用 Network X 库执行标签传播算法的示例代码：

```
import networkx as nx
# 创建一个图
G = nx.Graph()
# 添加节点和边
G.add_node(1)
G.add_node(2)
G.add_node(3)
G.add_edge(1,2)
G.add_edge(2,3)
# 初始化标签
labels = {1:'A',3:'B'}  # 1 和 3 有初始标签
# 执行标签传播算法
from networkx.algorithms import label_propagation
predicted_labels=
label_propagation.label_propagation_communities(G)
# 输出结果
for i, community in enumerate(predicted_labels):
    print(f"Community {i+1}: {community}")
```

这是一个简单的示例，可以根据数据和需求自定义和扩展代码。请注意，这只是一种实现标签传播算法的方法之一，还有其他库和工具可用于执行标签传播。如果需要更高级的功能或特定的算法，需要查找专门的图分析库。

16.1.3 拉普拉斯矩阵正则化提升平滑度

拉普拉斯矩阵正则化是一种常见的正则化技术，用于提高数据的平滑度。它在各种机器学习任务中都有广泛的应用，特别是在图数据、图像处理和自然语言处理领域。拉普拉斯矩阵正则化有助于减少数据中的噪声，平滑数据，以便更好地捕捉数据中的结构。

在整个图像中，训练块可能会在不同的位置重复出现。非局部相似先验在全波形反演中具有重要意义[3]，因为它可以通过简单的计算步骤获得满意的反演结果。因此，在提取到的 N_p 个小图像块之间具有很多的相似结构，且相似块稀疏表示的支撑集通常也是相似的。图是一组对象的结构，其中一些对象对在某种意义上是“相关的”。由于相似度度量是基于图的拉普拉斯矩阵，所以通常将其称为图拉普拉斯正则项。图拉普拉斯矩阵用于描述模型参数的局部几何结构和相邻块

之间的相关性，具有良好的性能，为稀疏表示提供了有用的先验信息。具体来说，通过将图拉普拉斯正则化项作为一个附加约束，提升图的平滑度。

对于图像块 $Y_1,Y_2,\cdots,Y_{N_p}$，首先创建一个加权无向完全图 $G=(\upsilon,\varepsilon,W)$。给定的图像块 $\upsilon=\left\{Y_1,Y_2,\cdots,Y_{N_p}\right\}$ 中有 N_p 个顶点(或节点)，其中 $\varepsilon=\upsilon\times\upsilon$ 定义为加权边的集合，即所有不同顶点对 (Y_i,Y_j) 由一条边连接，将边的权重 $W_{i,j}$ 收集到权重矩阵 $W\in\mathbf{R}^{N_p\times N_p}$ 中。在这里，使用 $\|Y_i-Y_j\|_F$ 来表示两个训练块 Y_i 和 Y_j 间的相似性。对于预先定义的 k，通过检查 $\|Y_i-Y_\ell\|_F^2\ (\ell=1,2,\cdots,i-1,i+1,\cdots,N_p)$ 来固定 Y_i 的 k 个最近邻(与 Y_i 自身不同)。在计算出的 N_p-1 个距离中，选择 k 个最小的距离组成新的集合，如果距离 $\|Y_i-Y_j\|_F^2$ 属于这个集合，则 Y_j 属于 Y_i 的 k 最近邻。在图 G 中，如果 Y_j 属于 Y_i 的 k 最近邻，或者 Y_i 属于 Y_j 的 k 最近邻，则构造顶点对 (Y_i,Y_j) 之间的连接，定义为 $Y_i:Y_j$。对称权重矩阵 $W=\left(W_{i,j}\right)_{i,j=1}^{N_p}$ 中的 $W_{i,j}$ 可以写成：

$$W_{i,j}=\begin{cases}1, & Y_i:Y_j\\ 0, & 其他\end{cases} \tag{16.2}$$

特别地，$W_{i,j}=0\left(i=1,2,\cdots,N_p\right)$。

图 G 的度量矩阵是一个对角权矩阵 $\varDelta=\mathrm{diag}\left(\varDelta_1,\varDelta_2,\cdots,\varDelta_{N_p}\right)\in\mathbf{R}^{N_p\times N_p}$，其中第 i 个对角项 $\varDelta_i$ 计算为 $\varDelta_i=\sum_{j=1}^{N_p}W_{i,j}$，表示节点 Y_i 的度，加权无向图构建如图 16.3 所示。图拉普拉斯矩阵表示为 $\zeta=\varDelta-W\in\mathbf{R}^{N_p\times N_p}$，可以得出该矩阵是对称、半正定的，从而有拉普拉斯矩阵的二次型 $Y\zeta Y^{\mathrm{T}}>0$。经简单计算有

$$\begin{aligned}\mathrm{Tr}\left(Y\zeta Y^{\mathrm{T}}\right)&=\sum_{i,j=1}^{N_p}W_{i,j}\|Y_i-Y_j\|_F^2=\sum_{i,j=1}^{N_p}W_{i,j}\|Y_i-Y_j\|_F^2\\&=\sum\|Y_i-Y_j\|_F^2\end{aligned} \tag{16.3}$$

式中，$\mathrm{Tr}\left(Y\zeta Y^{\mathrm{T}}\right)$ 衡量了图 G 中顶点之间的相似性。

由于 $\hat{Y}\approx DX$，且字典矩阵 D 是一个线性映射，如果 $Y_i:Y_j$，即 Y_i 和 Y_j 是 $\|Y_i-Y_j\|_F$ 距离很小的 k 近邻，那么它们的稀疏表示系数也应该非常接近，因此得到 $\|Y_i-Y_j\|_F$ 也很小。则图拉普拉斯正则项可以表示为

$$\mathrm{Tr}\left(X\xi X^{\mathrm{T}}\right)=\sum_{i,j=1}^{N_p}W_{i,j}\parallel x_i-x_j\parallel_F^2=\sum_{Y_i\sim Y_j}\parallel x_i-x_j\parallel_F^2 \tag{16.4}$$

然后，得到拉普拉斯矩阵正则化表示最小化问题：

$$\arg\min_{X}\left\{\parallel \hat{Y}-DX\parallel_F^2+\alpha\mathrm{Tr}\left(X\xi X^{\mathrm{T}}\right)+\lambda\parallel X\parallel_1\right\} \tag{16.5}$$

式中，正则化参数 $\alpha>0$。

学习字典 D 和图的拉普拉斯矩阵 ζ 仅依赖于训练矩阵 $\hat{Y}=\left[Y_1\ Y_2\cdots Y_{N_p}\right]\in \mathbf{R}^{N_p\times N_p}$。

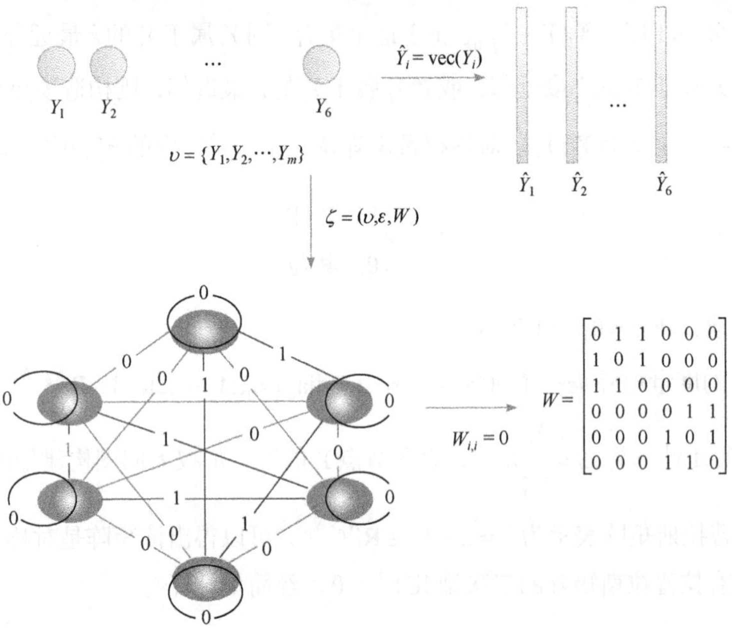

图 16.3　加权无向图构建示意图

16.2　基于马尔可夫随机游走的标签传播算法

基于马尔可夫随机游走的标签传播算法是标签传播算法的一种变体，它利用马尔可夫链的随机游走来传播标签。因其考虑节点之间的局部结构和相似性，在处理高度连接的图时，该方法通常具有更稳定且更好的性能。

基于随机游走的标签传播算法(label propagation algorithm based on random walk, LPARW)，通过随机游走得到的每个节点的到达概率即为节点的重要性，对重要性进行降序排序从而确定节点的标签更新顺序[4]。根据节点标签更新顺序对节点进行遍历，使用相似性公式对节点之间相似性进行计算，选择出最终的种子节点，对每个种子节点赋予初始的标签。最后，将剩余的节点进行标签传播得到最终的社区划分结果。LPARW 通过确定节点的更新顺序，减少了传统的标签传播算法由节点标签更新顺序的随机性而导致的最终划分结果的不确定性。传统标签传播算法在初始化阶段对每个节点都赋予唯一的社区标签,在标签传播过程中，一些重要节点的社区标签可能会被覆盖，进而导致社区发现结果不稳定。为了改进此情况，LPARW 只对选择出的种子节点赋予社区标签，并在网络中进行标签传播。由于种子节点对应网络中的重要节点，其性能比较稳定，因而也提高了社区发现结果的稳定性。

在 LPARW 中，考虑到标签传播算法选择标签时的随机性，为每个节点赋予初始标签进行传播时会增强算法最后社区划分结果的随机性，而且原始的标签传播算法中节点的标签更新的次序是随机的，在很大程度上影响社区划分的最终结果。因此，在标签初始化的过程中只为选择的种子节点赋予标签可以减少初始标签的个数，也可以避免标签更新顺序不同而造成的社区划分结果的不稳定性，进而扩大有用标签的影响力，提高社区发现的准确率。马尔可夫聚类(Markov clustering，MCL)算法[4,5]是对随机游走进行仿真。MCL 在复杂网络中是一个动态过程，游走者以一定的概率不断从一个节点移动到另一个节点。根据随机游走方法，如果一个节点作为随机游走结束时到达的节点的概率越高，则意味着这个节点的影响力越大。LPARW 使用随机游走最终的可能位置分布来衡量网络中节点的重要性。在随机游走的过程中，布朗粒子到达其邻居节点的概率由式(16.6)来表示：

$$P_{kl} = \frac{A_{kl}}{\sum_{m=1}^{n} A_{km}} \tag{16.6}$$

利用式(16.6)可得到节点的一步游走的概率分布矩阵。通过对每个节点多步随机游走的概率分布进行叠加可以得到网络最终的随机游走概率矩阵。节点的概率分布越高，证明该节点与越多的节点相似，而一个节点与越多的节点相似，则证明该节点的重要性越大。每一步的位置分布概率可以由指示向量 I 和矩阵 P 的乘积表示。t 步之后，游走者位置分布概率可由式(16.7)表示：

$$I_t = P^t \times I_0 \tag{16.7}$$

式中，I_0 为单位向量。

将 I_t 进行降序排序，可得到更新序列。序列中越靠前的节点作为种子节点的可能性越大；相反，序列中越靠后的节点影响力越小，其作为种子节点的概率也越小。

将所有节点按照影响力大小进行排序，得到节点的更新序列。按照节点的更新序列对节点的标签进行更新，可以减少原始标签传播算法中由更新序列的随机性而导致的社区发现结果的不稳定性。

基于种子节点的社区发现算法的缺点是需要提前确定种子的个数，而在社区发现算法中，社区个数往往是未知的，因此难以确定种子节点数量。LPARW 不需要提前确定种子数量，该算法通过使用相似性度量对节点的相似性进行度量从而确定最终的种子节点。在本节中使用节点的公共邻居对两个节点的相似性进行度量：两个节点的公共邻居数越多，则这两个节点结构越相似，属于同一个社区的可能性越大，这样得到的划分结果更符合原来的社区分布，众所周知，节点的度是刻画单个节点属性最简单而又最重要的概念之一。无向网络中节点的度被定义为与节点直接有边连接的其他节点的数目。本节给出了计算节点之间相似性的计算公式：

$$S\left(v_i,v_j\right)=\frac{\left|\mathrm{NG}(v_i)\cap\mathrm{NG}\left(v_j\right)\right|}{d_{v_i}} \tag{16.8}$$

式中，$\mathrm{NG}(v_i)$为节点v_i的一阶邻居节点的集合；$\mathrm{NG}\left(v_j\right)$为节点$v_j$的邻居节点的集合；$d_{v_i}$为节点$v_i$的度。

LPARW 中，遍历节点更新序列，将当前节点与更新序列在其之前的节点进行相似性计算：若当前节点与更新序列在其之前的某个节点是相邻节点，且相似性指标小于阈值，如果该节点的标签为空值，则将更新序列在其之前的节点选择为种子节点；否则不选为种子节点。在 Karate 网络中 LPARW 选择出的种子节点如图 16.4 所示。

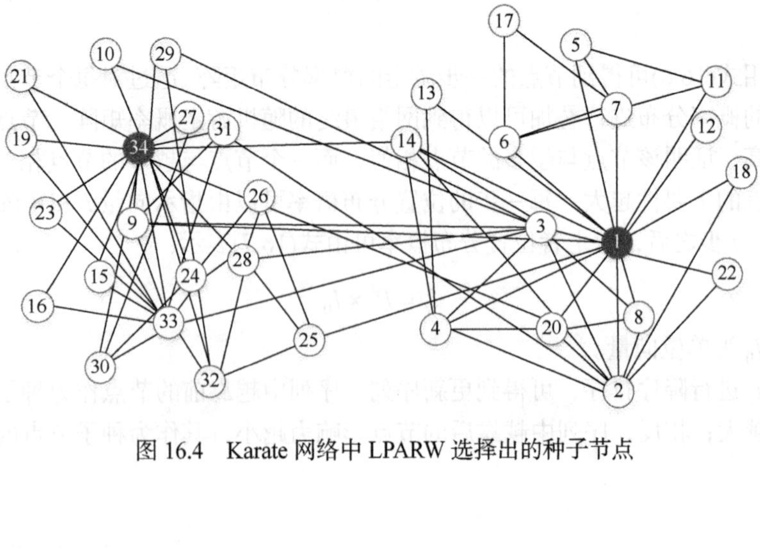

图 16.4　Karate 网络中 LPARW 选择出的种子节点

传统的标签传播算法在标签更新过程中根据其邻域中标签数量最多的标签来更新自己的标签。当邻域中最大数量的标签数有多个的时候，则随机选择一个标签作为自己的标签。这样会使得标签产生振荡，导致社区划分结果的不稳定性和随机性，并且在原始的标签传播算法的初始阶段每个节点都有标签，在传播过程中会导致不重要的标签有可能会影响标签传播算法最终的社区划分的结果。

LPARW 将种子节点的节点标号作为种子节点的标签，其余节点的标签设为空值。在第一次的标签传播过程中，根据当前节点的标签和种子节点的邻居节点的公共邻域的个数以及该节点本身的度数来决定该节点是否接受种子节点的标签，而不是像传统的标签传播算法将节点标签的重要性考虑为相同的，由此可以减少标签的随机选择而导致最终划分结果的不稳定性。当节点邻域内满足条件的种子节点只有一个时，则节点选择该种子节点的标签作为节点的标签，若满足条件的种子节点有多个时，则选择出现次数最多的标签作为节点的标签。在对所有种子节点的一阶邻域标签传播完成后，剩余的标签为空的节点根据公式进行标签更新。

LPARW 结合了马尔可夫链的状态转移和图的结构，因此能够更好地处理标签传播问题。这种算法在社交网络分析、社群检测、推荐系统和文本分类等领域都有广泛的应用。要实现这种算法，可以使用图处理库(如 Network X)来构建马尔可夫链和执行随机游走，然后自定义标签传播的规则。

16.3　流 形 学 习

流形学习旨在捕捉和描述高维数据中的潜在结构，特别是非线性结构，将高维数据映射到低维表示。假设数据是均匀采样于一个高维欧氏空间中的低维流形，流形学习就是从高维采样数据中恢复低维流形结构，即找到高维空间中的低维流形，并求出相应的嵌入映射，以实现维数约简或数据可视化。其是从观测到的现象中去寻找事物的本质，找到产生数据的内在规律。

16.3.1　等距特征映射流形学习算法

等距特征映射(ISOMAP)流行学习算法是 Tenenbaum 等提出的一种基于多维尺度变换(MDS)的全局优化算法[6]。MDS 是根据数据间的相异度(可以为距离)寻找数据在低维空间中的近似，并尽可能地保持观测数据之间的相似性关系。但 MDS 保留的是直线距离，只能发现线性结构，而 ISOMAP 算法用测地距离取代了传统 MDS 算法中的欧氏距离来表示数据间的距离，再使用 MDS 算法把数据点从高维空间映射到低维空间，获得保持样本间内在结构不变的低维流形，即各样本的低维嵌入坐标。

1. ISOMAP 算法

(1) 创建邻域图。将输入空间 X 中流形 M 上所有数据点 x_i ($i=1,2,\cdots,N$, $X\in\mathbf{R}^D$)构建邻接图，点间距离定义为欧氏距离 $d_x(i,j)$，用 k 最近邻或 ε 球方法来定义邻接关系，如果 $d_x(i,j)<\varepsilon$ 或者点 i 是点 j 的 k 个最邻近点之一，则 $G_{i,j}=d_x(i,j)$；否则 $G_{i,j}=\infty$，得到邻域图 G。

(2) 计算最短路径。通过计算图 G 上两点间的最短路径 $d_G(i,j)$ 估计流形 M 上测地线距离 $d_M(i,j)$，利用式子 $d_M(i,j)=\min\left(d_G(i,j),d_G(i,l)+d_G(l,j)\right)$，得到的矩阵 $D_G=\{d_M(i,j)\}$，其中 $l=1,2,\cdots,N$，任意两点间最短路径计算可使用 Floyd 或 Dijkstra 算法。

(3) 计算 d 维嵌入。对距离矩阵 D_G 应用 MDS 算法，构建 d 维欧氏空间 Y 上的嵌入。坐标向量 y_i 由最小化下列误差方程得到：$E=\|\tau(D_G)-\tau(D_Y)\|_{L_2}$，$E$ 的最小值只需通过求取矩阵 $\tau(D_G)$ 的 d 个最大的特征值对应的特征向量来实现。

2. MDS 算法

(1) 计算 $S\in M_{n,n}$，若 $D=\left[d_{i,j}\right]$，则 $S=\left[s_{i,j}\right]$，$s_{i,j}=d_{i,j}^2$。

(2) 取矩阵满足：$H=\left[h_{i,j}\right]\in M_{n,n}$，$h_{i,j}=\delta_{i,j}-1/n$。

(3) 计算 $(D)=-HSH^{\mathrm{T}}/2\in M_{n,n}$，这步叫作双中心化。

(4) 对 $\tau(D)$ 进行奇异值分解。因为矩阵 $\tau(D)$ 对称，即有 $\tau(D)=U^{\mathrm{T}}\Lambda U$，这里 U 是一个正交矩阵，Λ 为非负对角阵，且奇异值按从小到大排列。

(5) 计算 $Z\in M_{d,n}$，U_d 是由 U 的前 d 行和前 n 列构成，$\Lambda_d\in M_{d,d}$ 是由 Λ 的前 n 行前 n 列组成，并对 Λ_d 开算术平方得到 $\Lambda_d^{1/2}$，而 $Z=U_d\Lambda d^{1/2}$。

其中，M 是 n 维拓扑流形；D 是距离矩阵；S 是距离的平方矩阵；$\delta_{i,j}$ 是 Kronecker 符号，满足：当 $i\neq j$ 时 $\delta_{i,j}=0$，当 $i=j$ 时 $\delta_{i,j}=1$。

ISOMAP 给出了确定降维维数的准则。它定义了残差 e^d 来衡量降维的误差：$e^d=1-R^2(\mathrm{DG},\mathrm{DY})$。其中，DY 是 d 维空间中的欧氏距离矩阵；R^2 表示线性相关系数。一般地，降维后的维数 d 越高，残差值越小。通常 ISOMAP 确定所降维数 d 有下面两种情况：一是残差达到阈值；二是残差曲线出现拐点。

16.3.2　局部线性嵌入算法

局部线性嵌入算法主要通过局部的线性结构反映整体数据的非线性结构，在能够保护近邻数据结构几何性质的情况下，获取原始学习数据的低维嵌入表示，进而借助低维嵌入数据诠释原始空间的全局数据拓扑结构[7]。数据结构上的每个数据节点都可以看成该节点近邻的多个数据点的线性表示[8]。算法先将数据结构图分解成很多权重子图，然后将所有权重子图整合在一起，最终得到整个数据集上的流形图。

在局部线性嵌入算法中，假定原始空间 $\mathbf{R}^D$ 上的数据集为 X，其中数据个数为 N，维数为 N_D，需要求出的低维嵌入数据为 Y。局部线性嵌入算法的目标为获取映射得到的 d 维向量(通常 d 远远小于 N_D)，并且能够实现映射向量对原始数据流形结构最为有效的继承。它是一种通过局部邻域关系判别数据集全局非线性结构的思想，能够在保护邻域关系的前提下，实现高维数据在低维空间上的流形结构表征，其原理如图 16.5 所示。

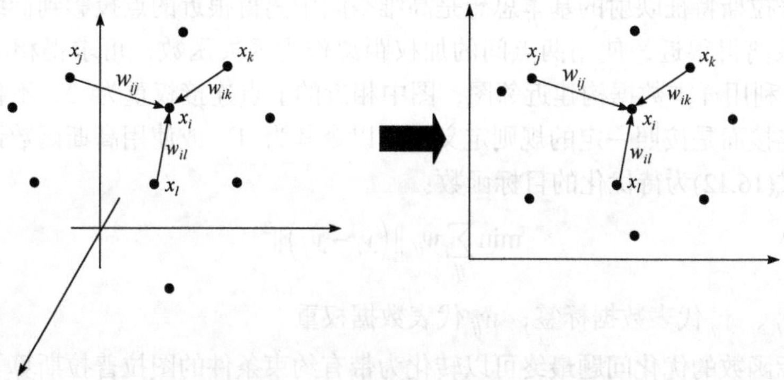

图 16.5　局部线性嵌入算法原理图

局部线性嵌入算法的主要步骤包括三步。

步骤 1：由学习数据求得欧氏距离，再按其远近初步确定各数据点近似关系，获得各个原始数据的 K_n 个近邻。

步骤 2：假定各个原始数据能够借助其近邻线性表示，线性表示的权重就是优化求取的数据图权重。通过对式(16.9)最优化计算即可得到 K 近邻的权重矩阵。式中满足条件 $\sum_{j\in N_i} w_{ij}=1$，N_i 表示数据点 x_j 是数据点 x_i 的近邻，当 $x_j \notin N_i$ 时，$w_{ij}=0$。

$$\varepsilon=\sum_{i=1}^{N}\| x_i-\sum_{j\in N_i} w_{ij}x_j \|^2 \tag{16.9}$$

步骤 3：依照获取的高维数据近邻矩阵，再对式(16.10)最优化计算可以获取所需嵌入向量：

$$\varepsilon=\sum_{i=1}^{N}\| y_i-\sum_{j\in N_i} w_{ij}y_j \|^2 \tag{16.10}$$

进一步推导得到

$$
\begin{aligned}
\sum_{i=1}^{N}\left\|I_i Y_i - w_i Y\right\|^2 &= \left\|(I-W)Y\right\|^2 \\
&= \mathrm{Tr}\left(Y^{\mathrm{T}}(I-W)^{\mathrm{T}}(I-W)Y\right) = \mathrm{Tr}\left(Y^{\mathrm{T}}MY\right)
\end{aligned}
\tag{16.11}
$$

式中，$M=(I-W)^{\mathrm{T}}(I-W)$。

于是求低维嵌入数据相当于求取一个稀疏、对称、半正定矩阵 M 的特征向量。M 矩阵的第 $2\sim d+1$ 个最小特征向量构成了低维嵌入数据。

16.3.3　拉普拉斯谱嵌入算法

拉普拉斯特征映射的基本思想是高维空间中离得很近的点投影到低维空间的像也应该离得很近，使用两点间的加权距离作为损失函数，可求得相应的降维结果[9]。利用样本数据构建近邻图，图中相近的节点连接权重为 0，不相近的节点没有连接而是按照一定的规则定义，可以令其为 1，或使用高斯函数计算其权重。如式(16.12)为待优化的目标函数：

$$
\min \sum_{ij} w_{ij} \left\|\left(y_i - y_j\right)\right\|^2 \tag{16.12}
$$

式中，y_i、y_j 代表数据标签；w_{ij} 代表数据权重。

目标函数的优化问题最终可以转化为带有约束条件的图拉普拉斯算子的广义特征向量的问题，如式(16.13)所示：

$$
\begin{aligned}
&\underset{y}{\arg\min}\left(\mathrm{Tr}\left(Y^{\mathrm{T}}LY\right)\right) \\
&\text{s.t.}\quad Y^{\mathrm{T}}DY = I
\end{aligned}
\tag{16.13}
$$

式中，D 为权重矩阵的对角矩阵，满足 $D_{ii}=\sum_j w_{ij}$；L 为拉普拉斯矩阵。函数优化的约束条件是 $Y^{\mathrm{T}}DY=I$。矩阵 D 提供了对图节点的一种自然测度，D_{ii} 越大，说明这个节点越重要。图拉普拉斯矩阵的特征向量通过 $Ly=\lambda Dy$ 获取，拉普拉斯特征映射算法是一种与谱图理论紧密联系的非线性降维方法，可以通过稀疏矩阵特征向量获取整体最优解实现聚类，使原空间中相近的点在低维空间也离得很近。

16.3.4　*t*-SNE

随机邻居嵌入(stochastic neighbor embedding，SNE)首先将数据点之间的高维欧几里得距离转换为表示相似性的条件概率。数据点 x_j 与数据点 x_i 的相似度是条件概率 $p_{j|i}$，如果在以 x_i 为中心的高斯分布下，选择 x_j 作为它的邻居是和它们的

概率密度成比例的[10]。对于附近的数据点，$p_{j|i}$ 相对较高，而对于相隔较远的数据点，$p_{j|i}$ 几乎是无穷小的。数学上，条件概率 $p_{j|i}$ 由式(16.14)计算：

$$p_{j|i}=\frac{\exp\left(-\|x_i-x_j\|^2/\left(2\sigma_i^2\right)\right)}{\sum_{k\neq i}\exp\left(-\|x_i-x_k\|^2/\left(2\sigma_i^2\right)\right)} \tag{16.14}$$

式中，σ_i 是以数据点 x_i 为中心的高斯分布的方差。

因为只对两两相似度建模感兴趣，所以将 $p_{i|i}$ 的值设置为零。对于高维数据点 x_i 和 x_j 的低维对应点 y_i 和 y_j，可以计算类似的条件概率 $q_{j|i}$。设置用于计算条件概率 $q_{j|i}$ 到 $\frac{1}{\sqrt{2}}$ 的方差。因此，可将映射点 y_j 与映射点 y_i 的相似度建模为

$$q_{j|i}=\frac{\exp\left(-\|x_i-x_j\|^2\right)}{\sum_{k\neq i}\exp\left(-\|x_i-x_k\|^2\right)} \tag{16.15}$$

如果映射点 y_i 和 y_j 正确地模拟了高维数据点 x_i 和 x_j 之间的相似性，则条件概率 $p_{j|i}$ 将和 $q_{j|i}$ 相等。受到这一观察的启发，SNE 的目标是找到一种低维的数据表示，使 $p_{j|i}$ 和 $q_{j|i}$ 之间的不匹配最小化。$q_{j|i}$ 对 $p_{j|i}$ 模型的忠实度的自然度量是 KL 散度。SNE 使用梯度下降法最小化所有数据点上的 KL 散度之和，损失函数 C 由式(16.16)获得

$$C=\sum_i \mathrm{KL}\left(P_i\|Q_i\right)=\sum_i\sum_j p_{j|i}\log\frac{p_{j|i}}{q_{j|i}} \tag{16.16}$$

式中，P_i 表示给定数据点 x_i 上所有其他数据点的条件概率分布；Q_i 表示给定映射点 y_i 上所有其他映射点的条件概率分布。

由于 KL 散度不是对称的，因此低维空间中成对距离的不同类型的误差加权不相等。特别是，使用广泛分离的映射点来表示附近的数据点的成本很大，但是，使用附近的映射点来表示相隔很远的数据点的成本很低。这个小代价来自于浪费了相关 Q 分布中的一些概率。换句话说，SNE 损失函数的重点是保留映射中数据的局部结构。

剩下要选择的参数是以每个高维数据点 x_i 为中心的方差 σ_i。因为数据的密度可能会变化，所以难以存在对所有数据点都是最优的单个 σ_i 值。在密集区域，较小的 σ_i 值通常比在稀疏区域更合适。σ_i 的任何特定值都会在所有其他数据点上产生一个概率分布，即 P_i。该分布的熵随着 σ_i 的增加而增加。SNE 对 σ_i 执行二进制搜索，该值产生一个具有固定困惑度的 P_i，该困惑度定义为

$$\mathrm{Perp}\left(P_i\right)=2^{H\left(P_i\right)} \tag{16.17}$$

式中，$H\left(P_i\right)$是用P_i测出的信息熵：

$$H\left(P_i\right)=-\sum_j p_{j|i}\log p_{j|i} \tag{16.18}$$

这种困惑可以解释为对有效邻居数的平滑度量。SNE 的性能对困惑度的变化具有相当强的鲁棒性，典型值在 5～50。

用梯度下降法对式(16.16)中的代价函数求最小值：

$$\frac{\delta C}{\delta y_i}=2\sum_j\left(p_{j|i}-q_{j|i}+p_{i|j}-q_{i|j}\right)\left(y_i-y_j\right) \tag{16.19}$$

在物理上，梯度可以解释为一组弹簧在映射点y_i和所有其他映射点y_j之间产生的合力。所有弹簧都沿着方向施加一个力y_i-y_j。y_i和y_j之间的弹簧排斥还是吸引映射点，取决于两者之间的距离，无法表示两个高维数据点之间的相似性。弹簧在y_i和y_j之间施加的力与它的长度成正比，也与它的刚度成正比，这是数据点和映射点的成对相似度之间的不匹配。

梯度下降是通过从以原点为中心的具有小方差的各向同性高斯随机采样映射点来初始化的。为了加快优化速度，避免局部极小值，在梯度中加入了较大的动量项。换句话说，将当前梯度添加到先前梯度的指数衰减和中，以确定每次迭代梯度搜索时映射点坐标的变化。数学上，带动量项的梯度更新如下：

$$\gamma^{(t)}=\gamma^{(t-1)}+\eta\frac{\delta C}{\delta\gamma}+\alpha(t)\left(\gamma^{(t-1)}-\gamma^{(t-2)}\right) \tag{16.20}$$

式中，$\gamma^{(t)}$表示迭代t时的解；η表示学习率；$\alpha(t)$表示迭代t时的动量。

尽管 SNE 具有较好的可视化效果，但其损失函数难以优化且存在“拥挤问题”。Maaten 和 Hinton 提出了 t 分布随机邻居嵌入(t-SNE)算法，旨在缓解上述问题。

t-SNE 算法使用的损失函数与 SNE 算法使用的损失函数在两个方面有所不同：①它使用了 SNE 代价函数的对称版本，具有更简单的梯度；②使用 Student-t 分布而不是高斯分布来计算低维空间中两点之间的相似性。t-SNE 算法在低维空间采用重尾分布，既处理了 SNE 的优化问题，又缓解了拥挤问题。

t-SNE 算法除了最小化条件概率$p_{j|i}$和$q_{j|i}$之间的 KL 散度和之外，也可以最小化高维空间中的联合概率分布P和低维空间中的联合概率分布Q之间的单个 KL 散度：

$$C = \mathrm{KL}\left(P \| Q\right) = \sum_i \sum_j p_{ij} \log \frac{p_{ij}}{q_{ij}} \tag{16.21}$$

同样，令 p_{ii} 和 q_{ii} 为零。因为 $p_{ij} = p_{ji}$ 和 $q_{ij} = q_{ji}$，所以这种 SNE 称为对称 SNE；在对称 SNE 中，两两相似度低维映射 q_{ij} 计算式为

$$q_{ij} = \frac{\exp\left(-\| y_i - y_j \|^2\right)}{\sum_{k \neq l} \exp\left(-\| y_k - y_l \|^2\right)} \tag{16.22}$$

定义高维空间 p_{ij} 中成对相似度的明显方法是

$$p_{ij} = \frac{\exp\left(-\| x_i - x_j \|^2 / \left(2\sigma^2\right)\right)}{\sum_{k \neq l} \exp\left(-\| x_k - x_l \|^2 / \left(2\sigma^2\right)\right)} \tag{16.23}$$

但是，当高维数据点 x_i 是一个离群点时(即所有成对距离 $\| x_i - x_j \|^2$ 对于 x_i 来说都很大)，就会发生问题。对于这样一个离群点，p_{ij} 的值对于所有 j 来说都非常小，因此它的低维映射点 y_i 的位置对成本函数的影响很小。因此，映射点的位置不能很好地由其他映射点的位置确定。通过定义高维空间中的联合概率为对称条件概率来规避这个问题，也就是说，设 $p_{ij} = \frac{p_{j|i} + p_{i|j}}{2n}$，这确保了对于所有数据点 x_i $\sum_j p_{ij} > \frac{1}{2n}$，因此每个数据点 x_i 对成本函数都有很大的贡献。在低维空间中，对称 SNE 仅使用式(16.22)。对称 SNE 的主要优点是它的梯度形式更简单，计算速度更快。对称 SNE 的梯度与非对称 SNE 的梯度相当相似，由式(16.24)给出：

$$\frac{\delta C}{\delta y_i} = 4 \sum_j \left(p_{ij} - q_{ij}\right)\left(y_i - y_j\right) \tag{16.24}$$

考虑一组位于二维曲线流形上的数据点，该流形在小尺度上近似为线性，并且嵌入在高维空间中。在二维映射中，有可能很好地模拟数据点之间小的成对距离。现在假设流形有 10 个内在维度，并且被嵌入到一个更高维度的空间中。二维映射中的成对距离不能很好地模拟 10 维流形上点之间的距离有几个原因。例如，在 10 维空间中，可能有 11 个相互等距的数据点，但无法在二维映射中很好地建模。一个相关的问题是两个空间中成对距离的分布非常不同。以数据点 i 为中心的球体的体积为 r^m，其中 r 为半径，m 为球体的维数。因此，如果数据点在 10 维流形上近似均匀地分布在 i 周围的区域中，并且试图对二维映射中 i 到其他数据

点的距离进行建模，会发生以下“拥挤问题”：二维映射中可用于容纳中等距离数据点的区域与用于容纳附近数据点的区域相比，将不够大。因此，如果想要在映射中精确地建模小距离，那么大多数与数据点 i 距离适中的点将不得不在二维映射中放置得远一些。在 SNE 中，将数据点 i 连接到这些较远映射点的弹簧将施加非常小的吸引力。虽然这些吸引力很小，但大量的吸引力会将映射点压在一起，从而防止自然集群之间形成间隙。

由于对称 SNE 实际上是匹配高维和低维空间中数据点对的联合概率，而不是它们的距离，有一种自然的方法来缓解拥挤问题，其工作原理如下。在高维空间中，使用高斯分布将距离转换为概率。在低维空间中，可以使用尾部比高斯分布重得多的概率分布将距离转换为概率。这允许高维空间中的中等距离被更大的距离建模，因此，它消除了表示适度不同数据点的映射点之间不必要的吸引力。

在 t-SNE 中，采用一个自由度的 t 分布(与 Cauchy 分布相同)作为低维空间中的重尾分布。利用这个分布，联合概率 q_{ij} 定义为

$$q_{ij} = \frac{\exp\left(1 + \| y_i - y_j \|^2\right)^{-1}}{\sum_{k \neq l} \exp\left(1 + \| y_k - y_l \|^2\right)^{-1}} \tag{16.25}$$

使用单自由度的 t 分布，因为它有一个特别好的特性，即对于大的成对距离，$\left(1 + \| y_i - y_j \|^2\right)^{-1}$ 接近于平方反比律 $\| y_i - y_j \|$。这使得联合概率的映射表示对于相距较远的映射点对比例尺的变化(几乎)不变。这也意味着相隔很远的大型点簇与单个点的相互作用方式相同，因此除了最精细的尺度外，优化的操作方式都是相同的。选择 t 分布的一个理论依据是它与高斯分布密切相关，因为 t 分布是无限个高斯分布叠加。一个方便计算的特性是在 t 分布下评估一个点簇的密度比在高斯分布下评估一个点的密度要快得多。

P 与基于 t 分布的联合概率分布 Q 之间的 KL 散度的梯度为

$$\frac{\delta C}{\delta y_i} = 4 \sum_j \left(p_{ij} - q_{ij}\right)\left(y_i - y_j\right)\left(1 + \| y_i - y_j \|^2\right)^{-1} \tag{16.26}$$

综上所述，t-SNE 侧重于利用大的两两距离对不同的数据点进行建模，以及利用小的两两距离对相似的数据点进行建模。此外，由于 t-SNE 代价函数的这些特征(以及 t 分布的近似尺度不变性)，t-SNE 代价函数的优化要比 SNE 代价函数的优化容易得多。具体来说，t-SNE 在低维空间中引入了远程力，可以将在优化早期分离的两个相似点簇拉回一起。SNE 不具有这样的远程力，因此 SNE 需要使用模拟退火来获得合理的解。相反，t-SNE 中的远程力有助于识别良好的局部最优，而无需模拟退火。

继 续 阅 读

基于图的半监督学习是机器学习领域中一个引人注目的研究方向，它融合了图论、半监督学习和深度学习等多个领域的理论和方法。介绍基于图的半监督学习方法的文献很多，关于标签传播算法可见文献[1]，标签扩散算法可见文献[3]，基于马尔可夫随机游走的标签传播算法可见文献[5]。基于图的半监督学习在众多应用领域中发挥了重要作用，可用于预测用户的兴趣、社交影响力、虚假账户检测以及社交网络中的社群发现；可以帮助提高个性化推荐系统的性能，尤其是在数据稀缺的情况下；可用于文本分类、情感分析、主题建模以及命名实体识别等任务。基于图的半监督学习领域近年来取得了显著的技术进展。以下是一些关键的技术趋势：图神经网络是一种深度学习模型，专门设计用于处理图数据，可以有效地捕获节点之间的关系，进而提高半监督学习的性能。迁移学习方法将已标注的数据从一个任务迁移到另一个相关任务，以提高模型的性能。图生成模型可用于生成图数据，从而扩展已标注数据的规模。这些生成模型可以用于数据增强，有助于改善半监督学习的性能[6-10]。

参 考 文 献

[1] Raghavan U N, Albert R, Kumara S. Near linear time algorithm to detect community structures in large-scale networks[J]. Physical Review E, Statistical, Nonlinear, and Soft Matter Physics, 2007, 76(3 Pt 2): 036106.

[2] Zhu X J, Ghahramani Z. Learning from labeled and unlabeled data with label propagation[J]. Technical Report, 2002, doi: 10.1109/IJCNN. 2002. 1007592.

[3] 华然, 傅红笋, 杨露. 基于字典学习和图拉普拉斯正则化的全波形反演[J].地球物理学进展, 2022, 37(3): 1034-1040.

[4] 郑文萍, 岳香豆, 杨贵. 基于随机游走的改进标签传播算法[J]. 计算机应用, 2020, 40(12): 3423-3429.

[5] Wang J, Zheng W P, Qian Y H, et al. A seed expansion graph clustering method for protein complexes detection in protein interaction networks[J]. Molecules, 2017, 22(12): 2179.

[6] 刘爱萍. 等距特征映射算法的改进及其应用[D]. 常州: 常州大学, 2011.

[7] 李长凯, 张文华, 李宏, 等. 基于特征相关性的局部线性嵌入算法[J]. 吉林大学学报(信息科学版), 2023, 41(1): 8-17.

[8] Roweis S T, Saul L K. Nonlinear dimensionality reduction by locally linear embedding[J]. Science, 2000, 290(5500): 2323-2326.

[9] 张长帅. 基于图的半监督学习及其应用研究[D]. 南京: 南京航空航天大学, 2011.

[10] van der Maaten L, Hinton G. Visualizing data using t-SNE[J]. Journal of Machine Learning Research, 2008, 9(11): 2579-2605.

第 17 章　有约束的概率半监督聚类

当进行数据处理时，不仅会有带标签数据(有监督数据)，还有大量无标签数据(无监督数据)。同时，可能拥有额外的先验知识，或者希望根据某些约束(包括相似性、距离、簇内和簇间关系等)来引导聚类过程。在这种情况下，有约束的概率半监督聚类算法成为一个强大的工具，它能够将监督和无监督学习相结合，以更好地理解数据的结构。

本章介绍一种基于隐马尔可夫随机域(hidden Markov random field，HMRF)的半监督聚类方法，它将基于约束的方法和基于距离的方法结合在一个统一的概率模型中。这种概率的描述方式使得聚类的目标函数定义依赖于观测数据的联合概率、它们的类别安排和产生式模型的参数。本章采用聚类算法 HMRF-Kmeans 来对目标函数进行最小化，这个算法可以找到目标函数的局部最小值点。利用 HMRF-Kmeans 进行半监督聚类时，可以运用许多扭曲度(距离)函数，如 KL 散度、平方欧氏距离和 Itakuro-Saito 距离等。在许多应用中，如基于向量空间模型的文本聚类任务、基于向量夹角余弦的方向距离度量更适用[1]。现有的聚类算法使用适合方向数据的扭曲度度量[2,3]，HMRF-KMeans 算法在此基础上进行了拓展。

在现实中，有约束的概率半监督聚类算法在实用方面的问题是如何最大地获取约束信息，例如，在交互式学习中，需要向用户提供少量的具有充分信息量的查询[4]，以获得聚类约束，从而提高聚类精度。

17.1　基于 HMRF 的半监督聚类模型

基于原型划分的聚类是一种重要的无监督聚类方法。这种聚类方法将数据划分为多个类别，其中每个类别都对应于一个代表(原型)，它最小化一个定义在样本和代表之间距离之上的目标函数，如 *K*-means 算法[5]。

设 $X=\left(x_1,x_2,\cdots,x_n\right)$ 是一个包含 n 个数据的样本，其中 $x_i\in\mathbf{R}^d$ 是一个 d 维的向量，x_{im} 为它的第 m 个分量；d_A 是一个距离度量：$d_A:\mathbf{R}^d\times\mathbf{R}^d\to\mathbf{R}$，其中 A 是距离度量的参数。成对约束的两种形式 mast-link 和 cannot-link 分别表示成：$C_{\mathrm{ML}}=\left\{\left(x_i,x_j\right)\right\}$，$C_{\mathrm{CL}}=\left\{\left(x_i,x_j\right)\right\}$，其中 $\left(x_i,x_j\right)\in C_{\mathrm{ML}}$ 表示 x_i 、x_j 属于同一类，而 $\left(x_i,x_j\right)\in C_{\mathrm{CL}}$ 表示 x_i 、x_j 属于不同的类。同时，这两种约束伴随着一个违反损

失 W，其中，w_{ij} 表示违反 x_i 与 x_j 之间的约束所带来的损失，如果 x_i 与 x_j 之间存在约束 $(x_i,x_j)\in C_{\text{ML}}$ 或者 $(x_i,x_j)\in C_{\text{CL}}$。有约束的半监督聚类的任务是将数据样本 X 划分成 K 个不同的类别 $(X_1,X_2,\cdots,X_K)$，使得依据一个给定的距离度量 d_A，样本及其类别代表之间的距离和最小，同时违反约束的损失最小。

17.1.1　HMRF 模型

基于 HMRF 模型的有约束半监督聚类由以下几部分组成。

(1) 观测集 $X=(x_1,x_2,\cdots,x_n)$，它对应于给定的数据 X。注意，这里延续了前面的标号，X 既表示给定的数据样本，也表示其对应的随机变量。

(2) 不可观测(隐变量)集 $Y=(y_1,y_2,\cdots,y_n)$，它对应于样本集 X 的聚类类别赋值。每个 y_i 表示样本 x_i 的聚类标注，它的取值范围是 $(1,2,\cdots,K)$。

(3) 产生式模型参数的不可观测(隐变量)集 Θ。Θ 包含距离函数的参数 A 和聚类的代表 $M=(\mu_1,\mu_2,\cdots,\mu_K)$，即 $\Theta=\{A,M\}$。

(4) 约束变量的可观测集 $C=(c_{1,2},c_{1,3},\cdots,c_{n-1,n})$。每个 $c_{i,j}$ 表示一个取 3 个值的变量，它的取值为 $\{-1,0,1\}$，其中 $c_{i,j}=1$ 表示 $(x_i,x_j)\in C_{\text{ML}}$，$c_{i,j}=-1$ 表示 $(x_i,x_j)\in C_{\text{CL}}$，$c_{i,j}=0$ 表示 (x_i,x_j) 没有约束。

由于约束是可观测的且上述模型没有对这些约束进行产生式建模，因此模型关于 X、Y、Θ 的联合概率是关于约束 C 的条件概率。

HMRF 原理如图 17.1 所示。X 包含五个标本 $(x_1,x_2,\cdots,x_5)$，它们的类别 $Y=(y_1,y_2,\cdots,y_5)$ 的取值为 $(1,2,3)$ 表示的三类。三个成对的约束为：(x_1,x_2) 和 (x_1,x_4) 是两个 must-link 类型的约束；(x_2,x_3) 是一个 cannot-link 类型的约束。对应的约束变量是 $c_{1,2}=1$、$c_{1,4}=1$、$c_{2,3}=-1$，C 中其他变量的取值都为 0。聚类的任务是将这五个点划分为三类。must-link 的点 x_1、x_2 和 x_4 属于类别 1，与 x_2 不能属于同一个类别的 x_3 属于类别 2，没有任何约束的 x_5 属于类别 3。

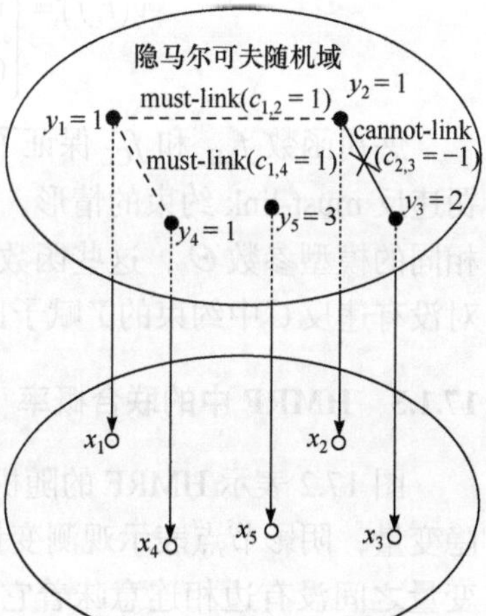

图 17.1　HMRF 原理示意图

17.1.2　类别的马尔可夫随机域

设 N_i 是隐变量 $y_i\in Y$（$x_i\in X$ 的类别)对应的一个邻居集合，它定义为所有和 x_i 有

must-link 或者 cannot-link 点的标注的集合，即 $N_i=\{y_i|(x_i,x_j)\in C_{\mathrm{ML}}$或$(x_i,x_j)\in C_{\mathrm{CL}}\}$。定义在隐变量 Y 上的随机域是一个马尔可夫随机域(Markov random field, MRF)，其中隐变量上的条件概率分布满足马尔可夫性质：

$$\forall i,P\left(y_i|Y-\{y_i\},\Theta,C\right)=P\left(y_i|N_i,\Theta,C\right) \tag{17.1}$$

因此，给定模型参数和一组约束，样本 x_i 的类别 y_i 的条件概率分布仅仅依赖于那些与 x_i 有 must-link 或者是 cannot-link 的样本的聚类标注。根据 Hammersley-Clifford 定理[6]，标注 Y 的先验分布可以表示成一个吉布斯分布[7]：

$$P(Y|\Theta,C)=\frac{1}{Z}\exp\left(-v(Y)\right)=\frac{1}{Z}\exp\left(-\sum_{N_i\in N}v_{N_i}(Y)\right) \tag{17.2}$$

式中，N 为所有邻居集合；Z 为归一函数；$v(Y)$ 为所有标注的势能函数，它能够分解为函数 $v_{N_i}(Y)$ 的和，每个 $v_{N_i}(Y)$ 表示邻居集 N_i 在 Y 中的势能。由于每个邻居 N_i，定义在 C 中的约束(和模型参数 Θ)之上，标注 Y 的先验可以进一步分解为

$$P(Y|\Theta,C)=\frac{1}{Z}\exp\left(-\sum_{i,j}v(i,j)\right) \tag{17.3}$$

式中，每个约束势能函数 $v(i,j)$ 的定义如下：

$$v(i,j)=\begin{cases}w_{ij}f_{\mathrm{ML}}(i,j), & c_{i,j}=1\text{且}y_i\neq y_j\\ w_{ij}f_{\mathrm{CL}}(i,j), & c_{i,j}=-1\text{且}y_i=y_j\\ 0, & \text{其他}\end{cases} \tag{17.4}$$

惩罚函数 f_{ML} 和 f_{CL} 保证了 Y 在违反约束 C 时获得低概率。更具体地，f_{ML} 惩罚违反 must-link 约束的情形，而 f_{CL} 惩罚违反 cannot-link 约束的情形。通过使用相同的模型参数 Θ，这些函数可以取成与距离度量相关的函数。总之，式(17.4)对没有违反 C 中约束的 Y 赋予比较高的概率。

17.1.3　HMRF 中的联合概率

图 17.2 表示 HMRF 的随机变量间依赖关系的图块模型[8]，其中白色节点表示隐变量，阴影节点表示观测变量，有向边表示变量之间的依赖关系，同时，两个变量之间没有边相连意味着它们相互条件独立。假设 Θ 的先验分布与约束 C 无关，Y 的概率依赖于约束 C 和当前产生式模型参数 Θ 。基于聚类标注 Y，利用模型参数可以产生对应于变量 X 的观测数据样本，它们与约束 C 独立。每个 x_i 都独立同分布地服从 $P(X|Y,\Theta)$。那么，条件分布 $P(X|Y,\Theta,C)$ 可以表示为

$$P(X|Y,\Theta,C)=P(X|Y,\Theta)=\prod_{i=1}^{n}p(x_i\mid y_i,\Theta) \tag{17.5}$$

式中，$p(\cdot\mid y_i,\Theta)$为第y_i个聚类类别的参数化概率密度函数，x_i的产生来源于该函数，其与聚类的距离度量d_A有关。

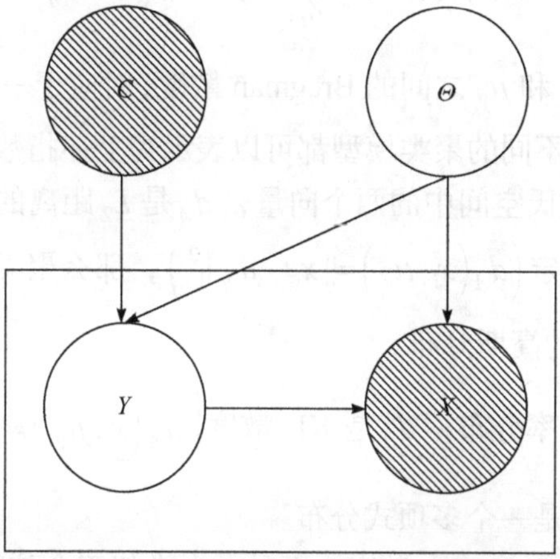

图 17.2　HMRF 的随机变量间依赖关系的图块模型

由式(17.3)、式(17.4)和式(17.5)可以看出，最大化 HMRF 的联合概率等价于最大化：

$$P(X,Y,\Theta|C)=P(\Theta)\left(\frac{1}{Z}\exp\left(-\sum_{c_{i,j}\in C}v(i,j)\right)\right)\left(\prod_{i=1}^{n}p(x_i|y_i,\Theta)\right) \tag{17.6}$$

式中含有三项，第一项表示模型参数的概率分布，它可以防止模型参数收敛到一个退化解，因此，它对模型起到正则作用；第二项是给定约束C下观测到一个特定标注的条件概率，它可以有效地保证在聚类类别赋值满足约束C时，标注Y获得一个比较高的概率；最后一项是给定模型参数和标注Y的条件下产生出观测数据的条件概率。如果对 HMRF 进行最大似然估计，那么目标函数将单独最大化这一项。

总之，最大化 HMRF 的联合概率，如式(17.6)所示，等价于联合最大化模型产生数据的似然函数和满足约束的标注赋值的概率，同时需要正则化模型参数。

17.1.4　HMRF 的半监督聚类的目标函数

式(17.6)给出了聚类时引入约束的一般框架。在这个框架下，选择特定的条件概率$P(x\mid y,\Theta)$与选择适合聚类任务的度量函数直接相关。

在设计条件概率$P(x_i\mid y_i,\Theta)$时，从第y_i个聚类类别中产生y_i的条件概率，这里假设它的定义限制为指数族分布，其中对应第 y_i 个聚类类别的期望参数为 μ_{y_i}，它是这个聚类类别中样本的均值。根据该假设和正规的指数族分布与正规的 Bregman 散度[9]之间一一对应关系，可得观测数据的条件分布为

$$P\left(x_i \mid y_i, \Theta\right)=\frac{1}{Z_\Theta} \exp\left(-d_A\left(x_i, \mu_{y_i}\right)\right) \tag{17.7}$$

式中，$d_A\left(x_i,\mu_{y_i}\right)$ 为 x_i 和 μ_{y_i} 之间的 Bregman 散度，对应于一个指数族分布 p；Z_Θ 为归一化因子。很多不同的聚类模型都可以表示为上述指数形式框架的特例。

如果 x_i 和 y_i 是欧氏空间中的两个向量，d_A 是 L_2 距离的平方，它由一个参数为半正定矩阵 A 所决定 $\left(d_A\left(x_i,\mu_{y_i}\right)=\| x_i-\mu_{y_i}\|_A^2\right)$，那么聚类类别的条件概率是一个协方差矩阵为 A^{-1} 的高斯分布。

如果 x_i 和 y_i 是概率分布，d_A 是 KL 散度 $\left(d_A\left(x_i,\mu_{y_i}\right)=\sum_{m=1}^{d} x_{im}\ln\frac{x_{im}}{\mu_{y_i m}}\right)$，那么聚类类别的条件概率是一个多项式分布。

即使 d_A 不是一个 Bregman 散度，而是一个类似于余弦度量的方向距离度量，式(17.7)仍然成立。例如，如果 x_i 和 y_i 是两个单位长度的向量，d_A 是 1 减去向量的数量积，即 $\left(d_A\left(x_i,\mu_{y_i}\right)=1-\frac{\sum_{m=1}^{d} x_{im}\mu_{y_i m}}{\left\|x_i\right\|\left\|\mu_{y_i}\right\|}\right)$，那么聚类类别的条件分布为一个单位集中参数的冯 · 米塞斯分布[10]，它是一种高斯分布的曲面形式。

将式(17.7)代入式(17.6)，然后取对数运算，可以得到如下的聚类目标函数，对其进行最小化等价于最大化式(17.6)中 HMRF 的联合概率似然函数：

$$\mathcal{J}_{\text{obj}}=\sum_{x_i\in X} d_A\left(x_i,\mu_{y_i}\right)+\sum_{c_{ij}\in C} v(i,j)-\ln P(\Theta)+\ln Z+n\ln Z_\Theta \tag{17.8}$$

因此，聚类的任务是最小化定义在隐变量 Y 和 Θ 上的 $\mathcal{J}_{\text{obj}}$。注意，给定 Y，类别的样本均值 $M=\left(\mu_1,\mu_2,\cdots,\mu_K\right)$ 是唯一确定的。

17.2　HMRF-Kmeans 算法

在聚类设置中，由于聚类类别赋值和产生式模型参数未知，因此最小化式(17.8)是一个不完全数据问题。解决这类问题的一个著名方法是 EM 算法[11]。在一些特

定的假设下，K-means 算法等价于具有硬聚类赋值的 EM 算法。本节介绍一种基于 HMRF-Kmeans 的聚类算法，它可以求出半监督聚类目标函数 $\mathcal{J}_{\text{obj}}$ 的局部最小解。

在详细介绍聚类算法之前，有必要考虑以下归一化项：式(17.8)中 HMRF 的归一化函数 $\ln Z$ 和距离度量归一化函数 $\ln Z_{\Theta}$。对大多数非平凡的条件依赖结构来说，归一化函数没有解析解，因此需要采用近似推理的方法来计算[12]。

估计距离度量归一化函数 $\ln Z_{\Theta}$ 依赖于模型中使用的距离度量 d_A。本章考虑三种参数化的距离度量：参数化的平方欧氏距离、参数化的余弦距离和参数化的 KL 散度。对欧氏距离而言，在最小化式(17.8)的聚类目标函数 $\mathcal{J}_{\text{obj}}$ 时，可以得到 Z_{Θ} 的解析解。对于另外两种距离度量，Z_{Θ} 没有解析解，因此需要采用近似推理的方法进行估计。

从计算上来说，近似推理的方法代价很高。为此，本节对模型进行如下假设：HMRF 的归一化函数在聚类过程中是一个常数，对于那些没有解析解估计的距离度量而言，度量归一化函数也是常数。在这些假设下，式(17.8)中的目标函数 $\mathcal{J}_{\text{obj}}$ 不再正好对应于 HMRF 的联合概率分布。然而，在经验上，最小化这个简化的目标函数仍然很有效[13,14]。但是，如果在某些应用中保留潜在联合概率模型的语义很重要，那么需要采用近似推理的方法来估计归一化函数 Z 和 Z_{Θ}。

假设距离度量参数 A 与样本均值 $M=(\mu_1,\mu_2,\cdots,\mu_K)$ 无关，同时假设类别的中心之间服从均匀分布。对于不同的距离度量，可能存在一些参数引起最优问题的退化解。例如，对于平方欧氏距离来说，0 矩阵 $A=0$ 是一个退化的最优解。为了避免出现退化的解，采用一个参数先验 $P(A)$ 来正则化参数值。

如果在距离度量的参数上使用标准的高斯先验，那么参数可能取负值。这里期望参数值为非负数，因此可以采用 Rayleigh 分布[15]。假设参数 $a_{ij}\in A$ 相互独立，基于 Rayleigh 分布的先验项为

$$P(A)=\prod_{a_{ij}\in A}\frac{a_{ij}\exp\left(-\dfrac{a_{ij}^2}{s^2}\right)}{s^2} \tag{17.9}$$

式中，s 为宽度参数。

在聚类中，选择合适的距离度量 d_A 一般需要关于特定领域和数据特点的先验知识。例如，平方欧氏距离适合低维的近似服从高斯分布的数据，而余弦距离更适合向量角度比长度更重要的高维数据。

本节考虑距离度量函数：Bregman 散度[9]和基于方向相似度函数的距离度量。前者包括参数化的平方欧氏距离和 KL 散度；后者包括余弦相似度和 Pearson 相关

系数[16]。为了保证度量函数的参数值非负性，基于方向函数的扭曲度度量定义为一个充分大的常数减去一个方向相似度函数。对于 Bregman 散度和余弦距离度量，目前已经存在有效的 *K*-means 风格的迭代重置算法，它可以最小化聚类对应的聚类目标函数，而 HMRF-Kmeans 算法是该算法的拓展，它允许使用一些成对的约束。

对于许多实际的数据集，现成的距离度量不能正确地反映聚类中的相似度概念。尽管一些无监督的度量如平方欧氏距离和 Pearson 距离通过使用数据集的全局均值和方差，可以对距离估计进行修正，但是，如果属性对聚类的真实贡献同它们的方差无关，这些度量仍然不能准确地估计距离。现有的一些半监督聚类方法使用自适应的距离度量，如参数化的 Jensen-Shannon 散度和平方欧氏距离。但是，这些方法仅仅利用约束来学习距离度量参数，没有使用参数学习过程中的无标注数据，并且将参数学习步与聚类步分离开来。

HMRF 模型提供了一个统一框架，它同时结合了距离度量参数的学习和约束敏感的聚类。HMRF 能够在聚类过程中迭代地学习出距离度量的参数，既使用了无标注数据，又使用了成对的约束。它可以修正距离度量的参数，以降低违反 must-link 约束的样本之间的距离且增加 cannot-link 约束样本之间的距离，同时，如果两个样本之间有很强的聚类相关性，它就会允许违反约束的存在。

介绍如下三个距离度量函数及其参数化形式：平方欧氏距离、余弦度量和 KL 散度。通过引入参数，这些度量函数在半监督的聚类中具有自适应性，从而允许不同类型的聚类。

在某一领域，一旦给定一个距离度量，17.1 节介绍的函数 f_{ML} 和 f_{CL} 必须确定。一般而言，这些函数的定义形式同对应的距离度量相同或者相似，其表达式为

$$f_{\mathrm{ML}}(i,j)=\varphi(i,j) \tag{17.10}$$

$$f_{\mathrm{CL}}(i,j)=\varphi^{\max}-\varphi(i,j) \tag{17.11}$$

式中，$\varphi: X\times X\to\mathbf{R}^{+}$ 为非负函数，用于惩罚违反约束的聚类；$\varphi^{\max}$ 为数据集中任意两点 φ 取最大值的一个上界。函数 φ 需要与距离度量函数相关，如果在当前的距离度量参数下，这些样本不属于同一类别，那么它对违反 must-link 约束的样本赋予更高的惩罚。反之。如果这些样本在当前的距离度量很小，那么对于违反 cannot-link 约束的样本赋予更高的惩罚。根据惩罚函数的形式化描述，违反约束引起距离度量中参数的变化，以保证尽量减少约束。

因此，式(17.4)中的势能函数 $v(i,j)$ 可以表示为

$$v(i,j)=\begin{cases} w_{ij}\varphi\left(x_i,x_j\right), & c_{i,j}=1\text{且}y_i\neq y_j \\ w_{ij}\left(\varphi^{\max}-\varphi\left(x_i,x_j\right)\right), & c_{i,j}=-1\text{且}y_i=y_j \\ 0, & \text{其他} \end{cases} \tag{17.12}$$

同时，式(17.8)中半监督聚类的目标函数可以表示为

$$\begin{aligned}\mathcal{J}_{\text{obj}}=&\sum_{x_i\in X}d_A\left(x_i,\mu(i)\right)+\sum_{\substack{\left(x_i,x_j\right)\in C_{\text{ML}}\\ \text{s.t. }y_i\neq y_j}}w_{ij}\varphi\left(x_i,x_j\right)\\&+\sum_{\substack{\left(x_i,x_j\right)\in C_{\text{CL}}\\ \text{s.t. }y_i=y_j}}w_{ij}\left(\varphi^{\max}-\varphi\left(x_i,x_j\right)\right)-\ln P(A)+n\ln Z_{\Theta}\end{aligned} \tag{17.13}$$

目标函数中不再含有 HMRF 的归一化函数 $\ln Z$ 。

1) 参数化的平方欧氏距离

假设 A 为对称正定矩阵，参数化的平方欧氏距离可以表示为

$$d_{\text{euc}_A}\left(x_i,x_j\right)=\| x_i-x_j\|_A^2=\left(x_i,x_j\right)^{\text{T}}A\left(x_i,x_j\right) \tag{17.14}$$

这种形式的参数化平方欧氏距离等价于使用一个任意半正定权重矩阵替换可逆的协方差矩阵后得到的 Mahalanobis 聚类。Cortes 等[17]在半监督聚类中使用了距离度量函数。其可以看成 x 在由 $A^{1/2}$ 生成的空间的投影：$x\mapsto A^{1/2}x$ 。

如果在聚类时使用参数化的平方欧氏距离作为自适应的距离度量，那么惩罚违反约束的函数 φ 可以定义为 $\varphi\left(x_i,x_j\right)=d_{\text{euc}_A}\left(x_i,x_j\right)$。cannot-link 约束惩罚的上界可以初始化为 $\varphi_{\text{euc}_A}^{\max}=\sum_{\left(x_i,x_j\right)\in C_{\text{CL}}}d_{\text{euc}_A}\left(x_i,x_j\right)$ 总能保证惩罚为正数。通过在式(17.13)中使用这些定义，基于自适应平方欧氏距离的半监督聚类的目标函数可以表示为

$$\begin{aligned}\mathcal{J}_{\text{euc}_A}=&\sum_{x_i\in X}d_{\text{euc}_A}\left(x_i,\varphi(i)\right)+\sum_{\substack{\left(x_i,x_j\right)\in C_{\text{ML}}\\ \text{s.t. }y_i\neq y_j}}w_{ij}d_{\text{euc}_A}\left(x_i,x_j\right)\\&+\sum_{\substack{\left(x_i,x_j\right)\in C_{\text{CL}}\\ \text{s.t. }y_i=y_j}}w_{ij}\left(\varphi_{\text{euc}_A}^{\max}-d_{\text{euc}_A}\left(x_i,x_j\right)\right)-\ln P(A)-n\ln\det(A)\end{aligned} \tag{17.15}$$

对于一个协方差矩阵为 A^{-1} 的高斯分布，$\ln Z_{\Theta}$ 是可计算的，它有解析解，对于参数化平方欧氏距离度量而言，这个高斯分布是潜在聚类类别的联合概率分布。在这种情形下，式(17.15)中的 $\ln\det(A)$ 对应于 $\ln Z_{\Theta}$。

2) 参数化的余弦度量

使用对称正定矩阵A对余弦度量进行参数化，得到如下扭曲度度量：

$$d_{\cos_A}\left(x_i, x_j\right) = 1 - \frac{x_i^{\mathrm{T}} A x_j}{\| x_i \|_A \| x_j \|_A} \tag{17.16}$$

对于实际的高维数据而言，计算满秩矩阵A的复杂度很高，在这种情况下为了简化计算，通常选择对角矩阵，使得$a = \operatorname{diag}(A)$是一个正权重的向量。

如果使用参数化的余弦相似度距离作为聚类的自适应距离度量，那么函数φ可以定义为$\varphi\left(x_i, x_j\right) = d_{\cos_A}\left(x_i, x_j\right)$。根据式(17.13)中的定义，将$\varphi\left(x_i, x_j\right)$的上界设为$\varphi^{\max} = 1$，那么基于自适应的余弦距离度量的半监督聚类目标函数可以定义为

$$\begin{aligned} \mathcal{J}_{\cos_A} = & \sum_{x_i \in X} d_{\cos_A}\left(x_i, \mu(i)\right) + \sum_{\substack{\left(x_i, x_j\right) \in C_{\mathrm{ML}} \\ \text{s.t. } y_i \neq y_j}} w_{ij} d_{\cos_A}\left(x_i, x_j\right) \\ & + \sum_{\substack{\left(x_i, x_j\right) \in C_{\mathrm{CL}} \\ \text{s.t. } y_i = y_j}} w_{ij}\left(1 - d_{\cos_A}\left(x_i, x_j\right)\right) - \ln P(A) \end{aligned} \tag{17.17}$$

对于参数化的余弦度量而言，要得到$\ln Z_{\Theta}$的解析解很困难。因此，可以假设在聚类过程中$\ln Z_{\Theta}$是一个常量。

3) 参数化的 KL 散度

在某些领域，数据由概率分布决定。例如，假设单词服从一个多项式分布，那么文本文档可以表示为定义在单词上的概率分布函数。KL 散度是一个被广泛采用的距离度量，即$d_{\mathrm{KL}}\left(x_i, x_j\right) = \sum_{m=1}^{d} x_{im} \ln \frac{x_{im}}{x_{jm}}$，其中，$x_i$和$x_j$是定义在事件$d$上的概率分布，其满足$\sum_{m=1}^{d} x_{im} = \sum_{m=1}^{d} x_{jm} = 1$。采用如下方法对 KL 散度参数化：在第$m$个分量上乘以一个权重$\gamma_m$，即$d'_{\mathrm{KL}}\left(x_i, x_j\right) = \sum_{m=1}^{d} \gamma_m x_{im} \ln \frac{x_{im}}{x_{jm}}$。

本章使用对角矩阵A来参数化 KL 距离度量，其中，$a = \operatorname{diag}(A)$是一个正权重的向量。这种参数化的 KL 距离就变成了 Bregman 散度。定义为：$d_{\mathrm{I}}\left(x_i, x_j\right) = \sum_{m=1}^{d} x_{im} \ln \frac{x_{im}}{x_{jm}} - \sum_{m=1}^{d}\left(x_{im} - x_{jm}\right)$，其中$x_i$和$x_j$不必是概率分布，但要求是非负向量。参数化的 KL 散度可以表示为

$$d_{\mathrm{I}_A}\left(x_i, x_j\right)=\sum_{m=1}^{d} a_m x_{im} \ln \frac{x_{im}}{x_{jm}}-\sum_{m=1}^{d} a_m\left(x_{im}-x_{jm}\right) \tag{17.18}$$

式(17.18)可以解释为：对原始概率分布的各个分量，数乘一个 A 中对应分量的权重，然后在变换后的分布之间取I散度。

对于每个距离度量，17.1.4 节中的聚类框架需要定义一个合适的约束势能函数。而且这个函数必须是对称的，因为成对的约束是无序的。为了满足这个要求，需要分别计算 x_i 和 x_j 与它们的均值向量 $\frac{x_i+x_j}{2}$ 之间的加权I散度的和。这个参数化的平均I散度 d_{IM_A} 类似于 JS(Jensen-Shannon)散度和对称的 KL 平均散度，其定义如下：

$$d_{\mathrm{IM}_A}\left(x_i, x_j\right)=\sum_{m=1}^{d}\left(x_m \ln \frac{2 x_{im}}{x_{im}+x_{jm}}+x_{jm} \ln \frac{2 x_{jm}}{x_{im}+x_{jm}}\right) \tag{17.19}$$

如果使用参数化的平方欧氏距离作为聚类的自适应距离度量，那么函数 φ 的定义为 $\varphi\left(x_i, x_j\right)=d_{\mathrm{IM}_A}\left(x_i, x_j\right)$。根据式(17.13)，可以得到基于自适应 KL 距离的聚类的目标函数为

$$\begin{aligned}\mathcal{J}_{\mathrm{I}_A}= & \sum_{x_i \in X} d_{\mathrm{I}_A}\left(x_i, \mu(i)\right)+\sum_{\substack{\left(x_i, x_j\right) \in C_{\mathrm{ML}} \\ \text{s.t. } y_i \neq y_j}} w_{ij} d_{\mathrm{IM}_A}\left(x_i, x_j\right) \\ & +\sum_{\substack{\left(x_i, x_j\right) \in C_{\mathrm{CL}} \\ \text{s.t. } y_i=y_j}} w_{ij}\left(d_{\mathrm{IM}_A}^{\max }-d_{\mathrm{IM}_A}\left(x_i, x_j\right)\right)-\ln P(A)\end{aligned} \tag{17.20}$$

由于 JS 散度的上界为 1，式(17.20)中的上界 $d_{\mathrm{IM}_A}^{\max}$ 可以初始化为 $d_{\mathrm{M}_A}^{\max}=\sum_{m=1}^{d} a_m$。

对于参数化的 KL 散度而言，$\ln Z_\Theta$ 很难获得解析解。因此，同参数化的余弦聚类的情况一样，可以简单地进行如下假设：在聚类的过程中 $\ln Z_\Theta$ 是常量，这样，式(17.7)中的 $\ln Z_\Theta$ 项可以删除。

17.3　获取约束的主动学习方法

在没有训练数据的半监督学习设置中，获取包含成对约束的数据具有很大的代价。本节将为 HMRF 模型引入一种主动学习方法，即使在查询很少的情况下，这个主动学习方法也可以提高聚类性能。形象地说，这个方法可以访问一个无噪声的智能器，该智能器可以判断一个给定的查询对 $\left(x_i, x_j\right)$ 是 must-link 类型还是

cannot-link 类型；同时这个方法可以将很多查询对输出给智能器。

为了获得比随机情况更好的成对约束，本节利用最远优先遍历的策略，首先随机选择一个初始点；然后选择一个与初始点最远的点，将其加入遍历集合中；接着选择一个与遍历集合最远的点，其中点与集合的距离公式为 $d(x,S)=\min_{x'\in S} d(x,x')$。如此重复下去。最远优先遍历策略是 K- 中心问题的一个有效近似方法，它也被用来构造层次聚类，可以保证层次结构上每一层的性能。

Basu 等[18]发现，对于每个类别，从有标注的样本中估计聚类代表，以此初始化 K-means 可以提高性能。在特定的基于产生式模型的假设下，可以利用平方欧氏距离将混合高斯模型和 K-means 联系起来。利用 Chernoff 界直接计算可以发现，如果从高斯分布中独立地随机抽取出一些样本，作为满足对应高斯分布的一个特定聚类的种子，那么聚类代表估计的偏差会按照种子的数量指数级别地下降。因此，随机种子可以带来好的聚类代表的初始化。好的聚类代表的初始化对一些贪心算法如 K-means 算法很关键，对于成对的情况，也是同样的原理。通过访问成对的查询，为每个类别获取尽可能多的数据样本(与类别的实际大小成比例)，进而，HMRF-Kmeans 可以在一个好的聚类代表集上得到初始化。本节提到的主动学习方法包括探索和巩固两个阶段，下面进行一一介绍。

探索阶段利用最远优先遍历策略探索给定的数据，以便尽可能快地获得 K 个互不相交的非空邻居，其中每个邻居属于不同的类别。即便每个邻居中只有一个样本点，这个邻居结构也能定义给定聚类的正确框架。探索算法(算法 17.1)利用最远优先遍历获得邻居的框架结构，当算法处理完所有查询或者所有类别中至少有一个样本得到标注时，算法终止。在后一种情形下，主动学习进入巩固阶段。

算法 17.1 探索算法

输入：点集 $X=(x_1,x_2,\cdots,x_n)$、聚类数 K、总查询次数 Q；

输出：$\lambda\leqslant K$ 个不相交的邻居 $N=(N_1,N_2,\cdots,N_\lambda)$，每个邻居至少包含一个点。

(1) 初始化所有的邻居为空集。

(2) 随机选择第一个点 x，将其加 N_1，$\lambda\leftarrow 1$。

(3) 当查询仍然可以进行且 $\lambda<K$ 时：将 x 设置为离当前邻居 N 最远的点。

若根据查询 x 不能与当前所有的邻居连接，则 $\lambda\leftarrow\lambda+1$ 并基于 x 建立一个新的邻居 N_λ，否则将 x 加入与之有 must-link 关系的邻居。

巩固算法(算法 17.2)的基本思想是：由于每个类别中至少有一个标注样本，任何未标注样本 x 合适的邻居可以经最多 $K-1$ 次查询后得到。依次从每个邻居中取出一个标本 y，同时判断 (x,y) 的约束类型，从而形成多次查询，直到获得一个 must-link 约束。must-link 约束可以在 $K-1$ 次查询内得到，或者可以从 x 与剩下的邻居 must-link 约束关系中推断得出。这里所有的邻居按照样本 x 到各邻居代表点的距离进行升序排列，以便在查询过程中能更早地获得正确 x 的 must-link 约束。

算法 17.2　巩固算法

输入：点集 $X=(x_1,x_2,\cdots,x_n)$、聚类数 K、总查询次数 Q、K 个不相交的邻居，每个邻居至少包含一个点；

输出：每个邻居包含更多数据点的 K 个不相交的邻居。

(1) 估计每个邻居的中心点 $(\mu_1,\mu_2,\cdots,\mu_K)$。

(2) 当查询仍然可以进行时：

随机选择一个不属于任何邻居的点 x；

根据 $\|x-\mu_h\|^2$ 为邻居的下标 h 排序；

当 $h=1,2,\cdots,K$ 时，查询 x 与各邻居的关系直到获得 must-link 约束，并将 x 加入相应邻居。

当聚类数 K 对聚类算法而言未知时，K 对主动学习方法也是未知的。当允许查询时，仅仅能够使用探索算法。探索算法会尽可能快地发现新的类别。当探索算法获得所有类别时，对于数据集上每个最远优先的 x，算法总会找出一个与它为 munt-link 约束的邻居。因此，在发现所有的聚类类别后，探索算法也会巩固这些聚类。不过，当 K 已知时，需要使用巩固算法，原因如下：

(1) 巩固算法将样本加入聚类的速度比探索算法更快。

(2) 巩固算法从潜在的数据分布中随机抽取样本，当最远遍历获得的样本不具有这些性质时，使用巩固算法的优势在于能够更好地估计聚类代表(如聚类代表估计存在 Chernoff 界)。

继续阅读

有约束的概率半监督聚类方法是一个令人兴奋的研究领域，它融合了概率模型、聚类方法和半监督学习方法，旨在解决无监督学习和半监督学习问题中的挑战。介绍有约束的概率半监督聚类方法的文献很多，关于基于 HMRF 的半监督聚类模型可见文献[13]，关于获取约束的主动学习方法可见文献[18]。有约束概率半监督聚类方法在各种应用领域中发挥了关键作用。在有约束的概率半监督聚类领域，已经出现了多种创新技术和方法。

参考文献

[1] Baeza-Yates R, Ribeiro-Neto B. Modern Information Retrieval[M]. New York: ACM Press, 1999.

[2] Dhillon I S, Modha D S. Concept decompositions for large sparse text data using clustering[J]. Machine Learning, 2001, 42: 143-175.

[3] Banerjee A, Dhillon I S, Ghosh J, et al. Clustering on the unit hypersphere using von Mises-fisher distributions[J]. Journal of Machine Learning Research, 2005, 6(9): 1345-1382.

[4] McCallum A, Nigam K. Employing EM and pool-based active learning for text classification[C]//Proceedings of the International Conference on Machine Learning, Madison, 1998: 350-358.

[5] MacQueen J B. Some methods for classification and analysis of multivariate observations[C]//Proceedings of the Fifth Berkeley Symposium on Mathematical Statistics and Probability, Berkeley, 1967: 281-297.

[6] Speed T P, Kiiveri H T. Gaussian Markov distributions over finite graphs[J]. The Annals of Statistics, 1986, 14(1): 138-150.

[7] Geman S, Geman D. Stochastic relaxation, Gibbs distributions, and the Bayesian restoration of images[J]. IEEE Transactions on Pattern Analysis and Machine Intelligence, 1984, 6(6): 721-741.

[8] Buntine W L. Operations for learning with graphical models[J]. Journal of Artificial Intelligence Research, 1994, 2: 159-225.

[9] Baeza-Yates R, Ribeiro-Neto B. Modern Information Retrieval[M]. 2nd ed. Hoboken: Addison Wesley, 1999.

[10] Banerjee A, Merugu S, Dhillon I, et al. Clustering with Bregman divergences[J]. Journal of Machine Learning Research, 2005, 6: 1705-1749.

[11] Dempster A P, Laird N M, Rubin D B. Maximum likelihood from incomplete data via the EM algorithm[J]. Journal of the Royal Statistical Society: Series B (Methodological), 1977, 39(1): 1-22.

[12] Wainwright M J, Jordan M I. Graphical models, exponential families, and variational inference[J]. Foundations and Trends® in Machine Learning, 2008, 1(1-2): 1-305.

[13] Bilenko M, Basu S. A comparison of inference techniques for semi-supervised clustering with hidden Markov random fields[C]//Proceedings of the ICML-2004 Workshop on Statistical Relational Learning and Its Connections to Other Fields (SRL-2004), Banff, 2004:17-23.

[14] Basu S, Bilenko M, Mooney R J. A probabilistic framework for semi-supervised clustering[C]//Proceedings of the Tenth ACM SIGKDD International Conference on Knowledge Discovery and Data Mining, Seattle, 2004: 59-68.

[15] Papoulis A, Pillai S U. Probability, Random Variables and Stochastic Processes[M]. New York: McGraw Hill, 2002.

[16] Mardia K V, Jupp P E. Directional Statistics[M]. New York: Wiley, 2000.

[17] Cortes C, Lawarence N, Lee D. Advances in neural information processing systems[C]//Proceedings of the 29th Annual Conference on Neural Information Processing Systems, Montreal, 2015: 1-10.

[18] Basu S, Banerjee A, Mooney R J. Semi-supervised clustering by seeding[C]//Proceedings of the International Conference on Machine Learning, Sydney, 2002: 19-26.

第 18 章 基于条件调和混合的半监督学习

在基于图的学习算法中，节点表示数据点，边表示数据点之间的相似度，这是目前很流行的半监督学习方法。本章介绍一个常规的概率公式，称为条件调和混合(conditional harmonic mixing，CHM)，它的边是有向的，每条边有一个条件概率矩阵，而且类别数量在节点之间是变化的。每个节点类别的后验概率通过最小化该节点分布及其邻居对它进行预测的分布之间的 KL 散度进行更新。可以证明，对于任意的图，只要未标注样本和训练样本中至少一个样本点相连，那么解总是唯一存在的。即使图中含有环或者条件概率矩阵不一致，上述结果也成立。在给定分类器的任务中，CHM 通过对转移概率的学习，证明了其可以在 Reuters 数据集上提高现有最好分类器的精度。

18.1 条件调和混合模型

CHM 的图结构依赖于具体问题，但所有图均满足弱约束：对每个测试节点 i，都存在一条通路将节点 i 连接到一个训练节点，这个节点称为标注连接的。如果每个测试节点都是标注连接的，那么一个图就称为标注连接的。节点 i 的邻居定义为所有与节点 i 相邻的节点，相邻是指存在一条边连接 i 和 j。

这里采用下列记号：假设节点 i 的随机变量有 M_i 个状态(类别)，节点 i 和节点 j 的边有一个 $M_j \times M_i$ 的条件概率矩阵 P_{ij}。约定：如果 i 和 j 之间没有边，那么 P_{ij} 是一个分量均为 0 的 $M_j \times M_i$ 矩阵。对于每个未标注节点 i，它的后验概率记作 $P_i \in \mathbf{R}^{M_i}$；对于有标注节点，它的后验概率记作 $Q \in \mathbf{R}^{M_i}$。有标注节点集记作 $\mathcal{L}$，其中 $l \in \mathcal{L}$；无标注节点集记作 U，其中 $u \in U$，$\mathcal{M}(i)\left(\mathcal{N}(i)\right)$ 表示与节点 i 相邻的有标注(无标注)节点的指标集，定义 $J = \mathcal{M} \cup \mathcal{N}$，其中 $n(i) \in \|J(i)\|$，$p(i)\left(q(i)\right)$ 表示测试节点(训练节点)指向节点 i 的边的数目。

图中的节点从它的相邻节点接收到其后验概率估计，这些估计可能不一致。假设节点 i 的分布为 Q_i，假设 P_j 是节点 i 处来源于 $n(i)$ 个邻居节点的分布估计，其中 $j \in J(i)$。它们满足：对于每个 $k \in J(i)$，$P_j = P_{jk} P_k$。给定 Q_i，描述 P_j 所需的比特数为 $\sum_j \{H\left(P_j\right) + D\left(P_j | Q_i\right)\}$，其中 H 表示熵，D 表示 KL 散度。由于 Q_i 要

尽可能近似地表示 P_j 的组合分布，因此需要上述比特数最小。对于固定的 P_j，设定 $\left(Q_j\right)_a=\left(1/n(i)\right)\sum_{j=1}^{n(i)}\left(P_j\right)_a$ 可以实现这一点。图上的函数称为调和函数[1,2]，如果在每个内节点上的函数值是其邻居节点上函数值的(加权)平均值(同边界节点不同)，那么内节点的函数值不是固定的。下面使用无标注节点和有标注节点表示内节点和边界节点。假定存在一个解，那么在这个解的位置，一个节点的后验分布是其邻居。

18.2　CHM 模型的学习

这里举一个简单的例子来解释模型的思想同时证明其收敛性。在图 18.1 中，有一个包含 3 个点的 CHM 图，其中一个黑点有标注，另外两个白点无标注，为了叙述简单，每个节点上的类别数目均为 C。

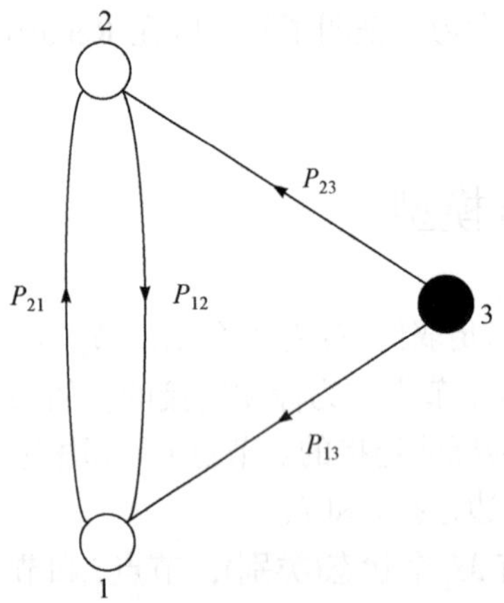

图 18.1　CHM 图结构示意图

由以上更新规则可得如下一致性条件：

$$\begin{bmatrix} -1 & \frac{1}{2}P_{12} & \frac{1}{2}P_{13} \\ \frac{1}{2}P_{21} & -1 & \frac{1}{2}P_{23} \end{bmatrix}\begin{bmatrix} P_1 \\ P_2 \\ P_3 \end{bmatrix}=0 \tag{18.1}$$

式中，$P_3=(1,0,0,\cdots)$，矩阵中的 1 表示单位矩阵。对任意一组条件概率矩阵 P_{23}、P_{21}、P_{12}、P_{13}，这些等式都满足以下条件：①解总是存在的；②解是唯一的；③解 P_2、P_3 是随机向量；④雅可比迭代会收敛到最终的解(通过雅可比迭代法，能够充分利用大问题的稀疏性)。整理得

$$\begin{bmatrix} 1 & -\frac{1}{2}P_{12} \\ -\frac{1}{2}P_{21} & 1 \end{bmatrix}\begin{bmatrix} P_1 \\ P_2 \end{bmatrix}=\frac{1}{2}\begin{bmatrix} P_{13} & P_3 \\ P_{23} & P_3 \end{bmatrix} \tag{18.2}$$

式中，等号左边的第 1 个矩阵是 C_u 阶方阵(但不一定是对称的)，矩阵的阶仅仅依赖未标注样本(其后验概率未知)，等号右边矩阵的阶仅仅依赖有标注的样本。

考虑如下迭代算法，其中 $x^{(0)}$ 为任意值：

$$Mx^{(k+1)}=Nx^{(k)}+b \tag{18.3}$$

该式是一个雅可比迭代[3]，进一步有定理 18.1。

定理 18.1 设 $b \in \mathbf{R}^d$ 且非奇异，如果 M 是非奇异的，$M^{-1}N$ 的谱半径满足不等式 $\rho\left(M^{-1}N\right)<1$，那么对于任意的初始向量 x，式(18.3)定义的迭代 x^k 收敛到 $x=\Delta^{-1}b$。

由于 N 是 1/2 的列随机矩阵，其特征根的绝对值最多为 1/2，因此 $\rho\left(M^{-1}N\right)<1$。所以，这个图的解存在且唯一。如果任意点(在无标注点上任意选择)都以随机向量作为初始值，那么由雅可比迭代的性质可知，每次迭代后的变量都是随机向量，并且最后的解也是随机向量。注意，矩阵 $M^{-1}N$ 是对角占优的，因此，它的逆存在。但是在一般情况下，N 不一定正比于一个列随机矩阵，而且 $M-N$ 不一定是对角占优的，这里需要论证 CHM 模型的通用性质。

一般收敛性证明如下。

针对每个节点，CHM 模型的解满足一致性条件：

$$P_i-\frac{1}{p(i)+q(i)}\left(\sum_{j\in N(i)}P_{ij}P_j\right)=\frac{1}{p(i)+q(i)}\left(\sum_{j\in M(i)}P_{ij}Q_j\right) \tag{18.4}$$

式中，如果 $M(i)=\varnothing$，等式右边定义为 0。设 $p=\sum_{i\in U}M_i$，定义一个块矩阵 $A\in\mathbf{R}^{p\times p}$，它的主对角元素都是 1，非主对角元素或者是 0 矩阵或者是 $\frac{1}{p(i)+q(i)}P_{ij}$ 矩阵。适当地选择非对角元素的值，可以将式(18.4)重写为

$$AP=Q \tag{18.5}$$

式中，$P,Q\in\mathbf{R}^p$。注意，式(18.5)等号右边由训练数据决定，无标注节点之间的边对应的条件概率矩阵都在 A 中，而且有标注节点和无标注节点的边对应的条件概率矩阵都在 Q 中。因此，式(18.4)对应于式(18.5)的第 i 行，它包含了 M_i 个方程。定义第 k 次雅可比迭代规则：

$$P_i^{(k)}=\frac{1}{p(i)+q(i)}\left(\sum_{j\in N(i)}P_{ij}P_j^{(k-1)}\right)+\frac{1}{p(i)+q(i)}\left(\sum_{j\in M(i)}P_{ij}Q_j\right) \tag{18.6}$$

利用定理 18.1 可以看到，$ABM-N$，其中 $M=I$ (注意，如果节点 j 到节点 i 没有边，那么定义 P_{ij} 表示分量为 0 的矩阵)，令 b 为式(18.6)等号右边的第 2 项。此时，第 k 次雅可比迭代的形式为 $MP^k=NP^{(k-1)}+b$。有如下定理成立。

定理 18.2 对于一个含有 l 个有标注节点的标注相连的 CHM 图，假设有标注节点的向量是固定的、随机的向量，那么对应的 CHM 的解总是存在且唯一的。

这个解满足：对于所有i，第i个无标注节点的向量$P_i^* \in \mathbf{R}^M$是随机向量，而且图上的雅可比迭代总是收敛到相同的解，不论P_i的初始点如何设置。

下面按照参考文献[4]中的证明思路来证明定理 18.2。

证明

(1) 假设 CHM 图是标注相连的。

(2) 令$\rho(N)<1$。

考虑特征方程：

$$N\mu = \lambda\mu \tag{18.7}$$

N的第i、j个元素为矩阵$\dfrac{1}{p(i)+q(i)}P_{ij}$，$\mu$的第$i$个元素是一个$M_i$维向量。那么，设$\mu_i$为$L_1$范数最大的分量(如果有多个最大分量，那么取任意一个)，考虑式(18.7)对应的行，其包含M_i个方程：

$$\frac{1}{p(i)+q(i)}\left(\sum_{j\in N(i)} P_{ij}\mu_j\right) = \lambda\mu_i \tag{18.8}$$

①假设$q(i)>0$：$P\mu_i P_1 \geqslant P\mu_i P_1,\ \forall j$。

由于P_{ij}是列随机的，其L_1范数为 1，因此有

$$\begin{aligned}\left\|\sum_{j\in N(i)} P_{ij}\mu_j\right\|_1 &\leqslant \sum_{j\in N(i)} \left\|P_{ij}\mu_j\right\|_1 \\ &\leqslant \sum_{j\in N(i)} \left\|P_{ij}\right\|_1 \left\|\mu_j\right\|_1 \\ &= \sum_{j\in N(i)} \left\|\mu_j\right\|_1 \\ &\leqslant p(i)\left\|\mu_j\right\|_1\end{aligned} \tag{18.9}$$

式中，第二行的依据来自一个满足所有p范数的不等式[3]。假设$q(i)\geqslant 1$，对式(18.8)的等式两边取L_1范数得到$|\lambda|<1$。

②假设$q(i)=0$且$P\mu_i P_1 \geqslant P\mu_i P_1,\ \forall j$。

与①中的证明相似，因为$q(i)=0$，所以可以得到$|\lambda|<1$，而且，如果$|\lambda|=1$，那么每个μ_i的L_1范数等于$P\mu_i P_1$，因为当$|\lambda|=1$时，有

$$\begin{aligned}P\mu_i P_1 &= \frac{1}{p(i)}P\sum_{j\in N(i)} P_{ij}\mu_i P_1 \leqslant \frac{1}{p(i)}\sum_{j\in N(i)} PP_{ij}\mu_i P_1 \\ &\leqslant \frac{1}{p(i)}\sum_{j\in N(i)} P\mu_i P_1 \leqslant P\mu_i P_1\end{aligned} \tag{18.10}$$

式中，最后一步成立的前提是 μ_i 的范数最大。因此，对每个 $j \in N(i)$，式(18.8)等号右边重复上述证明过程，然后对每个 $k \in N(i)$，递归地重复上述证明，直到为每个与节点 i 相连的节点构造式(18.8)。然而，由于图是标注相连的，因此那个节点集将包含与训练节点相邻的测试节点。前面的论证假定 $q > 0$，可得 $|\lambda| < 1$。因此，一般地，对于任意的标注相连的 CHM 图，$|\lambda| < 1$ 且 $\rho(N) < 1$。

(3) A 是非奇异的。

因为 $\rho(N) < 1$，所以 N 的所有特征值严格处于复平面 ℓ 中以原点为中心的单位圆内。由于 $N = 1 - A$，如果 e 是 A 的一个特征值为 λ 的特征向量，那么它也是 N 的特征值为 $1-\lambda$ 的特征向量，而且，由于 $1-\lambda$ 严格处于 ℓ 中以原点为中心的单位圆内，$\mathcal{L}$ 本身严格处于以 $(1,0) \in \ell$ 为圆心的单位圆内，因此 $\lambda \neq 0$。所以，A 的特征根都是非 0 的，进而 A 是非奇异的。

(4) CHM 方程的解存在且唯一。

由于 A 是非奇异的，因此 $AP = Q$ 有唯一解 $P = A^{-1}Q$。

(5) 解满足每个无标注节点的向量 $P_i \in \mathbf{R}^{M_i}$ 是随机向量，不论它的初始值如何设定。

对于所有无标注节点，设 $P_i^{(0)}$ 是一个随机向量，它的第一个分量为 1，其他分量为 0。根据式(18.6)，对所有 k，$P_i^{(k)}$ 均是随机的。因此，利用定理 18.2 和上述证明过程(2)和(3)，雅可比迭代收敛到唯一的一个解，而且在解上对于所有 $i \in \mathcal{N}$，P_i 是随机向量。最后，根据定理 18.2，不管 P_i 的初值如何，都能找到同样的(唯一)解。

需要强调以下几点。

(1) 定理成立没有对条件概率矩阵做任何假设，仅仅要求它们是列随机矩阵。特别地，没有假设图上的条件概率矩阵是一致的，即存在一个联合概率分布，使得所有的条件概率分布(或者甚至是它们的任何子集)都可以通过对联合分布求边缘操作得到。因此，对于联合概率分布精确形式不存在的情形，可先使用条件概率矩阵的估计度量，再运用 CHM 算法。

(2) 一般地，A 是非对称的。

(3) 除了标注相连以外，不需要对图强加任何结构。特别地，图可以包含环。

(4) 每个节点的类别数目可以不同，此时条件概率矩阵不是方阵。

(5) 模型可以处理概率类别标注，即 Q_i 是任意的随机向量。

(6) 不用雅可比迭代，用 Gauss-Seidel 迭代可以提高收敛速度。对于 Gauss-Seidel 迭代，与 $\rho\left(M^1 - N\right)^k$ 一样，迭代的错误率趋于 0。

18.3 融入先验知识

假设在一个数据集上，给定了一个已有分类器的输出结果。分类器是在有标注样本上训练的，但是训练数据的数量有限，想通过使用半监督学习提高结果的准确性，这里使用在参考文献[5]中的方法，对图中的每个节点增加一个标注节点，它的标注是预测该节点的后验分布。事实上，CHM 利用这种方法可以组合多个分类器。这种方法具有另外一个优势，即对 CHM 的光滑性进行正则：通过调整边的条件分布，CHM 模型或多或少可以将权重作用在原始分类器的输出上。而且，对于含有多个分支且一些分支不是标注相连的图，该方法在其中非连通的子图上可以做出合理的预测；即使对于不包含训练样本的子图，仍可以进行 CHM 松弛，因为基本的分类器仍然可以对这些节点进行预测。在 CHM 中，这种在图上利用基本分类器的方法称为提升。

18.4 学习条件分布

本节主要解决寻找条件分布矩阵 P_{ij} 的问题。考虑图 18.1 中的简单 CHM 模型，为了解释方便，假设每个节点的类别数为 2，而且 $P_1BP_{13}=P_{23}$，$P_uBP_{12}=P_{21}$(l 和 u 分别表示标注数据和未标注数据)。参数化矩阵为

$$P_1=\begin{bmatrix}1-v_1 & v_2\\ v_1 & 1-v_2\end{bmatrix},\quad P_u=\begin{bmatrix}1-v_3 & v_4\\ v_3 & 1-v_4\end{bmatrix} \tag{18.11}$$

式中，$\forall i, 0\leqslant v_i\leqslant 1$。假设图 18.1 中每个节点的后验分布已给定，分量记作 (P_{1a},P_{1b})。此时，式(18.1)可以重写为

$$\begin{bmatrix}-P_{3a} & P_{3b} & -P_{2a} & P_{2b}\\ P_{3a} & -P_{3b} & P_{2a} & -P_{2b}\\ -P_{3a} & P_{3b} & -P_{1a} & P_{1b}\\ P_{3a} & -P_{3b} & P_{1a} & -P_{1b}\end{bmatrix}\begin{bmatrix}v_1\\ v_2\\ v_3\\ v_4\end{bmatrix}=\begin{bmatrix}2P_{1a}-P_{2a}-P_{3a}\\ 2P_{1b}-P_{2b}-P_{3b}\\ 2P_{2a}-P_{1a}-P_{3a}\\ 2P_{2b}-P_{1b}-P_{3b}\end{bmatrix} \tag{18.12}$$

式(18.12)可以简记为 $Av=z$。一般地，矩阵 A 不必是方阵，如果它是方阵，可以是奇异的(这个例子讨论的就是这种情况)；即使 A 是非奇异的，通过对 A 求逆计算，也能保证分量 v_i 在区间[0,1]上。因此，解决如下的二次规划问题：

$$\arg\min\|Av-z\|^2,\ \text{s.t.}\ \forall i, 0\leqslant v_i\leqslant 1 \tag{18.13}$$

如果分类器的输出是校准的概率分布或者对任何分类器而言是阈值向量(它的分量为 0 或 1),那么后验分布 P_i 可以简单地取作这个问题上给定分类器的输出。给定各节点的后验分布估计,边上的条件概率矩阵可以通过解决二次规划问题得到。

18.5 模型平均

如果标注数据充分,那么可以使用交叉验证决定图的最优结构(即每个点应该连接哪些邻居)。然而,标注数据经常稀少,这就是半监督学习所面临的实际问题:标注数据少,而未标注数据多。因此,半监督学习期望找到一种选择模型或者参数的方法,而不是使用交叉验证。本节将使用模型平均的方法:对于给定的图和分类器,利用 CHM 模型改善它的结果;对于许多图,重复上述做法,同时针对所有图上每个节点,将 CHM 模型赋予它的后验分布进行简单的平均。结合学习条件分布,这种方法使得 CHM 模型成为一种无参数的方法,尽管使用很多图进行训练的计算代价比使用验证集的更高。

继续阅读

基于条件调和混合的半监督学习是机器学习领域中一个引人注目的研究方向,它融合了条件随机场、半监督学习和混合模型等多个领域的理论和方法。介绍基于条件调和混合的半监督学习的文献很多,关于 CHM 可见文献[1]和[2],关于 CHM 模型的学习内容可见文献[3]和[4],关于融入先验知识方法可见文献[5]。

参考文献

[1] Doyle P G, Snell J L. Random Walks and Electric Networks[M]. Washington, D. C.: American Mathematical Society, 1984.

[2] Zhu X, Ghahramani Z, Lafferty J D. Semi-supervised learning using gaussian fields and harmonic functions[C]//Proceedings of the 20th International Conference on Machine Learning, Washington, D. C., 2003: 912-919.

[3] Golub G H, van Loan C F. Matrix Computations[M]. Baltimore: JHU Press, 2013.

[4] Lamport L. How to write a proof[J]. The American Mathematical Monthly, 1995, 102(7): 600-608.

[5] Zhu X, Lafferty J, Ghahramani Z. Semi-Supervised Learning: From Gaussian Fields to Gaussian Processes[R]. Pittsburgh: Carnegie Mellon University, 2003.

第 19 章　高级半监督分类

高级半监督分类是一种半监督学习方法，旨在解决那些需要更多领域知识、更复杂模型或更多约束的问题。该方法通常适用于具有高度复杂结构和大量未标注数据的任务。

19.1　对比性悲观似然估计

对于前面提到的半监督学习方案和分类器，当涉及性能改进时，目前没有任何普遍适用的保证，除非对数据做出强有力的假设[1]。本节中设计的学习策略以严格的方式对训练集进行了保证。

考虑完全标注的数据集：

$$X_{V^*} = X \bigcup \left\{\left(u_i, v_i^*\right)\right\}_{i=1}^{M} \tag{19.1}$$

它类似于考虑的 X_V，假设 v^* 包含真实的标签 v_i^* 属于特征向量 U 。定义

$$\hat{\theta}_{\text{opt}} = \arg\max_{\theta\in\Theta} L\left(\theta | X_{V^*}\right) \tag{19.2}$$

给出分类器在完整训练集上的参数估计，其中未标注数据也被标注。对于这个扩大的训练集 X_{V^*}，方差 $\hat{\theta}_{\text{opt}}$ 在构造上是最优的，不能再改进。$\hat{\theta}_{\text{sup}}$ 的监督参数仅仅对 X_{V^*} 的一个子集 X 进行估计，有

$$\hat{\theta}_{\text{sup}} = \arg\max_{\theta\in\Theta} L\left(\theta | X_{V^*}\right) \tag{19.3}$$

在半监督中，X 和 U 已知，但 V^* 未知。对于基于似然法的分类器，半监督参数估计值 $\hat{\theta}_{\text{semi}}$ 基本上介于相应的监督和最优估计之间：

$$L\left(\hat{\theta}_{\text{sup}} | X_{V^*}\right) \leqslant L\left(\hat{\theta}_{\text{opt}} | X_{V^*}\right) \tag{19.4}$$

就其本身而言，这一结果似乎并无太大帮助，因为可以很容易得出一个半监督的参数估计：$\hat{\theta}_{\text{semi}}$ 等于 $\hat{\theta}_{\text{sup}}$ 。首先，要澄清不等式普遍适用于对比性悲观似然估计，即不等式一般对对比性悲观似然估计成立。

然后，说明通过对比性悲观似然估计与常规监督估计相比会有严格的改进：

$$L\left(\hat{\theta}_{\mathrm{sup}}|X_{V^*}\right) \leqslant L\left(\hat{\theta}_{\mathrm{semi}}|X_{V^*}\right) \leqslant L\left(\hat{\theta}_{\mathrm{opt}}|X_{V^*}\right) \tag{19.5}$$

通过半监督估计得到的完全标注集 X_{V^*} 的对数似然函数严格大于监督下得到的似然函数。

为了能够构建一个半监督学习器，以改进其监督学习器，明确地考虑了监督估计，并考虑了 $\hat{\theta}_{\mathrm{semi}}$ 和 $\hat{\theta}_{\mathrm{sup}}$ 造成的损失差异。

将 q_{ki} 定义为在给定特征向量 u_i 的情况下观察到特定标签 k 的假设后验 $P(k|u_i)$，将 q_{ki} 解释为每个 u_i 的软标签。这样做是为了尊重类别可能重叠的事实，而且并非每个 u_i 都能明确地归入一个类别。根据定义，$\sum_{k\in C} q_{ki}=1$。更确切地说，K 维向量 q_i 是 $\mathbf{R}^K$ 上 $K-1$ 维复数矩阵 $\varDelta_{K-1}$ 的一个元素：

$$q_i \in \varDelta_{K-1} = \left\{\left(\rho_1,\cdots,\rho_K\right)^{\mathrm{T}} \in \mathbf{R}^K \mid \sum_{i=1}^{K}\rho_i = 1, \rho_i \geqslant 0\right\} \tag{19.6}$$

在这些后验已知的情况下，可以表示任意 θ 在完整数据集上的对数似然函数：

$$L(\theta \mid X,U,q) = L(\theta \mid X) + \sum_{i=1}^{M}\sum_{k=1}^{K} q_{ki}\log p(u_i,k \mid \theta) \tag{19.7}$$

式中，对 q_{ki} 的依赖也通过变量 q 明确表示。

请注意，在 q 中使用这些软标签比仅使用一组硬标签 $V\in C^M$ 更具灵活性。

对于给定的 q，任意半监督估计 θ 对监督解的相对改进可以表示为

$$L'\left(\theta,\hat{\theta}_{\mathrm{sup}}|X,U,q\right) = L(\theta|X,U,q) - L(\hat{\theta}_{\mathrm{sup}} \mid X,U,q) \tag{19.8}$$

将半监督算法与常规监督算法进行对比，以检查半监督算法在多大程度上可以改善对数似然函数。由于处理的是半监督问题，q 是未知的，因此不能直接使用式(19.8)进行优化。当前所做的选择是最悲观的：假设真实(软)标签对任何半监督算法都是最不利的，并考虑最小化似然增益的 q：

$$\min_{q\in\varDelta_{K-1}^{M}} L'\left(\theta,\hat{\theta}_{\mathrm{sup}}|X,U,q\right) \tag{19.9}$$

式中，$\varDelta_{K-1}^{M} = \prod_{i=1}^{M}\varDelta_{K-1}$ 为 M 个单点的笛卡儿积。

19.2　半监督支持向量机

半监督 SVM(semi-supervised support vector machine，S3VM)是 SVM 在半监

督学习上的推广。当不考虑未标注样本时，SVM 试图找到最大间隔划分超平面，而在考虑未标注样本后，S3VM 试图找到能将两类有标注样本分开，且穿过数据低密度区域的划分超平面。如图 19.1 所示，“+”“−”分别表示有标注的正、反例，灰色点表示未标注样本。这里的基本假设是“低密度分隔”(low-density separation)，显然，这是聚类假设在考虑了线性超平面划分后的推广[2]。

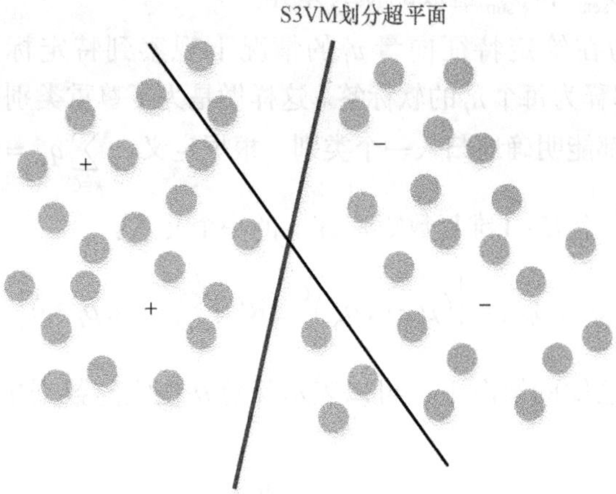

图 19.1 S3VM 与低密度分隔

S3VM 中最著名的是转导 SVM(transductive support vector machine, TSVM)[3]。与标准 SVM 一样，TSVM 也是针对二分类问题的学习方法。TSVM 试图考虑对未标注样本进行各种可能的标注指派，即尝试将每个未标注样本分别作为正例或反例，然后在所有这些结果中，寻求一个在所有样本(包括有标注样本和进行标注指派的未标注样本)上间隔最大化的划分超平面。一旦划分超平面得以确定，未标注样本的最终标注指派就是其预测结果。

19.2.1 算法

转导学习的设置是由 Vapnik 引入的[4]。对于学习任务 $P(\vec{x},y)=P(y|\vec{x})P(\vec{x})$，给学习者 L 一个包含函数 $h:X\to\{-1,1\}$ 的假设空间 H 和一个包含 n 个训练样本的独立同分布样本 S_{train}：

$$(\vec{x}_1,y_1),(\vec{x}_2,y_2),\cdots,(\vec{x}_n,y_n) \tag{19.10}$$

每个训练样例由一个文档向量 $\vec{x}\in X$ 和一个二进制标签 $y\in\{-1,+1\}$ 组成。与归纳设置相反，学习者也被给予 k 个测试示例的独立同分布样本 S_{test}：

$$\vec{x}_1^*,\vec{x}_2^*,\cdots,\vec{x}_k^* \tag{19.11}$$

来自同一个分布。学习者 L 的目标是使用 S_{train} 和 S_{test} 从 H 中选择一个函数

$h_L = L(S_{\text{train}}, S_{\text{test}})$，以便期望错误预测的数量

$$R(L) = \int \frac{1}{k}\sum_{i=1}^{k}\Theta\left(h_L\left(\vec{x}_k^*\right), y_i^*\right)\mathrm{d}P\left(\vec{x}_1^*, y_1^*\right)\cdots\mathrm{d}P\left(\vec{x}_k^*, y_k^*\right) \tag{19.12}$$

在测试实例上是最小化的。如果 $a=b$，则 $\Theta(a,b)$ 为 0，否则为 1。Vapnik 给出了训练误差相对均匀偏差的界限：

$$R_{\text{train}}(h) = \frac{1}{n}\sum_{i=1}^{n}\Theta\left(h\left(\vec{x}_i\right), y_i\right) \tag{19.13}$$

测试误差

$$R_{\text{test}}(h) = \frac{1}{k}\sum_{i=1}^{k}\Theta\left(h\left(\vec{x}_i^*\right), y_i^{\text{true}}\right) \tag{19.14}$$

有 $1-\eta$ 的概率：

$$R_{\text{test}}(h) \leqslant R_{\text{train}}(h) + \Omega(n,k,d,\eta) \tag{19.15}$$

式中，置信区间 $\Omega(n,k,d,\eta)$ 取决于训练样例数 n、测试样例数 k 和 H 的 VC 维数 d。

这个转导推理的问题似乎与机器学习中通常研究的归纳设置没有太大的不同。可以根据训练数据学习决策规则，然后将其应用到测试数据中。然而，为了解决估计 k 个二值 $y_1^*,\cdots,y_k^*$ 的问题，需要解决一个更复杂的问题，即在一个可能连续的空间上估计一个函数。当训练样本的大小 n 很小时，这可能不是最佳的解决方案。

训练样本和测试样本将假设空间 H 分成有限个等价类 H'，如果 H 中的两个函数对训练样本和测试样本的分类方式相同，则它们属于同一个等价类。这实现了从在可能无限的集合 H 中寻找函数到在有限多个等价类 H' 中寻找一个函数的学习问题。最重要的是，可以使用这些等价类来构建一个增加 VC 维数的结构，以实现结构风险最小化：

$$H_1' \subset H_2' \subset \cdots \subset H' \tag{19.16}$$

与归纳设置不同，可以在定义结构时研究测试样例的位置。利用关于 $P(\vec{x}, y)$ 性质的先验知识，可以建立一个更合适的结构，学习得更快。特别是，可以在训练和测试数据上基于分离超平面的余量来构建结构。如图 19.2 所示，正/反例题用+/–标注，测试例题用圆点标注。虚线是归纳支持向量机的解。实线表示换能型分类。Vapnik 表明，通过余量的大小，可

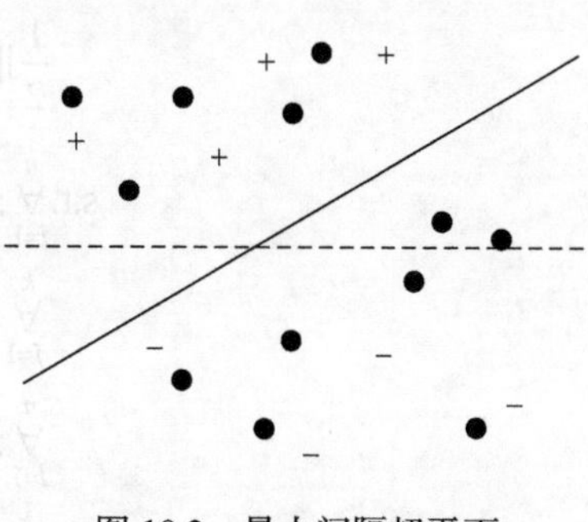

图 19.2　最大间隔超平面

以控制等价类的最大数量(即 VC 维)。

定理 19.1　考虑到超平面 $h(\vec{x})=\text{sign}\{\vec{x}\cdot\vec{\omega}+b\}$ 为假设空间 H，如果训练样本和测试样本的属性向量包含在直径为 D 的球中，则最多有

$$N_r<\exp\left(d\left(\frac{n+k}{d}=1\right)\right),\quad d=\min\left(a,\left[\frac{D^2}{\rho^2}\right]+1\right) \tag{19.17}$$

包含划分超平面的等价类：

$$\left|\frac{\vec{\omega}}{\|\vec{\omega}\|}\cdot\vec{x}_i+b\right|\geqslant\rho,\ \left|\frac{\vec{\omega}}{\|\vec{\omega}\|}\cdot\vec{x}_j^*+b\right|\geqslant\rho,\ \forall i,j=1,\cdots,n \tag{19.18}$$

即间隔大于或等于 ρ。$\left[\frac{D^2}{\rho^2}\right]$ 是 $\frac{D^2}{\rho^2}$ 的整数部分。

请注意，VC 维不一定取决于特征的数量，但可以比空间的维数低得多。让基于划分超平面的边界来使用这种结构。结构风险最小化表明，如果从结构元素 H_i' 中选择最小化等价类，可以得到测试误差的最小界。对于线性可分问题，这导致以下优化问题。

在线性可分情况下，满足约束条件：

$$\begin{aligned}&\frac{1}{2}\|\vec{\omega}\|^2\\ \text{s.t.}\ &\mathop{\forall}_{i=1}^{n}:y_i\left[\vec{\omega}\cdot\vec{x}_i+b\right]\geqslant 1\\ &\mathop{\forall}_{j=1}^{k}:y_j^*\left[\vec{\omega}\cdot\vec{x}_j^*+b\right]\geqslant 1\end{aligned} \tag{19.19}$$

解决这个问题意味着找到一个测试数据的标注 $y_1^*,\cdots,y_k^*$ 和一个超平面 $\langle\vec{\omega},b\rangle$，使得这个超平面以最大的间隔将训练数据和测试数据分开。图 19.2 说明了这一点。为了能够处理不可分离的数据，可以引入松弛变量 ξ_i，类似于使用归纳 SVM 的方式。

在线性不可分情况下，引入松弛变量 ξ：

$$\begin{aligned}&\frac{1}{2}\|\vec{\omega}\|^2+C\sum_{i=0}^{n}\xi_i+C^*\sum_{j=0}^{k}\xi_j^*\\ \text{s.t.}\ &\mathop{\forall}_{i=1}^{n}:y_i\left[\vec{\omega}\cdot\vec{x}_i+b\right]\geqslant 1-\xi_i\\ &\mathop{\forall}_{j=1}^{k}:y_j^*\left[\vec{\omega}\cdot\vec{x}_j^*+b\right]\geqslant 1-\xi_j^*\\ &\mathop{\forall}_{i=1}^{n}:\xi_i>0\\ &\mathop{\forall}_{j=1}^{k}:\xi_j^*>0\end{aligned} \tag{19.20}$$

式中，C 和 C^* 为用户自定义参数。

它们允许权衡间距大小，以防止错误分类训练样例或排除测试样例。

19.2.2　实例

文本分类的目标是将文档自动分配到固定数量的语义类别。每个文档可以属于多个类别，也可以只属于一个类别，或者根本没有类别。使用机器学习进行分类，目标是从自动分配类别的示例中学习分类器。为了有效和高效地学习，每个类别都被视为一个单独的二分类问题。每个这样的分类器都回答了一个问题，即文件是否应该被分配到一个特定的类别。

文档(通常是字符串)必须转换为适合学习算法和分类任务的表示形式。信息检索研究表明，词干作为表示单元很合适，而且对于许多任务来说，它们的顺序可以被忽略，而不会丢失太多信息。词干是通过去除格和连接信息从单词的出现形式中提取出来的[5]。例如，“computers”“computing” 和“computer”都映射到同一个词干“comput”。术语“单词”和“词干”将在下文中同义使用。

这导致了文本的属性值表示。每个不同的单词 ω_i 对应一个特征，其值为单词 ω_i 在文档 x 中出现的次数 $\mathrm{TF}(\omega_i; x)$。图 19.3 显示了转导支持向量机的训练算法。对这个基本表示进行细化后，研究表明，用逆文档频率 $\mathrm{IDF}(\omega_i)$缩放特征向量的维度[6]可以提高性能。$\mathrm{IDF}(\omega_i)$可以从文档频率 $\mathrm{DF}(\omega_i)$计算出来，$\mathrm{DF}(\omega_i)$是单词 ω_i 出现在文档中的数量。

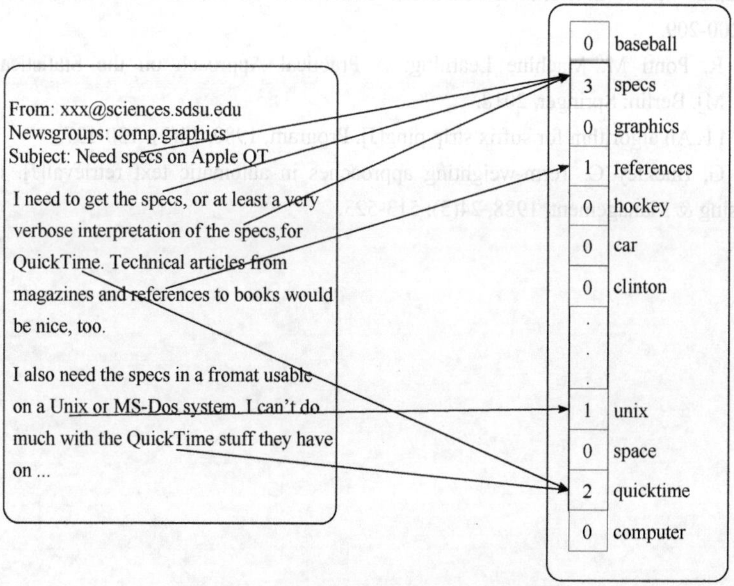

图 19.3　转导支持向量机的训练算法

$$\mathrm{IDF}(\omega_i)=\log\left(\frac{n}{\mathrm{DF}(\omega_i)}\right) \tag{19.21}$$

式中，n 是文档的总数。

直观地说，如果一个单词出现在许多文档中，那么它的逆文档频率较低，如果这个单词只出现在一个文档中，那么它的逆文档频率最高。为了从不同的文档长度中进行抽象，将每个文档特征向量 $\vec{x}_i$ 归一化为单位长度[6]。

继续阅读

高级半监督分类代表了机器学习领域的一个新兴方向，它探索了在半监督学习任务中的高级、复杂和深层次的挑战。这一领域不仅涵盖了标准的半监督学习问题，还考虑了更多现实世界中的复杂因素，如多模态数据、迁移学习、领域自适应和不准确标签等。介绍高级半监督分类的文献很多，关于对比悲观似然估计方法可见文献[1]，关于半监督支持向量机的内容可见文献[2]。

参考文献

[1] Loog M. Contrastive pessimistic likelihood estimation for semi-supervised classification[J]. IEEE Transactions on Pattern Analysis and Machine Intelligence, 2016, 38(3): 462-475.

[2] 周志华. 机器学习[M]. 北京: 清华大学出版社, 2016.

[3] Joachims T. Transductive inference for text classification using support vector machines[C]// Proceedings of the Sixteenth International Conference on Machine Learning, San Francisco, 1999: 200-209.

[4] Mello R, Ponti M. Machine Learning: A Practical Approach on the Statistical Learning Theory[M]. Berlin: Springer, 2018.

[5] Porter M F. An algorithm for suffix strip ping[J]. Program, 1980, 14(3): 130-137.

[6] Salton G, Buckley C. Term-weighting approaches in automatic text retrieval[J]. Information Processing & Management, 1988, 24(5): 513-523.

第五篇　深度学习篇

第 20 章　前馈神经网络

神经网络是一种重要的机器学习技术，其基本组成部分为神经元模型。神经元模型是由心理学家 McCulloch 和数学家 Pitts 于 1943 年根据生物神经元的结构提出的[1]。图 20.1 是生物神经元的结构，图 20.2 是神经元模型的结构。

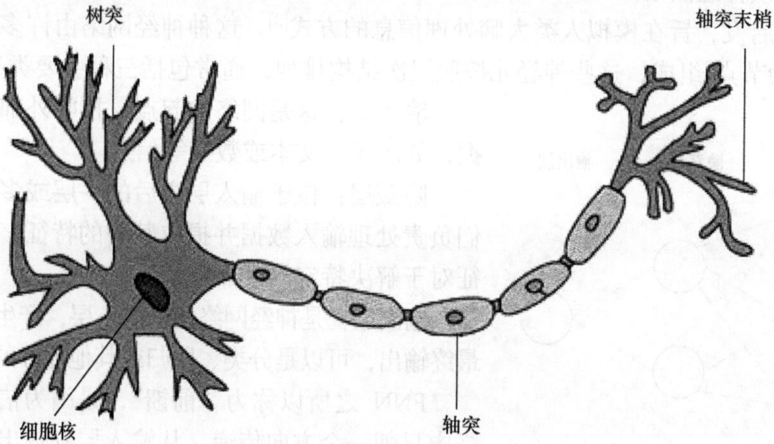

图 20.1　生物神经元

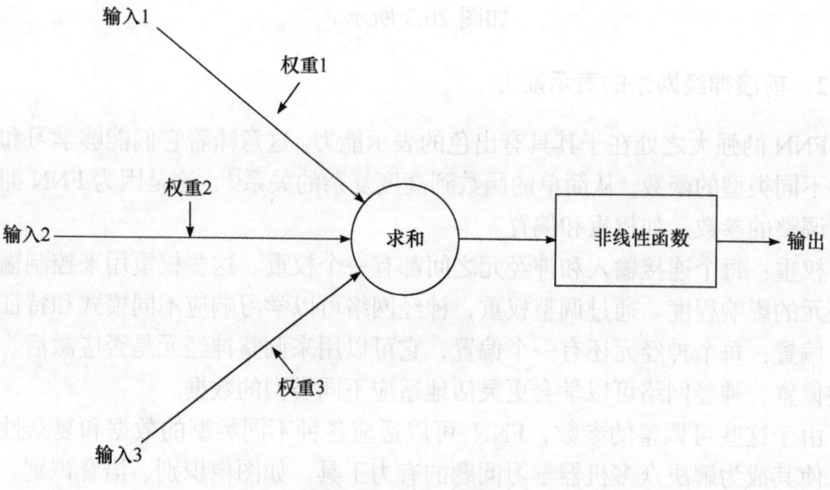

图 20.2　神经元模型

假设输入为 $X=[x_1,x_2,x_3]$，权重分别为 $W=[\omega_1,\omega_2,\omega_3]$，非线性函数为 $g(\cdot)$，那么神经元模型的数学描述为

$$y=g\left(x_1\cdot\omega_1+x_2\cdot\omega_2+x_3\cdot\omega_3\right) \tag{20.1}$$

20.1 前馈神经网络的模型

20.1.1 前馈神经网络的定义

前馈神经网络(feedforward neural network, FNN)是一种数学模型，受到生物神经元的启发，旨在模拟人类大脑处理信息的方式[2]。这种神经网络由许多神经元(也称为节点)组成，这些神经元按照层次结构排列，通常包括三种主要类型。

输入层：这是网络的起点，接收外部输入数据，如图像、文本或数字等信息。

隐藏层：位于输入层之后的一层或多层，它们负责处理输入数据并提取其中的特征。这些特征对于解决特定问题非常重要。

输出层：是神经网络的最后一层，产生网络的最终输出，可以是分类、回归或其他任务的结果。

FNN 之所以称为“前馈”，是因为信息在网络中只朝一个方向传递，从输入层到输出层，没有反馈循环。一个只有单层的隐藏层的简单 FNN 如图 20.3 所示。

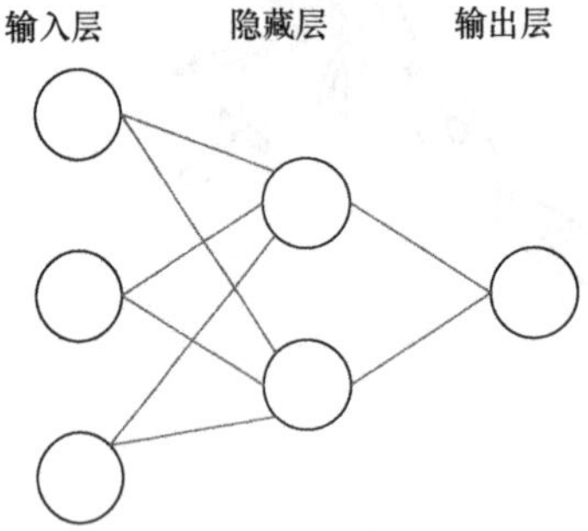

图 20.3 FNN 示意图

20.1.2 前馈神经网络的表示能力

FNN 的强大之处在于其具有出色的表示能力。这意味着它们能够学习和表示各种不同类型的函数，从简单的函数到高度复杂的关系[3]。这是因为 FNN 拥有许多可调整的参数，如权重和偏置。

权重：每个连接输入和神经元之间都有一个权重。这些权重用来控制输入对神经元的影响程度。通过调整权重，神经网络可以学习响应不同模式和特征。

偏置：每个神经元还有一个偏置，它可以用来调整神经元是否应激活。通过调整偏置，神经网络可以学会更灵活地适应不同类型的数据。

由于这些可调整的参数，FNN 可以适应各种不同类型的数据和复杂性的任务，使其成为解决众多机器学习问题的有力工具，如图像识别、语音识别、自然语言处理等。FNN 的表示能力使其具有广泛的应用领域。

20.2　前馈神经网络的学习

FNN 的学习是指网络通过观察示例数据来自动调整其内部参数(权重和偏置)，以便更好地完成特定任务。这个过程通常包括以下步骤。

(1) 准备数据：首先，准备一组训练数据，其中包括输入数据和与之对应的目标输出。例如，对于手写数字识别，输入数据是数字的图像，目标输出是图像对应的数字。

(2) 正向传播：将训练数据输入到神经网络中，然后进行正向传播。这就是数据从输入层传递到隐藏层和输出层的过程。在每个神经元内，计算权重和输入的线性组合，并将其传递给激活函数以得到神经元的输出。

(3) 计算损失：损失函数用于衡量网络的性能，通过比较网络的输出与实际目标输出，确定网络的预测有多接近真实值。常见的损失函数包括均方误差和交叉熵损失。

(4) 反向传播：计算损失之后，接下来就是反向传播的过程。这是学习的核心，它帮助我们了解如何调整网络的权重和偏置以减小损失。

(5) 参数更新：根据梯度下降的结果，更新网络的权重和偏置，以使网络的损失减小。这个过程可以重复多次，每次使用新的训练样本，直到网络能够产生满意的输出。

20.2.1　前馈神经网络学习的优化算法

在神经网络的学习中，有一些优化算法可用于有效地调整网络参数，以便更快地达到最佳性能。常见的优化算法有随机梯度下降(stochastic gradient descent, SGD)、Adam、RMSProp、Momentum。下面以 SGD 算法为例，详解网络优化过程。

SGD 算法是最常见的优化算法之一，其使用每个训练样本的梯度来更新参数。这使得网络能够逐渐收敛到最佳解。假设要最小化一个损失函数：

$$J(\theta)=\frac{1}{2}\sum_{i=1}^{n}\left(h_\theta(x_i)-y_i\right)^2 \tag{20.2}$$

式中，$h_\theta(x)=\theta_0+\theta_1x_1+\theta_2x_2+\cdots+\theta_nx_n$。

由于曲面上方向导数的最大值的方向就代表了梯度的方向，因此在梯度下降时，应该沿着梯度的反方向进行权重的更新，从而有效地找到全局的最优解。这个 θ 的更新过程可以描述为

$$\theta := \theta - \alpha \frac{\partial}{\partial \theta} J(\theta)$$

$$\begin{aligned} \frac{\partial}{\partial \theta} J(\theta) &= \frac{\partial}{\partial \theta} \frac{1}{2} \left(h_\theta(x) - y \right)^2 \\ &= 2 \cdot \frac{1}{2} \left(h_\theta(x) - y \right) \cdot \frac{\partial}{\partial \theta} \left(h_\theta(x) - y \right) \\ &= \left(h_\theta(x) - y \right) \cdot \frac{\partial}{\partial \theta_j} \left(\sum_{i=0}^{n} \theta_i x_i - y_i \right) \\ &= \left(h_\theta(x) - y \right) \cdot x_j \end{aligned} \tag{20.3}$$

式中，α 为学习率。

举一个具体例子，比如求 $y = x^2 + 1$ 的最小值，假设初始值 x 为负数，那么该函数的导数 $y = 2x$ 也是负数，此时往梯度的反方向更新，便可以使得 x 往真正的最小值 0 靠近，达到优化的目的，如图 20.4 所示。

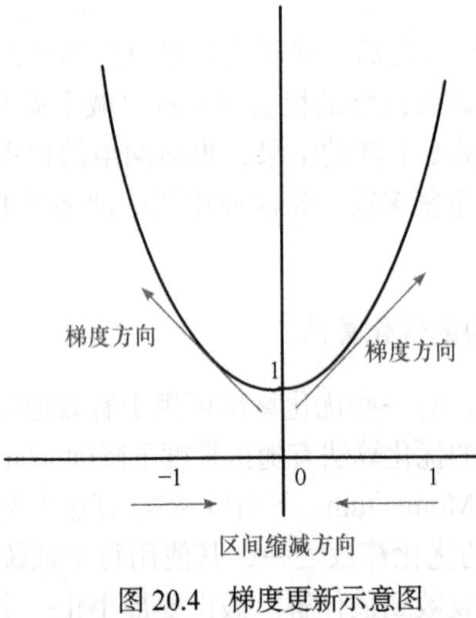

图 20.4　梯度更新示意图

20.2.2　反向传播算法

反向传播是 FNN 学习的关键组成部分，它解释了如何根据损失函数的梯度来更新网络的权重和偏置。

反向传播算法[4]通过计算损失函数对网络中每个参数的梯度，然后将误差反向传播到网络的每一层。反向传播的数学原理是链式法则，计算损失函数相对于每个参数的导数，并通过导数确定如何调整参数以减小误差。在计算参数的梯度后，可以使用优化算法(如 SGD)来更新权重和偏置。这个过程在训练中会重复多次。

反向传播如图 20.5 所示，输入x，经过网络的参数ω、b，得到一系列中间结果a、h。a表示通过权重和偏置但还未经过激活函数的结果，h表示经过激活函数后的结果。灰色框内表示L对各中间计算结果的梯度，这些梯度的反向传播有两类。

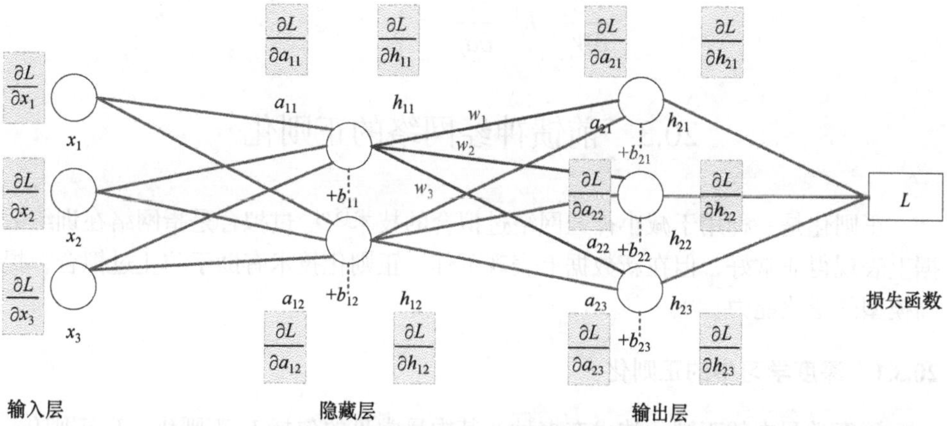

图 20.5　反向传播示意图

(1) 由h到a，通过激活函数，可得

$$\frac{\partial L}{\partial a_{21}}=\frac{\partial L}{\partial h_{21}}\cdot\frac{\partial h_{21}}{\partial a_{21}}=\frac{\partial L}{\partial h_{21}}\cdot\text{activate}'(a_{21})\tag{20.4}$$

(2) 由a到h，通过权重，可得

$$\begin{aligned}&L=f(a_{21},a_{22},a_{23})\\&\frac{\partial L}{\partial h_{11}}=\frac{\partial L}{\partial a_{21}}\frac{\partial a_{21}}{\partial h_{11}}+\frac{\partial L}{\partial a_{22}}\frac{\partial a_{22}}{\partial h_{11}}+\frac{\partial L}{\partial a_{23}}\frac{\partial a_{23}}{\partial h_{11}}\\&\frac{\partial L}{\partial h_{11}}=\frac{\partial L}{\partial a_{21}}w_1+\frac{\partial L}{\partial a_{22}}w_2+\frac{\partial L}{\partial a_{23}}w_3\end{aligned}\tag{20.5}$$

可以看出梯度的传播和前向传播的模式是一致的，只是方向不同。计算灰色框中的部分(损失对中间结果a、h的梯度)，损失对参数ω、b的梯度显而易见，以图中的ω_1和b_{21}为例：

$$\begin{aligned}&\frac{\partial L}{\partial w_1}=\frac{\partial L}{\partial a_{21}}\cdot\frac{\partial a_{21}}{\partial w_1}=\frac{\partial L}{\partial a_{21}}\cdot h_{11}\\&\frac{\partial L}{\partial b_{21}}=\frac{\partial L}{\partial a_{21}}\cdot\frac{\partial a_{21}}{\partial b_{21}}=\frac{\partial L}{\partial a_{21}}\end{aligned}\tag{20.6}$$

因此，反向传播的表达式可总结为

$$\frac{\partial L}{\partial a_i} = \frac{\partial L}{\partial h_i} \cdot \text{activate}(a_i)$$

$$\frac{\partial L}{\partial b_i} = \frac{\partial L}{\partial a_i} \frac{\partial L}{\partial h_{i-1}} = \frac{\partial L}{\partial a_i} \cdot W^{\mathrm{T}} \tag{20.7}$$

$$\frac{\partial L}{\partial W_i} = h_i^{\mathrm{T}} \cdot \frac{\partial L}{\partial a_i}$$

20.3 前馈神经网络的正则化

正则化是一种用于减小神经网络过拟合的技术[5,6]。过拟合是指网络在训练数据上表现得非常好，但在新数据上表现不佳。正则化技术有助于防止过拟合，提高模型的泛化能力。

20.3.1 深度学习中的正则化

深度学习中的正则化技术有多种，其中最常见的包括 L_1 正则化、L_2 正则化、早停法和暂退法(Dropout)。

L_1 正则化通过向损失函数添加权重参数的绝对值之和，鼓励模型使一些权重为零，从而稀疏模型。这有助于特征选择，减少不重要的权重。

L_2 正则化通过向损失函数添加权重参数的平方和，鼓励模型的权重保持在较小的范围内，防止权重过大。这有助于防止过拟合。数学描述如下：

$$L(\theta) = \text{损失函数} + \lambda \sum_{i=1}^{n} (w_i)^2 \tag{20.8}$$

20.3.2 早停法

早停法[7]是一种用于防止过拟合的简单而有效的技术。它的原理是监控验证集的性能，一旦性能开始下降，就停止训练。具体步骤如下。

(1) 将数据划分为训练集和验证集。

(2) 训练模型，并在每个训练周期后在验证集上评估模型性能。

(3) 如果验证集上的性能开始下降，就停止训练，并保存模型的最佳参数。

这种方法有助于避免模型在训练数据上过度拟合，因为一旦性能下降，模型就停止学习。早停法的关键是选择合适的停止点，这通常需要实验来确定。

20.3.3 暂退法

暂退法[8]是一种在训练期间随机关闭神经元的方法，它有助于减小过拟合，提高网络的泛化能力，其基本原理如下。

(1) 在每个训练迭代中，以一定的概率关闭(暂退)每个神经元。因此，只有部分神经元参与前向传播和反向传播。

(2) 由于神经元的随机暂退，网络不会过分依赖任何特定的神经元，从而减小了过拟合的风险。

(3) 在测试阶段，不应用暂退，而是使用所有神经元，以便进行最终的预测。

暂退法是一种简单而有效的正则化方法，广泛用于深度学习中，特别是在卷积神经网络中。它有助于提高网络的泛化性能，使其在新数据上表现更好。

继续阅读

FNN 的介绍可见文献[1]～[3]。反向传播算法的原始论文是文献[4]。FNN 的正则化的介绍可以参考文献[5]～[8]。

参考文献

[1] McCulloch W S, Pitts W. A logical calculus of the ideas immanent in nervous activity[J]. Bulletin of Mathematical Biophysics, 1943, 5: 115-133.

[2] Rumelhart D E, Hinton G E, Williams R J. Learning representations by back-propagating errors[J]. Nature, 1986, 323: 533-536.

[3] Hornik K, Stinchcombe M, White H. Multilayer feedforward networks are universal approximators[J]. Neural Networks, 1989, 2(5): 359-366.

[4] Pineda F J. Generalization of back-propagation to recurrent neural networks[J]. Physical Review Letters, 1987, 59(19): 2229-2232.

[5] Barron A R. Complexity regularization with application to artificial neural networks[M]//Roussas G, et al. Nonparametric Functional Estimation and Related Topics. Dordrecht: Springer Netherlands, 1991: 561-576.

[6] Girosi F, Jones M, Poggio T. Regularization theory and neural networks architectures[J]. Neural Computation, 1995, 7(2): 219-269.

[7] Prechelt L. Early stopping-but when[C]//Conference on Neural Information Processing System, Lake Tahoe, 1998: 55-69.

[8] Srivastava N, Hinton G, Krizhevsky A, et al. Dropout: A simple way to prevent neural networks from overfitting[J]. Journal of Machine Learning Research, 2014, 15: 1929-1958.

第 21 章　循环神经网络

循环神经网络(recurrent neural network, RNN)是一种用于处理时序数据的神经网络模型[1]。与 FNN 不同，RNN 具有循环连接，使其能够保持记忆和处理序列中的时序信息。

21.1　循环神经网络的模型

21.1.1　循环神经网络的定义

RNN 的神经元之间存在循环连接，使信息可以在网络内传递。经典的 RNN 及其在 t 时刻展开图如图 21.1 所示。

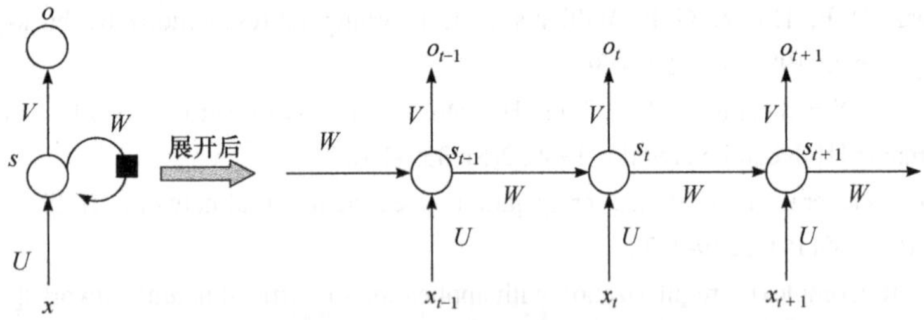

图 21.1　RNN 结构示意图

图 21.1 中，x_t 是输入层的输入；s_t 是隐藏层的输出，s_0 是计算第一个隐藏层所需要的，通常初始化为全零；o_t 是输出层的输出。从图中可以看出，RNN 中 s_t 的值不仅取决于 x_t，还取决于 s_{t-1}。

假设 $f(\cdot)$ 是隐藏层激活函数，通常是非线性的，如 tanh 函数或 ReLU 函数；$g(\cdot)$ 是输出层激活函数，可以是 Softmax 函数。那么，RNN 的前向计算过程用公式表示如下：

$$
\begin{aligned}
o_t &= g\left(V \cdot s_t + b_2\right) \\
s_t &= f\left(U \cdot x_t + W \cdot s_{t-1} + b_1\right)
\end{aligned}
\tag{21.1}
$$

通过两个公式的循环迭代，有以下推导：

$$
\begin{aligned}
o_t &= g\left(V \cdot s_t + b_2\right) \\
&= g\left(V \cdot f\left(U \cdot x_t + W \cdot s_{t-1} + b_1\right) + b_2\right) \\
&= g\left(V \cdot f\left(U \cdot x_t + W \cdot f\left(U \cdot x_{t-1} + W \cdot s_{t-2} + b_1\right) + b_1\right) + b_2\right) \\
&= g\left(V \cdot f\left(U \cdot x_t + W \cdot f\left(U \cdot x_{t-1} + W \cdot f\left(U \cdot x_{t-2} + \cdots\right)\right)\right) + b_2\right)
\end{aligned}
\tag{21.2}
$$

从式(21.2)可以看出，当前时刻的输出包含了历史信息，这说明 RNN 对历史信息进行了保存。

21.1.2 循环神经网络的学习算法

训练 RNN 的算法类似于 FNN，但由于其循环结构，训练算法需要考虑时序信息的传递。以下是训练 RNN 的基本步骤。

(1) 初始化权重和偏置。

(2) 在每个时刻 t 上，执行前向传播来计算输出。

(3) 计算损失函数，通常是均方误差或交叉熵损失，用于衡量网络输出与真实标签的差距。

(4) 使用反向传播算法计算梯度[2]。

(5) 根据梯度更新权重和偏置，通常使用 SGD 算法或其变种方法。

(6) 重复上述步骤，直到网络收敛或达到一定的迭代次数。

21.1.3 梯度消失与爆炸

RNN 训练中常遇到的问题是梯度消失[1-4]和梯度爆炸[5]。这是由 RNN 的循环结构导致的，使得在反向传播过程中，梯度可以在多个时刻上累积或衰减。

梯度消失：在反向传播中，梯度可以在每个时间步长上缩小，导致早期时间步长上的信息难以传递到后续时间步长。为了解决这个问题，可以使用门控循环单元或长短期记忆网络等改进的 RNN 架构。

梯度爆炸：梯度也可能在训练过程中急剧增加，导致权重的大幅更新，会破坏模型的稳定性。这可以通过梯度截断等方法来缓解梯度爆炸。

举一个具体的例子来说明梯度消失与爆炸的原因：假设时间序列只有三段，在 $t=3$ 时刻，损失函数为 $L_3=\frac{1}{2}(Y_3-O_3)^2$，则对于一次训练任务的损失函数为 $L=\sum_{t=1}^{T}L_t$，即每一时刻损失值的累加。对 t_3 时刻的 U、W、V 求偏导(其他时刻类似)：

$$\frac{\partial L_3}{\partial V}=\frac{\partial L_3}{\partial O_3}\frac{\partial O_3}{\partial V}$$

$$\frac{\partial L_3}{\partial U}=\frac{\partial L_3}{\partial O_3}\frac{\partial O_3}{\partial S_3}\frac{\partial S_3}{\partial U}+\frac{\partial L_3}{\partial O_3}\frac{\partial O_3}{\partial S_3}\frac{\partial S_3}{\partial S_2}\frac{\partial S_2}{\partial U}+\frac{\partial L_3}{\partial O_3}\frac{\partial O_3}{\partial S_3}\frac{\partial S_3}{\partial S_2}\frac{\partial S_2}{\partial S_1}\frac{\partial S_1}{\partial U} \tag{21.3}$$

$$\frac{\partial L_3}{\partial W}=\frac{\partial L_3}{\partial O_3}\frac{\partial O_3}{\partial S_3}\frac{\partial S_3}{\partial W}+\frac{\partial L_3}{\partial O_3}\frac{\partial O_3}{\partial S_3}\frac{\partial S_3}{\partial S_2}\frac{\partial S_2}{\partial W}+\frac{\partial L_3}{\partial O_3}\frac{\partial O_3}{\partial S_3}\frac{\partial S_3}{\partial S_2}\frac{\partial S_2}{\partial S_1}\frac{\partial S_1}{\partial W}$$

可见损失函数对于V并没有长期依赖，但是因为s_t的时间序列向前传播，而s_t又是U、W的函数，所以对于U、W，会随着时间序列产生长期依赖。根据上述求偏导的过程，可以得出任意时刻对U、W求偏导的公式：

$$\frac{\partial L_t}{\partial U}=\sum_{k=0}^{t}\frac{\partial L_t}{\partial O_t}\frac{\partial O_t}{\partial S_t}\left(\prod_{j=k+1}^{t}\frac{\partial S_j}{\partial S_{j-1}}\right)\frac{\partial S_k}{\partial U} \tag{21.4}$$

任意时刻对W求偏导的公式同式(21.4)。如果加上激活函数(tanh)：$S_j=\tanh\left(UX_j+WS_{j-1}+b_1\right)$，则有

$$\prod_{j=k+1}^{t}\frac{\partial S_j}{\partial S_{j-1}}=\prod_{j=k+1}^{t}\tanh' W \tag{21.5}$$

因为$\tanh'\leqslant 1$，并且很少情况下会恰好出现$UX_j+WS_{j-1}+b_1=0$，所以在绝大部分训练过程中 tanh 的导数是小于 1 的。如果W也是一个大于 0 小于 1 的值，则当t很大时，$\prod_{j=k+1}^{t}\tanh' W$就会趋于 0。同理，当$W$很大时$\prod_{j=k+1}^{t}\tanh' W$就会趋于无穷，这就是 RNN 中梯度消失和爆炸的原因。

21.2　常用的循环神经网络

21.2.1　长短期记忆网络

长短期记忆网络(long short-term memory, LSTM)是一种改进的 RNN，旨在解决梯度消失问题[6]。LSTM 引入了三个门控机制：遗忘门、输入门和输出门，以控制信息的流动。门控由 Sigmoid 激活函数和逐点乘法运算组成。前一个时间步长的隐藏状态被送到遗忘门、输入门和输出门。在前向计算过程中，输入门学习何时激活让当前输入传入存储单元，输出门学习何时激活让当前隐藏层状态传出存储单元。LSTM 的内部结构如图 21.2 所示。

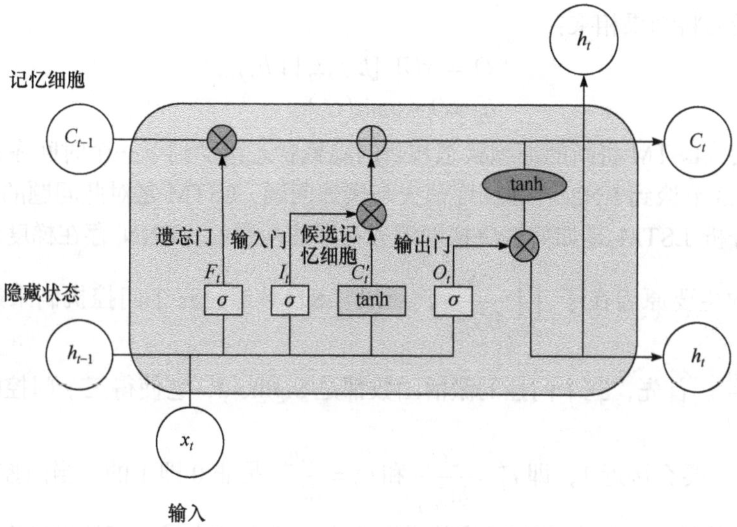

图 21.2　LSTM 内部结构示意图

从图 21.2 可以看出，在每个序列索引位置 t 时刻向前传播的除了和 RNN 一样的隐藏状态 h_t，还多了另一个隐藏状态 C_t，该隐藏状态一般称为细胞状态。它记录了之前的信息。在每个时间点，都可以通过调节权重的输入、遗忘等方式去修正 C_t 的状态。

遗忘门用于控制是否进行遗忘操作，在 LSTM 中即以一定的概率控制是否遗忘上一层的隐藏细胞状态。对于 C_{t-1} 来说，首先看上一个阶段的输出 h_{t-1} 和这个阶段的输入 x_t，并通过 Sigmoid 函数来确定要让 C_{t-1} 忘记多少，Sigmoid=1 表示要保存多一些 C_{t-1} 的比重，Sigmoid=0 表示完全忘记之前的 C_{t-1}。遗忘门的数学描述如下：

$$F_t = \sigma\left(W_f \cdot [h_{t-1}, x_t] + b_f\right) \tag{21.6}$$

输入门：首先利用上一个阶段的输出 h_{t-1} 和这个阶段的输入 x_t，通过 Sigmoid 来控制现在要加多少进入 C_t；然后再创建一个备选的 C_t'，用 tanh 去控制要加入 C_t 的部分是多少。之后通过把两个部分相乘，决定了要影响 C_t 的程度，加上之前的遗忘门的影响，这样便得到了新的隐藏细胞状态 C_t：

$$\begin{aligned} I_t &= \sigma\left(W_i \cdot [h_{t-1}, x_t] + b_i\right) \\ C_t' &= \tanh\left(W_c \cdot [h_{t-1}, x_t] + b_c\right) \\ C_t &= F_t * C_{t-1} + I_t * C_t' \end{aligned} \tag{21.7}$$

输出门：可以决定下一个隐藏状态，并且可用于预测。首先将先前的隐藏状态 h_{t-1} 和当前的输入 x_t 传给 Sigmoid 函数，然后将新修正的细胞状态 C_t 传递给 tanh

函数，最后将结果相乘：

$$\begin{aligned} O_t &= \sigma\left(W_o[h_{t-1}, x_t] + b_o\right) \\ h_t &= O_t * \tanh\left(C_t\right) \end{aligned} \tag{21.8}$$

最后，LSTM 将新的细胞状态和新的隐藏状态移动到下一个时间序列中。

21.1.3 节谈到 RNN 存在梯度消失与爆炸问题，LSTM 是对此问题的改进，下面简单分析 LSTM 是如何解决梯度消失与爆炸问题的。RNN 存在梯度消失与爆炸问题的主要原因在于 $\prod_{j=k+1}^{t}\frac{\partial S_j}{\partial S_{j-1}}$，所以 LSTM 通过三个门控机制来避免出现 $\prod_{j=k+1}^{t}\frac{\partial S_j}{\partial S_{j-1}}$。首先，三个门控的激活函数都是 Sigmoid，它使得三个门控的输出要么接近 0，要么接近 1，即 $F_t = \frac{\delta C_t}{\delta C_{t-1}}$ 和 $O_t = \frac{\delta h_t}{\delta h_{t-1}}$ 是非 0 即 1 的。当门控输出为 1 时，梯度能够很好地在 LSTM 中传递，很大程度上减小了梯度消失发生的概率，当门控输出为 0 时，说明上一时刻的信息对当前时刻没有影响，也就没有必要将梯度传递回去更新参数。所以，这就是通过门控机制就能够解决梯度的原因：使得单元间的传递 $\frac{\partial S_j}{\partial S_{j-1}}$ 为 0 或 1。

21.2.2　门控循环单元网络

门控循环单元(gated recurrent unit, GRU)是另一种改进的 RNN，类似于 LSTM[7]。它具有更新门和重置门，以控制信息的更新和遗忘。GRU 在某些情况下与 LSTM 性能相当，但参数更少，易于计算。GRU 的内部结构如图 21.3 所示。

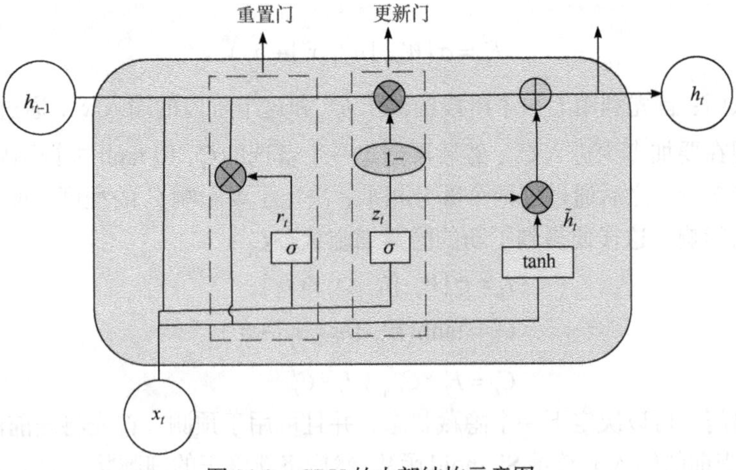

图 21.3　GRU 的内部结构示意图

GRU 的核心结构主要包括两部分：重置门和更新门。与 LSTM 一样，首先需要确定门控输出：

$$
\begin{aligned}
z_t &= \sigma\left(W_z \cdot [h_{t-1}, x_t]\right) \\
r_t &= \sigma\left(W_r \cdot [h_{t-1}, x_t]\right)
\end{aligned} \tag{21.9}
$$

重置门输出作用在 h_{t-1} 上，代表控制上一时间步传来的信息有多少可以被利用。接着使用重置后的 h_{t-1} 进行基本的 RNN 计算，即与 x_t 拼接进行线性变换，经过 tanh 激活，得到 $\tilde{h}_t$：

$$
\tilde{h}_t = \tanh\left(W \cdot [r_t h_{t-1}, x_t]\right) \tag{21.10}
$$

最后更新门会作用在 $\tilde{h}_t$，而 1− 更新门会作用在 h_{t-1} 上，随后将两者的结果相加，得到最终的隐含状态输出 h_t：

$$
h_t = \left(1 - z_t\right) h_{t-1} + z_t \tilde{h}_t \tag{21.11}
$$

该过程意味着更新门有能力保留之前的结果，当门值趋于 1 时，输出就是 $\tilde{h}_t$；当门值趋于 0 时，输出就是上一时间步的 h_{t-1}。

21.2.3　深度循环神经网络

深度 RNN 是将多个循环层堆叠在一起的模型，以增加网络的表示能力[8]。这使得网络能够学习更复杂的序列模式。深度 RNN 通常用于语言建模和机器翻译等任务。图 21.4 是一个具有 L 个隐藏层的深度 RNN，每个隐藏状态都连续地传递到当前层的下一个时间步和下一层的当前时间步。

假设在时间步 t 有小批量的输入数据 $X_t \in \mathbf{R}^{n\times d}$（样本数为 n，每个样本中的输入数为 d）。同时，将 $l^{t\times h}$ 隐藏层（$l=1,2,\cdots,L$）的隐状态设为 $H_t^{(l)} \in \mathbf{R}^{n\times h}$（隐藏单元数：$h$），输出层变量设为 $O_t \in \mathbf{R}^{n\times q}$（输出数：$q$）。设置 $H_t^{(0)} = X_t$，第 l 个隐藏层的隐状态使用激活函数 ϕ_l，则

$$
H_t^{(l)} = \phi_l\left(H_t^{(l-1)} W_{xh}^{(l)} + H_{t-1}^{(l)} W_{hh}^{(l)} + b_h^{(l)}\right) \tag{21.12}
$$

式中，权重 $W_{xh}^{(l)} \in \mathbf{R}^{h\times h}, W_{hh}^{(l)} \in \mathbf{R}^{h\times h}$ 和偏置 $b_h^{(l)} \in \mathbf{R}^{l\times h}$ 都是第 l 个隐藏层的模型参数。

最后，输出层的计算仅基于第 l 个隐藏层最终的隐状态：

$$
O_t = H_t^{(L)} W_{hq} + b_q \tag{21.13}
$$

式中，权重 $W_{hq} \in \mathbf{R}^{h\times q}$ 和偏置 $b_q \in \mathbf{R}^{l\times q}$ 都是输出层的模型参数。与多层感知机一样，隐藏层数目 L 和隐藏单元数目 h 都是超参数，可人为设置。另外，用 GRU 或 LSTM 的隐状态来代替式(21.12)中的隐状态进行计算，可以很容易得到深度

LSTM 或深度 GRU。

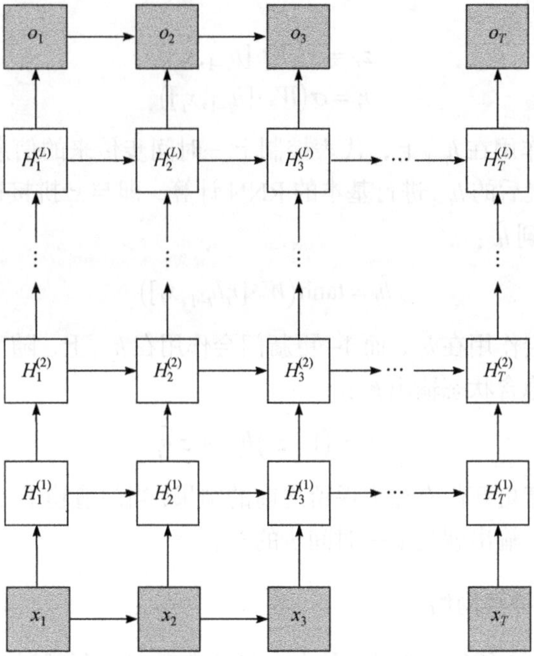

图 21.4　深度 RNN 结构示意图

21.2.4　双向循环神经网络

双向循环神经网络(bidirectional RNN, Bi-RNN)是一种能够同时考虑过去和未来信息的神经网络模型[9]。它包含两个循环层：一个负责从前往后的信息传递，另一个负责从后往前的信息传递，然后将它们的输出组合在一起，其网络结构如图 21.5 所示。

从图 21.5 很容易得到正向和反向的隐藏状态计算方法：

$$\begin{aligned}\vec{H}_t &= \phi\left(X_t W_{xh}^{(f)} + \vec{H}_{t-1} W_{hh}^{(f)} + b_h^{(f)}\right)\\ \overleftarrow{H}_t &= \phi\left(X_t W_{xh}^{(b)} + \overleftarrow{H}_{t+1} W_{hh}^{(b)} + b_h^{(b)}\right)\end{aligned} \tag{21.14}$$

最后的网络输出由正向和反向的隐藏状态共同决定：

$$\begin{aligned}O_t &= H_t W_{hq} + b_q\\ H_t &= \left[\vec{H}_t, \overleftarrow{H}_t\right]\end{aligned} \tag{21.15}$$

由于 Bi-RNN 能够同时考虑过去和未来信息，主要用于序列编码和给定双向上下文的观测估计。

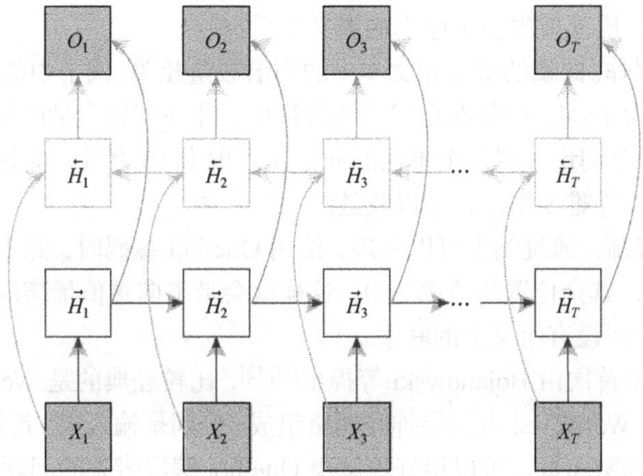

图 21.5　Bi-RNN 结构示意图

21.3　循环神经网络在自然语言生成中的应用

21.3.1　词向量

在自然语言处理领域中，最常见的信息就是文本句子信息，而文本句子信息通常由词组成，利用文本句子信息进行模型训练任务时，通常需要先将输入的信息转化为向量的形式才能给计算机识别处理进行后续的任务。词向量技术[10]指的是对文本中的词语进行编码，使它们成为向量的形式输入，包括从每个单词一维的空间到更低维的空间。在自然语言处理任务中，对于词向量有两种表示方式：独热(One-hot)编码表示和分布式表示。

One-hot 编码表示方法是把每个词表示为一个长向量。这个向量的维度是词表大小，向量中只有一个维度的值为 1，其余维度为 0，这个维度就代表当前的词。例如，用 One-hot 编码对句子“我爱北京天安门”进行表示，分词之后，可以得到[‘我’，‘爱’，‘北京’，‘天安门’]，用 One-hot 编码对单词进行编码：

‘我’可以表示为[1,0,0,0]；

‘爱’可以表示为[0,1,0,0]；

‘北京’可以表示为[0,0,1,0]；

‘天安门’可以表示为[0,0,0,1]。

通过这个例子，可以看出，采用 One-hot 编码对每个单词用一个向量进行编码存在以下几个问题。

(1) 每个向量之间的内积为 0，也就是每个向量是互相正交的。原本上下文中存在语义关系的词汇，经过 One-hot 编码后，模型无法识别出每个词之间的关系，首先在向量表示层面就失去了原本的语义关系。

(2) 维度爆炸。向量的维度和文本中的词语数量相关，例子中的单词数量为 4，所以向量表示为 1×4。但是在自然语言处理中，往往需要大量的数据，如果词库中存在 10 万个单词量，那每个单词的向量就表现为 10 万维。向量的维度过高，会导致模型的训练难度增加，难以收敛。

(3) 向量稀疏。通过例子可以发现，使用 One-hot 编码时，除了当前单词位置的值为 1 之外，其余位置的值都为 0，这样就会带来向量值稀疏的问题，其实还是向量(单词)之间没有语义上的联系。

分布式表示首次由 Bojanowski 等提出[11, 12]，比较经典的是 Word2Vec(word to vector)编码[13]，Word2Vec 由三层神经网络组成，分别是输入层、投影层和输出层，它是一种低维稠密向量，可以很好地解决 One-hot 编码带来的问题。

Word2Vec 编码采用了分布式的方法表示词的含义，可以较好地表达不同词之间的相似关系，它通过设定 n 维向量来表示每一个单词，通常 n 取 100～300。Word2Vec 包括两种训练模型 Skip-gram(SG)和 CBOW(continuous bag of words)，如图 21.6 所示。这两种方法很类似，其中 CBOW 指由上下文词预测中心词，将向量嵌入进行加权平均后，连接全连接层进行分类；而 SG 则和 CBOW 正好相反，由中心词预测上下文词，与 One-hot 编码相比，Word2Vec 能够很好地获取上下文信息，因此对自然语言处理后续的研究也有更好的效果。

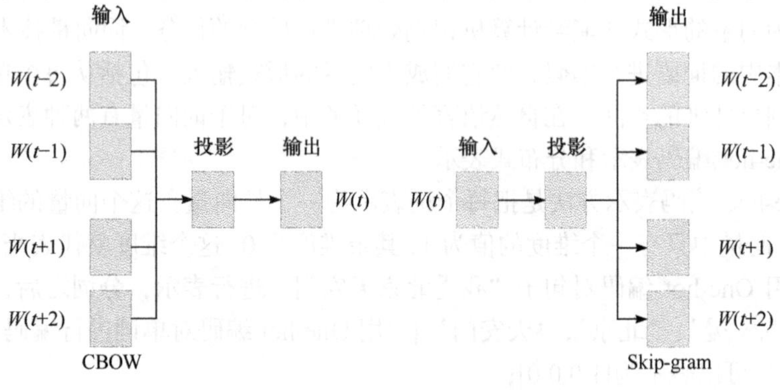

图 21.6　CBOW 和 Skip-gram 的模型结构图

21.3.2　语言模型与语言生成

语言模型是一种用于理解语言结构的统计模型。它可以基于前面出现的单词或字符预测一段文本中下一个单词或字符是什么。语言模型基于统计概率来估计单词之间的关系，以捕捉语言的规律和结构。语言模型在各种自然语言处理任务中都有重要作用，包括机器翻译、语音识别、文本生成、问答系统等。它们也用于自动纠正拼写错误和自动补全文本。例如，一个简单的语言模型可能会学到的规则是，在英语中，单词“the”后面通常是名词或动名词。因此，如果前文有“the”，语言模型可能预测下一个单词是名词或动名词。

语言生成是一种自然语言处理任务，其目标是使用计算机程序生成人类可理解的自然语言文本。生成的文本可以是句子、段落、文章或其他形式的文本。语言生成被广泛应用于各种任务，如自动摘要、机器翻译、对话系统、文本创作等。例如，对话机器人可以使用语言生成回应用户的文本。语言生成技术包括使用预训练的语言模型、规则系统、模板填充、神经机器翻译等。预训练的语言模型在生成文本方面表现出色，因为它们具有大规模的文本知识。例如，自动文本摘要系统可以使用语言生成来从长文本中生成简短的摘要，包括关键信息。机器翻译系统可以将一种语言的文本转化为另一种语言的文本。

继续阅读

RNN 的介绍可见文献[1]。LSTM、GRU、深度 RNN、Bi-RNN 的原始论文分别是文献[6]、文献[7]、文献[8]和文献[9]。词向量的介绍可以参考文献[10]～[13]。语言模型的相关介绍和应用可以阅读文献[14]～[16]。

参考文献

[1] Lipton Z C, Berkowitz J, Elkan C, et al. A critical review of recurrent neural networks for sequence learning[J]. arXiv preprint arXiv:1506.00019, 2015.
[2] Werbos P J. Backpropagation through time: What it does and how to do it[J]. Proceedings of the IEEE, 1990, 78(10): 1550-1560.
[3] Hochreiter S. Untersuchungen zu dynamischen neuronalen netzen[D]. München: Technische Universität München, 1991.
[4] Hochreiter S. The vanishing gradient problem during learning recurrent neural nets and problem solutions[J]. International Journal of Uncertainty, Fuzziness and Knowledge-Based Systems, 1998, 6(2): 107-116.
[5] Pérez-Ortiz J A, Gers F A, Eck D, et al. Kalman filters improve LSTM network performance in problems unsolvable by traditional recurrent nets[J]. Neural Networks, 2003, 16(2): 241-250.
[6] Hochreiter S, Schmidhuber J. Long short-term memory[J]. Neural Computation, 1997, 9(8): 1735-1780.
[7] Chung J, Gulcehre C, Cho K H. Empirical evaluation of gated recurrent neural networks on sequence modeling[J]. arXiv preprint arXiv:1412.3555, 2014.
[8] Graves A. Generating sequences with recurrent neural networks[J]. arXiv preprint arXiv:1308.0850, 2013.
[9] Schuster M, Paliwal K K. Bidirectional recurrent neural networks[J]. IEEE Transactions on Signal Processing, 1997, 45(11): 2673-2681.

[10] Mikolov T, Sutskever I, Chen K. Distributed representations of words and phrases and their compositionality[J]. Advances in Neural Information Processing Systems, 2013, 26: 3111-3119.

[11] Bojanowski P, Grave E, Joulin A, et al. Enriching word vectors with subword information[J]. Transactions of the Association for Computational Linguistics, 2017, 5: 135-146.

[12] Le Q, Mikolov T. Distributed representations of sentences and documents[C]//International Conference on Machine Learning, Beijing, 2014: 1188-1196.

[13] Mikolov T, Chen K, Corrado G. Efficient estimation of word representations in vector space[J]. arXiv preprint arXiv:1301.3781, 2013.

[14] Khurana D, Koli A, Khatter K, et al. Natural language processing: State of the art, current trends and challenges[J]. Multimedia Tools and Applications, 2023, 82(3): 3713-3744.

[15] Sundermeyer M, Ney H, Schlüter R. From feedforward to recurrent LSTM neural networks for language modeling[J]. IEEE/ACM Transactions on Audio, Speech, and Language Processing, 2015, 23(3): 517-529.

[16] Bouschery S G, Blazevic V, Piller F T. Augmenting human innovation teams with artificial intelligence: Exploring transformer-based language models[J]. Journal of Product Innovation Management, 2023, 40(2): 139-153.

第 22 章　卷积神经网络

卷积神经网络(convolutional neural network, CNN)是一类包含卷积计算且具有深度结构的前馈神经网络，是深度学习的代表算法之一。其具有表征学习能力，能够按其阶层结构对输入信息进行平移不变分类，因此也被称为“平移不变人工神经网络”。

22.1　卷积神经网络的模型

CNN 是一种深度学习模型，常用来分析视觉图像[1-4]。一个用于手写数字识别的 CNN 结构如图 22.1 所示。

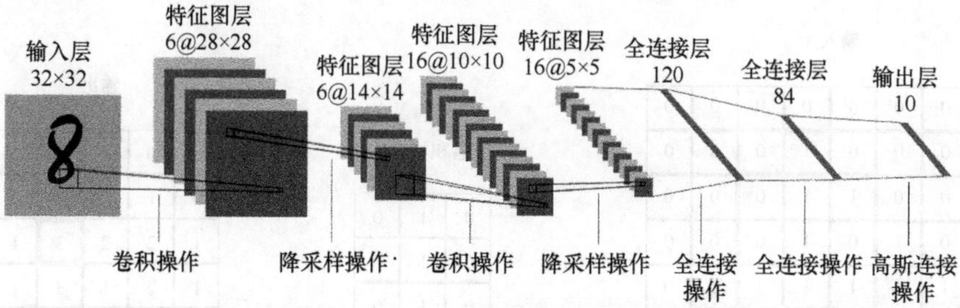

图 22.1　CNN 结构示意图

CNN 架构与常规人工神经网络架构非常相似，特别是在网络的最后一层，即全连接层。此外，值得关注的是 CNN 能够接收多个特征图作为输入，而不是向量。CNN 中最重要的两个操作是卷积和池化，下面对其进行一一解析。

22.1.1　卷积

卷积是 CNN 的核心操作之一，它通过在输入数据上滑动卷积核(过滤器)来提取特征。卷积核是一组权重，用于检测输入数据中的特定模式。结合图 22.2 来看卷积是怎么进行计算的。假设输入的图像是手写数字 4，图像用 8×8 像素表示，像素值为 0(白色)或 1(黑色)。单次的卷积运算为左边加粗框内的数字与卷积核(过滤器)中对应位置的数字相乘再求和，其结果为右边加粗框内示出的值(0)。可以看到，框的大小，即卷积核的大小是人为设定的，直观地，可以将卷积核的大小与

"时间分辨率"类比,卷积核越大,分辨率越低。

$0\times0+0\times1+0\times0+0\times0+0\times1+0\times0+0\times0+0\times1+0\times0=0$

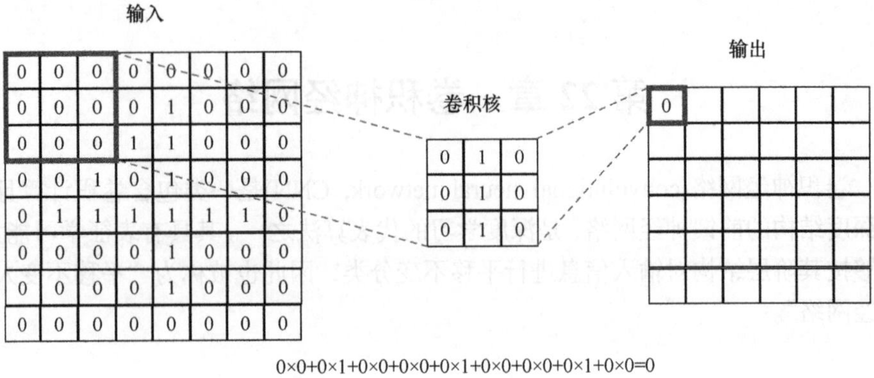

图 22.2 单次卷积计算示意图

然后,将加粗框向右移动一个单位(即滑动步长 stride=1),再次进行卷积运算,直到计算完全输出(向右移动到末端之后,回到起始位置,再向下移动同样的滑动步长),如图 22.3 所示。

$1\times0+1\times1+0\times0+0\times0+1\times1+0\times0+1\times0+1\times1+1\times0=3$

滑动步长:1,卷积核大小:3
输入:8×8 输出大小=输入大小-卷积核大小+1 输出:6×6

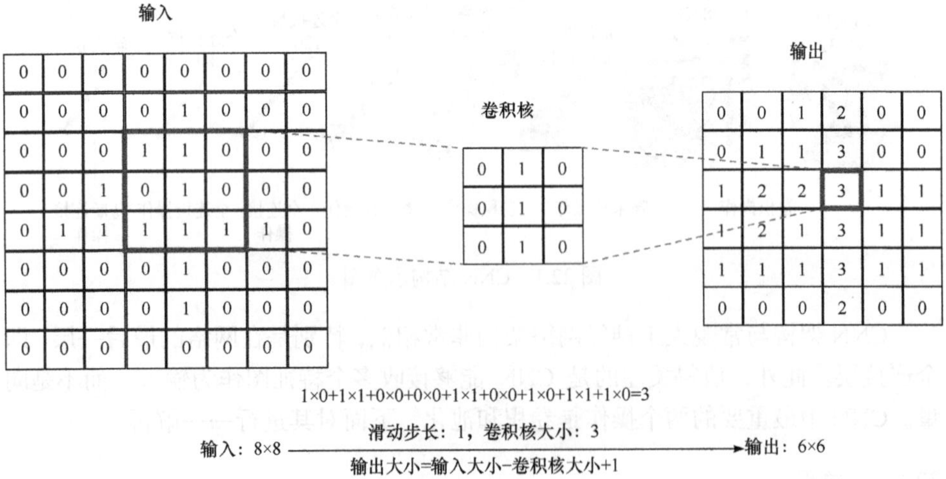

图 22.3 卷积计算示意图

22.1.2 池化

在卷积运算之后,经常进行池化处理(非必需)以进一步减少运算量,如图 22.4 所示,选择 3×3 的区域(加粗框),最大池化即为从中选取最大值(这里是 2),平均池化与最大池化类似,区别仅在于计算加粗框内数值的平均值。

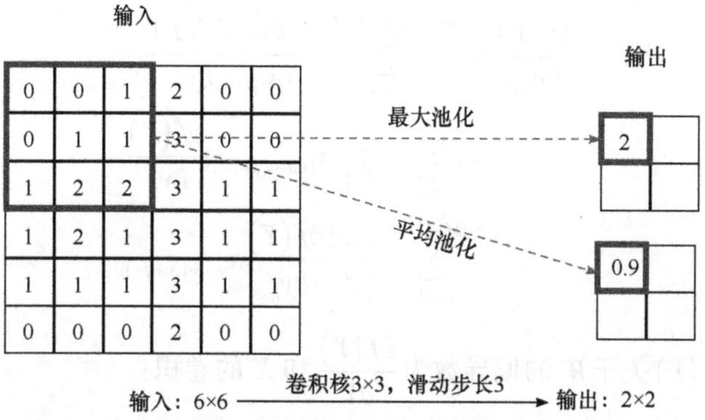

图 22.4　池化计算示意图

22.1.3　卷积神经网络的性质

CNN 主要有三大特性：局部感受野、权重共享和层次结构。

(1) 局部感受野：每个输出通过权重和所有输入相连。在卷积层中，每个输出神经元在通道方向保持全连接，而在空间方向上只和一小部分输入神经元相连，这有助于网络捕获局部特征。

(2) 权重共享：在一个模型的多个函数中使用相同的参数。如果一组权重可以在图像中某个区域提取出有效的表示，那么它们也能在图像的另外区域中提取出有效的表示。也就是说，如果一个模式出现在图像中的某个区域，那么它们也可以出现在图像中的其他任何区域。因此，卷积层不同空间位置的神经元共享权重，用于发现图像中不同空间位置的模式。

(3) 层次结构：CNN 通常包含多个卷积层和池化层，允许网络在多个抽象层次上提取特征。

22.2　卷积神经网络的学习算法

22.2.1　卷积导数

卷积层的学习涉及卷积核的权重参数的更新。这是通过计算损失函数相对于参数的梯度来实现的。梯度表示损失函数随着参数变化的速度，可以使用梯度下降等优化算法来更新参数。下面来分析卷积如何计算导数。

假设 $Y=W\otimes X$，其中 $X\in\mathbf{R}^{M\times N}$；$W\in\mathbf{R}^{U\times V}$；$Y\in\mathbf{R}^{(W-U+1)\times(N-V+1)}$，函数 $f(Y)\in\mathbf{R}$ 为一个标量函数，则

$$
\begin{aligned}
\frac{\partial f(Y)}{\partial w_{uv}} &= \sum_{i=1}^{(W-U+1)\times(N-V+1)} \frac{\partial y_{ij}}{\partial w_{uv}} \frac{\partial f(Y)}{\partial y_{ij}} \\
&= \sum_{i=1}^{M-U+1} \sum_{j=1}^{N-V+1} x_{i+u-1,\, j+v-1} \frac{\partial f(Y)}{\partial y_{ij}} \\
&= \sum_{i=1}^{M-U+1} \sum_{j=1}^{N-V+1} \frac{\partial f(Y)}{\partial y_{ij}} x_{u+i-1,\, v+j-1}
\end{aligned} \tag{22.1}
$$

可以看出，$f(Y)$关于W的偏导数为$\frac{\partial f(Y)}{\partial Y}$和$X$的卷积：

$$
\frac{\partial f(Y)}{\partial W} = \frac{\partial f(Y)}{\partial Y} * X \tag{22.2}
$$

22.2.2　反向传播算法

CNN 的反向传播[5]主要涉及池化的反向传播和卷积的反向传播。池化的反向传播比较容易理解，以最大池化举例，图 22.4 中池化后的数字 2 对应于池化前加粗框的区域，实际上只有加粗框区域中最大值数字 2 对池化后的结果有影响，权重为 1，而其他的数字对池化后的结果影响都为 0。假设池化后数字 2 的位置误差为δ，误差反向传播回去时，加粗框区域中最大值对应的位置误差即等于δ，而其他位置对应的误差均为 0。

因此，在 CNN 最大池化前向传播时，不仅要记录区域的最大值，也要记录区域最大值的位置，方便误差的反向传播。

由于平均池化时，区域中每个值对池化后结果贡献的权重都为区域大小的倒数，所以误差反向传播回来时，在区域每个位置的误差都为池化后误差除以区域的大小。

CNN 的卷积运算中最核心的计算只涉及二维卷积，因此先从二维卷积运算来进行分析，二维卷积运算反向传播分析图如图 22.5 所示。

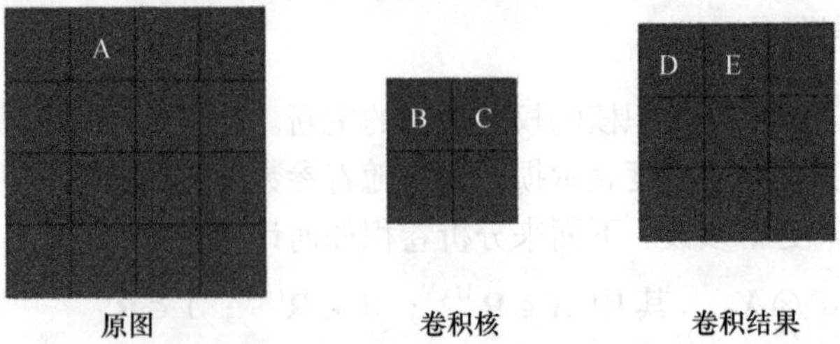

图 22.5　二维卷积运算反向传播分析图(1)

如果想求 A 点的误差是多少，那么要先分析它的前向传播影响卷积结果的哪些节点。经过分析，A 点以权重 C 影响卷积结果 D 点，以权重 B 影响卷积结果 E 点。那它的误差就等于 D 点误差 × C+E 点误差 × B。

多次计算后可以发现：原图的误差等于卷积结果的误差经过零填充后，与卷积核旋转 180°后的卷积，如图 22.6 所示。

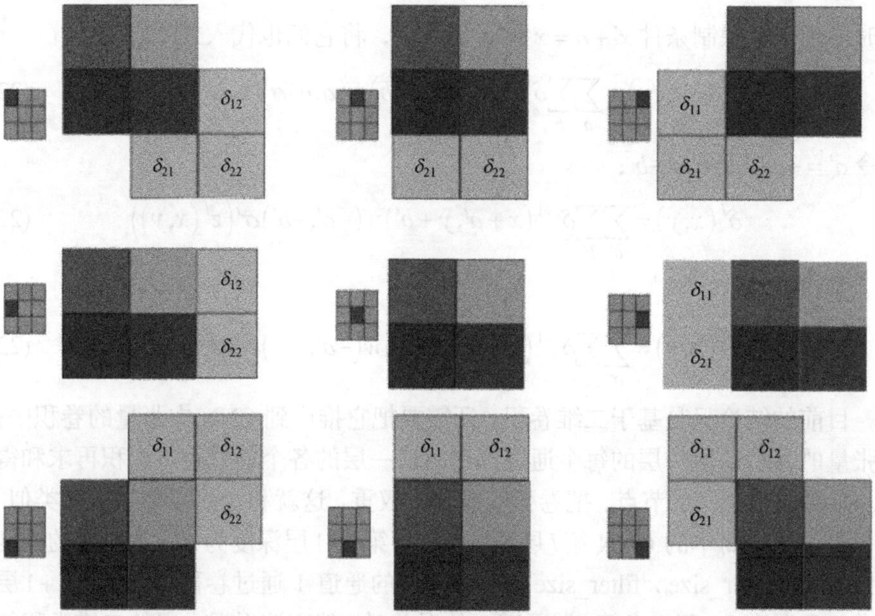

图 22.6　二维卷积运算反向传播分析图(2)

下面用数学公式来证明。首先误差的定义是损失函数对于当前层未激活输出 z^l 的导数，现在考虑的是二维卷积，因此，每一层的误差是一个二维矩阵。$\delta^l(x,y)$ 表示的是第 l 层坐标为 (x,y) 处的误差。假设已经知道第 $l+1$ 层的误差，利用求导的链式法则，可以很容易写出：

$$\delta^l(x,y)=\frac{\partial C}{\partial z^l(x,y)}=\sum_{x'}\sum_{y'}\frac{\partial C}{\partial z^{l+1}(x',y')}\frac{\partial z^{l+1}(x',y')}{\partial z^l(x,y)}=\sum_{x'}\sum_{y'}\delta^{l+1}(x',y')\frac{\partial z^{l+1}(x',y')}{\partial z^l(x,y)} \tag{22.3}$$

在这里，坐标 (x',y') 是第 $l+1$ 层中在前向传播中受第 l 层坐标 (x,y) 影响的点，它们不止一个，需要将它们加起来。再利用前向传播的关系式：

$$z^{l+1}(x',y')=\sum_a\sum_b\sigma\left(z^l(x'+a,y'+b)\right)w(a,b)+b^{l+1} \tag{22.4}$$

可以进一步将式(22.3)展开：

$$\delta^{l}(x,y)=\sum_{x'}\sum_{y'}\delta^{l+1}(x',y')\frac{\partial\sum_{a}\sum_{b}\sigma\left(z^{l}(x'+a,y'+b)\right)w(a,b)+b^{l+1}}{\partial z^{l}(x,y)}$$
$$=\sum_{x'}\sum_{y'}\delta^{l+1}(x',y')w(a,b)\sigma'\left(z^{l}(x,y)\right) \tag{22.5}$$

同时得到两个限制条件 $x'+a=x$ 和 $y'+b=y$，将它们也代入式(22.5)：

$$\delta^{l}(x,y)=\sum_{a}\sum_{b}\delta^{l+1}(x-a,y-b)w(a,b)\sigma'\left(z^{l}(x,y)\right) \tag{22.6}$$

再令 $a'=-a$ 以及 $b'=-b$：

$$\delta^{l}(x,y)=\sum_{a'}\sum_{b'}\delta^{l+1}(x+a',y+b')w(-a',-b')\sigma'\left(z^{l}(x,y)\right) \tag{22.7}$$

最终得到：

$$\delta^{l}(x,y)=\sum_{a'}\sum_{b'}\delta^{l+1}(x+a',y+b')w(-a',-b')\sigma'\left(z^{l}(x,y)\right) \tag{22.8}$$

目前的结论只是基于二维卷积，还需要把它推广到 CNN 中张量的卷积中去。而张量的卷积，后一层的每个通道都是由前一层的各个通道经过卷积再求和得到的。如果把通道变成节点，把卷积变成乘上权重，这就和全连接神经网络类似了。

假设一个简单的 CNN 第 l 层深度为 3，第 $l+1$ 层深度为 2，卷积核的维度就应该为 $2\times$ filter_size $\times$ filter_size $\times 3$。第 l 层的通道 1 通过卷积影响了第 $l+1$ 层的通道 1 和通道 2，那么求第 l 层通道 1 的误差时，就应该根据求得的二维卷积的误差传播方式，将第 $l+1$ 层通道 1 和通道 2 的误差传播到第 l 层的误差进行简单求和即可。第 l 层卷积核 w^{l} 是一个 4 维张量，它的维度表示为卷积核个数 × 行数 × 列数 × 通道数。CNN 的反向传播分析如图 22.7 所示。

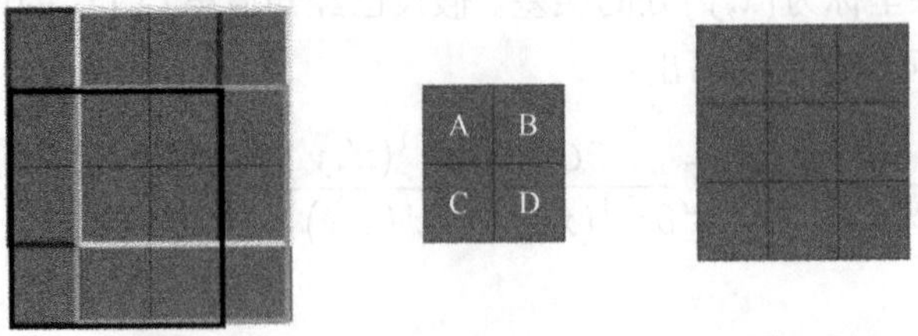

图 22.7　CNN 的反向传播分析

利用之前的分析方法，卷积核上点 A 显然对卷积结果每一个点都有影响。它对卷积结果的影响等于将整个原图左上 3×3 的部分乘上点 A 的值，所以当误差反向传播时，点 A 的导数等于卷积结果的误差与原图左上 3×3 部分逐点相乘后求和。因此，二维卷积核的导数等于原图对应通道与卷积结果对应通道的误差直接进行卷积：

$$\frac{\partial C}{\partial w^l}=\frac{\partial C}{\partial z^l}\frac{\partial z^l}{\partial w^l}=\delta^l * a^{l-1} \tag{22.9}$$

将原图通道数×卷积结果通道数个二维卷积核的导数重新组合成 4 维张量，即可得到整个卷积核的导数。下面从数学公式进行推导：

$$\frac{\partial C}{\partial w^l(a,b)}=\sum_x\sum_y \delta^l(x,y)\frac{\partial z^l(x,y)}{\partial w^l(a,b)} \tag{22.10}$$

$$\frac{\partial C}{\partial w^l(a,b)}=\sum_x\sum_y \delta^l(x,y)\frac{\partial \sum_{a'}\sum_{b'}\sigma\left(z^{l-1}(x+a',y+b')\right)w^l(a',b')+b^l}{\partial w^l(a,b)} \tag{22.11}$$

同样可以进行简化，并得到两个限制条件 $a'=a$ 和 $b'=b$：

$$\frac{\partial C}{\partial w^l(a,b)}=\sum_x\sum_y \delta^l(x,y)\sigma\left(z^{l-1}(x+a,y+b)\right)\sigma'\left(z^{l-1}(x+a,y+b)\right) \tag{22.12}$$

$$\frac{\partial C}{\partial w^l}=\delta^l * \sigma\left(z^{l-1}\right) \tag{22.13}$$

这一次并不需要旋转 180°的操作。现在问题变成了已知第 l 层误差，求该层的参数的导数 $\frac{\partial C}{\partial b^l}$，$b^l$ 是一个列向量，它给卷积结果的每一个通道都加上同一个标量。因此，在反向传播时，它的导数等于卷积结果的误差在每一个通道上将所有误差进行求和的结果，数学描述如下：

$$\frac{\partial C}{\partial b^l}=\sum_x\sum_y \frac{\partial C}{\partial z^l_{(x,y)}}\frac{\partial z^l_{(x,y)}}{\partial b^l} \tag{22.14}$$

由于 $\frac{\partial z^l_{(x,y)}}{\partial b^l}$ 为 1，所以：

$$\frac{\partial C}{\partial b^l}=\sum_x\sum_y \delta^l \tag{22.15}$$

22.3 卷积神经网络在图像分类中的应用

22.3.1 AlexNet

AlexNet 是由 Krizhevsky、Sutskever 和 Hinton 在 2012 年 ImageNet 图像分类

竞赛中提出的一种经典的 CNN[4-9]，AlexNet 结构图如图 22.8 所示。AlexNet 输入为 RGB 三通道的 $224\times224\times3$ 像素的图像(也可填充为 $227\times227\times3$ 像素)。AlexNet 共包含 5 个卷积层(包含 3 个池化层)和 3 个全连接层。其中，每个卷积层都包含卷积核、偏置项、ReLU 激活函数和局部响应归一化(local response normalization, LRN)模块。第 1、2、5 个卷积层后面都跟着一个最大池化层，后三层为全连接层。最终输出层为 Softmax，将网络输出转化为概率值，用于预测图像的类别。

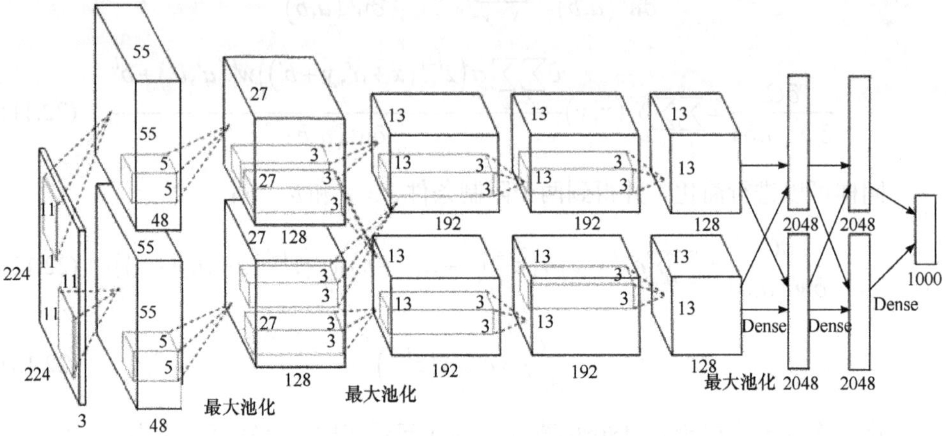

图 22.8 AlexNet 结构图

卷积层 C1：使用 96 个核对 $224\times224\times3$ 像素的输入图像进行滤波，卷积核大小为 $11\times11\times3$ 像素，滑动步长为 4。将一对 $55\times55\times48$ 像素的特征图分别放入 ReLU 激活函数，生成激活图。对激活后的图像进行最大池化，大小为 3×3，滑动步长为 2，池化后的特征图大小为 $27\times27\times128$ 像素(一对)。池化后进行响应归一化处理。

卷积层 C2：使用卷积层 C1 的输出(响应归一化和池化)作为输入，并使用 256 个卷积核进行滤波，核大小为 $5\times5\times48$ 像素。

卷积层 C3：有 384 个核，核大小为 $3\times3\times128$ 像素，与卷积层 C2 的输出(响应归一化和池化)相连。

卷积层 C4：有 384 个核，核大小为 $3\times3\times192$ 像素。

卷积层 C5：有 256 个核，核大小为 $3\times3\times192$ 像素。卷积层 C5 与 C3、C4 层相比多了个池化，池化核大小同样为 3×3，滑动步长为 2。

其中，卷积层 C3、C4、C5 互相连接，中间没有接入池化层或归一化层。

AlexNet 后三层为全连接层。全连接层 F6：因为是全连接层，卷积核大小为 $6\times6\times256$ 像素，4096 个卷积核生成 4096 个特征图，尺寸为 1×1。然后放入 ReLU

函数、Dropout 处理。值得注意的是，AlexNet 使用了 Dropout 层，以减少过拟合现象的发生。

全连接层 F7：同 F6 层。

全连接层 F8：最后一层全连接层的输出是 1000 维 Softmax 的输入，Softmax 会产生 1000 个类别预测的值。

22.3.2 残差网络

残差操作这一思想起源于论文“Deep residual learning for image recognition”[10]。如果存在某个 K 层的网络 f 是当前最优的网络，那么可以构造一个更深的网络，其最后几层仅是该网络 f 第 K 层输出的恒等映射，就可以取得与 f 一致的结果；也许 K 还不是“最佳层数”，那么更深的网络就可以取得更好的结果。总而言之，与浅层网络相比，更深的网络的表现不应该更差。

那么残差网络是什么？残差网络依旧让非线性层满足 $H(x,w_h)$，然后从输入直接引入一个短连接到非线性层的输出上，使得整个映射变为

$$y = H(x,w_h) + x \tag{22.16}$$

该式为残差网络核心公式，残差可视为网络搭建的一种操作，任何使用了该操作的网络都可以称为残差网络。

残差模块为什么有效，有很多的解释，这里提供两个方面的理解：一方面是残差网络更好地拟合分类函数以获得更高的分类精度，另一方面是残差网络能够解决网络在层数加深时优化训练上的难题。

继续阅读

CNN 的详细介绍可参考文献[1]～[4]，卷积的物理意义可参阅文献[11]。CNN 在图像处理领域应用众多，详细可参阅文献[12]～[14]。

参考文献

[1] Fukushima K. Neocognitron: A self-organizing neural network model for a mechanism of pattern recognition unaffected by shift in position[J]. Biological Cybernetics, 1980, 36(4): 193-202.

[2] LeCun Y, Bottou L, Bengio Y, et al. Gradient-based learning applied to document recognition[J]. Proceedings of the IEEE, 1998, 86(11): 2278-2324.

[3] Kim Y, Li P, Huang H. Convolutional neural networks for sentence classification[J]. arXiv preprint arXiv:1408.5882, 2014.

[4] He K M, Zhang X Y, Ren S Q, et al. Delving deep into rectifiers: Surpassing human-level performance on ImageNet classification[C]//Proceedings of the IEEE International Conference on Computer Vision, Santiago, 2015: 1026-1034.

[5] Ardakani A, Condo C, Ahmadi M, et al. An architecture to accelerate convolution in deep neural

networks[J]. IEEE Transactions on Circuits and Systems I: Regular Papers, 2017, 65(4): 1349-1362.

[6] Tajbakhsh N, Shin J Y, Gurudu S R, et al. Convolutional neural networks for medical image analysis: Full training or fine tuning?[J]. IEEE Transactions on Medical Imaging, 2016, 35(5): 1299-1312.

[7] Graupe D. Deep Learning Neural Networks: Design and Case Studies[M]. Singapore: World Scientific Publishing Company, 2016.

[8] Dogan G. Deep learning and convolutional neural networks for medical imaging and clinical informatics[J]. Computing Review, 2021, 62(7): 235-236.

[9] Krizhevsky A, Sutskever I, Hinton G E. ImageNet classification with deep convolutional neural networks[J]. Communications of the ACM, 2017, 60(6): 84-90.

[10] He K, Zhang X, Ren S, et al. Deep residual learning for image recognition[C]//Proceedings of the IEEE Conference on Computer Vision and Pattern Recognition, Las Vegas, 2016: 770-778.

[11] Ghoussoub N, Yuan C. Multiple solutions for quasi-linear PDEs involving the critical Sobolev and Hardy exponents[J]. Transactions of the American Mathematical Society, 2000, 352(12): 5703-5743.

[12] Parcollet T, Morchid M, Linarès G. Quaternion convolutional neural networks for heterogeneous image processing[C]//2019 IEEE International Conference on Acoustics, Speech and Signal Processing, Brighton, 2019: 8514-8518.

[13] Valsesia D, Fracastoro G, Magli E. Image denoising with graph-convolutional neural networks[C]//2019 IEEE International Conference on Image Processing, Taipei, 2019: 2399-2403.

[14] Qin C, Schlemper J, Caballero J. Convolutional recurrent neural networks for dynamic MR image reconstruction[J]. IEEE Transactions on Medical Imaging, 2018, 38(1): 280-290.

第 23 章　生成对抗网络与宽度学习

生成对抗网络(generative adversarial network, GAN)是一种深度学习模型，由两个神经网络组成：生成器和判别器，二者通过博弈过程相互对抗[1]。生成器试图生成伪造的数据，使其在外表上难以与真实数据区分，而判别器试图区分真实数据和伪造数据，模型性能因交替优化训练而得到提升，最终得到性能优越的生成模型，该过程可以视为一种零和博弈。

23.1　生成对抗网络的基本模型

23.1.1　模型

GAN 采用判别模型和生成模型的相互博弈，并以迭代训练的方式达到学习数据集分布的目的。GAN 中生成器用于将从噪声分布中采样得到的数据映射到样本数据空间，学习数据集中数据所服从的分布；判别器对生成器生成的样本与真实的样本数据加以判别，通过输出接收样本来自真实数据的概率，来判断输入样本是生成器产生的数据还是真实数据。两模型交替迭代训练，最终生成器产生的样本将越来越接近数据集中数据的分布。通常情况下，生成器与判别器均采用神经网络实现，GAN 结构如图 23.1 所示。

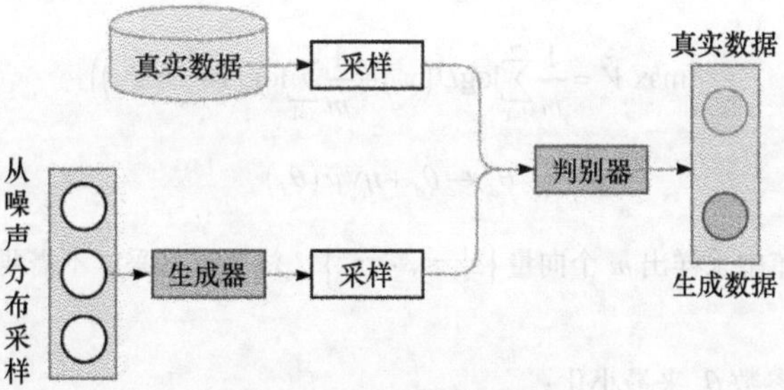

图 23.1　GAN 结构示意图

以生成图像为例子具体说明如下。生成器接收一个随机噪声 z，通过这个噪声生成图像，记作 $G(z)$。判别器用来判别一张图像是否“真实”。它的输入是 x，x 代表一张图像，输出 $D(x)$ 代表 x 为真实图像的概率，如果为 1，就代表 100%是真实的图像，反之为 0，则代表不可能是真实的图像。

23.1.2 学习算法

在训练过程中，生成网络的目标就是生成尽量真实的图片去欺骗判别网络 D。而网络 D 的目标就是尽量把网络 G 生成的图像和真实的图像区分开来。这样，G 和 D 构成了一个动态的“博弈过程”。GAN 模型的目标函数如下：

$$\min_G \max_D V(D,G) = E_{x\text{-}p_{an}(x)}\left[\log D(x)\right] + E_{z\text{-}p_z(z)}\left[\log\left(1-D\left(G(z)\right)\right)\right] \tag{23.1}$$

式中，max()是第一步，表示把 G 固定，让 D 尽量区分真实样本和假样本(最大化 $\log D(x)$ 和 $\log\left(1-D\left(G(z)\right)\right)$；min()是第二步，即使 D 固定，通过调整 G，希望 D 出现失误，尽可能不要让真实样本和生成的样本区分开。这就是一个博弈的过程。而训练过程中固定一方，更新另一个网络的参数，交替迭代，使对方的错误最大化，最终，G 能估测出样本数据的分布，也就是生成的样本更加真实。或者可以直接理解 G 网络的损失是 $\log\left(1-D\left(G(z)\right)\right)$，而 D 的损失是 $-\left(\log D(x)\right)+\log\left(1-D\left(G(z)\right)\right)$[2-4]。

下面详细描述 GAN 的算法流程。

算法 23.1 GAN 算法

初始化 θ_d 和 θ_g。

(1) 从数据集 $P_{\text{data}}(x)$ 中采样出 m 个样本点 $\left\{x^1,x^2,\cdots,x^m\right\}$。

(2) 从一个分布中采样出 m 个向量 $\left\{z^1,z^2,\cdots,z^m\right\}$。

(3) 将第(2)步中的 z 作为输入，获得 m 个生成的数据。

(4) 更新 D 的参数 θ_d 来最大化 $\check{V}$，$\check{V}$ 越大越好，那么下式中就要使其越小越好，也就是去压低 G 的分数，会发现 D 其实就是一个二元分类器：

$$\max \check{V} = \frac{1}{m}\sum_{i=1}^{m}\log D\left(x^i\right) + \frac{1}{m}\sum_{i=1}^{m}\log\left(1-D\left(\check{x}^i\right)\right) \tag{23.2}$$

$$\theta_d \leftarrow \theta_d + \eta\nabla\check{V}\left(\theta_d\right) \tag{23.3}$$

(5) 从一个分布中采样出 m 个向量 $\left\{z^1,z^2,\cdots,z^m\right\}$，注意这些采样不需要和步骤(2)中的保持一致。

(6) 更新 G 的参数 θ_g 来最小化：

$$\begin{aligned}\check{V} &= \frac{1}{m}\sum_{i=1}^{m}\log\left(1-\left(D\left(G\left(z^i\right)\right)\right)\right)\\ \theta_g &\leftarrow \theta_g - \eta\nabla\check{V}\left(\theta_g\right)\end{aligned} \tag{23.4}$$

23.2　生成对抗网络在图像生成中的应用

23.2.1　转置卷积

通常，对图像进行多次卷积运算后，特征图的尺寸会不断缩小。而对于某些特定任务(如图像分割和图像生成等)，需将图像恢复到原尺寸再操作。这个将图像由小分辨率映射到大分辨率的尺寸恢复操作，称为上采样，如图 23.2 所示。

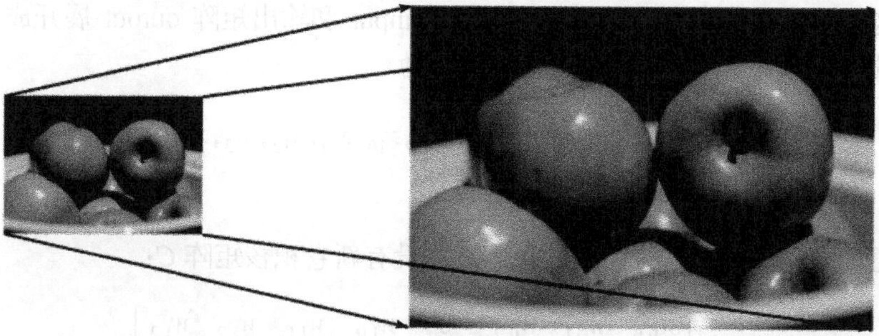

图 23.2　上采样示意图

转置卷积又称反卷积[5]，用于图像的上采样。与传统的上采样方法相比，转置卷积的上采样方式并非预设的插值方法，而是同标准卷积一样，具有可学习的参数，可通过网络学习来获取最优的上采样方式。转置卷积在某些特定领域具有广泛应用，例如：①在深度卷积 GAN(deep convolutional GAN, DCGAN)[6]，生成器将随机值转变为一个全尺寸图像，此时需用到转置卷积。②在语义分割中，会在编码器中用卷积层提取特征，然后在解码器中恢复原先尺寸，从而对原图中的每个像素分类。该过程同样需用到转置卷积。经典方法有 FCN[7]和 U-Net。③CNN 可视化：通过转置卷积将 CNN 的特征图还原到像素空间，以观察特定特征图对哪些模式的图像敏感[8]。

下面推导转置卷积。定义一个 4×4 的输入矩阵 input：

$$\text{input}=\begin{bmatrix} x_1 & x_2 & x_3 & x_4 \\ x_5 & x_6 & x_7 & x_8 \\ x_9 & x_{10} & x_{11} & x_{12} \\ x_{13} & x_{14} & x_{15} & x_{16} \end{bmatrix} \tag{23.5}$$

再定义一个 3×3 的标准卷积核 kernel：

$$
\text{kernel} = \begin{bmatrix} w_{0,0} & w_{0,1} & w_{0,2} \\ w_{1,0} & w_{1,1} & w_{1,2} \\ w_{2,0} & w_{2,1} & w_{2,2} \end{bmatrix} \tag{23.6}
$$

设步长 stride=1，填充 padding=0，则按“valid”卷积模式，可得 2×2 的输出矩阵 output：

$$
\text{output} = \begin{bmatrix} y_0 & y_1 \\ y_2 & y_3 \end{bmatrix} \tag{23.7}
$$

这里，换一个表达方式，将输入矩阵 input 和输出矩阵 output 展开成 16×1 列向量 X 和 4×1 列向量 Y，可分别表示为

$$
\begin{aligned} X &= [x_1, x_2, x_3, x_4, x_5, x_6, x_7, x_8, x_9, x_{10}, x_{11}, x_{12}, x_{13}, x_{14}, x_{15}, x_{16}]^{\mathrm{T}} \\ Y &= [y_0, y_1, y_2, y_3]^{\mathrm{T}} \end{aligned} \tag{23.8}
$$

进而通过矩阵运算来描述标准卷积运算，设有新卷积核矩阵 C：

$$
C = \begin{bmatrix} w_{0,0} & w_{0,1} & w_{0,2} & 0 & w_{1,0} & w_{1,1} & w_{1,2} & w_{1,2} \\ 0 & w_{0,0} & w_{0,1} & w_{0,2} & 0 & w_{1,0} & w_{1,1} & w_{1,2} \\ 0 & 0 & 0 & w_{0,0} & w_{0,1} & w_{0,2} & 0 & w_{1,0} \\ 0 & 0 & 0 & 0 & w_{0,0} & w_{0,1} & w_{0,2} & 0 \\ w_{2,0} & w_{2,1} & w_{2,2} & 0 & 0 & 0 & 0 & 0 \\ 0 & w_{2,0} & w_{2,1} & w_{2,2} & 0 & 0 & 0 & 0 \\ w_{1,1} & w_{1,2} & 0 & w_{2,0} & w_{2,1} & w_{2,2} & 0 & 0 \\ w_{1,0} & w_{1,1} & w_{1,2} & 0 & w_{2,0} & w_{2,1} & w_{2,2} & 0 \end{bmatrix} \tag{23.9}
$$

标准卷积矩阵运算过程如图 23.3 所示。

转置卷积是对该过程进行逆运算，即通过 C 和 Y 得到 X：

$$
X = C^{\mathrm{T}} Y \tag{23.10}
$$

此时，C^{T} 即为新的 16×4 稀疏矩阵。图 23.4 为转置卷积矩阵运算。此处，用于转置卷积的权重矩阵 C^{T} 不一定来自原卷积矩阵 C (通常不会如此恰巧)，但其形状和原卷积矩阵 C 的转置相同。

最后，将 16×1 的输出结果重新排序，即可通过 2×2 的输入矩阵得到 4×4 的输出矩阵。

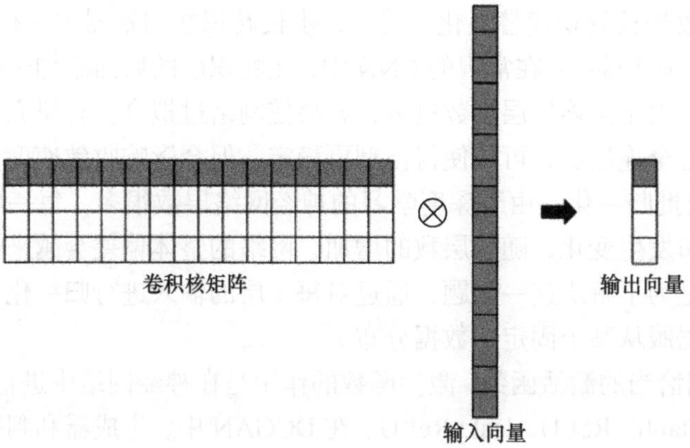

图 23.3　标准卷积矩阵运算示例

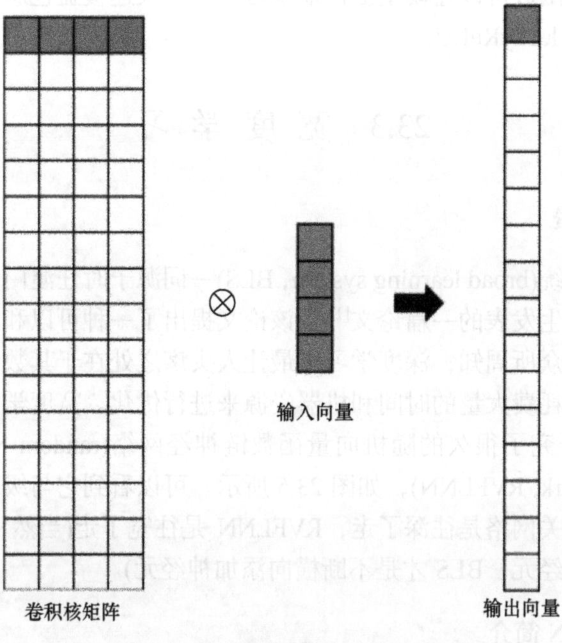

图 23.4　转置卷积矩阵运算示例

23.2.2　DCGAN

DCGAN 作为 GAN 的变体[9]，因其网络训练状态稳定，并可以有效实现高质量的图像生成以及相关的生成模型应用，在实际工程中有广泛的使用，后续大量新的 GAN 模型在此基础上进行了改进。

为了使 GAN 能够很好地适应 CNN，DCGAN 做了如下改进。

(1) 卷积层代替池化层：对于判别器，使用步长卷积来代替池化，对于生成器，使用分数步长卷积代替池化。其中，步长卷积在判别器中进行空间下采样。

(2) 去除全连接层：在常规的 CNN 中，在卷积层的后面添加全连接层以输出最终向量，但由于全连接层参数过多，容易使网络过拟合。有研究使用了全局平均池化来代替全连接层，可以使得模型更稳定，但会影响收敛速度。

(3) 使用批归一化：由于深度学习的神经网络层数很多，每一层都会使得输出数据的分布发生变化，随着层数的增加，网络的整体偏差会越来越大。批归一化的目标则是为了解决这一问题，通过对每一层的输入进行归一化处理，能够有效地使得数据服从某个固定的数据分布。

(4) 使用恰当的激活函数：激活函数的作用是在神经网络中进行非线性变换，如 Sigmoid、tanh、ReLU、leakyReLU。在 DCGAN 中，生成器和判别器使用不同的激活函数。在生成器中使用 ReLU 函数，在输出层使用 tanh 函数，因为发现使用有边界的激活函数可以让模型更快地学习，并能快速覆盖色彩空间。在判别器中对所有层使用 leakyReLU。

23.3 宽 度 学 习

23.3.1 产生背景

宽度学习系统(broad learning system, BLS)一词源于时任澳门大学科技学院院长陈俊龙与其学生发表的一篇论文[10]。该论文提出了一种可以和深度学习媲美的宽度学习框架。众所周知，深度学习中最让人头疼之处在于其数量庞大的待优化参数，通常需要耗费大量的时间和机器资源来进行优化。宽度学习的前身实际上是已经被人们研究了很久的随机向量函数链神经网络(random vector functional link neural network, RVFLNN)，如图 23.5 所示。可以看到它与级联相关网络的相似之处：级联相关网络是往深了走，RVFLNN 是往宽了走(当然，RVFLNN 不是自动横向添加神经元，BLS 才是不断横向添加神经元)。

23.3.2 RVFLNN 简介

RVFLNN 是 BLS 的一个重要组成部分[11]，具有一个随机权重矩阵和一个输出权重矩阵，它们分别用于构建输入特征到隐藏层和隐藏层到输出层的映射。其模型结构图如图 23.5 所示。可以看到 RVFLNN 是在单层前馈网络中增加了从输入层到输出层的直接连接。网络的第一层是输入层，第二层是增强层，第三层是输出层。具体来看，网络中有三种连接，分别如下：

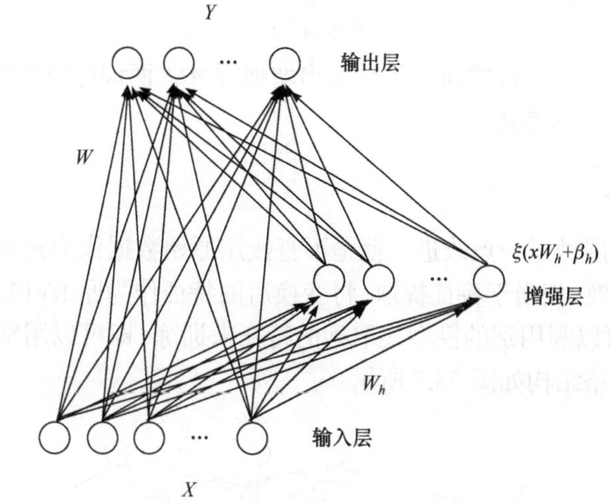

图 23.5　随机向量函数链神经网络结构图(1)

(1) 输入层=>增强层：加权后有非线性变换；

(2) 增强层=>输出层：只有线性变换；

(3) 输入层=>输出层：只有线性变换。

所以在 RVFLNN 中只有增强层是真正意义上的神经网络单元，因为只有它含激活函数，网络的其他部分均是线性的[12,13]。

当把增强层和输入层排成一行时，将它们视为一体，网络为由 A(输入层+增强层)到 Y 的线性变换，如图 23.6 所示。

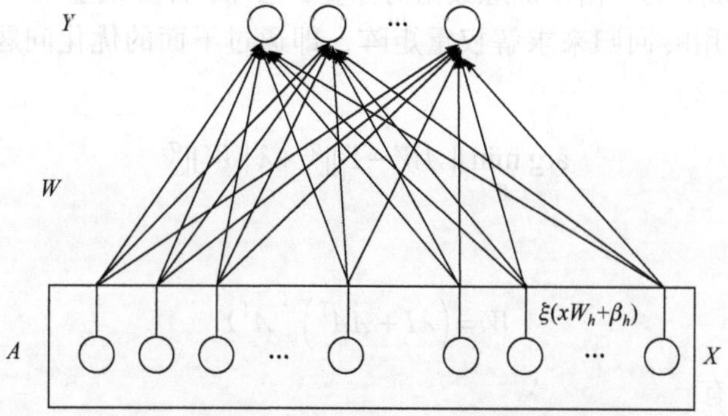

图 23.6　随机向量函数链神经网络结构图(2)

线性变换对应的权重矩阵 W 就是输入层加增强层到输出层之间的线性连接。如果固定输入层到增强层之间的权重，那么对整个网络的训练就是求出 A 到 Y 之间的变换 W，而 W 的确定非常简单：

$$W = A^{-1}Y \tag{23.11}$$

因为输入 X 已知，自然而然可以求出增强层 A；而训练数据的标签 Y 已知，那么 W 便可通过计算得到。

23.3.3　算法介绍

BLS 对输入层做了一点改进，就是不直接用原始数据作为输入层，而是先对数据进行一些变换，相当于特征提取，将变换后的特征作为原 RVFLNN 的输入层，也就是说 BLS 可以利用别的模型提取到的特征来训练，即可以用别的机器学习算法组装。BLS 网络结构如图 23.7 所示。

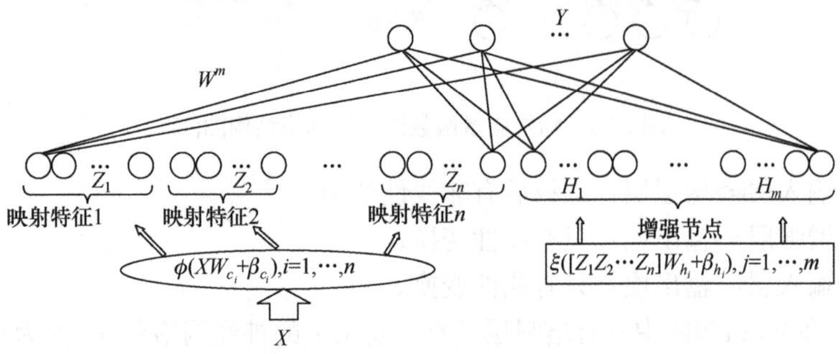

图 23.7　BLS 网络结构图

当给定了特征 Z，直接计算增强层 H，将特征层和增强层合并成 $A=[Z|H]$，竖线表示合并成一行。由于训练数据的标签 Y 已知，计算权重 $W=A^{-1}Y$ 即可。实际计算时，使用岭回归来求解权重矩阵，即通过下面的优化问题来解 W (其中 $o_1=o_2=v=u=2$)：

$$\arg\min_{W} \| AW - Y \|_v^{\sigma_1} + \lambda \| W \|_u^{\sigma_2} \tag{23.12}$$

解得

$$W = \left(\lambda I + AA^{\mathrm{T}}\right)^{-1} A^{\mathrm{T}} Y \tag{23.13}$$

特别地，有

$$A^{+} = \lim_{\lambda \to 0}\left(\lambda I + AA^{\mathrm{T}}\right)^{-1} A^{\mathrm{T}} \tag{23.14}$$

以上过程是一步到位，即当数据固定，模型结构固定时，可以直接找到最优的参数 W。然而在大数据时代，数据固定是不可能的，数据会源源不断地产生。模型固定也是不现实的，因为时不时需要调整数据的维数，如增加新的特征。这样一来，就有了针对以上网络的增量学习算法。注意，宽度学习的核心为增量学习算法，因为当数据量上亿时，相当于矩阵 Z 或 X 有上亿行，每次更新权重都对一个上亿行的矩阵求伪逆是不现实的。

增量学习的核心就是，利用上一次的计算结果和新加入的数据，只需少量计算就能得到更新的权重[14]，增量学习结构如图 23.8 所示。

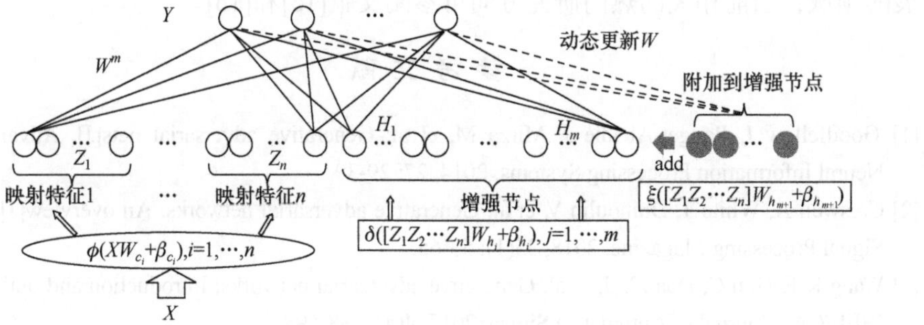

图 23.8　增量学习结构图

当初始模型拟合能力不够时，需要增加增强节点数量来减小损失函数。这时，给矩阵 A 增加一列 a，表示新增的增强节点，得到 $[A|a]$，这时要计算新的权重矩阵，就需要求 $[A|a]^{-1}$，于是问题就转化成分块矩阵的广义逆问题，得到了 $[A|a]^{-1}$，则更新的权重为 $W_{\text{new}}=[A|a]^{-1}Y$，具体解形式如下：

$$\left(A_{n+1}^{m}\right)^{+}=\begin{bmatrix}\left(A_{n}^{m}\right)^{+}-DB^{\mathrm{T}}\\ B^{\mathrm{T}}\end{bmatrix} \tag{23.15}$$

式中，当 $D=\left(A_{n}^{m}\right)^{+}[Z_{n+1}\,|\,H_{ex_m}]$ 时：

$$B^{\mathrm{T}}=\begin{cases}(C)^{+}, & C\neq 0\\ \left(1+D^{\mathrm{T}}D\right)^{-1}D^{\mathrm{T}}\left(A_{n}^{m}\right)^{+}, & C=0\end{cases} \tag{23.16}$$

式中，$C=\left[Z_{n+1}|H_{ex_m}\right]-A_{n}^{m}D$。

同样，新权重是

$$W_{n+1}^{m}=\begin{bmatrix}W_{n}^{m}-DB^{\mathrm{T}}Y\\ B^{\mathrm{T}}Y\end{bmatrix} \tag{23.17}$$

可以看到，W_{n+1} 中用到了更新之前的权重矩阵 W_n，因而有效地减少了更新权重的计算量。第一次计算权重用的是岭回归算法，因为有迭代过程，可能计算时间稍长。但是第二次、三次……计算时都只涉及矩阵的乘法，所以权重矩阵的更新非常迅速。相比深度学习的反复训练，时常陷入局部最优无法自拔，宽度学习的优势非常明显。

继续阅读

GAN 和 BLS 的介绍可分别查阅文献[1]和文献[10]。GAN 和 BLS 都是快速发展的领域，当前相关的热门研究方向可参阅文献[15]和[16]。

参考文献

[1] Goodfellow I, Pouget-Abadie J, Mirza M, et al. Generative adversarial nets[J]. Advances in Neural Information Processing Systems, 2014, 27: 29-39.

[2] Creswell A, White T, Dumoulin V, et al. Generative adversarial networks: An overview[J]. IEEE Signal Processing Magazine, 2018, 35(1): 53-65.

[3] Wang K F, Gou C, Duan Y J, et al. Generative adversarial networks: Introduction and outlook[J]. IEEE/CAA Journal of Automatica Sinica, 2017, 4(4): 588-598.

[4] Goodfellow I, Pouget-Abadie J, Mirza M, et al. Generative adversarial networks[J]. Communications of the ACM, 2020, 63(11): 139-144.

[5] Dumoulin V, Visin F. A guide to convolution arithmetic for deep learning[J]. arXiv preprint arXiv: 1603.07285, 2016.

[6] Radford A, Metz L, Chintala S, et al. Unsupervised representation learning with deep convolutional generative adversarial networks[J]. arXiv preprint arXiv: 1511.06434, 2015.

[7] Shelhamer E, Long J, Darrell T. Fully convolutional networks for semantic segmentation[J]. IEEE Transactions on Pattern Analysis and Machine Intelligence, 2017, 39(4): 640-651.

[8] Odena A, Dumoulin V, Olah C. Deconvolution and checkerboard artifacts[J]. Distill, 2016, 1(10): e3.

[9] Zhang L H, Qi G J, Wang L Q, et al. AET vs. AED: Unsupervised representation learning by auto-encoding transformations rather than data[C]//Proceedings of the IEEE/CVF Conference on Computer Vision and Pattern Recognition, Long Beach, 2019: 2547-2555.

[10] Chen C L P, Liu Z L. Broad learning system: An effective and efficient incremental learning system without the need for deep architecture[J]. IEEE Transactions on Neural Networks and Learning Systems, 2017, 29(1): 10-24.

[11] Pao Y. Adaptive Pattern Recognition and Neural Networks[M]. Boston: Addison-Wesley, 1989.

[12] Hu Y C, Tseng F M. Functional-link net with fuzzy integral for bankruptcy prediction[J]. Neurocomputing, 2007, 70(16-18): 2959-2968.

[13] Malik A K, Gao R B, Ganaie M A, et al. Random vector functional link network: Recent developments, applications, and future directions[J]. Applied Soft Computing, 2023, 143: 110377.

[14] Schönberger J L, Frahm J M. Structure-from-motion revisited[C]//Proceedings of the IEEE Conference on Computer Vision and Pattern Recognition, Las Vegas, 2016: 4104-4113.

[15] Aggarwal A, Mittal M, Battineni G. Generative adversarial network: An overview of theory and

applications[J]. International Journal of Information Management Data Insights, 2021, 1(1): 100004.

[16] Gong X R, Zhang T, Chen C L P. Research review for broad learning system: Algorithms, theory, and applications[J]. IEEE Transactions on Cybernetics, 2022, 52(9): 8922-8950.

第 24 章　强 化 学 习

强化学习，又称再励学习、评价学习或增强学习，是机器学习的范式和方法论之一，用于描述和解决智能体在与环境的交互过程中通过学习策略以达成回报最大化或实现特定目标的问题。

24.1　强化学习的定义

强化学习主要由智能体、环境、状态、动作、奖励组成。智能体执行了某个动作后，环境将会转换到一个新的状态，对于该新的状态环境会给出奖励信号(正奖励或者负奖励)。随后，智能体根据新的状态和环境反馈的奖励，按照一定的策略执行新的动作[1,2]。上述过程为智能体和环境通过状态、动作、奖励进行交互的方式。

智能体通过强化学习，可以知道当前所处状态，应该采取何种动作使得自身获得最大奖励。由于智能体与环境的交互方式和人类与环境的交互方式类似，可以认为强化学习是一套通用的学习框架，可用来解决通用人工智能的问题。智能体与环境的不断交互(即在给定状态采取动作)，进而获得奖励，此时环境从一个状态转移到下一个状态。智能体通过不断优化自身动作策略，以期待最大化其长期回报或收益(奖励之和)。

24.2　强化学习与其他机器学习方法的区别

强化学习是机器学习的一个分支组成部分，但是却与机器学习当中常见的有监督学习和无监督学习不同。具体而言，强化学习是一种通过交互的目标导向学习方法，旨在找到连续时间序列的最优策略；有监督学习是通过有标签的数据，学习规则，通常指回归、分类问题；无监督学习是通过无标签的数据，找到其中的隐藏模式，通常指聚类、降维等算法。强化学习是机器学习领域的一类学习问题，它与常见的有监督学习、无监督学习等的最大不同之处在于，它是通过与环境之间的交互和反馈来学习的。正如一个新生的婴儿一样，其通过哭闹、吮吸、爬走等对环境进行探索，并且慢慢地积累起对于环境的感知，从而逐步学习到环境的特性使得自己的行动能够尽快达成自己的愿望。再比如，这也同人类学习下围棋的模式类似，通过和不同的对手一盘一盘地对弈，慢慢积累起来对于每一步落子的判断经验，从而慢慢地提高自身的围棋水平。由 DeepMind 研发的 AlphaGo 围棋程序在训练学习的过程中就用到了强化学习的技术。

24.3 强化学习的特点

基于前面的介绍，强化学习的特点可以总结为以下四点[3]。

(1) 试错学习：强化学习需要训练对象不停地和环境进行交互，通过试错的方式去总结出每一步的最佳行为决策，整个过程没有任何指导，只有反馈。所有的学习基于环境反馈，训练对象去调整自己的行为决策。

(2) 延迟反馈：强化学习训练过程中，训练对象的“试错”行为获得环境的反馈，有时候可能需要等到整个训练结束以后才会得到一个反馈，如游戏结束或者是胜利。当然这种情况，在训练时一般都是进行拆解的，尽量将反馈分解到每一步。

(3) 时间是强化学习的一个重要因素：强化学习的一系列环境状态的变化和环境反馈等都与时间强相关，整个强化学习的训练过程随着时间变化，状态与反馈也在不停变化，所以时间是强化学习的一个重要因素。

(4) 当前的行为影响后续接收到的数据：在有监督学习与半监督学习中，每条训练数据都是独立的，相互之间没有任何关联。但是强化学习中并不是这样，当前状态以及采取的行动，都会影响下一步接收到的状态，数据与数据之间存在一定的关联性。

24.4 强化学习的要素与架构

24.4.1 四个基本要素

1. 策略

策略(policy)定义了智能体对于给定状态所做出的行为，换句话说，就是一个从状态到行为的映射，事实上状态包括环境状态和智能体状态，这里从智能体出发，也就是指智能体所感知到的状态[4]。策略是强化学习系统的核心，因为完全可以通过策略来确定每个状态下的行为。将策略的特点总结为以下三点：

(1) 策略定义智能体的行为；

(2) 策略是从状态到行为的映射；

(3) 策略本身可以是具体的映射，也可以是随机的分布。

2. 奖励

奖励(reward)信号定义了强化学习问题的目标，在每个时间步骤内，环境向强化学习发出的标量值即为奖励，以此定义智能体表现好坏，类似人类感受到快乐或是痛苦[5]，所以奖励信号是影响策略的主要因素。将奖励的特点总结为以下三点：

(1) 奖励是一个标量的反馈信号；
(2) 奖励能表征在某一步智能体的表现如何；
(3) 智能体的任务就是使得一个时段内积累的总奖励值最大。

3. 价值

价值(value)或价值函数，是强化学习中非常重要的概念，与奖励的即时性不同，价值函数是对长期收益的衡量[6]，对价值函数的评估就是从一个长期的角度来评判当前行为的收益，而不仅仅是盯着眼前的奖励。结合强化学习的目的，可以很明确地体会到价值函数的重要性，事实上在很长的一段时间内，强化学习的研究就是集中在对价值的估计。将价值函数的特点总结为以下三点：

(1) 价值函数是对未来奖励的预测；
(2) 价值函数可以评估状态的好坏；
(3) 价值函数的计算需要对状态之间的转移进行分析。

4. 环境

外界环境(environment)，也就是模型，它是对环境的模拟，举个例子来理解，当给出了状态与行为后，有了模型就可以预测接下来的状态和对应的奖励。但要注意的一点是，并非所有的强化学习系统都需要有一个模型，因此会有基于模型(model-based)、无模型(model-free)两种不同的方法，无模型的方法主要是通过对策略和价值函数分析进行学习[7]。将模型的特点总结为以下两点：

(1) 模型可以预测环境下一步的表现；
(2) 具体表现可由预测的状态和奖励来反映。

24.4.2 强化学习的架构

图 24.1 为强化学习的整体架构，大脑指代智能体，地球指代环境，从当前的状态出发，在做出一个行为之后，对环境产生了一些影响，它首先给智能体反馈了一个奖励信号，智能体可以从中发现一些信息，进而进入一个新的状态，再做出新的行为，形成一个循环。强化学习的基本流程就是遵循这样一个架构。

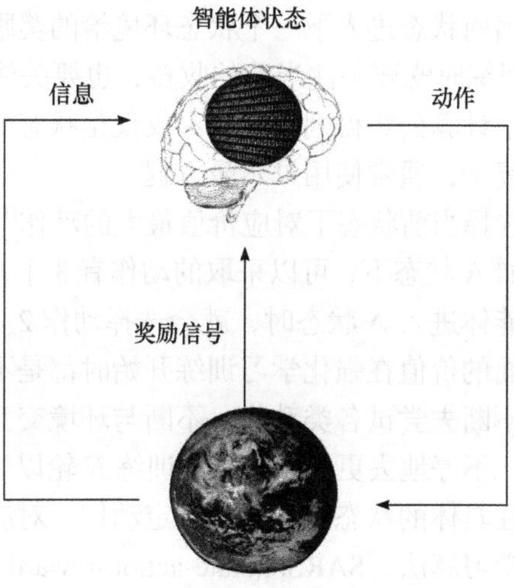

图 24.1 强化学习的整体架构

24.5 强化学习的训练过程

下面介绍一下强化学习的训练过程。整个训练过程都基于一个前提，即整个过程符合马尔可夫决策过程(Markov decision process，MDP)。

MDP 核心思想就是下一步的状态只和当前的状态以及当前状态将要采取的动作有关，只回溯一步[8]。例如，状态 3 只和状态 2 以及动作 2 有关，和状态 1 以及动作 1 无关。已知当前的状态和将要采取的动作，就可以推出下一步的状态是什么，而不需要继续回溯上一步的状态以及动作是什么，再结合当前的(状态，动作)才能得出下一步状态。实际应用中基本场景都是 MDP，如 AlphaGo 下围棋，其已知当前棋面是什么，当前棋子准备落在哪里，就可以清晰地知道下一步的棋面是什么了。

为什么要先定义好整个训练过程符合 MDP，因为只有符合 MDP，才方便根据当前的状态，以及要采取的动作，推理出下一步的状态，方便在训练过程中清晰地推理出每一步的状态变化，如果在训练过程中连每一步的状态变化都推理不出，那么也无从训练。

24.6 强化学习算法分类

24.6.1 基于价值的方法

基于每个状态可以采取的所有动作对应的价值来选择当前状态如何行动。这里面的价值并不是从当前状态进入下一个状态环境给的奖励，奖励只是价值组成的一部分[9]。但实际训练时既要关注当前的收益，也要关注长远的收益，所以这里面的价值是通过一个计算公式得到的，而不仅仅是状态变化环境立即反馈的奖励。价值的计算较为复杂，通常使用贝尔曼方程。

如何选择动作：选择当前状态下对应价值最大的动作[10]。选择能够带来最大价值加成的动作。比如 A 状态下，可以采取的动作有 3 个，但是动作 2 带来的价值最大，所以最终智能体进入 A 状态时，就会选择动作 2。

强调一点，这里面的价值在强化学习训练开始时都是不知道的，一般都设置为 0。然后让智能体不断去尝试各类动作，不断与环境交互，不断获得奖励，然后根据计价值的公式，不停地去更新，最终在训练 N 轮以后，价值会趋于一个稳定的数字，才能得出在具体的状态下，采取特定动作，对应的价值是多少。

代表性算法：Q 学习算法、SARSA(state-action-reward-state-action)算法。

适用场景：动作空间是离散的，比如 Pacman 里面的动作空间基本是“上下左右”，但有些智能体的动作空间是一个连续的过程，如机械臂的控制，整个运动是连续的。如果强行要将连续的动作拆解为离散的也是可以的，但是得到的维度太大，往往是指数级的，不适宜训练。同时在基于价值的场景中，最终学习完每个状态对应的最佳动作基本固定。但有些场景即使最终学习完每个状态对应的最佳动作也是随机的，如剪刀石头布游戏，最佳策略就是各 1/3 的概率出剪刀/石头/布。

24.6.2　基于策略的方法

基于策略的方法是对基于价值的方法的一个补充。

说明：基于每个状态可以采取的动作策略，针对动作策略进行建模，学习出具体状态下可以采取的动作对应的概率，然后根据概率来选择动作。

如何选择动作：基于得出的策略函数，输入状态得到动作。

代表性算法：策略梯度。

适用场景：动作空间是连续的，并且每个状态对应的最佳动作并不一定是固定的。对于动作空间是连续的，通常会先假设动作空间符合高斯分布，然后再进行下一步的计算。

24.6.3　参与评价方法

演员-评论家(Actor-Critic)算法合并了基于策略的梯度和基于价值的 Q 学习两类强化学习算法，该算法中将前者当作 Actor，用来基于概率选择行为。将后者当作 Critic，用来评判 Actor 的行为得分，然后 Actor 又会根据 Critic 的评分修改行为的概率。这使得它既可以有效地进行连续动作的选取，又可以进行单步更新[11]。

24.6.4　其他分类

上述三种分类是常见的分类方法，还可以通过其他角度进行分类，以下分类方法和上述分类存在一定的重叠。

根据是否学习出环境模型分类：基于模型指的是智能体已经学习出整个环境是如何运行的，当智能体已知任何状态下执行任何动作获得的回报和到达的下一个状态都可以通过模型得出时，总的问题就变成了一个动态规划的问题，利用贪心算法即可求解。这种采取对环境进行建模的强化学习方法就是基于模型的方法[12]。

无模型方法指的是有时候并不需要对环境进行建模也能找到最优的策略，虽然无法知道确切的环境回报，但可以对它进行估计。Q 学习中的 $Q(s,a)$ 就是对在状态 s 下，执行动作 a 后获得的未来收益总和进行的估计，经过很多轮训练后，$Q(s,a)$ 的估计值会越来越准，这时候同样利用贪心算法来决定智能体在某个具体状态下采取什么行动。

如何判断该强化学习算法是基于模型还是无模型取决于智能体执行动作之前，是否可以准确地对下一步的状态和回报做出预测，如果可以，那么就是基于模型，如果不能，即为无模型的。强化学习的分类如图 24.2 所示。

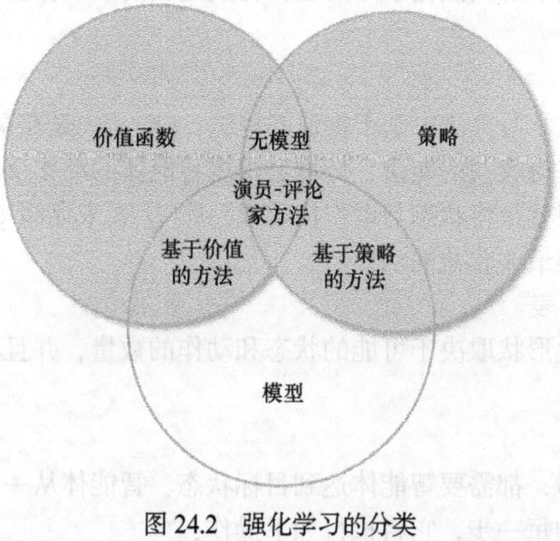

图 24.2　强化学习的分类

24.7　强化学习的代表算法

24.7.1　SARSA

SARSA 是一种典型的“基于价值的”和“基于策略的”算法，这种算法的行为策略和目标策略是同一个，意味着行为策略会直接决定目标策略的执行。

SARSA 是一种基于状态-行动-奖励-下一个状态-下一个行动序列的在线学习方法，用于解决强化学习中的 MDP 问题，基本思想是通过不断与环境交互来学习最优策略，在每个时间步骤中，智能体根据当前状态选择一个行动，并观察奖励和下一个状态[13]。然后，智能体使用当前策略的 Q 值来更新 Q 表，从而逐步优化策略。

(1) 初始化 Q 表，其中每个状态-行动对都有一个初始 Q 值。

(2) 在每个时间步骤 t 中，根据当前状态 s_t 选择一个行动 a_t，可以使用 ε 贪婪策略来进行探索和利用。

(3) 执行行动 a_t，观察奖励 r_t 和下一个状态 s_{t+1}。

(4) 基于下一个状态 s_{t+1} 选择下一个行动 a_{t+1}。

(5) 使用下列公式更新 Q 表中的 Q 值 $Q(s_t,a_t)=Q(s_t,a_t)+\alpha\left(r_t+\gamma Q\left(s_{t+1},\ a_{t+1}\right)-Q\left(s_t,a_t\right)\right)$，其中 α 是学习率(0 到 1 之间的值)；γ 是平衡因子(衡量当前奖励和未来奖励的重要性)。

(6) 重复步骤(2)～(5)直到达到停止条件。

SARSA 的核心算法是通过不断与环境交互和更新 Q 值来逐步优化策略，在实际应用中广泛用于解决强化学习问题，特别是在离散动作空间的情况下。

24.7.2　*Q* 学习

Q 学习是强化学习算法中基于价值的算法，$Q(s_t,a_t)$是在某一时刻的 s 状态，采取动作 a 能够获得收益的期望，环境会根据智能体的动作反馈相应的回报，所以算法的主要思想就是将状态与动作构建成一张 Q 表来存储 Q 值，然后根据 Q 值来选取能够获得最大收益的动作[14]。

(1) 初始化 Q 表。

Q 表的初始化形状取决于可能的状态和动作的数量，并且其所有值都设置为零，如前所述。

(2) 训练一次。

每一次训练时，都需要智能体达到目标状态。智能体从一个随机状态开始，对于一次训练中的每一步，它将执行如下操作：

① 根据策略采取相应动作(常用贪婪策略)；

② 根据前面提到的 Q 值更新方程，从达到的新状态和获得的奖励中计算新的 Q 值；

③ 从达到的新状态开始迭代进入下一步。

有效训练结束后 Q 表的 Q 值将是最优的，意味着如果智能体选择具有最高 Q

值的动作 a，则它将在每个状态 S 中获得最优值。最后，为了在非训练环境中使用经过训练的智能体，只需要使其在每个步长中选择具有最高 Q 值的动作，因为 Q 表在训练期间已经被优化。

24.7.3 策略梯度

引入参数化策略是为了解决大规模问题。在大规模的问题里，把每一个状态严格地独立出来，指出某个状态下应该执行某个行为是不太可能的，因此需要参数化，用少量的参数来合理近似实际的函数[15]。同时，在很多方面，策略梯度有其优势和优点。

基于价值的方法存在策略退化问题，即价值函数估计已经很准确了，但通过价值函数得到的策略仍然不是最优。这一现象类似于有监督学习中通过后验概率来分类，后验概率估计的精度很高，但得到的分类仍然可能是错的。尤其是当强化学习使用价值函数近似时，策略退化现象非常常见。策略梯度不会出现策略退化现象，其目标表达更直接。

基于策略的学习可能会具有更好的收敛性，这是因为基于策略的学习虽然每次只改善一点点，但总是朝着好的方向在改善；而价值函数在后期可能会一直围绕最优价值函数持续小的振荡而不收敛，求解过程非常复杂。

对于高维度或连续状态空间来说，使用基于价值函数的学习在得到价值函数后，制定策略时需要比较各种行为对应的价值大小。这样，如果行为空间维度较高或者是连续的，则从中比较得出一个有最大价值函数的行为这个过程就变得异常困难，但策略梯度能直接适用于高维或者连续行为动作空间的强化学习情景。

如何确定在优化参数时的优化目标。回顾之前的定理：所有的最优策略有相同的最优价值函数，即找到最优价值函数，就能对应找到最优策略。反之，要得到最优策略就是要尽可能获得更多的奖励，将策略表达成参数θ的目标函数，有如下几种形式：起始奖励(start value)是针对在起始状态的情况下求起始状态获得的奖励；平均奖励(average value)是在不存在起始状态而且停止状态也不固定的情况下，计算获得的平均奖励；每个时间步的平均奖励为每一个时间步长在各种情况下所能得到的平均奖励。

在能够产生完整回合的环境下，也就是在个体可以到达终止状态时，可以用这样一个值来衡量整个策略的优劣：从某状态 s_1 算起直到终止状态个体获得的累计奖励称为起始奖励。这个数值的意思是说：如果个体总是从某个状态 s_1 开始，或者以一定的概率分布从 s_1 开始，那么从该状态开始到回合结束个体将会得到怎样的最终奖励。算法的核心是：找到一个策略，当把个体放在这个状态 s_1 让它执行当前的策略，能够获得起始奖励，并使得这个起始奖励最大化：

$$J_1(\theta)=V^{\pi_\theta}(s_1)=E_{\pi_\theta}[v_1] \tag{24.1}$$

平均奖励：对于连续环境条件，不存在一个开始状态，这个时候可以使用平均奖励。意思是考虑个体在某时刻处在某状态下的概率，也就是个体在该时刻的状态分布，针对每个可能的状态计算从该时刻开始一直持续与环境交互下去能够得到的奖励，按该时刻各状态的概率分布求和，其中 $d^{\pi_\theta}(s)$ 是在当前策略下马尔可夫链关于状态的一个静态分布：

$$J(\theta)=\sum_s d^{\pi_\theta}(s)V^{\pi_s}(s) \tag{24.2}$$

使用每一个时间步长在各种情况下所能得到的平均奖励，也就是说在一个确定的时间步长里，查看个体处于所有状态的可能性，然后每一种状态下采取所有行为能够得到的即时奖励，所有奖励按概率求和方式得到：

$$J(\theta)=\sum_s d^{\pi_\theta}(s)\sum_a \pi_\theta(s,a)R_s^a \tag{24.3}$$

前面分析了策略目标函数，下一步就是优化策略参数然后使目标函数值最大化。也就是说，现在要解决策略梯度的优化问题，找到参数 θ 来最大化目标函数。一般通过随机梯度的方式来解决。

先考虑一个简单的单步 MDP 问题：从一个分布 $d(s)$ 中采样得到一个状态 s，从 s 开始，采取一个行为 a，得到即时奖励 $r=R_s^a$ 然后终止。整个 MDP 只有一个状态、行为、即时奖励。

由于是单步过程，因此三种目标函数的形式是一样的：

$$J(\theta)=E_{\pi_\theta}[r]=\sum_{s\in S}d(s)\sum_{a\in A}\pi_\theta(s,a)R_s^a \tag{24.4}$$

相应的梯度为

$$\begin{aligned}\nabla_\theta J(\theta)&=\sum_{s\in S}d(s)\sum_{a\in A}\pi_\theta(s,a)\nabla_\theta \log\pi_\theta(s,a)R_s^a\\&=E_{\pi_\theta}\left[\nabla_\theta \log\pi_\theta(s,a)r\right]\end{aligned} \tag{24.5}$$

可以看出，目标函数的梯度等于策略函数对数梯度与即时奖励两部分乘积的期望，根据之前的介绍，这两部分较为容易确定，因此参数的更新变得容易，单步 MDP 的情况同样适用于多步 MDP。

定理 24.1　对于任何可微的策略 $\pi_\theta(s,a)$，策略目标函数 $J=J_1$，J 或者 $J/(1-\gamma)$，策略梯度都是一样的。

换一种角度理解策略梯度，构造一个损失函数如下：

$$L(\theta)=\sum \log\pi(a\mid s,\theta)f(s,a) \tag{24.6}$$

对于 AlphaGo 而言，$f(s,a)$ 就是最后的结果，也就是一盘棋中，如果这盘棋赢了，那么这盘棋下的每一步都是认为是好的($f(s,a)=1$)；反之，则认为是不好的($f(s,a)=-1$)。所以在这里，如果 a 被认为是好的，那么目标就是最大化这个好的动作的概率，反之亦然。

$f(s,a)$ 不仅可以作为动作的评价指标，还可以作为目标函数，对应上面三种不同形式。就如同 AlphaGo，评价指标就是赢或者输，而目标就是结果赢，这和之前分析的目标完全没有冲突。因此，可以利用评价指标 $f(s,a)$ 来优化策略，在优化策略的同时优化了 $f(s,a)$，那么问题就变成对 $f(s,a)$ 求关于参数的梯度。

24.7.4 Actor-Critic

Actor-Critic 是策略梯度的时间差分版本。其有两个网络：Actor 和 Critic。Actor 决定应该采取哪种行动，Critic 告知 Actor 该行动有多好，应该如何调整[16]。Actor 的学习基于策略梯度方法，相比之下，Critic 通过计算价值函数来评估 Actor 的行动。

这种类型的架构是在生成对抗网络中，判别器和生成器都参与游戏。生成器生成伪图像，判别器使用其真实图像的表示来评估所生成的伪图像的质量。随着一次次的迭代，生成器可以创建伪造的图像，这些伪造的图像对于鉴别器是无法区分的。同样，Actor 和 Critic 都参与了游戏，但是与 GAN 不同，它们都在不断改进。

“基于价值”类与“基于策略”类算法各有特点，同时也有各自的短板。基于价值类算法缺点除了不能直接得到动作值输出，难以扩展到连续动作空间上之外，还存在高偏差的问题，根据估算得到的价值函数与实际的价值函数之间的误差是很难消除的。

基于策略类算法属于蒙特卡罗类方法，因为要对大量的轨迹进行采样，而每个轨迹之间的差异可能是巨大的，结果就引入了高方差和较大的梯度噪声，导致训练的不稳定和策略收敛困难。

为了解决高方差和高偏差之间的矛盾，可以把它们结合在一起，利用基于价值和基于策略两类算法各自的优势，弱化它们的短板，就有了 Actor-Critic 类方法。具体来说，就是构造一个全能型的智能体，既能直接输出策略，又能通过价值函数来实时评价当前策略的好坏，所以需要两个网络，一个负责生成策略的 Actor 和一个负责评价策略的 Critic。这就有点类似一个演员在表演，而同时一个评论者在随时纠正他的表现，而且两者都还在不断更新，这种互补式的训练方式会比单独的策略网络或者价值函数网络更有效。

根据策略梯度算法的定义，策略优化目标函数如下：

$$L_{\pi}=\sum_{a\in A}\log\pi_{\theta}\left(s_t,a_t\right)\left(G_t^n-V\left(s_t\right)\right) \tag{24.7}$$

令 $A_t=G_t^n-V\left(s_t\right)$，称 A_t 为优势函数。采用 n 步时序差分法求解，G_t 可以表示如下：

$$G_t=R_{t+1}+\gamma R_{t+2}+\cdots+\gamma^{n-1}R_{t+n}+\gamma^{n}V\left(s_{t+n}\right) \tag{24.8}$$

当 n 为一个完整的状态序列大小时，该算法与蒙特卡罗算法等价。

Critic 是评价网络，当输入为环境状态时，它可以评估当前状态的价值，当输入为环境状态和采取的动作时，它可以评估当前状态下采取该动作的价值。Actor 为策略网络，以当前的状态作为输入，输出为动作的概率分布或者连续动作值，再由 Critic 网络来评价该动作的好坏从而调整策略。Actor-Critic 策略将动作价值评估和策略更新过程分开，Actor 可以对当前环境进行充分探索并缓慢进行策略更新，Critic 只需要负责评价策略的好坏，所以这种集成算法有相对较好的性能。

Critic 网络的输入一般有两种形式：①如果输入为状态，则该评价网络的作用为评价当前状态价值；②如果输入为状态和动作，则该评价网络的作用为评价当前状态的动作价值。

如果评价网络 Critic 为状态价值的评价网络，输入为状态。Critic 网络的损失函数计算公式采用均方误差损失函数，即时间差(temporal difference, TD)误差值的累计平方值的均值，表达式如下：

$$L_{\text{critic}}=\frac{1}{N}\sum_{i=1}^{N}\left(G_t-V\left(s_t\right)\right) \tag{24.9}$$

Actor 网络的优化目标如下：

$$L_{\text{actor}}=\frac{1}{N}\sum_{i=1}^{N}\log\pi_{*}\left(s_t,a_t\right)\left(G_t-V\left(s_t\right)\right) \tag{24.10}$$

式中，π_{*} 代表最优策略。该公式表达的含义为：当 TD 误差值大于 0 时增强该动作选择概率，当 TD 误差值小于 0 时减小该动作选择概率，所以目标为最小化损失函数。

如果评价网络 Critic 为动作价值 Value 的评价网络，即输入为状态和动作，则 Critic 网络的损失函数如下：

$$L_{\text{critic}}=\frac{1}{N}\sum_{i}^{N}\left(G_t-Q\left(s_t,a_t\right)\right)^2 \tag{24.11}$$

式中，$G_t = R_{t+1} + \gamma R_{t+2} + \cdots + \gamma^{n-1} R_{t+n} + \gamma^n Q(s_{t+n}, a_{t+n})$。

Actor-Critic 算法流程如下。

准备：评价网络的学习率 α_1 和策略网络的学习率 α_2。

(1) 随机初始化评价网络 θ_q 和策略网络参数 θ_π。

(2) 重复以下操作至最大次数：

① 智能体与环境交互 n 步并收集由状态、动作、奖励构成的序列 $\{s_0, a_0, r_1, s_1, a_1, r_2, \cdots\}$。

② 计算 Critic 网络的损失值 $L^i_{\text{critic}} = L_{\text{critic}}(s, r^*)$。

③ 计算 Actor 网络的损失值 $L^i_{\text{actor}} = L_{\text{actor}}(s, a)$。

④ 更新 Critic 网络的损失值 $\theta_q \leftarrow \theta_q - \alpha_1 \nabla_\theta \sum_i L^i_{\text{critic}}$。

⑤ 更新 Actor 网络的损失值。

24.7.5 深度 Q 网络

深度 Q 网络(deep Q-Network, DQN)将深度学习和强化学习相结合，是第一个深度强化学习算法。深度 Q 网络的核心就是用一个人工神经网络 $q(s,a;\theta)$，$s \in S, a \in A$，来代替动作价值函数[17]。其中θ为神经网络权重。由于神经网络具有强大的表达能力，能够自动寻找特征，所以采用神经网络潜力比传统人工特征强大得多。最近基于深度 Q 网络的深度强化学习算法有了重大的进展，在目前学术界有非常大的影响力。

DQN 属于深度强化学习(deep reinforcement learning, DRL)的一种，它是深度学习与 Q 学习的结合体，当状态和行为的组合不可穷尽时，就无法通过查表的方式选取最优的动作。此时，虽然借助深度学习找到最优解非常困难，但找到一个无限逼近最优解的次优解是没有问题的。

DQN 的基本算法步骤可以概括为以下几个阶段。

(1) 初始化深度神经网络。

首先，需要初始化两个深度神经网络：一个用于训练的在线网络(online network)和一个用于计算目标 Q 值的目标网络(target network)。这两个网络具有相同的架构，但具有不同的权重。

(2) 初始化回放缓冲区。

DQN 使用一个回放缓冲区来存储智能体的经验。这个缓冲区具有固定的大小，智能体在与环境互动时将经验存储在其中。

(3) 选择动作。

在每个时间步，智能体根据当前状态和在线网络的估计 Q 值来选择一个动作。

通常，可以使用ε贪婪策略来平衡探索和利用。

(4) 执行动作。

智能体执行所选择的动作，并观察环境的响应。这包括获得奖励信号和新的状态。

(5) 存储经验。

智能体将经验(状态、动作、奖励、新状态)存储在回放缓冲区中。

(6) 经验回放。

定期从回放缓冲区中随机抽样，并使用目标网络来计算目标 Q 值。然后，使用这些目标 Q 值来训练在线网络。

(7) 更新目标网络。

定期更新目标网络的权重，通常通过复制在线网络的权重来实现。

(8) 重复迭代。

智能体不断地执行上述步骤，与环境互动，学习和改进 Q 值函数，直到达到停止条件。

继续阅读

强化学习的概念由 Minsky 提出[18]，强化学习相关的理论在文献[2]与文献[4]中阐述，强化学习的发展趋势可以参考文献[1]。强化学习作为一种重要的机器学习范式，在工业大数据解析中发挥着日益重要的作用，强化学习的相关综述可以参考文献[3]。

参考文献

[1] Kelly B. Trends in Reinforcement Learning[M]. London: Tritech Digital Media, 2018.

[2] Shamy E S. Training Games: Everything You Need to Know About Using Games to Reinforce Learning[M]. Oxford: Taylor and Francis, 2023.

[3] Li Y X. Deep reinforcement learning: An overview[J]. arXiv preprint arXiv: 1701.07274, 2017.

[4] Kaelbling L P, Littman M L, Moore A W. Reinforcement learning: A survey[J]. Journal of Artificial Intelligence Research, 1996, 4: 237-285.

[5] Li C, Qiu M K. Reinforcement Learning for Cyber-Physical Systems with Cybersecurity Case Studies[M]. Boca Raton: CRC Press, 2019.

[6] Szepesvari C. Algorithms for Reinforcement Learning[M]. Saint Raphael: Morgan and Claypool Publishers, 2010.

[7] Li S E. Reinforcement Learning for Sequential Decision and Optimal Control[M]. Singapore: Springer, 2023.

[8] Gronauer S, Diepold K. Multi-agent deep reinforcement learning: A survey[J]. Artificial Intelligence Review, 2022, 55(2): 895-943.

[9] Heuillet A, Couthouis F, Díaz-Rodríguez N. Explainability in deep reinforcement learning[J].

Knowledge-Based Systems, 2021, 214: 106685.

[10] Raffin A, Hill A, Gleave A, et al. Stable-Baselines 3: Reliable reinforcement learning implementations[J]. The Journal of Machine Learning Research, 2021, 22(1): 12348-12355.

[11] Laskin M, Lee K, Stooke A. Reinforcement learning with augmented data[J]. Advances in Neural Information Processing Systems, 2020, 33: 19884-19895.

[12] Kiran B R, Sobh I, Talpaert V, et al. Deep reinforcement learning for autonomous driving: A survey[J]. IEEE Transactions on Intelligent Transportation Systems, 2021, 23(6): 4909-4926.

[13] Kumar A, Zhou A, Tucker G, et al. Conservative *Q*-learning for offline reinforcement learning[J]. Advances in Neural Information Processing Systems, 2020, 33: 1179-1191.

[14] Botvinick M, Wang J X, Dabney W, et al. Deep reinforcement learning and its neuroscientific implications[J]. Neuron, 2020, 107(4): 603-616.

[15] Wang Z, Hong T Z. Reinforcement learning for building controls: The opportunities and challenges[J]. Applied Energy, 2020, 269: 115036.

[16] Pateria S, Subagdja B, Tan A H, et al. Hierarchical reinforcement learning: A comprehensive survey[J]. ACM Computing Surveys (CSUR), 2021, 54(5): 1-35.

[17] Coronato A, Naeem M, de Pietro G. Reinforcement learning for intelligent healthcare applications: A survey[J]. Artificial Intelligence in Medicine, 2020, 109: 101964.

[18] Minsky M. Steps toward artificial intelligence[J]. Proceedings of the IRE, 1961, 49(1): 8-30.

第六篇　大数据解析篇

第 25 章 工业大数据解析过程

工业大数据解析是制造业的一场革命，它帮助制造商更加智能、高效和可持续地经营。在当今数字化时代，大数据已成为企业竞争力的关键因素之一，工业界也不例外，工业大数据的解析涉及多个关键过程。

首先是数据采集，这是解析过程的起点，数据可以来自各种源头，包括传感器、设备、生产线、供应链、企业内部系统等，这一阶段的关键是确保获得全面、准确的数据[1]。数据采集后，数据清洗是一个至关重要的步骤，这包括处理缺失值、异常值、重复数据以及格式错误，以确保数据的质量和一致性。工业数据的存储和管理也是需要重点考虑的，传统数据库、数据仓库或云存储等技术被广泛应用，以确保数据的安全性、可访问性和可管理性。在进一步分析之前，需要对数据进行预处理。这包括标准化、归一化、特征选择等操作，以便更好地满足后续分析和建模的需求。解析过程的核心就是数据分析和建模，使用统计学方法、机器学习技术和人工智能算法，分析人员可以从数据中提取有用的信息、发现模式、进行预测性建模等。最后将分析结果以可视化的方式呈现，有助于理解数据的趋势、模式和关联。数据可视化可以是图表、图形、仪表板等形式，使非专业人士也能轻松地分析结果。

这些过程共同构成了工业大数据解析的完整生命周期。工业大数据解析是一个持续不断的过程，随着时间推移，新数据的积累和业务环境的变化，分析方法、模型和策略需要不断优化，以适应不断演变的需求。

然而，这只是开始，未来将有更多创新的数据解析方法和技术，将进一步塑造工业界的未来。

25.1 基于机器学习与规则方法的区别

在现代数据分析和决策系统中，基于机器学习的方法和基于规则的方法是两种常见的方法。基于机器学习的方法是一种通过从数据中学习模式和规律来进行决策和预测的方法。这类方法依赖于模型的训练，该模型能够自动从输入数据中学到一些潜在的关系，然后用于新的未知数据的预测或决策。基于规则的方法是一种通过手动定义一系列规则、逻辑或条件来进行决策和预测的方法。这类方法的设计者需要事先了解问题领域，并根据专业知识制定一系列规则，规定系统在不同情况下的行为。它们在工作原理、应用领域和适用场景上存在显著的区别[2]。表 25.1 为它们之间的详细对比。

表 25.1　基于机器学习的方法与基于规则的方法的区别

对比方面	基于机器学习的方法	基于规则的方法
工作原理	基于数据驱动	基于规则驱动
	自适应性，能够自适应新的数据	静态性，不会根据新数据自动调整，需要手动修改
	复杂性，可以处理高度复杂的非线性关系	有限复杂性，适用于相对简单的问题，规则集的复杂度有限
数据要求	需要大规模标注的数据	不需要大规模标注的数据
	学习模式上依赖于数据中的模式和趋势	人工定义规则，通常由专家基于领域知识和经验来定义
解释性和可理解性	黑盒性，某些机器学习模型可能是黑盒的，难以解释为什么做出特定的预测或决策	透明性，通常具有高度的透明性，决策过程可以清晰解释和理解
	复杂性，在处理复杂问题时模型可能过于复杂	可解释性，规则是明确定义的，可以追踪和理解为什么做出决策
适用场景	复杂问题和模式识别	简单问题和领域知识清楚的问题

基于机器学习的方法和基于规则的方法各有优劣，选择哪一种取决于问题的性质、可用数据、领域知识等因素。在实际应用中，通常需要根据具体情况综合考虑两者的特点，灵活选择最适合任务需求的方法。

25.2　业务理解

工业大数据解析中的业务理解是指通过对大规模工业数据的分析和解释，从中获取对工业业务运作的深刻理解。这涉及对工业过程、设备、生产线等方面的数据进行挖掘，以提取有关运营状况、效率、质量和其他关键业务指标的洞察力。

(1) 数据收集与整理。业务理解的第一步是确保采集到足够且准确的数据。这可能涉及传感器、监控设备、生产系统和其他数据源。数据需要被收集、存储，并在需要时进行清理和预处理，以确保数据的一致性和可用性。

(2) 数据探索与可视化。通过可视化工具，业务人员和数据科学家可以探索数据的特征，识别潜在的关联和趋势。可视化有助于直观地理解数据，从而提前发现一些可能对业务决策有影响的信息。

(3) 业务问题定义。在业务理解阶段，明确定义需要解决的业务问题是关键的一步。这可能包括提高生产效率、降低能源消耗、改善产品质量等。业务问题的定义将指导后续的数据分析和建模过程。

(4) 数据分析和建模。在这一阶段，数据科学家使用各种技术和算法，如机器学习、统计分析等，对数据进行深入挖掘。通过构建模型，可以识别隐藏在数据中的模式、关联和异常，为业务决策提供更多的信息。

(5) 业务解释与报告。数据科学家需要解释最终的分析结果，确保业务人员能够理解模型的输出。这可能涉及使用非技术术语来描述模型的工作原理，并将结果呈现为可视化报告或仪表板。

(6) 持续监控与优化。模型部署到生产环境后，业务理解的过程并未结束。持续监控模型的性能，追踪业务指标，并在必要时对模型进行优化是关键的。这确保了解析过程的持续有效性。

业务理解是工业大数据解析中的关键步骤，它要求数据科学家与业务人员密切合作，以确保数据分析和建模的结果对业务有实际的意义。只有通过深刻的业务理解，才能充分发挥大数据分析的潜力，为工业领域的效率提升和问题解决提供有力支持。

25.3 数据理解

25.3.1 初始数据解析

在工业大数据解析的初始阶段，首先需要对收集到的数据进行初步处理和分析，以确保数据的质量和可用性。以下是在初始数据解析阶段执行的一些关键步骤[3]。

(1) 数据收集：从不同的设备、传感器和监控系统中获取大量数据，确保数据源的可靠性和准确性，确保数据采集的全面性。

(2) 数据清洗：对数据进行清洗，处理可能存在的缺失值、异常值和重复数据，检测并纠正数据中的错误，确保数据的一致性和可信度。

(3) 初步数据探索：对数据进行初步的探索性分析，以发现数据的基本特征和趋势，可以使用简单的统计方法和可视化工具，例如，绘制图表和计算基本统计量。

(4) 数据质量评估：评估数据的质量，包括检查数据完整性和准确性，确保数据符合预期，检查是否存在不一致或异常的情况。

(5) 初步数据理解：对数据进行初步理解，识别数据中的主要模式和趋势，着重于识别可能对业务有影响的关键数据特征。

(6) 数据文档记录：记录数据的来源、格式和处理步骤，建立数据文档，可通过编制简单的文档，记录数据的基本信息，以便后续使用和理解。

通过执行这些操作，可以确保数据的基本质量，了解数据的基本特征，并为后续更深入的分析和建模工作做好准备。这个阶段通常需要数据工程师和领域专家的协作，以确保对数据的细致处理和正确理解。

25.3.2 探索性数据分析

在工业大数据解析中，探索性数据分析(exploratory data analysis, EDA)是一个关键的阶段，旨在通过可视化和统计方法来深入了解数据的结构、模式和异常[4]。以下是在工业大数据中执行探索性数据分析的一般步骤。

(1) 数据概览：对整体数据集进行初步查看，了解数据的规模、特征和基本统计信息，可以通过计算总体统计指标，如均值、中位数、标准差，并绘制数据的概览图表。

(2) 单变量分析：分析单个变量的分布、集中趋势和离散程度，以便了解每个变量的基本特性，可以通过绘制直方图、箱线图、概率分布图等计算单变量的统计指标。

(3) 双变量分析：探索两个变量之间的关系，寻找可能的相关性或趋势，可以通过绘制散点图、相关性矩阵、热力图等分析变量之间的关联。

(4) 多变量分析：对多个变量之间的关系进行深入分析，以识别复杂的模式，可以通过多维度的可视化工具，如平行坐标图、散点矩阵等进行多变量关系的探索。

(5) 时间序列分析：如果数据涉及时间维度，进行时间序列分析以了解随时间的变化趋势，可以通过绘制时间序列图、趋势图、季节性分析等识别周期性和趋势。

(6) 异常值和离群点分析：识别和处理数据中的异常值，了解是否存在离群点。可以通过箱线图、Z-score 等方法检测和处理异常值。

(7) 数据分布检查：检查数据是否符合特定的分布假设，如正态分布，通过绘制概率图、*Q-Q* 图等评估数据的分布特性。

(8)关键特征识别：识别对业务问题具有重要意义的关键特征，利用统计指标和可视化工具，确定对业务目标有影响的特征。

通过 EDA，分析人员能够获得对工业大数据的深刻理解，从而为进一步的建模和决策提供有价值的见解。这一阶段的操作通常需要数据科学家、工程师和业务专家之间的协同工作。可以使用图表和可视化工具来展示数据的特征。

25.3.3　描述数据

在工业大数据解析中，描述数据是指对数据进行详细的说明和概括，以便更好地理解数据的特性、结构和含义。以下是在描述工业大数据时可采取的一些关键步骤。

(1) 数据来源和采集方式：说明数据的来源，包括传感器、监测设备、生产系统等，以及数据是如何被采集和存储的。

(2) 数据的基本统计特征：提供数据的基本统计信息，如均值、中位数、标准差、最小值和最大值，这些统计信息可以帮助初步了解数据的分布和集中趋势。

(3) 数据的维度和特征：列举数据的各个维度和特征，指明每个特征的含义和单位，了解数据中包含的信息，确保对每个特征都有清晰的理解。

(4) 数据质量和完整性：评估数据的质量，包括数据是否完整、是否存在缺失值和异常值的情况，数据质量对后续分析和建模的影响至关重要。

(5) 数据的时间性质：如果数据涉及时间维度，说明时间的范围、间隔和数据的时间戳，了解数据随时间的变化，识别潜在的趋势和周期性。

(6) 数据的分布情况：描述数据的分布特征，是否符合正态分布，或者是否存在偏斜，数据分布对于选择合适的统计方法和建模技术具有重要影响。

(7) 关键业务指标：识别和描述与工业业务关联紧密的关键指标，这些指标通常是业务决策的重要依据，数据中的哪些特征与业务目标直接相关。

(8) 数据的格式和存储结构：说明数据的格式，如表格、时间序列、文本等，以及数据存储的结构，如数据库、文件系统，数据的格式影响着数据的处理和分析方法。

通过对数据进行详细描述，分析人员和业务决策者能够更好地理解数据的内在特性，为后续的数据分析、建模和业务决策提供基础。这一过程通常需要协同合作，包括数据科学家、工程师和业务专家。

25.3.4　数据的类型

在工业大数据中，通常会涉及多种类型的数据。以下是常见的数据类型及其定义。

(1) 数值型数据：数值型数据是用于量化和测量的数据类型，表示数量或大小，如温度、湿度、压力、速度等连续型的数值型数据。

(2) 分类型数据：分类型数据表示不同类别或标签，通常用于区分对象或现象，如设备状态(正常、异常)、产品类型、地区名称等离散的类别数据。

(3) 时间序列数据：时间序列数据是按时间顺序排列的数据集合，记录了不同时间点的观测值，如每小时的生产量、每日的销售额、传感器数据随时间的变化等。

(4) 文本数据：文本数据是非结构化数据，通常以自然语言形式存在，如生产日志、工作报告、设备故障描述等文本形式的信息。

(5) 图像/视频数据：图像和视频数据是由像素组成的视觉信息，用于描述图像或视频内容，如摄像头捕捉到的生产线图像、设备传感器拍摄的视频流等。

(6) 地理空间数据：地理空间数据描述了地理位置、地形和空间特征，如全球定位系统坐标、地图信息、区域边界等与地理位置相关的数据。

(7) 声音/音频数据：声音或音频数据是声波的数字表示，用于记录声音信息，如工作时的声音记录、环境噪声监测等声音数据。

(8) 生物信息数据：生物信息数据包含有关生物组织、基因、蛋白质等生物学信息，如基因组序列、蛋白质结构数据等生物学特征信息。

理解和处理这些不同类型的数据对于工业大数据分析非常重要。数据类型决定了适用的分析方法、可视化技术以及可能的建模方法。综合利用多种数据类型能够为业务决策和问题解决提供更全面的视角和更深入的见解。这个例子突出了大数据分析的关键步骤，从业务理解到数据理解，再到数据分析，每一步都是解锁数据潜力的关键。通过深入了解数据，企业可以制定更好的战略决策，提高竞争力。

25.4　数据准备

25.4.1　脏数据

在工业大数据中，脏数据指的是数据集中包含了错误、缺失、重复、不一致或不准确的数据。脏数据可能是由多种原因引起的，包括人为错误、传感器故障、数据传输问题等。脏数据可能对分析、建模和决策产生不良影响，因此在数据处理和解析过程中需要进行清理和处理。

脏数据可能包括缺失值、异常值、错误的数据格式、重复记录等。例如，一个销售数据集中的日期字段包含不一致的日期格式，或者在客户名单中包含重复的记录。

数据清理和预处理是解决脏数据问题的关键步骤，包括填充缺失值、处理异常值、去除重复数据、标准化格式等。这些步骤有助于提高数据的质量，确保分析和建模的可靠性。

25.4.2　数据清洗

数据清洗在工业大数据分析中是一个关键的步骤，旨在识别和处理数据中的脏数据，以确保数据质量和可靠性。以下是工业大数据中常见的数据清洗内容。

(1) 缺失数据：数据集中某些观测值缺失或未记录，可能导致分析结果不完整，降低模型的准确性。

(2) 异常值：与其他观测值相比，异常值具有显著不同的数值，可能扭曲统计结果，影响模型的性能。

(3) 重复数据：数据集中存在完全相同的观测记录，可能导致对特定观测的过度权重，影响模型的泛化能力。

(4) 不一致数据：数据集中的观测值在不同的地方或时间点记录的数值不一致，可能导致逻辑错误或对业务理解的混淆。

(5) 格式错误：数据不符合预期的格式或数据类型，可能导致数据解析失败，影响数据的可用性。

(6) 不准确数据：数据集中的数值与真实情况不符，可能导致误导性的分析结论，影响决策的准确性。

(7) 冗余数据：数据集中包含冗余信息，即可以从其他数据中推导出的信息，冗余数据增加了数据处理和存储的负担，同时可能导致混淆。

25.4.3　数据离散化

在工业大数据分析中，数据离散化是将连续型数据转换为离散型数据的过程。这种转换可以帮助简化数据，减少数据的复杂性，同时使其更易于理解和处理。以下是数据离散化的一些常见方法和应用[5]。

(1) 分箱或分段：将连续的数值范围划分为若干个离散的区间，每个区间被称为一个“箱”或“段”。例如，将温度数据分为几个范围，如低、中、高，以便更好地理解和分析。

(2) 等宽离散化：将数值范围均匀地划分成相等的子区间，适用于数据分布相对均匀的情况，如传感器数据的电压范围。

(3) 等频离散化：将数据集分成相等数量的区间，每个区间包含大致相同数量的数据点，适用于数据分布不均匀的情况，确保每个区间中都有足够数量的数据点。

(4) 聚类分析：使用聚类算法(如 *K*-means 聚类)将数据点分成若干个簇，每个簇可以看成一个离散的类别，适用于数据具有自然聚集结构的情况，如设备故障模式的分类。

(5) 自定义规则离散化：基于业务规则或领域知识定义离散化的标准，适用于特定行业或应用场景，通过专业知识确定数据离散化的方式。

(6) 独热编码：将具有多个类别的离散变量表示为二进制向量，每个类别对应一个二进制位，适用于将分类变量引入到机器学习模型中，如设备状态的分类。

数据离散化的选择取决于数据的性质、分布和分析目标。它可以提高模型的鲁棒性，降低模型的复杂性，并在某些情况下有助于提高算法的性能。然而，在进行数据离散化时，需要谨慎选择合适的方法，并理解离散化可能引入的信息损失。

25.4.4 数据压缩/数据整理

在工业大数据中，数据压缩和数据整理是优化数据存储和提高数据处理效率的重要步骤。

数据压缩是通过减小数据的存储空间来优化数据，尤其对于大数据来说很重要。常见的数据压缩方法如下。

(1) 无损压缩：通过消除数据中的冗余以减少存储空间，同时保持数据完整性。使用压缩算法对重复和无效信息进行压缩。无损压缩适用于对数据完整性要求高的情况，如传感器数据、日志文件等。

(2) 有损压缩：在一定程度上牺牲数据的精度以减小数据量。通过减小数据的精度或舍弃一些细节信息来实现压缩。有损压缩适用于对数据精度要求相对较低的情况，如音频、视频数据。

数据整理包括对数据进行格式化和组织，以便更有效地进行分析。常见的数据整理方法如下。

(1) 数据清洗：识别并处理脏数据，包括缺失值、异常值、重复值等确保数据质量，提高数据的可靠性和可用性。

(2) 数据转换：对数据进行规范化、标准化或者离散化，以符合分析或模型的需求，改善数据分布，减小数据间的差异性，提高模型性能。

(3) 特征选择：选择最相关和最具代表性的特征，剔除不重要或冗余的特征，减少模型复杂性，提高训练效率和泛化能力。

(4) 数据聚合：将数据汇总成更高层次的表达，减少数据维度和存储空间，适用于大规模数据集的处理，降低存储和计算成本。

(5) 数据归档：将数据按照不同的存储需求进行归档和管理，包括热存储、冷存储、长期存储等。优化存储资源，根据数据访问频率和重要性进行存储级别的管理。

这些步骤在工业大数据处理中非常重要，可以提高数据的存储效率、可用性和可管理性。通过压缩和整理数据，可以减少存储成本、提高数据处理速度，并更好地支持后续的分析和应用。

25.4.5　文本清洗

工业大数据解析过程中的文本清洗是指对原始文本数据进行预处理，以去除噪声、规范化数据、减小数据的复杂性，从而使数据更适合后续分析和建模。文本数据清洗通常采用以下方法。

(1) 去除特殊字符和标点符号：特殊字符和标点符号通常对文本分析没有帮助，因此需要将它们从文本中去除。使用正则表达式或字符串替换操作，将特殊字符和标点符号替换为空字符串。

(2) 转换为小写：将文本转换为统一的小写格式，以避免同一个单词的不同大小写形式被视为不同的单词，使用文本处理库(如 Python 中的 NLTK 或 Spacy)将文本转换为小写。

(3) 去除停用词：停用词是在文本分析中经常被忽略的常见词汇，如“the”“and”“is”等。去除这些词可以减小数据维度并提高分析效率。创建一个停用词列表，然后遍历文本并去除其中出现的停用词。

(4) 词干提取：词干提取是将单词转换为其基本形式的过程。这有助于将变形的单词归一化为同一形式。使用词干提取器，如 NLTK 库中的 Porter 词干提取器，对文本中的单词进行词干提取。

(5) 拼写检查和纠正：有时文本数据可能包含拼写错误，可以使用拼写检查和纠正工具来修复这些错误。使用拼写检查库(如 Python 中的 PySpellChecker)来检测和修复拼写错误。

(6) 标注化：将文本分割成单独的标注或词语，以便进一步分析。使用分词器(如 NLTK 或 Spacy 中的分词器)来将文本分割成标注。

(7) 移除数字：如果文本中包含数字，而分析任务不涉及数字，可以将其去除。使用正则表达式去除文本中的数字。

(8) 去除重复的文本：有时文本数据中可能包含重复的内容，需要去除以减小数据集的大小。使用文本相似性算法来识别和去除重复的文本。

(9) 词袋表示：将文本数据转换为词袋(bag of words)表示，其中每个文档由其包含的单词构成，用于后续文本分析任务。使用文本处理库来构建词袋表示，其中每个单词对应于一个特征。

这些文本清洗方法的具体实现可以根据数据和任务的特定要求进行定制。文本清洗是数据预处理的重要一部分，它有助于提高数据质量，减小噪声，使文本数据更适合用于文本分析、自然语言处理和机器学习任务。

25.4.6　特征工程

特征工程在工业大数据分析中是一个至关重要的步骤，它涉及从原始数据中提取、转换和选择特征，以便更好地支持机器学习模型的训练和数据分析。以下是在工业大数据中常见的特征工程技术。

(1) 特征提取：从原始数据中提取有用的信息，将其转换为可用于模型训练的特征。例如，从时间序列数据中提取统计指标(均值、方差等)、频域特征(傅里叶变换等)或其他领域专业知识中认为重要的特征。

(2) 特征转换：对特征进行变换，使其更适合模型训练或减小特征之间的相关性。例如，进行对数变换、标准化、归一化等处理，以确保特征具有相似的尺度和分布。

(3) 特征选择：选择最具代表性的特征，降低维度，减少冗余信息，提高模型的泛化能力。通过统计方法、正则化技术、树模型的特征重要性排序等方式进行选择。

(4) 时间特征工程：对时间序列数据进行处理，提取时间相关的特征，如季节性、趋势等。

(5) 空间特征工程：对空间数据进行处理，提取与地理位置相关的特征。

(6) 领域知识引入：利用专业领域知识，将领域专业性的信息转化为特征。

(7) 文本特征工程：对文本数据进行处理，提取关键词、词频等特征。

(8) 组合特征：将多个特征进行组合，创建新的特征。

特征工程的目标是为模型提供更丰富、更有代表性的输入，以提高模型的性能、泛化能力和可解释性。在工业大数据分析中，对于不同类型的数据，需要结合具体的业务场景和问题进行针对性的特征工程。

25.4.7　特征选择的方法

特征选择的方法涉及统计学和机器学习中的一些概念和公式。以下是一些常见的特征选择方法。

(1) 方差阈值：方差阈值方法用于识别数据集中方差较低的特征。通过式(25.1)计算每个特征的方差，然后根据设定的阈值选择保留或删除特征。

$$\mathrm{Var}(X)=\frac{1}{n}\sum(x_i-\bar{x})^2 \tag{25.1}$$

式中，n 为样本数量；x_i 为第 i 个样本的取值；$\bar{x}$ 为均值。

(2) 相关性分析：相关性分析用于衡量两个特征之间的线性关系。通过式(25.2)计算这两个特征的皮尔逊相关系数，可以得知它们之间的相关性。在特征选择中，可以选择保留相关性较高的特征，或者删除高度相关的特征以减少冗余信息。

$$\rho(X,Y)=\frac{\mathrm{Cov}(X,Y)}{\sigma X\cdot\sigma Y} \tag{25.2}$$

式中，$\mathrm{Cov}(X,Y)$是协方差；σX 和σY 是标准差。

(3) 单变量特征选择：单变量特征选择方法通过独立地评估每个特征与目标变量之间的关系来选择特征。常见的统计测试(如卡方检验、t检验、ANOVA 等)用于评估每个特征的重要性。

(4) 递归特征消除：递归特征消除是一种迭代的特征选择方法。它通过训练模型，然后逐步剔除对模型贡献最小的特征，直到达到指定的特征数量。递归特征消除无特定的公式，通常基于模型的评估指标。

(5) 树模型特征重要性：基于树模型的特征重要性方法通过分析树模型(如决策树、随机森林)中特征的分裂贡献来评估特征的重要性。重要性分数越高的特征被认为对模型的贡献越大。

(6) 互信息：互信息(式(25.3))是用于度量两个随机变量之间相互依赖性的概念。在特征选择中，可以使用互信息来评估特征与目标变量之间的关系，尤其适用于非线性关系的发现：

$$I(X;Y)=\sum\sum p(x,y)\cdot\log\left(\frac{p(x,y)}{p(x)\cdot p(y)}\right) \tag{25.3}$$

式中，$I(X;Y)$表示随机变量X和Y之间的互信息；$p(x,y)$是联合概率分布；$p(x)$和$p(y)$是边缘概率分布。

上述公式和符号提供了一些特征选择方法的理论基础。在实践中，根据具体问题和数据集的特征，选择合适的方法和公式进行特征选择。

25.4.8 特征提取

工业大数据中的特征提取是从原始数据中抽取相关信息以创建新特征的过程。这有助于减少数据的复杂性，提高模型的性能，并揭示数据中的潜在模式。以下是一些在工业大数据中常用的特征提取方法[6]。

1. PCA

PCA 是一种降维的统计方法，它借助正交变换，将与其分量相关的原随机向量转化成与其分量不相关的新随机向量，这在代数上表现为将原随机向量的协方差阵变换成对角形阵，在几何上表现为将原坐标系变换成新的正交坐标系，使之指向样本点散布最开的p个正交方向，然后对多维变量系统进行降维处理，使之能以一个较高的精度转换成低维变量系统，再通过构造适当的价值函数，进一步把低维系统转化成一维系统。

1) PCA 的实现原理

包括基于特征值分解协方差矩阵实现 PCA 算法和基于 SVD 协方差矩阵实现 PCA 算法。其中，基于特征值分解协方差矩阵实现 PCA 算法的步骤如下。

(1) 去平均值(即去中心化)，即每个特征减去各自的平均值；

(2) 计算协方差矩阵；

(3) 求出协方差矩阵的特征值及对应的特征向量；

(4) 将特征向量按对应特征值大小从上到下按行排列成矩阵，取前 k 行组成矩阵 p；

(5) $Y = pX$ 即为降维到 k 维后的数据。

2) PCA 的优点

(1) 可以减少数据的冗余性，提高数据的处理效率；

(2) 可以消除不同变量之间的相关性，避免多重共线性问题；

(3) 可以发现数据中的主要特征，便于后续的建模和分析；

(4) 可以降低噪声对数据分析的影响。

3) PCA 的缺点

(1) 主成分的含义往往具有一定的模糊性，不如原始变量的含义那么清楚、确切；

(2) 贡献率小的主成分往往可能含有样本差异的重要信息，也就是可能对区分样本的类别(标签)更有用；

(3) 特征值矩阵的正交向量空间是否唯一有待讨论；

(4) PCA 是一种无监督学习方法。

4) PCA 的应用场景

PCA 可以用于加速机器学习算法、对数据进行预处理、分类问题和回归问题、根据方差自主控制特征数量。

2. LDA

LDA 是一种监督学习的降维技术，也就是说它的数据集的每个样本都是有类别输出的，这点与 PCA 不同。LDA 试图找到两类物体或事件的特征的一个线性组合，以能够特征化或区分它们。

1) LDA 的优点

在降维过程中可以使用类别的先验知识经验，而像 PCA 这样的无监督学习则无法使用类别先验知识。LDA 在样本分类信息依赖均值而不是方差的时候，比 PCA 之类的算法更优。

2) LDA 的缺点

LDA 不适合对非高斯分布样本进行降维，PCA 也有这个问题。LDA 降维最

多降到类别数 $k-1$ 的维数，如果降维的维度大于 $k-1$，则不能使用 LDA。

3) LDA 的应用场景

LDA 在模式识别领域(如人脸识别、舰艇识别等图形图像识别领域中有非常广泛的应用，此外，LDA 还可以用来识别大规模文档集或语料库中潜藏的主题信息。

3. 高斯混合模型(Gaussian mixture model, GMM)

GMM 是一种聚类算法，它使用了高斯分布作为参数模型，并使用了期望最大算法进行训练。GMM 是单一高斯概率密度函数的延伸，能够平滑地近似任意形状的密度分布。GMM 有单高斯模型和高斯混合模型两类。

GMM 是一种概率模型，可以用于聚类和密度估计。GMM 的基本思想是假设数据集中的每个样本都是由多个高斯分布随机生成的，而这些高斯分布的参数是未知的。GMM 的目标是通过观测数据来估计这些参数，从而得到一个最优的高斯混合模型。

使用 GMM 的步骤如下。

(1) 初始化高斯分布的数量和参数；

(2) 使用期望最大算法来估计高斯分布的参数；

(3) 使用估计出来的高斯分布来对数据进行聚类或密度估计。

1) GMM 的优点

(1) GMM 使用均值和标准差，簇呈现出椭圆形，优于 *K*-means 的圆形；

(2) GMM 是使用概率，故一个数据点可以属于多个簇；

(3) GMM 训练速度快，声学模型较小，容易移植到嵌入式平台。

2) GMM 的缺点

(1) 对大规模数据和多维高斯分布，计算量大，迭代速度慢；

(2) 如果初始值设置不当，收敛过程的计算代价会非常大；

(3) 容易收敛到局部最优解。

3) GMM 的应用场景

GMM 的应用场景包括异常检测、推荐系统、高斯词向量、Fisher 向量等。GMM 已经在数值逼近、语音识别、图像分类、图像去噪、图像重构、故障诊断、视频分析、邮件过滤、密度估计、目标识别与跟踪等领域取得了良好的效果。

25.5 数据建模

在工业大数据中，数据建模是一项重要任务，旨在从大规模数据中提取有用的信息和知识。如图 25.1 所示为工业大数据中常用的数据建模方法。

这些方法可以根据具体的工业应用和数据类型进行选择和组合。在工业大数据建模过程中，通常需要综合考虑问题的特点、可用数据和所需的决策支持，以选择最合适的建模方法。

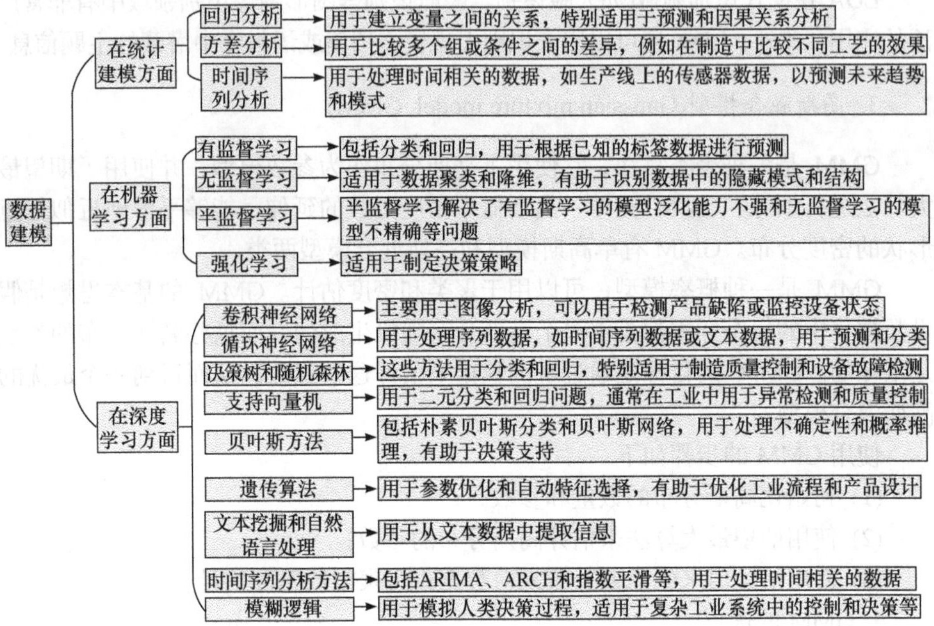

图 25.1　工业大数据中常用的数据建模方法

ARIMA(autoregressive integrated moving average)：差分自回归移动平均；
ARCH(autoregressive conditional heteroskedastic)：全回归条件异方差

25.6　模 型 评 估

当涉及大数据时，模型评估是一个关键的阶段，它包括评估模型性能、优化模型参数以及解释模型结果。接下来详细解释这三个部分。

25.6.1　评估模型性能

在大数据环境下，评估模型性能是确保模型质量和效果的重要步骤。常用的性能指标如下。

1. 准确度

准确度(accuracy)是分类模型中最基本的评估指标，它衡量了模型正确预测的样本比例，其公式为

$$\text{accuracy} = \frac{\mathrm{TP} + \mathrm{TN}}{\mathrm{TP} + \mathrm{FN} + \mathrm{FP} + \mathrm{TN}} \tag{25.4}$$

式中，TP 为真正例，模型将正类别正确地预测为正类别的样本数；TN 为真反例，模型将负类别正确地预测为负类别的样本数；FP 为假正例，模型将负类别错误地预测为正类别的样本数；FN 为假反例，模型将正类别错误地预测为负类别的样本数。

2. 回归模型的均方误差

对于回归问题，回归模型的均方误差(mean squared error, MSE)是一个常用的性能指标，它衡量了模型预测值与实际值之间的平方差的均值，其公式为

$$\mathrm{MSE}=\frac{1}{n}\sum_{i=1}^{n}\left(Y_i-\hat{Y}_i\right)^2 \tag{25.5}$$

式中，n 为样本数量；Y_i 为实际值；$\hat{Y}_i$ 为模型预测值。

25.6.2　优化模型参数

优化模型参数是为了使模型能够更好地拟合数据，提高其性能。常用的方法如下。

(1) 随机搜索(random search)：随机搜索与网格搜索类似，但它随机选择参数组合进行评估，在大数据环境下更高效。在数据量较大的情况下，随机搜索可能比网格搜索更高效，尤其当优秀的参数组合分布在参数空间的某个子集时。

(2) 梯度下降(gradient descent)：梯度下降是一种迭代优化算法，通过计算损失函数的梯度来更新模型参数，以使损失函数最小化。

(3) 网格搜索(grid search)：网格搜索通过尝试所有可能的参数组合来选择最优的参数组合。它遍历了一个预定义的参数网格，并使用交叉验证来评估每组参数的性能。在工业大数据分析中，可以通过网格搜索来调整机器学习模型的超参数，如学习率、正则化参数等。

(4) 贝叶斯优化(Bayesian optimization)：使用贝叶斯推断的方法，在先前的模型评估结果的基础上构建一个代理模型，并在未探索区域中找到可能的最佳参数。对于计算代价较高的模型，贝叶斯优化可以更智能地选择下一个参数组合，以加速搜索过程。

(5) 遗传算法(genetic algorithm)：基于自然选择的原理，通过交叉、变异等遗传操作，演化出更好的参数组合。在某些情况下，特别是当参数空间非常大或者存在非常复杂的相互作用时，遗传算法可以是一个有效的优化工具。

(6) 模型集成方法(ensemble method)：将多个模型的预测结果结合起来，例如通过投票、平均等方式，以减轻对单个模型参数选择的敏感性。在工业大数据中，可以使用模型集成来提高模型的鲁棒性和泛化性能。

(7) 自动机器学习(automated machine learning, AutoML)：利用自动化工具，如 AutoML 平台，自动进行模型选择、参数优化和特征工程等步骤，减轻了人工

调参的负担。在工业场景中，AutoML 可以提高建模效率，降低技术门槛。

在实践中，通常会结合多种方法，根据具体问题的性质和计算资源的限制来选择合适的参数优化策略。这些方法可以在工业大数据场景中帮助优化模型，提高模型的性能和泛化能力。

25.6.3 解释模型结果

解释模型结果是理解模型如何进行预测的重要步骤。这可以通过以下方法实现[7]。

(1) 局部解释性方法：这些方法将模型的预测结果解释为对于单个样本的影响，如局部线性模型。

(2) 全局解释性方法：这些方法提供了对整个模型行为的解释，如特征重要性的汇总。举例来说，假设有一个大数据集包含房屋价格和与之相关的特征(如面积、位置等)。想建立一个预测房价的模型，那么可以使用上述的模型评估方法来选择和优化模型，最终通过特征重要性来解释模型的预测结果，以了解哪些特征对于房价的影响最大。

(3) 特征重要性：通过评估模型中各个特征的重要性，可以了解哪些特征对模型预测最为关键。

综上所述，评估模型性能、优化模型参数和解释模型结果是大数据分析中不可或缺的步骤，它们共同确保了模型的质量、性能和可解释性。

25.7 模型部署

在工业大数据领域，模型部署指的是将数据分析模型或机器学习模型从开发和训练的阶段引入实际工业生产环境，以便在生产过程中做出实时决策、监测、优化和控制。模型部署是将模型应用于实际问题并将其与生产数据进行集成的关键步骤，以实现数据驱动的决策和自动化。

模型部署的主要目标包括：①实时决策支持：将训练好的模型部署到生产环境中，以便在实时生产过程中根据输入数据做出决策。这可以涉及预测设备故障、优化生产参数、监测质量等。②数据分析：通过模型部署，工业领域可以利用数据分析来识别趋势、模式和异常情况，从而更好地理解生产过程并采取相应措施。③自动化：模型部署有助于实现自动化生产流程，从而降低人工干预的需求，提高生产效率和一致性。④实时监控：模型部署允许实时监控生产设备、质量参数和其他关键指标，以及时发现问题并采取纠正措施。⑤效率提升：通过模型部署，工业企业可以实现生产过程的优化，减少资源浪费，提高能源效率和减少成本。

模型部署通常包括以下步骤。

(1) 数据准备：确保生产数据与模型的输入数据格式和质量相匹配。

(2) 模型集成：将训练好的模型嵌入生产环境中，可以是云端、边缘设备或物联网设备。

(3) 实时性能监控：监测模型的性能，捕获潜在问题并及时处理。

(4) 安全性和隐私保护：确保数据传输和存储的安全性，同时遵守相关法规和政策。

(5) 模型维护和更新：定期更新模型以适应不断变化的生产环境，包括参数调整和模型优化。

总之，工业大数据中的模型部署是将数据分析模型转化为实际价值的关键步骤，通过模型部署，工业企业可以实现更智能的决策、提高效率和降低成本。

继 续 阅 读

工业大数据的价值通过数据的收集、预处理、分析、可视化和访问等活动来实现。在信息技术(information technology, IT)价值链维度[8]上，大数据价值通过为大数据应用提供存放大数据的网络、基础设施、平台、应用工具及其他服务来实现，从而提高运营效率和支撑业务创新。大数据技术支撑的企业架构参考美国开放组织的开放组织架构框架(the open group architecture framework，TOGAF)划分方法[9]，可分成业务架构、信息系统架构成及 IT 技术架构三个层次。

参 考 文 献

[1] Zaltc-Gaikwad S S, Chatterjee I, Kamat R K. Synergistic Interaction of Big Data with Cloud Computing for Industry 4.0[M]. Boca Raton: CRC Press, 2022.

[2] Sedkaoui S, Khelfaoui M, Kadi N. Big Data Analytics: Harnessing Data for New Business Models[M]. New York: Apple Academic Press, 2021.

[3] Ian G, Yoshua B, Aaron C. Deep Learning[M]. Cambridge: MIT Press, 2016.

[4] Shamsi A J. Big Data Systems[M]. Boca Raton: CRC Press, 2021.

[5] Saravanan V, Anpalagan A, Poongodi T. Securing IoT and Big Data: Next Generation Intelligence[M]. Boca Raton: CRC Press, 2020.

[6] 周志华. 机器学习[M]. 北京：清华大学出版社, 2016.

[7] Krit D S, Elhoseny M, Balas V E. Internet of Everything and Big Data: Major Challenges in Smart Cities[M]. Boca Raton: CRC Press, 2020.

[8] 李杰. 工业大数据-工业 4.0 时代的工业转型与价值创造[M]. 北京：机械工业出版社, 2015.

[9] 刘士军, 王兴山, 王腾江. 工业 4.0 下的企业大数据：重新发现宝藏[M]. 北京：电子工业出版社, 2016.

第 26 章　时间序列分析

随着工业界大规模时间序列数据(如工业物联网、医疗数字化、智慧城市等领域)的出现和算力的提升，时间序列数据分析的重要性日益凸显。因此，伴随着大量时间序列数据被检测和收集，对于基于统计学和机器学习的高效分析方法的需求也越来越强。

26.1　探索与理解时间序列

26.1.1　时间序列数据分析

时间序列数据分析是指从按时间排序的数据点中抽取有价值的总结和统计信息的行为，时间序列数据分析既包括对过去数据的诊断，也包括对未来数据的预测[1]。在最开始，时间序列分析并不是作为一个独立的学科而存在的，而是作为某些学科领域分析方法的一部分，因此有许多领域都对时间序列技术的发展起到了重要贡献。一直到 20 世纪 20 年代，时间序列分析才正式脱离于其他学科独立发展，一个重要标志是自回归模型的应用，这也奠定了基于统计学的时间序列分析的基础[2]。在进行数据分析之前，首先要准备好时间序列数据集。数据集可以通过两种方式获取：

(1) 在开源数据仓库中寻找现成数据；

(2) 从非显式数据中构造时间特征，创造时间序列数据。

26.1.2　时间序列中缺失值的数据清理

最常用的处理缺失值的方法包括填补(imputation)和删除(deletion)两种。填补指基于完整数据集的其他值填补缺失。删除指直接删除有缺失值的时间段[3]。

一般来说，在处理的时候更倾向于保留数据而不是删掉，避免造成信息损失。在实际案例中，采取何种方式要考虑是否可以承受删除特定数据的损失。

本节将重点讨论三种数据填补方法：前向填充(forward fill)法、移动平均(moving average)法、插值(interpolation)法。

1. 前向填充法

前向填充法是用来填补数据最简单的方法之一，其核心思想是用缺失值出现前一个时间点的数值来填补当前缺失值。使用这种方法不需要任何数学或复杂逻辑[4]。与前向填充相对应的，还有一种后向填充(backward fill)的方法，顾名思义，是指用缺失值出现后一个时间点的数值来填充。但是使用这种方法需要特别谨慎，只有不需要预测未来数据的时候才考虑。前向填充法的优点是计算简单，容易处理实时流数据。

2. 移动平均法

移动平均法是另一种填补数据的方法，其核心思想是取出缺失值发生之前的一段滚动时间内的值，计算其平均值或中位数来填补缺失[5]。在有些场景下，这种方法会比前向填充效果更好，例如，数据的噪声很大，对于单个数据点有很大的波动，但用移动平均法就可以弱化这些噪声。同样，也可以使用缺失值发生之后的时间点计算均值。

另外一个小技巧是，计算均值时可以根据实际情况采取多种方法，如指数加权，给最近的数据点赋予更高的权重。

3. 插值法

插值是另一种填补缺失数据点值的方法，线性插值要求缺失数据和邻近点之间满足一定的线性拟合关系。因此，插值法是一种先验方法，使用插值法时需要代入一些业务经验[6]。

在许多情况下，线性(或样条)插值都是非常合适的。例如，考虑平均每周温度，其中存在已知的上升或下降趋势，气温下降取决于一年中的时间。或者考虑一个已知年度销售数据不断增长的业务。在这些场景下，使用插值法都能取得不错的效果。当然也有很多情况不适合线性(或样条)插值的场景。例如，在天气数据集中缺少降水数据，就不应在已知天数之间进行线性推断，因为降水的规律不满足线性拟合关系。

26.1.3　归一化和标准化时间序列数据

归一化是对原始范围内的数据进行重新缩放，以使所有值都在 0 到 1 的范围内[7]。

当时间序列数据具有不同比例的输入值时，归一化是有用的，甚至在某些机器学习算法中也是必需的。对于算法，如 k 最近邻和人工神经网络可能需要归一化。

归一化公式如下：

$$x_{\text{new}}=\frac{x-x_{\min}}{x_{\max}-x_{\min}} \tag{26.1}$$

式中，$x_{\max}$ 为样本数据的最大值；$x_{\min}$ 为样本数据的最小值。

标准化数据集涉及重新调整值的分布，以便观察值的平均值为 0，标准差为 1，这可以认为是减去平均值或使数据居中。

标准化假定观察结果符合高斯分布，具有良好的平均值和标准偏差[8]。如果不满足此期望，仍然可以标准化时间序列数据，但可能无法获得可靠的结果。这包括支持向量机、线性和逻辑回归等算法，以及其他假设或使用高斯数据提高性能的算法。标准化需要知道或能够准确估计可观察值的均值和标准差，可以从训练数据中估算这些值。

标准化公式如下：

$$x_{\text{new}}=\frac{x-\mu}{\sigma} \tag{26.2}$$

式中，μ 是样本数据的均值；σ 是样本数据的标准差。

此外，标准化后的数据保持异常值中的有用信息，使得算法对异常值不太敏感，这一点归一化就无法保证。

26.2　时间序列特征工程

26.2.1　日期时间特征

对于时间型数据来说，既可以把它转换成连续值，也可以转换成离散值。一个典型的时间序列数据，会包含时间戳、时序值、序列的属性变量[9]。时间戳虽然只有一列，但是基于时间戳可以衍生出很多变量，具体可以分为时间特征、布尔特征、时间差特征三大类。

(1) 时间特征：年、季度、月、周、天，一年、一月、一周的第几天、第几小时、第几分钟。

(2) 布尔特征：是否年初/年末、是否月初/月末、是否周末、是否节假日、是否特殊日期、是否早上/中午/晚上。

(3) 时间差特征：距离年初/年末的天数、距离月初/月末的天数、距离周末的天数、距离节假日的天数、距离特殊日期的天数。

26.2.2　滞后特征和窗口特征

滞后特征(lag feature)，比如对于 t 时刻的数据，如果认为它是与昨天的数据、上周同一天的数据、上个月同一天的数据、去年同期的数据是高度相关的，那么，就可以将$t-1$、$t-7$、$t-30$、$t-365$的数据用来作为特征[10]。

在使用滞后值作为特征时需要注意一点，就是当进行多步预测时，如果预测的时域超过了滞后的期数，那么此时需要使用递归的方式，将先前的预测值作为特征，例如：当前时间点为 2021-07-10，要预测 2021-07-11 和 2021-07-12 的某个数据，那么 2021-07-11 的值是可以预测的，因为有 2021-07-10 的数据，但是 2021-07-12 的数据不可行，因为没有 2021-07-11 的数据，所以此时需要将先前 2021-07-11 的预测值直接作为特征的输入，这种预测需要逐行进行，预测一行，并以该预测值作为输入，再预测下一行，以此类推。

26.2.3 滑动窗口统计信息

除了使用原始滞后值作为特征，还可以使用先前时间观察值的统计信息作为特征，这种类型的特征称为滑动窗口统计[11]。比如对于t时刻，可以取前七天的统计值作为特征，也就是将$t-8$到$t-1$这段时间数据的平均数、中位数、标准差、最大值、最小值等作为特征，这里指定的窗口大小为 7，也可以根据需要指定 14、30 等，可以发现，上面说的滞后值特征其实就是一种特殊的滑动窗口，其窗口长度是 1，滑动窗口统计也可以指定滞后的期数来衍生出更多的特征，比如七天前那个时刻的前七天数据的统计量。

26.2.4 扩展窗口统计信息

另一种特征称为扩展窗口统计，其实也算是一种特殊的滑动窗口统计，不过该方法用来统计的数据是整个序列全部的数据，统计值可以是平均数、中位数、标准差、最大值、最小值等，这种特征一般用在多序列建模，比如不同工序的数据，可能会有不同的内在属性，在预测的时候用这个特征作为区分也是一种方式。

26.3 时间序列预测的自回归和自动方法

26.3.1 自回归

自回归(autoregression, AR)预测法是指利用预测目标的历史时间数列在不同时期取值之间存在的依存关系(即自身相关)，建立起回归方程进行预测[12]。

具体说，就是用一个变量的时间数列作为因变量数列，用同一变量向过去推移若干期的时间数列作为自变量数列，分析一个因变量数列和另一个或多个自变量数列之间的相关关系，建立回归方程进行预测。通俗地讲，就是用过去时间点的数据预测未来时间点的数据。

定义：时序数据 X_t 通常可由历史数据的加权和与随机扰动的叠加来表示：

$$X_t = a_1 X_{t-1} + a_2 X_{t-2} + \cdots + a_p X_{t-p} + \varepsilon_t = \sum_{j=1}^{p} a_j X_{t-j} + \varepsilon_t \tag{26.3}$$

从式(26.3)可以看出，时间 t 的 X_t 由前面的 $X_{t-1},\cdots,X_{t-p}$ 的加权以及随机扰动项(白噪声)决定，这里为 p 阶自回归模型，简称 AR(p)模型，称 $a=\left(a_1,\cdots,a_p\right)^{\mathrm{T}}$ 是 AR(p)模型中的自回归系数。

补充：白噪声序列的特点表现在任何两个时点的随机变量都不相关，序列中没有任何可以利用的动态规律，因此不能用历史数据对未来进行预测和推断。

一般平稳序列的建模过程如下。

(1) 对序列进行白噪声检验，若经检验判定序列为白噪声，建模结束；否则转步骤(2)。

(2) 对序列进行平稳性检验，若经检验判定为非平稳，则进行序列的平稳化处理，转步骤(1)；否则转步骤(3)。

(3) 对模型进行识别，估计其参数，转步骤(4)。

(4) 检验模型的适用性，若检验通过，则得到拟合模型并可对序列进行预测；否则转步骤(3)。

26.3.2　移动平均

移动平均(moving average, MA)法是根据时间序列数据逐渐推移，依次计算包含一定项数的时序平均数，以反映长期趋势的方法[13]。当时间序列受周期变动和不规则变动的影响，起伏较大、不易显示出发展趋势时，可用移动平均法，消除这些因素的影响，分析、预测序列的长期趋势。移动平均法有简单移动平均法、加权移动平均法、趋势移动平均法等。

给定一个时间序列 $\left\{X_t\right\}$，观测值序列为 $x_1,x_2,\cdots,x_t$。x_{t+1} 可预测为前 n 项的平均值，即

$$\hat{x}_{t+1} = E\left(\left\{x_{t-n+1},x_{t-n+2},\cdots,x_t\right\}\right) \tag{26.4}$$

式中，窗口 n 表示需要向前推多少期。

1. 简单移动平均法

设观测序列为 $y_1,\cdots,y_T$，取移动平均的 $N<T$，一次简单移动平均值计算公式为

$$
\begin{aligned}
M_t^{(1)} &= \frac{1}{N}\left(y_t + y_{t-1} + \cdots + y_{t-N+1}\right) \\
&= \frac{1}{N}\left(y_{t-1} + \cdots + y_{t-N}\right) + \frac{1}{N}\left(y_t - y_{t-N}\right) = M_{t-1}^{(1)} + \frac{1}{N}\left(y_t - y_{t-N}\right)
\end{aligned} \tag{26.5}
$$

当预测目标的基本趋势是在某一水平上下波动时，可用一次简单移动平均方法建立预测模型：

$$
\hat{y}_{t+1} = M_t^{(1)} = \frac{1}{N}\left(\hat{y}_t + \cdots + \hat{y}_{t-N+1}\right), \quad t = N, N+1, \cdots \tag{26.6}
$$

简单移动平均法只适合做近期预测，而且是预测目标的发展趋势变化不大的情况。如果目标的发展趋势存在其他的变化，采用简单移动平均法就会产生较大的预测偏差和滞后。

2. 加权移动平均法

在简单移动平均公式中，每期数据在求均值时的作用是等同的。但是，每期数据所包含的信息量不一样，近期数据包含更多关于未来情况的信息。因此，把各期数据等同看待是不尽合理的，应考虑各期数据的重要性，对近期数据给予较大的权重，这就是加权移动平均法的基本思想。

设时间序列为 $y_1, \cdots, y_t, \cdots$，加权移动平均公式为

$$
M_{tw} = \frac{w_1 y_t + w_2 y_{t-1} + \cdots + w_N y_{t-N+1}}{w_1 + w_2 + \cdots + w_N}, \quad t \geqslant N \tag{26.7}
$$

式中，M_{tw} 为 t 期加权移动平均数；w_i 为 y_{t-i+1} 的权重，体现了相应的 y_t 在加权平均数中的重要性。

利用加权移动平均来做预测，其预测公式为

$$
\hat{y}_{t+1} = M_{tw} \tag{26.8}
$$

3. 趋势移动平均法

简单移动平均法和加权移动平均法在时间序列没有明显的趋势变动时，能够准确反映实际情况。但当时间序列出现直线增加或减少的变动趋势时，用简单移动平均法和加权移动平均法来预测就会出现滞后偏差。因此，需要进行修正，修正的方法是进行二次移动平均，利用移动平均滞后偏差的规律来建立直线趋势的预测模型。这就是趋势移动平均法。一次移动平均值为

$$
M_t^{(1)} = \frac{1}{N}\left(y_t + y_{t-1} + \cdots + y_{t-N+1}\right) \tag{26.9}
$$

在一次移动平均的基础上再进行一次移动平均就是二次移动平均，其计算公

式为

$$
\begin{aligned}
M_t^{(2)} &= \frac{1}{N}\left(M_t^{(1)} + \cdots + M_{t-N+1}^{(1)}\right) \\
&= M_{t-1}^{(2)} + \frac{1}{N}\left(M_t^{(1)} - M_{t-N}^{(1)}\right)
\end{aligned}
\tag{26.10}
$$

下面讨论如何利用移动平均的滞后偏差建立直线趋势预测模型，设时间序列 $\{y_t\}$ 从某时期开始具有直线趋势，且认为未来时期也按此直线趋势变化，则可设此直线趋势预测模型为

$$
\hat{y}_{t+T} = a_t + b_t T, \quad T = 1,2,\cdots \tag{26.11}
$$

式中，t 为当前时期数；T 为由 t 至预测期的时期数；a_t 为截距，b_t 为斜率，两者又称为平滑系数。

26.3.3 自回归移动平均

自回归移动平均(autoregression and moving average, ARMA)模型，是研究时间序列的重要方法，以自回归模型与移动平均模型为基础“混合”构成[14]。ARMA 模型的基本形式如下。

自回归模型 AR(p)，如果时间序列 x 满足

$$
x_t = \phi_1 x_{t-1} + \cdots + \phi_p x_{t-p} + \varepsilon_t \tag{26.12}
$$

式中，x_t 为时间序列 x 在 t 时刻的值；$\phi_1,\phi_2,\cdots,\phi_p$ 为自回归系数；ε_t 为独立同分布的随机变量系列，满足

$$
E(\varepsilon_t)=0, \quad \mathrm{Var}(\varepsilon_t)>0 \tag{26.13}
$$

则称时间按序列 x 服从 p 阶自回归模型 AR(p)。

移动平均模型 MA(q)，如果时间序列 x 满足

$$
x_t = \varepsilon_t - \theta_1 \varepsilon_{t-1} - \cdots - \theta_q \varepsilon_{t-q} \tag{26.14}
$$

其中，$\theta_1,\theta_2,\cdots,\theta_q$ 为移动平均系数，称时间序列 x 服从 q 阶移动平均模型 MA(q)。

自回归移动平均模型 ARMA(p,q)，如果时间序列 x 满足

$$
x_t - \phi_1 x_{t-1} - \cdots - \phi_p x_{t-p} = \varepsilon_t - \theta_1 \varepsilon_{t-1} - \cdots - \theta_q \varepsilon_{t-q} \tag{26.15}
$$

则称时间序列 x 服从(p,q)阶自回归移动平均模型 ARMA(p,q)。

26.3.4 自回归差分移动平均

自回归差分移动平均(auto regressive integrated moving average, ARIMA)模型

主要由三部分构成，分别为自回归(AR)模型、差分(I)过程和移动平均(MA)模型[15]。

ARIMA 模型的基本思想是利用数据本身的历史信息来预测未来。一个时间点上的标签值既受过去一段时间内的标签值影响，也受过去一段时间内的偶然事件的影响，这就是说，ARIMA 模型假设：标签值是围绕着时间的大趋势而波动的，其中趋势是受历史标签影响构成的，波动是受一段时间内的偶然事件影响构成的，且大趋势本身不一定是稳定的。

在 ARIMA(p,d,q) 模型中，p 代表"自回归(AR)"部分：这部分描述了模型中使用的观测值的滞后值。自回归模型的出发点是认为观测值是它前面的 p 个值的线性组合。具体的数学形式如下：

$$\mathrm{AR}: Y_t = c + \varphi_1 Y_{t-1} + \varphi_2 Y_{t-2} + \cdots + \varphi_p Y_{t-p} + \xi_t \tag{26.16}$$

其中，c 是常数；ξ_t 是白噪声。这个方程的阶数 p 决定了模型回溯观测值的数量。

q 代表"移动平均(MA)"部分：这部分描述了模型中使用的错误项的滞后值。移动平均模型是将当前值和过去的白噪声之间建立关系。具体的数学形式如下：

$$\mathrm{MA}: Y_t = \mu + \varepsilon_t + \theta_1 \varepsilon_{t-1} + \theta_2 \varepsilon_{t-2} + \cdots + \theta_q \varepsilon_{t-q} \tag{26.17}$$

式中，$\theta_1,\theta_2,\cdots,\theta_q$ 是模型参数；ε_t 是当前时期的白噪声；$\varepsilon_{t-1},\varepsilon_{t-2},\cdots,\varepsilon_{t-q}$ 是过去的白噪声。这个方程的阶数 q 决定了模型回溯白噪声的数量。因此，ARIMA 模型将 AR 和 MA 结合在一起，同时加入了差分这个操作。p、d、q 这三个参数，分别代表了模型中的自回归部分、差分阶数以及移动平均部分。

简而言之，ARIMA 模型就通过数据的自相关性和差分的方式，提取出隐藏在数据背后的时间序列模式，然后用这些模式来预测未来的数据。其中：

(1) AR 部分用于处理时间序列的自回归部分，它考虑了过去若干时期的观测值对当前值的影响。

(2) I 部分用于使非平稳时间序列达到平稳，通过一阶或者二阶等差分处理，消除了时间序列中的趋势和季节性因素。

(3) MA 部分用于处理时间序列的移动平均部分，它考虑了过去的预测误差对当前值的影响。

结合这三部分，ARIMA 模型既可以捕捉到数据的趋势变化，又可以处理那些有临时、突发的变化或者噪声较大的数据。所以，ARIMA 模型在很多时间序列预测问题中都有很好的表现。

将自回归模型与移动平均模型相结合，便可以得到移动平均模型；如果原始数据不满足平稳性要求而进行了差分，则为 ARIMA 模型，将差分后所得的新数据代入 ARMA 公式中即可。

26.3.5 自动化机器学习

AutoML 旨在达成机器学习的终极目标，让机器自动化学习并找到数据中的相关性，不需要人为界定逻辑[16]。因此，建立预测模型的过程中，需要人工处理的复杂性将大幅降低，模型可以更快速地被建立。

由于流程中繁杂的调参工作，将改由机器进行自动化调参，大幅降低建立预测模型所需的时间。使用者只需输入训练数据，机器根据所设定的验证指标，自动选择最佳模型及参数，产出最优的预测模型。企业的机器学习专案将更快推进到发布及决策的阶段，短时间内爆发出最大商业价值。

除了流程的简化外，部分 AutoML 工具也采取更友好的图形化操作界面，让使用者通过便捷的点选方式上传数据，进行训练建模，并且同时产生训练结果的相关图表，以帮助使用者更容易判读数据并找出隐含在数据中的模式。

传统的时序预测方法通常使用描述性的(统计)模型，来根据过去的数据对未来进行预测。这类方法通常需要对底层分布做一定的假设，并需要将时间序列分解为多个部分，如周期、趋势、噪声等。而新的机器学习方法对数据的假设更少、更灵活，如神经网络模型——它们通常将时间序列预测视作序列建模问题，最近已成功应用于时间序列分析相关的问题。

然而，为时间序列预测构建机器学习应用是一项费力且对专业知识要求较高的工作。为提供易于使用的时间序列预测工具套件，下面介绍将 AutoML 应用于时间序列预测，并对特征生成、模型选择和超参数调优等流程进行自动化。该工具套件基于 Ray(面向高级 AI 应用的开源分布式框架，由加利福尼亚大学伯克利分校 RISELab 提供)搭建，是 Analytics Zoo——英特尔提供的统一数据分析和人工智能开源平台的一部分[17]。

AutoML 框架在特征工程和建模的组件中使用 Ray Tune 进行超参数搜索。在特征工程部分，搜索引擎从各种特征生成工具(如 Featuretools)自动生成的特征集中选择最佳特征子集。在建模部分，搜索引擎可搜索各种超参数，如每层的节点数量、学习率等。使用深度学习框架(如 TensorFlow 和 Keras)来构建和训练模型，在必要时会将 Apache Spark 和 Ray 用于分布式执行。

AutoML 框架目前包括四个基本组件，即 Feature Transformer、Model、Search Engine 和 Pipeline。Feature Transformer 定义了特征工程流程，通常包括一系列操作，如特征生成、特征缩放和特征选择。Model 定义了模型(如神经网络)和使用的优化算法(如 SGD、Adam 等)。Model 还可能包括模型/算法选择。Search Engine 负责搜索 Feature Transformer 和 Model 的最佳超参数组合，控制实际的模型训练过程。Pipeline 是一个集成了 Feature Transformer 和 Model 的端到端的数据分析流水线。Pipeline 可轻松保存到文件中，方便后续加载重新使用。

继续阅读

时间序列分析是一种关注数据在时间维度上的变化规律的分析方法，在工业大数据解析中具有很高的实用价值。时间序列分析的主要目标是提取数据的历史规律，预测未来趋势以及找到潜在的异常行为，时间序列的异常值监测研究可以参考文献[1]，时间序列分析在各个领域的应用可以参考文献[3]，时间序列分析在工业大数据中的应用参考文献[18]。

参考文献

[1] 尚华. 两类时间序列模型的异常值检测研究[M]. 北京: 中国书籍出版社, 2017.

[2] Bolla M, Szabados T. Multidimensional Stationary Time Series: Dimension Reduction and Prediction[M]. Boca Raton: CRC Press, 2021.

[3] Cox D, Hinkley D, Nielsen B O. Time Series Models: In Econometrics, Finance and Other Fields[M]. Boca Raton: CRC Press, 2020.

[4] Hamilton J D. Time Series Analysis[M]. Princeton: Princeton University Press, 2020.

[5] Kirchgässner G, Wolters J, Hassler U. Introduction to Modern Time Series Analysis[M]. Berlin: Springer Science & Business Media, 2012.

[6] Faiz M A, Zhang Y Q, Tian X Q, et al. Time series analysis for droughts characteristics response to propagation[J]. International Journal of Climatology, 2023, 43(3): 1561-1575.

[7] Gao H H, Qiu B Y, Barroso R J D, et al. TSMAE: A novel anomaly detection approach for internet of things time series data using memory-augmented autoencoder[J]. IEEE Transactions on Network Science and Engineering, 2023, 10(5): 2978-2990.

[8] Liu Y, Wu H, Wang J. Non-stationary transformers: Exploring the stationarity in time series forecasting[J]. Advances in Neural Information Processing Systems, 2022, 35: 9881-9893.

[9] Sivaramakrishnan S, Fernandez T F, Babukarthik R G. Big Data Management in Sensing[M]. New York: River Publishers, 2022.

[10] Alsharef A, Aggarwal K, et al. Review of ML and AutoML solutions to forecast time-series data[J]. Archives of Computational Methods in Engineering, 2022, 29(7): 5297-5311.

[11] Fu Y W, Wu D, Boulet B. Reinforcement learning based dynamic model combination for time series forecasting[J]. Proceedings of the AAAI Conference on Artificial Intelligence, 2022, 36(6): 6639-6647.

[12] Bond-Taylor S, Leach A, Long Y, et al. Deep generative modelling: A comparative review of VAEs, GANs, normalizing flows, energy-based and autoregressive models[J]. IEEE transactions on Pattern Analysis and Machine Intelligence, 2022, 44(11): 7327-7347.

[13] Chen Z, Xue Q, Xiao R X, et al. State of health estimation for lithium-ion batteries based on fusion of autoregressive moving average model and Elman neural network[J]. IEEE Access, 2019, 7: 102662-102678.

[14] Abbasimehr H, Shabani M, Yousefi M. An optimized model using LSTM network for demand forecasting[J]. Computers & Industrial Engineering, 2020, 143: 106435.

[15] Schaffer A L, Dobbins T A, Pearson S A. Interrupted time series analysis using autoregressive integrated moving average (ARIMA) models: A guide for evaluating large-scale health interventions[J]. BMC Medical Research Methodology, 2021, 21(1): 1-12.
[16] Waring J, Lindvall C, Umeton R. Automated machine learning: Review of the state-of-the-art and opportunities for healthcare[J]. Artificial Intelligence in Medicine, 2020, 104: 101822.
[17] Malaviya A. Automated machine learning: Methods, systems, challenges[J]. Computing Reviews, 2021, 62(9): 292-293.
[18] Christ M, Braun N, Neuffer J, et al. Time series feature extraction on basis of scalable hypothesis tests (tsfresh-A python package)[J]. Neurocomputing, 2018, 307: 72-77.

第 27 章　因果图学习

图形化模型作为一种描述因果关系的语言,能够很好地理解和表达因果关系。因果图法是一种适合于描述多种输入条件组合的测试方法,根据输入条件的组合、约束关系和输出条件的因果关系，分析输入条件的各种组合情况，从而设计测试用例，适合于检查程序输入条件涉及的各种组合情况。

27.1　无监督图学习

1. 无监督图嵌入算法的层次结构

图是定义在非欧几里得空间中的复杂数学结构。无监督机器学习算法在图分析中得到了大量应用。无监督机器学习是一类机器学习算法，可以在不需要人工标注数据的情况下进行训练。其中大多数模型确实只利用邻接矩阵和节点特征中的信息，而不需要下游的机器学习任务的知识[1]。

最常用的解决方案之一是学习保持图结构的嵌入。学习后的表示通常是最优的，以便重建成对节点的相似性，如邻接矩阵。这些技术带来了一个重要的特征：学习后的表示可以编码节点或图之间的潜在关系，从而发现隐藏的复杂新模式。

许多算法都与无监督图学习技术相关，这些算法可以从宏观上分为浅嵌入方法、自动编码器和图神经网络。无监督图嵌入算法的层次结构如图 27.1 所示。

2. 矩阵分解

矩阵分解是一种广泛应用于不同领域的通用分解技术。一定数量的图嵌入算法使用这种技术来计算一个图的节点嵌入[2]。

在介绍基本原理之后，将描述两种算法，即图因子(graph factorization, GF)分解与高阶邻近保留嵌入(higher-order proximity preserved embedding，HOPE)方法，利用矩阵分解来构建图的节点嵌入。

令 W 为输入数据，矩阵因子分解将 W 近似分解为 $W \approx VH$ ，其中 V 和 H 分别为源矩阵和丰度矩阵。矩阵分解算法通过最小化损失函数来学习 V 和 H 矩阵，该损失函数可以根据拟解决的具体问题而改变。在其一般公式中，损失函数是

Frobenius 范数$\| W - VH \|_F^2$。

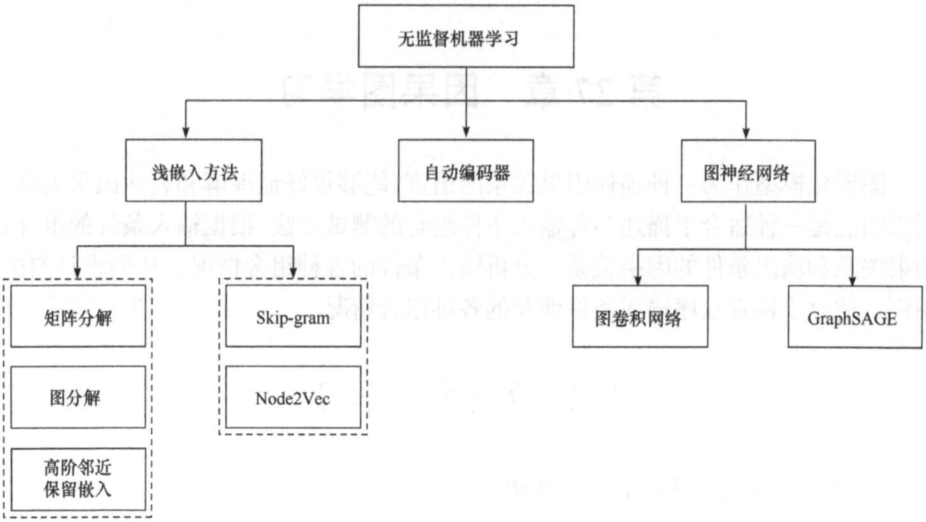

图 27.1　无监督图嵌入算法的层次结构

一般来说，所有基于矩阵分解的无监督嵌入算法都使用相同的原理。它们都将一个表示为不同分量的矩阵的输入图进行因式分解。每种方法之间的主要区别在于优化过程中使用的损失函数。实际上，不同的损失函数允许创建一个强调输入图形特定属性的嵌入空间。

3. 图分解

图分解算法是计算图的节点嵌入的模型之一。根据前面描述的矩阵分解原理，图分解算法分解给定图的邻接矩阵。

从形式上来看，设$G=(V,E)$是要计算节点嵌入的图，A是其邻接矩阵。该矩阵分解问题中使用的损失函数为

$$L=\frac{1}{2}\sum_{(i,j)\in E}\left(A_{i,j}-Y_{i,:}Y_{j,i}^{\mathrm{T}}\right)^2+\frac{\lambda}{2}\sum_i \| Y_{i,j} \|^2 \tag{27.1}$$

式中，$(i,j)\in E$表示G中的一条边；$Y\in\mathbf{R}^{|V|\times d}$是包含$d$维嵌入的矩阵。矩阵的每一行表示给定节点的内嵌。此外，嵌入矩阵的正则项确保问题在缺乏足够数据的情况下仍然是适定的。

该方法中使用的损失函数主要是为了提高图分解的性能和可扩展性。实际上，这种方法生成的解可能是有噪声的。此外，通过观察矩阵分解公式可以看出图分解执行了一个强对称分解。这个特性特别适用于无向图，其中邻接矩阵是对称的，

但可能是有向图的一个潜在限制[3]。

4. 高阶邻近保留嵌入

高阶邻近保留嵌入是另一种基于矩阵分解原理的图嵌入技术。该方法允许保持高阶邻近性，且不强制其嵌入具有任何对称性质[4]。首先了解一阶邻近(first-order proximity)以及二阶和高阶邻近(second-and high-order proximity)的含义。

一阶近邻：给定图$G=(V,E)$，其中边具有权重W_{ij}，对每个节点对$\left(v_i,v_j\right)$，若$\left(v_i,v_j\right)\in E$，则称其一阶邻近等于$W_{ij}$，否则，两节点间的一阶邻近为 0。

二阶和高阶邻近：利用二阶邻近性，可以表示顶点之间的两步关系。对于每个顶点对$\left(v_i,v_j\right)$，二阶邻近可以看成从v_i到v_j的两步转移。高阶邻近性进一步泛化了这一概念，其表示一个更全局的结构。高阶邻近度可以看成从v_i到v_j的k $(k\geqslant 3)$步过度。

有了邻近性的定义，下面描述 HOPE 方法，令$G=(V,E)$为需要计算嵌入的图，A是其邻接矩阵。该问题的损失函数定义如下：

$$L=\| S-Y_{\mathrm{s}}Y_{\mathrm{t}}^{\mathrm{T}} \|_F^2 \tag{27.2}$$

式中，S是由图G生成的相似度矩阵；$Y_{\mathrm{s}}\in\mathbf{R}^{|V|\times d}$；$Y_{\mathrm{t}}\in\mathbf{R}^{|V|\times d}$是两个在$d$维嵌入空间中表示的嵌入矩阵。更详细地，$Y_{\mathrm{s}}$表示源嵌入，$Y_{\mathrm{t}}$表示目标嵌入。HOPE 方法利用这两个矩阵来捕捉有向网络中的非对称邻近性，其中方向从源节点指向目标节点。最终的嵌入矩阵Y是通过简单地将Y_{s}和Y_{t}矩阵按列连接而得到的。因此，HOPE 最终产生的嵌入空间将会有$2\times d$维。

5. 具有全局结构信息的图表示

具有全局结构信息的图表示，如高阶邻近保留嵌入，允许保持高阶邻近性，而不强制其嵌入具有对称性。从形式上看，令$G=(V,E)$为需要计算节点嵌入的图，该问题的损失函数定义如下：

$$L=\| X^k-Y_{\mathrm{s}}^kY_{\mathrm{t}}^{k^{\mathrm{T}}} \|_F^2,\quad 1\leqslant k\leqslant K \tag{27.3}$$

式中，X^k是由图G生成的矩阵，用于得到节点之间的第k阶邻近；$Y_{\mathrm{s}}^k\in\mathbf{R}^{|V|\times d}$，$Y_{\mathrm{t}}^k\in\mathbf{R}^{|V|\times d}$是源节点和目标节点在$d$维嵌入空间中的$k$阶近邻。

D被称为度矩阵，是一个对角矩阵，可通过如下计算得到：

$$D_{ij}=\begin{cases}\sum A_{ip}, & i=j \\ 0, & i\neq j\end{cases} \tag{27.4}$$

每一阶的邻近都通过一个独立的优化问题计算。然后将生成的所有 k 个嵌入矩阵按列串联，得到最终的源嵌入矩阵[5]。

6. Skip-gram 模型

由于 Skip-gram 模型被广泛地应用于不同的嵌入算法中，因此需要对其进行高阶的描述以更好地理解不同的方法。在深入详细描述之前，首先给出一个简要的概述。

Skip-gram 模型是一个简单的神经网络，它有一个隐藏层，用来预测输入词出现时给定词出现的概率。该神经网络的训练是通过使用一个文本语料库作为参考而建立的训练数据[6]。该过程如图 27.2 所示。

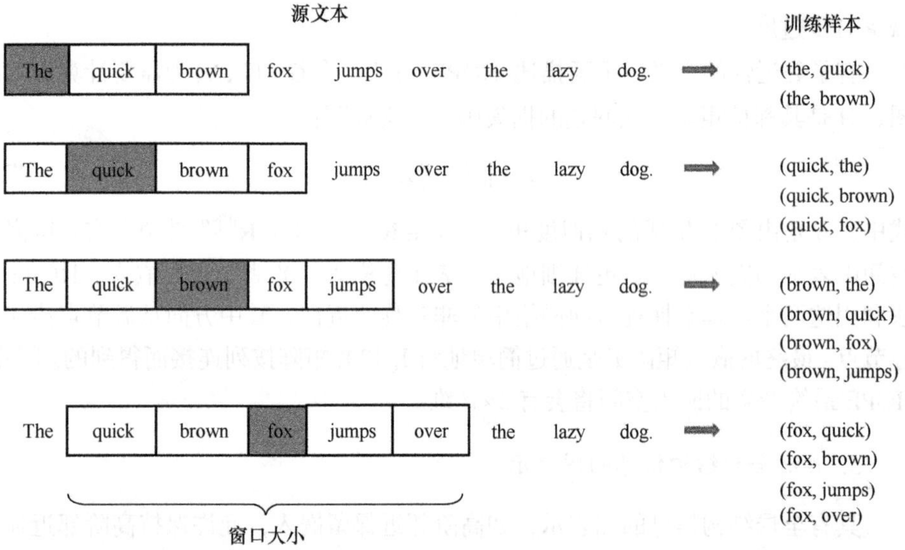

图 27.2　Skip-gram 的训练过程

图 27.2 描述的例子显示了生成训练数据的算法是如何工作的。选择一个目标单词，并围绕该单词构建一个固定大小的滚动窗口。滚动窗口内的单词称为上下文单词。然后根据滚动窗口内的单词构建多个(目标词、上下文词)对。

一旦从整个语料库中生成训练数据，就会训练 Skip-gram 模型来预测一个词成为给定目标上下文词的概率。在训练过程中，神经网络学习输入单词的紧凑表示。

Skip-gram 模型包含输入层、隐藏层和输出层三层。

Skip-gram 模型中的 $w(t)$ 为输入词，在已知词 $w(t)$ 的前提下预测词 $w(t)$ 的上下文 $w(t-n),\cdots,w(t-2),w(t-1),w(t+1),\cdots,w(t+n)$，条件概率写为 $p(\text{context}(w)|w)$，目标函数为

$$L=\sum_{w\in C}\log p(\text{context}(w)|\ w) \tag{27.5}$$

神经网络的输入是一个大小为 m 的二进制向量。向量的每个元素代表想要嵌入这些单词的语言字典中的一个单词。在训练过程中，当给定(目标词，上下文词)对时，输入数组中除了表示“目标”词的项等于 1 外，所有项都为 0。隐藏层有 d 个神经元，隐藏层将学习每个单词的嵌入表示，创建一个 d 维嵌入空间。

最后，神经网络的输出层是 m 个神经元(与输入向量大小相同)的稠密层，具有 Softmax 激活函数。每个神经元代表字典中的一个单词。神经元赋予的值对应于该词与输入词“相关”的概率。当 m 增加时，Softmax 很难计算，分层 Softmax 方法常被使用。

Skip-gram 模型的最终目标不是真正学习前面描述的任务，而是建立一个输入单词的紧凑的 d 维表示。由于有了这种表示方式，可以使用隐藏层的权重轻松地提取单词的嵌入空间。

一般来说，所有基于 Skip-gram 模型的无监督嵌入算法都使用相同的原理。从一个输入图开始从中提取一系列的游走步，这些游走可以看成一个文本语料库，其中每个节点表示一个单词。如果两个单词(表示节点)在游走中由一条边连接，则它们在文本中相邻。每种方法之间的主要区别在于计算这些步数的方式。实际上，不同的游走生成算法可以强调图的特定局部或全局结构。

7. 自动编码器

自动编码器是一种无监督的神经网络模型，可以学习到输入数据的隐含特征，称之为编码(encoding)，同时用学习到的新特征可以重构出原始输入数据，称之为解码(decoding)。从直观上来看，自动编码器可以用于特征降维，类似主成分分析，但是相比主成分分析其性能更强，这是由于神经网络模型可以提取更有效的新特征。除了进行特征降维，自动编码器学习到的新特征可以送入有监督学习模型中，所以自动编码器可以起到特征提取器的作用[7]。作为无监督学习模型，自动编码器还可以用于生成与训练样本不同的新数据。

自动编码器包括编码和解码两个过程。自动编码器是将输入 x 进行编码，得到新的特征 y，并且希望原始的输入 x 能够从新的特征 y 重构出来。编码过程如下：

$$y=f(Wx+b) \tag{27.6}$$

可以看到，与神经网络结构一样，其编码就是线性组合之后加上非线性的激活函数。如果没有非线性的包装，那么自动编码器就和普通的 PCA 没有本质区别。利用新的特征 y，可以对输入 x 重构，即解码过程：

$$x' = f\left(W'x + b'\right) \tag{27.7}$$

自动编码器希望重构出的 x' 和尽可能一致，可以采用最小化负对数似然的损失函数来训练这个模型：

$$L = -\log P(x \mid x') \tag{27.8}$$

对于高斯分布的数据，采用均方误差就好，而对于伯努利分布可以采用交叉熵，这个是可以根据似然函数推导出来的。一般情况下，会对自动编码器加上一些限制，常用的是使 $W' = W^{\mathrm{T}}$，称为绑定权重(tied weights)。有时候还会给自动编码器加上更多的约束条件，去噪自动编码器以及稀疏自动编码器就属于这种情况，因为大部分时候单纯地重构原始输入并没有什么意义，希望自动编码器在近似重构原始输入的情况下能够捕捉到原始输入更有价值的信息。

8. 图神经网络

CNN 在处理常规欧几里得空间(如文本(一维)、图像(二维)和视频(三维))时获得令人印象深刻的结果。经典的 CNN 由层序列组成，每一层提取多尺度的局部空间特征。这些特征被更深层用来构造更复杂的表示。

近年来，人们发现如多层和局部性等概念对于处理图结构数据也很有用。然而，图是在一个非欧几里得空间上定义的，要为图找到一个 CNN 的泛化并不简单。

图神经网络(graph neural network, GNN)最初的构想是由 Scarselli 等在 2009 年提出的。它依赖于一个事实，即每个节点都可以用它的特征和它的邻域来描述。来自邻域(表示图域中的局部性概念)的信息可被聚合并用于计算更复杂和高级的特征[8]。

一开始，每个节点 v_i 与一个状态相关联，从一个随机嵌入 h_i^t 开始。在算法的每次迭代中，节点使用一个简单的神经网络层积累来自其邻居的输入：

$$h_i^t = \sum_{v_j \in N(v_i)} \sigma\left(W h_j^{t-1} + b\right) \tag{27.9}$$

式中，W 和 b 是可训练参数(其中 d 为嵌入的维数)；σ 是非线性函数；t 是算法的第 t 次迭代。这个方程可以递归地应用，直到达到一个特定的目标。

27.2　有监督图学习

27.2.1　有监督图嵌入算法的层次结构

在监督学习中，一个训练集由一系列有序对(x,y)组成，其中x是一个输入特征的集合(通常是图形上定义的信号)；y是分配给它的输出标签。机器学习模型的目标是学习将每个x值映射到每个y值的函数。常见的监督任务包括预测大型社交网络中的用户属性，或预测生物分子的属性，其中每个分子都是一个图[9]。

但是，有时并不是所有的实例都可以提供一个标签。在此场景中，典型的数据集由一组带标签的实例和一组较大的未带标签的实例组成。针对这种情况，提出半监督学习(semi-supervised learning, SSL)算法，其目的是利用可用标签信息反映标签依赖信息，以学习无标签样本的预测函数。

有监督图学习技术已经发展了许多方法，这些方法宏观上可分为基于特征的方法、浅嵌入方法、正则化方法和 GNN 方法，如图 27.3 所示。

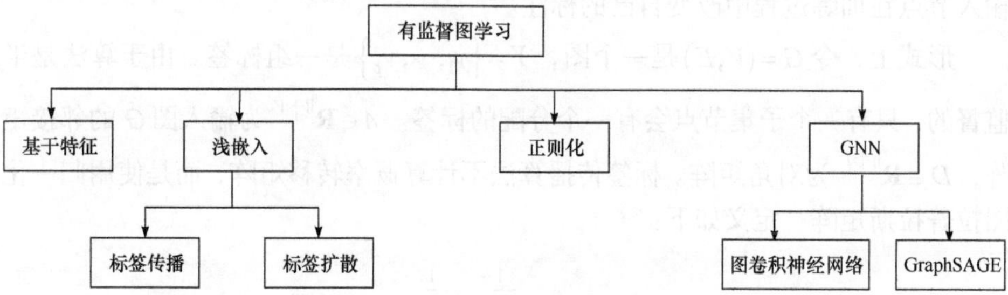

图 27.3　有监督图嵌入算法的层次结构

27.2.2　基于特征的方法

在图上应用机器学习的一个非常有效的方法是将编码函数视为简单的嵌入查找。在处理监督任务时，一种简单的方法是利用图属性。经典的监督机器学习任务是找到一个函数，将一个数据的一组(描述性的)特征映射到一个特定的输出。这些特征应该经过精心设计，以便它们具有足够的代表性来学习这一概念。所以在描述一个图时，可以依赖它的平均度、全局效率和特征路径长度。

这种浅层方法分为如下两个步骤：

(1) 选择一组好的图属性描述。

(2) 使用这些属性作为传统机器学习算法的输入。

不幸的是，良好的属性描述没有通用的定义，它们的选择严格取决于要解决的具体问题。然而，仍然可以计算各种各样的图形属性，然后执行特征选择以选择信息量最大的那些特征。特征选择是机器学习中一个被广泛研究的主题。

27.2.3　浅嵌入方法

浅嵌入方法是图嵌入方法的一个子集，只针对有限的输入数据集学习节点、边或图表示。它们不能应用于与训练模型的实例不同的其他实例。

在开始讨论之前，重要的是定义监督和无监督浅嵌入方法的不同之处。无监督和监督浅嵌入方法之间的主要区别本质上在于它们试图解决的任务。事实上，无监督浅嵌入方法为了构建定义良好的集群而尝试学习良好的图、节点或边缘表示，监督方法则尝试为预测任务(如节点、标签或图分类)找到最佳解决方案[10]。

标签扩散算法(label spreading algorithm, LSA)是一种半监督浅嵌入方法。它的建立是为了克服标签传播方法的一个主要缺陷：初始标签。事实上，根据标签传播算法，初始标签在训练过程中是不能修改的，在每次迭代中，它们都被强制等于它们的原始值。当初始标签受到误差或噪声的影响时，这种约束可能会产生不正确的结果。这种错误将传播到输入图的所有节点。

为了解决这一缺陷，标签扩散算法尝试放松原始标注数据的约束，允许标注输入节点在训练过程中改变自己的标注。

形式上，令 $G=(V,E)$ 是一个图，$Y=\{y_1,\cdots,y_p\}$ 是一组标签。由于算法是半监督的，只有一个子集节点会有一个分配的标签。$A\in\mathbf{R}^{|V|\times V}$ 为输入图 G 的邻接矩阵，$D\in\mathbf{R}^{|V|\times V}$ 为对角矩阵。标签传播算法不计算概率转移矩阵，而是使用归一化图拉普拉斯矩阵，定义如下：

$$L=D^{-\frac{1}{2}}AD^{-\frac{1}{2}} \tag{27.10}$$

与标签传播一样，标签扩散由一个迭代过程来计算最终的解。该算法将执行 n 次不同的迭代，在第 t 次迭代中，算法通过如下步骤计算迭代：

$$Y^t=\alpha LY^{t-1}+(1-\alpha)Y^0 \tag{27.11}$$

当满足一定条件时，算法停止迭代。事实上，正如前文所说，标签扩散并不强制迭代解的标签等于它的初始值。相反，该算法使用正则化参数 $\alpha\in[0,1)$ 来加权每次迭代时初始解的影响。这有助于量化初始解及其对最终解的影响。

27.2.4　图卷积神经网络

CNN 的输入是具有欧几里得结构的图结构。从欧氏空间里面利用卷积核来提取特征，因为图片是比较规则的图结构，因此使用卷积核就可以平移提取节点特征，即 CNN 的核心在于它的卷积核，卷积核是一个个小窗口，在图片上平移，通过卷积的方式来提取特征。这里的关键在于图片结构上的平移不变性：一个小窗口无论移动到图片的哪一个位置，其内部结构都是一样的，因此 CNN 可以实现参数共享，这就是 CNN 的精髓所在。但是在实际应用时会遇到拓扑网络，这种图结构并不整齐，一个网络包含不同数量的节点，不同的节点也包含不同的邻居，这使得传统的 CNN 无法作用在该图结构中，并且图中的每个节点之间通常具有联系，因此图卷积神经网络(graph convolutional network, GCN)的问世，解决了这一难题。GCN 能够聚合一个节点附近的节点特征，通过加权聚合学习到节点的特征从而去实现不同的任务[11]。GCN 的结构示意图如图 27.4 所示。

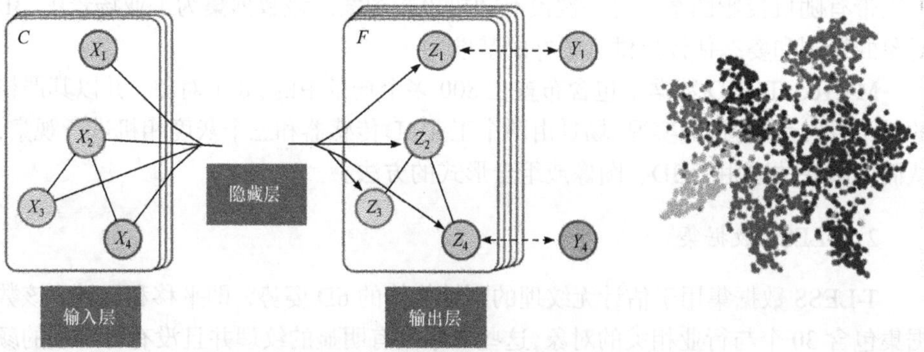

图 27.4　GCN 结构示意图

假设有一批图数据，其中有 n 个节点，每个节点都有自己的特征向量，使这些节点的特征组成一个 $n\times d$ 的特征矩阵 X，然后各个节点之间的关系也会形成一个 $n\times n$ 的邻接矩阵 A。X 和 A 便是模型的输入。利用矩阵的形式迭代计算每个节点的特征，然后通过层传播进行卷积操作，最后更新节点的特征。

对于所有节点而言，即 $H^{(l)}$ 表示当所有阶段在 l 层的特征向量矩阵，$H^{(l+1)}$ 表示所有经过一次卷积操作之后的特征向量矩阵。一次卷积操作的公式如下：

$$H^{(l+1)}=\sigma\left(\tilde{D}^{-\frac{1}{2}}\tilde{A}\tilde{D}^{-\frac{1}{2}}H^{(l)}W^{(l)}\right) \tag{27.12}$$

式中，$\tilde{A}=A+I$，I 是单位矩阵，即对角线为 1，其余全为 0；$\tilde{D}$ 是 $\tilde{A}$ 的度矩阵，计算方法 $\tilde{D}_{ii}=\sum\tilde{A}_{ij}$；$H$ 是每一层的所有节点的特征向量矩阵，对于输入层，$H^{(0)}$ 就等于 X；σ 是非线性激活函数；$W^{(l)}$ 是当前层卷积变换的可训练的参数矩阵。

27.3　基于图学习的工业大数据解析

27.3.1　数据集概述

1. MVTec ITODD 数据集

MVTec ITODD 数据集是用于 3D 对象检测和姿态估计的数据集，重点关注工业设置和应用。对于每个对象，只有一个实例的场景和有多个实例的场景(如模拟箱拣选)可用。每个场景使用每个 3D 传感器采集一次，每个灰度相机采集两次：一次带有随机投影图案，另一次没有随机投影图案。该数据集为工业场景中 3D 对象的检测和姿态估计提供了很好的基准。

MVTec ITODD 数据集包含布置在 800 多个场景中的 28 个对象，并以其严格的 3D 变换标注为地面实况。场景由两个工业 3D 传感器和三个灰度相机进行观察，从而可以评估适用于 3D、图像或组合形式的方法。

2. T-LESS 数据集

T-LESS 数据集用于估计无纹理的刚性物体的 6D 姿势，即平移和旋转。该数据集包含 30 个与行业相关的对象，这些对象没有明显的纹理并且没有可辨别的颜色或反射率属性。该数据集的另一个独特属性是某些对象是其他对象的一部分。

T-LESS 背后的研究人员已经选择了不同的方法来训练图像和测试图像。因此，该数据集中的训练图像在黑色背景下描绘了单个对象，而测试图像则来自 20 个场景，且复杂程度不同。

本数据集的优势在于：①大量与工业相关的目标；②训练集都是在可控的环境下抓取的；③测试集有大量变换的视角；④图片是由同步和校准的传感器抓取的；⑤准确的 6D 姿态标签；⑥每个目标有两种 3D 模型。

数据集由三个同步的传感器获得：结构光传感器、RGBD 传感器和一个高分辨率 RGB 传感器。从每个传感器分别获得了 3.9 万个训练集和 1 万个测试集，此外为每个目标创建了 2 个 3D 模型：一个是计算机辅助设计(computer aided design, CAD)手工制作的；另一个是半自动重建的。训练集图像的背景大多是黑色的，而测试集的图片背景很多变，会包含不同光照、遮挡等变换。数据集功能：6D 对象姿态估计、2D 目标检测、图像分割、3D 对象重建。

3. DeepPCB 数据集

DeepPCB 数据集是一个公有 PCB 缺陷数据集，共包含 1500 组图像，每组图像均包含无缺陷的模板图像和对齐的测试图像，并带有注释。其中包括 6 种最常见的 PCB 缺陷类型的位置有开口、短路、咬伤、杂散、针孔和伪铜。所有图像均来自线性扫描电荷耦合器件(charge coupled device, CCD)，分辨率约为 1mm(48 像素)。模板和测试图像的大小，约为 16K×16K 像素，然后将它们裁剪为很多大小为 640×640 像素的子图像，并通过模板匹配技术进行对齐。

27.3.2　网络拓扑和异常检测

网络拓扑是网络形状，或者是网络在物理上的连通性。网络拓扑结构是指用传输媒体互连各种设备的物理布局，即用什么方式把网络中的计算机等设备连接起来。拓扑图给出网络服务器、工作站的网络配置和相互间的连接。网络的拓扑结构有很多种，主要有星形结构、环形结构、总线结构、树形结构、网状结构、蜂窝状结构以及混合型结构等[12]。

传统的异常检测方法假设实例都是独立且分布相同的,但在许多实际场景中,实例之间往往是相互关联并以复杂网络的形式存在。与普通网络仅使用拓扑信息检测异常不同，属性网络为每个节点或边缘编码了丰富的属性特征集。在属性网络中，异常检测有着广泛的应用，包括入侵检测、欺诈检测和故障诊断[13]。

如何结合网络的拓扑结构和属性信息是基于属性网络异常检测的难题。传统异常检测方法主要是利用结构信息来检测异常,并不适用于属性网络的异常检测。现有的基于特征的方法假设基于节点特征的子集存在复杂异常，但只考虑网络的结构或属性信息，没有考虑网络结构信息和属性信息之间复杂的交互信息，导致检测性能不佳。

目前基于属性网络的异常检测仍面临以下挑战。

(1) 网络的稀疏性和数据的非线性：现实中属性网络的拓扑结构非常稀疏，节点和边的属性本质上是高度非线性的。

(2) 节点异常的多样性：除了由拓扑导致的节点异常外，节点本身的属性也可能导致节点异常，另外也可能因节点的结构和属性的组合而出现异常。因此，需要一种综合检测三种异常的方法[14]。

(3) 数据集的异常缺乏标签：异常数据与正常数据的不平衡分布导致异常检测效率低下，因此异常检测方法需要在无监督的情况下有效定义属性网络中的异常。

在属性网络的异常检测中，以往主要关注图的拓扑特征或合并节点属性来检测异常模式；只有少数工作尝试使用网络嵌入来检测网络异常。现有的基于属性网络的异常检测方法主要分为三类。

(1) 基于结构的方法：识别图结构中的稀有子结构，包括基于拓扑信息和属性内容的子结构。这些方法的主要区别在于所选子结构不同，常见的子结构包括社区和自我中心网络。

(2) 基于残差的方法：从残差分析的角度对属性网络进行异常检测，目标是研究回归分析中真实数据与估计数据之间的残差，即异常检测中残差较大的实例更可能是异常的，因为它们的行为不符合大多数其他正常实例模式。

(3) 基于特征的方法：在构造的特征表示空间中检测异常节点。现有方法的主要区别在于特征表示方法和异常检测方法;常用的网络特征表示方法有图嵌入、子空间选择等，异常检测方法有分类、聚类和社区检测等。

27.3.3 有监督学习和无监督学习任务

有监督学习和无监督学习是机器学习领域中两种重要的学习方法。它们在数据处理和模型训练方面有着明显的区别。

有监督学习是一种通过使用带有标签的训练数据集来训练模型的方法。在有监督学习中，训练数据集包含输入样本和对应的目标输出。模型通过学习输入与输出之间的关系，以预测未知数据的输出。常见的有监督学习任务包括分类和回归问题。例如，给定一组带有标签的图像数据集，有监督学习算法可以学习将新的图像分为不同的类别，或者根据特征预测数值输出。

与有监督学习相反，无监督学习是一种在没有标签的数据集上进行模型训练的方法。在无监督学习中，训练数据集只包含输入样本，没有与之相关联的目标输出。这使得无监督学习更适用于探索数据中的隐藏结构、发现模式和聚类等任务。无监督学习的一个常见应用是聚类，即将相似的数据点分组到不同的簇中。另一个应用是降维，即减少数据的维度，以便更好地可视化和理解数据。

有监督学习和无监督学习在数据处理和模型训练方面存在明显的区别。在有监督学习中，由于训练数据集中包含输入与输出之间的对应关系，模型的训练可以通过目标函数的优化来实现。常见的有监督学习算法包括决策树、支持向量机和神经网络等。这些算法使用带有标签的数据进行模型训练，并通过最小化预测值与目标值之间的差异来优化模型参数。

相比之下，无监督学习中没有明确的目标函数或标签信息可供训练。因此，在无监督学习中，模型需要通过探索数据的内在结构来发现模式和关系。无监督学习算法通常依赖统计方法、聚类算法和降维技术等。例如，K-means 聚类算法可以将数据点划分为 K 个簇，而 PCA 可以通过线性变换找到数据的主要特征。

有监督学习和无监督学习在应用场景和结果评估上也存在差异。有监督学习通常用于解决预测和分类问题，其中模型的性能可以通过与真实标签进行比较来评估。而无监督学习更多地用于数据探索和发现隐藏结构，对结果的评估相对更主观，通常需要领域专家的参与。

综上所述，有监督学习和无监督学习是机器学习中两种不同的方法。有监督学习依赖于带有标签的训练数据集，通过优化目标函数来进行模型训练，适用于预测和分类问题。无监督学习则在没有标签的数据集上进行训练，通过发现数据的内在结构和模式来进行数据探索和聚类等任务。选择适当的学习方法取决于具体的问题和可用的数据。

27.3.4　基于图学习的工业场景分析

对欧几里得数据(如图像)和序列数据(如文本)具有颠覆性学习能力的深度学习技术不能直接用于图结构数据。这种差距推动了图深度学习研究的浪潮。近年来，已经开发了大量基于图结构数据的神经网络架构，这些架构已经成功应用于社交网络、计算机视觉、自然语言处理、推荐系统、智能风控、智能交通和生物计算学等领域，并取得了显著的性能提升。这波图论与深度学习交叉的研究浪潮也影响了其他科学领域以及工业领域。

GNN 已经成为解决图问题的重要算法，并受到了学术界和工业界的广泛关注。但在工业界的大规模数据集上使用 GNN 还是存在以下两个问题。①可扩展性低：受单机存储开销以及分布式通信开销限制，大多数现有 GNN 算法很难部署在超大图上；②灵活性差：大多数 GNN 强行约束非线性变换深度恒等于特征传播深度，也没有考虑节点的特异性[15]。

图学习算法的产业落地尚处于初期阶段，其中，图数据规模大，图算法复杂性高，在应用场景方面还在持续探索中，在基础设施方面则需要面临许多性能挑战，很多学术前沿技术则还未能大规模落地，甚至对一些概念，业界与学界并没有共识。下面将依次介绍图学习算法在数据、算法、学习范式、应用方面的落地情况。

1. 图数据

相比传统的结构化数据类型，图数据属于半结构化数据，可以建模更丰富的信息。但也因此，基于图数据的分析的一大难点就是，随着点边关系增加，数据规模快速增长，至少是平方增长。针对图数据暴增的问题，一般可采用降维、并行、缓存等方法应对。

图数据的另一大应用挑战是稀疏性。在业界，图学习的挑战主要在于图数据的信息缺失。而就图学习本身的特性而言，它原本应该很擅长解决缺失信息补全的问题。

但在实际研究工作中的观察，图学习在对图数据进行补全的时候，效果经常并不尽如人意，总会出现一些长尾的节点，这些节点即便在引入大量图数据之后，可连接的其他节点仍然很少，因此补全效果不佳。

2. 图算法

由于图算法的复杂度比较高，落地成本比较大，需要注重成本和收益的平衡，这也是图算法在落地时的最核心挑战。

图算法的通用性也很重要，模型需要能够支撑数十位至数百位算法工程师来实现自己的算法，换句话说就是图算法的平台化、系统化应用，而在平台化、系统化方面，目前在业界即使是大企业也只有部分在投入研发。

图算法主要包含两类，一类是PageRank、标签传播等传统方法，另一类是GCN、图注意力网络(graph attention network, GAT)等图学习或图神经网络方法。

相对于图神经网络方法，传统方法更依赖人工特征。特征分为节点级、链接级、图级，其中图级特征如Graphlet内核、WL内核等由于计算复杂度比较高，一般应用比较受限。

相对地，节点级特征、链接级特征使用较多，链接级特征在推荐系统中尤其在召回阶段很常见，一般是基于距离的特征。节点级特征中使用较多的是节点度，而中心性特征一般而言是无法计算的，因为涉及全图迭代，会使得计算很复杂，所以应用也受限。

图神经网络一般包括图注意力网络、图卷积网络、图循环神经网络等，目前业界使用最多的是图注意力网络，其次是图卷积网络。

3. 图学习范式

在图学习范式方面，业界主要关注图预训练模型的潜力，以及图表征学习的演进。相比之下，图的自动机器学习等目前应用则不多，图的预训练目前在业界处于早期发展阶段，最主要的挑战在于如何做到大规模、持续的训练，以及如何用不同的数据源训练一个大模型。

此外，甚至基于Transformer的预训练模型在很多工业场景中能提供的增益也不多，而像推荐系统、风控系统等本身在不同机构、不同行业中差异很大，根本也是因为人类社会行为的复杂性，预训练很难将其泛化能力在这些场景中发挥效果。预训练在生成类任务的效果确实不错，但如果没有达到工业标准，价值也是有限的。

图表征学习存在的挑战包括许多方面，如长距离依赖、梯度消失、过平滑、全图迭代复杂性等问题。图表征学习最常用的方法包括DeepWalk等，在推荐系统中常用于召回模块[16]。这些模型实际上在工业界不会有很广的使用面。因为它们有一些天然的缺陷，没有很好地将特征和结构(图的拓扑结构)融合起来，就是说只关心结构，不关心节点特征，这方面是一直到出现了图神经网络才得到了很好的解决。

事实上，图神经网络通常也具备图表征学习的能力。例如，图卷积神经网络方法不仅可以刻画图中的结构信息，还能对节点自身和局部邻居信息进行信息抽取和表征学习。

图算法在 2014 年开始大量和神经网络结合，然而其发展至今，比较重要的技术迭代只有两轮。从 2014 年到 2017 年，比较热门的是网络嵌入研究，2017 年到现在则是图神经网络，但目前领域内仍然没有出现新的图表征学习范式。在计算机视觉、自然语言处理等领域，一般每两到三年就会有比较代表性的技术出现。

4. 应用场景

图算法的应用目前还处于摸索阶段。找到合适的场景是图算法面临的一大挑战，例如，近期在生命科学领域中，图算法就找到了比较多适配的场景，因而发展很快。

如果按基础的图任务进行分类，如节点分类、链接预测、图分类、图生成等，在工业应用中有 90%以上的图算法都可以归约为节点分类、链接预测两大类，并且技术上已经比较成熟，图分类则在生命科学中比较常见。

在业务场景层面，互联网大企业主要将其应用到推荐系统、风控系统中，不同企业各有侧重。专家认为，图算法主要可以应用到推荐系统的召回模型中，并且基于表征学习的推荐系统在技术上也已经比较成熟。

在推荐系统的数据中，用户和物品之间的交互关系包含多种类型，因此在推荐系统中对 GNN 一般都采用异质 GNN 的建模方式。推荐系统面临的一大痛点是数据稀疏性和交互随机性。针对推荐系统数据稀疏的问题，一般是引入用户社交和物品关系的知识图谱进行补充，这也是图算法可以很好发挥作用的原因之一。

在风控系统中，因为经常需要对点对点的交易关系数据进行建模，图算法就天然地适配这些场景。传统图算法在很多工业场景中特别是风控或许作用将越来越小，因为风控本质是一种博弈场景，传统图算法的策略是确定性的，数学定义严格，而图神经网络是一种概率推断方法。无论什么样的应用场景，最重要的是两方面：一方面是将原来信息不足的节点补充更多信息，另一方面是考虑问题建模的复杂性与性能、成本之间的权衡。

针对这一点，专家表示，有些企业的一般做法是进行有效性测试，也就是对学术文献中的模型进行小规模有效性测试，目前已有较成熟的实验系统，且成本不高。

27.4 图学习的新趋势

27.4.1 图的数据增强技术

数据增强可以在不用收集或标注更多数据的情况下扩充训练数据集，可以通过简单的修改或者生成新的数据来丰富数据分布。数据增强可以作为一个正则器帮助机器学习降低训练阶段过拟合的风险。在图数据领域，数据增强可以视作图上的一个转换函数，由于数据的非欧特性和语义与拓扑之间的依赖，很难直接将现有的数据增强技术迁移到图数据中或者设计高效的图增强方法。由于图数据的非欧特性，很难将图像领域的数据增广策略直接应用于图数据领域。在这里，将针对图数据的数据增广策略分为以下四类：基于特征的增强、基于结构的增强、基于采样的增强和自适应的增强[17]。

1. 基于特征的增强

基于特征的增强方法一般随机或者手动地遮盖一小部分节点或者边的属性。对于给定的输入图 $G=(A,X)$，A 为邻接矩阵，基于特征的增强只对节点的特征矩阵 X 或者边的特征矩阵进行增强。

属性搅乱(attribute shuffling, AS)对节点特征矩阵进行行级混洗。增强后的图和原图拥有相同的节点集但是节点的上下文环境不再相同。

2. 基于结构的增强

对于给定的输入图 $G=(A,X)$，基于结构的增强只对邻接矩阵进行增强。

$$\tilde{A},\tilde{X}=\mathcal{T}(A,X)=\mathcal{T}_A(A),X \tag{27.13}$$

边扰动(edge perturbation, EP)通过随机添加或删除一定比例的边来扰乱结构连接：

$$\mathcal{T}_A(A)=A\odot(1-L)+(1-A)\odot L \tag{27.14}$$

式中，L 为位置矩阵。

边扩散(edge diffusion, ED)使用一般的边扩散过程为原始的图结构生成不同的拓扑结构视图。

$$\mathcal{T}_A(A)=\sum_{k=0}^{\infty}\theta_k S^k \tag{27.15}$$

式中，S 为过渡矩阵；θ_k 的和为 1。

3. 基于采样的增强

给定一个输入图 $G=(A,X)$，基于采样的增强同时对邻接矩阵 A 和特征矩阵 X 进行增强。

均匀采样(uniform sampling, US)均匀地从节点集中采样给定数量的节点，然后移除剩余节点。

自我中心网络采样(ego-net sampling, ES)每次在节点 i 周围的 L 邻居内采样。

随机游走采样(random walk sampling, RWS)从起始节点 i 开始在图上进行随机游走。游走以与边权重成正比的概率迭代地前往其邻域。此外，在每一步以正概率 α 返回到起始节点 i。最后，被访问的节点被纳入一个节点子集中。

重要性采样(importance sampling, IS)对于给定节点 i，按照其邻居的重要性进行采样一个子图。重要性得分矩阵记作

$$M=\alpha\cdot\left(I_n-(1-\alpha)\cdot AD^{-1}\right) \tag{27.16}$$

4. 自适应的增强

基于注意力的方法为节点或边定义重要性权重，然后按照权重进行增强。保留重要的结构和特征信息，对不重要的部分进行扰动。

27.4.2 拓扑数据分析

拓扑数据分析(topological data analysis, TDA)，顾名思义，就是把拓扑学与数据分析结合的一种分析方法，用于深入研究大数据中潜藏的有价值的关系。

相比于主成分分析、聚类分析等这些常用的方法，TDA 不仅可以有效地捕捉高维数据空间的拓扑信息，而且擅长发现一些用传统方法无法发现的小分类。这种方法也因此曾在基因与癌症研究领域大显身手。

拓扑学研究的是一些特殊的几何性质，这些性质在图形连续改变形状后还能继续保持不变，称为“拓扑性质”。而在复杂的高维数据内部也存在类似的结构性质，可以形象地称为数据的形状(特征)[18]。

与通常研究的成对关系相比，这种相互关系的形状之中可能潜藏了巨大的研究价值。要理解数据的形状，就必须求助于拓扑学。TDA 所要做的就是抽取这种形状并进行分析。

拓扑数据分析的三个要点如下：

(1) TDA 的输入可以是一个距离矩阵，表示任意两数据点之间的距离。

它研究的是与坐标无关的形状，完全不受坐标的限制。这也意味着拓扑形状的构建依赖于距离函数的定义，或者说相似度的定义。坐标无关的特性，使得 TDA 可以整合来自不同平台的数据，尽管这些数据的结构不太一样，只需要给出合理

的距离函数。这是 TDA 的一个优点，即通用性。

举个例子，TDA 在癌症分析领域的成功，通用性是一个重要原因。因为不同癌症数据集的指标、结构都不尽相同，而 TDA 可以轻松整合。

(2) TDA 研究的数据形状，可以容忍数据小范围的变形与失真。

想象在一块橡皮上写了一个字母“A”，用力挤压拉扯这块橡皮，字母“A”虽然有点扭曲变形，但是“一个三角形带两个脚”这样的基本特征仍然存在，TDA 对小误差的容忍度很大。

(3) 拓扑处理的是抽象的形状，最典型的例子就是用六边形来表示圆，这只需要用到 6 个点和 6 条边。

TDA 使用这种形式压缩数据，用有限的点和边来表示大量的数据，并且保留了数据重要的特征。

拓扑数据分析的主要步骤如下：

(1) 用一个滤波函数对每个数据点计算一个滤波值。这个滤波函数可以是数据矩阵的线性投影，也可以是距离矩阵的密度估计或者中心度指标，如 *L*-infinity(*L*-infinity 的取值是该点到离它最远的点的距离，是一个中心度指标)。

(2) 数据点按照其滤波值，从小到大被分到不同的滤波值区间。但需要注意的是，相邻的滤波值区间设置有一定的重叠区域，也就是重叠区域的点同时属于两个区间，对每个区间里的数据分别进行聚类。

(3) 把步骤(2)中各区间聚类得到的小类放在一起，每一个小类用一个大小不同的圆表示。若两个类之间存在相同的原始数据点(这就是区间需要相互重叠的原因)，则在它们之间加上一条边。

(4) 对上述圆和边组成的图形施加一层力学布局，让其达到平衡，就得到最终的“数据图形”。

27.4.3　拓扑机器学习

目前机器学习存在一些缺陷，首先，机器学习系统的鲁棒性一直备受质疑。例如，在识别目标时，如果目标发生旋转，则机器学习系统不能识别这一目标。此外，即使机器学习系统在性能方面表现良好，人们依然不知道模型内部发生了什么。

这两大问题促使研究者探究是否可以将知识在训练前输入模型中，使其在一个更为有限的空间内进行搜索，而不是考虑搜索空间中所有的可能，从而避免那些在现实中从来不可能出现的情况。

TDA 可以被视为一种搜索拓扑特征这一内部结构的工具，根据拓扑特征，任意复杂的目标都能表示为一大组数字。而这种拓扑特征只需要通过特定的“镜头”或者过滤器，来对数据进行浏览就能得到。具体而言，拓扑学数据分析方法用于描述群等不变非扩张算子(group equivariant nonexpansive operator, GENEO)的空间，GENEO 是函数空间和变换之间的映射。研究人员研究了 GENEO 的拓扑和度量性质，用于评价它们的近似率，并设置了用于初始化的泛化策略。在结合了算子后，研究人员最终将它们以树状结构连接，用于组成算子网络。

拓扑机器学习是指将代数拓扑中的元素与统计学习结合在一起的一组技术。通过关注数据的整体属性(如形状和连接性)，这些拓扑方法可以捕获传统机器学习方法可能会遗漏的模式。

TDA 与机器学习方法可以一起使用，得到的效果比使用单个技术更好。更重要的是，它在很大程度上改变了分析数据的方式，将拓扑这个纯数学领域的学科与数据分析相结合，是一个很前沿的技术。

继续阅读

因果图学习方法旨在揭示数据中潜在的因果关系，为工业大数据解析提供有益的信息。大数据机器学习与图分析技术相关研究可以参考文献[4]和[19]，使用图学习方法进行大数据分析的研究可以参考文献[20]。此外，图学习还可以减少大规模工业过程的报警并进行关键事件挖掘[21]。

参考文献

[1] Evteev S A, Ereshchenko A V, Ivanenkov Y A. SiteRadar: Utilizing graph machine learning for precise mapping of protein-ligand-binding sites[J]. Journal of Chemical Information and Modeling, 2023, 63(4): 1124-1132.

[2] Hu X X, Chen H C, Liu S X, et al. BTG: A bridge to graph machine learning in telecommunications fraud detection[J]. Future Generation Computer Systems, 2022, 137: 274-287.

[3] Hickey P J, Erfani A, Cui Q. Use of LinkedIn data and machine learning to analyze gender differences in construction career paths[J]. Journal of Management in Engineering, 2022, 38(6): 04022060.

[4] Gaudelet T, Day B, Jamasb A R. Utilizing graph machine learning within drug discovery and development[J]. Briefings in Bioinformatics, arXiv preprint arXiv: 2012.05716, 2021.

[5] Chami I, Abu-El-Haija S, Perozzi B. Machine learning on graphs: A model and comprehensive taxonomy[J]. The Journal of Machine Learning Research, 2022, 23(1): 3840-3903.

[6] Guthrie D, Allison B, Liu W. A closer look at skip-gram modelling[C]//International Conference on Language Resources and Evaluation, Genoa, 2006: 1222-1225.

[7] Zhai J H, Zhang S F, Chen J F, et al. Autoencoder and its various variants[C]//2018 IEEE International Conference on Systems, Man, and Cybernetics, Miyazaki, 2018: 415-419.

[8] Zhou K X, Huang X, Song Q Q, et al. Auto-GNN: Neural architecture search of graph neural networks[J]. Frontiers in Big Data, 2022, 5: 1029307.

[9] Platas-López A, Guerra-Hernández A, Quiroz-Castellanos M. Agent-based models assisted by supervised learning: A proposal for model specification[J]. Electronics, 2023, 12(3): 495.
[10] Cunningham P, Cord M, Delany S J. Supervised learning[M]//Cord M, Cunningham P. Machine Learning Techniques for Multimedia: Case Studies on Organization and Retrieval. Berlin: Springer, 2008: 21-49.
[11] Zhao L, Song Y J, Zhang C, et al. T-GCN: A temporal graph convolutional network for traffic prediction[J]. IEEE Transactions on Intelligent Transportation Systems, 2019, 21(9): 3848-3858.
[12] Javed A R, Hassan M A, Shahzad F, et al. Integration of blockchain technology and federated learning in vehicular(IoT) networks: A comprehensive survey[J]. Sensors, 2022, 22(12): 4394.
[13] Ouni R, Saleem K. Framework for sustainable wireless sensor network based environmental monitoring[J]. Sustainability, 2022, 14(14): 8356.
[14] Pei H B, Wei B Z, Chang K C C, et al. Geom-GCN: Geometric graph convolutional networks[J]. arXiv preprint arXiv: 2002.05287, 2020.
[15] Sakavalas D, Tseng L, Raynal M. Network Topology and Fault-Tolerant Consensus[M]. Switzerland: Springer Nature, 2019.
[16] Zhang H C, Liu W H, Chang S, et al. ST-ReGE: A novel spatial-temporal residual graph convolutional network for CVD[J]. IEEE Journal of Biomedical and Health Informatics, 2024, 28(1): 216-227.
[17] Kapoor R. A data center end-host stack for predictable low latency and dynamic network topologies[D]. San Diego: University of California, 2015.
[18] Testi E, Giorgetti A. Blind wireless network topology inference[J]. IEEE Transactions on Communications, 2021, 69(2): 1109-1120.
[19] Huang H H, Liu H. Big data machine learning and graph analytics: Current state and future challenges[C]//2014 IEEE International Conference on Big Data (Big Data), Washington D. C., 2014: 16-17.
[20] Yildirim M, Okay F Y, Ozdemir S. Big data analytics for default prediction using graph theory[J]. Expert Systems with Applications, 2021, 176: 114840.
[21] Jacobs S A, Dagnino A. Large-scale industrial alarm reduction and critical events mining using graph analytics on spark[C]//2016 IEEE Second International Conference on Big Data Computing Service and Applications (Big Data Service), Oxford, 2016: 66-71.

第 28 章　可解释性学习

大数据解析主要可划分为业务理解、数据理解、数据准备、数据建模、模型评估和模型部署等相关步骤。其中，数据建模以及模型评估涉及可解释性问题，接下来本章将对大数据解析的可解释性做进一步描述与解析。

28.1　大数据解析的可解释性

可解释性通常被定义为人能够理解决策原因的程度，同时可解释性还被定义为人能够一致地预测模型结果的程度[1]。构建的大数据解析模型的可解释性越高，就越容易理解为什么做出某些决策或预测。因此，可解析性是评估机器学习模型的一个重要指标。

28.1.1　可解释性的重要性

当构建出一个运行良好的机器学习模型，能否简单直接地使用模型输出的结果呢？这需要深入探讨可解释性的重要性。当涉及故障检测模型时，需要做出权衡：是仅仅想知道故障检测的结果？例如，想知道工业过程是否出现了故障？还是想知道为什么出现了故障？当然，在某些情况下，不需要关心模型某种检测结果的原因，仅需要确保机器学习模型在测试数据集的检测性能良好即可。但在某些情况下，了解和理解机器学习模型输出此种结果的原因，即“为什么”，能够更全面地了解数据以及模型失败的原因。

对可解释性的需求来自问题形式化的不完整性，这是因为对于某些问题或任务仅得到预测结果是远远不够的。因此，机器学习模型还需要解释得到该输出结果的原因。以下原因推动了对可解释性和解释的需求。

(1) 科学的目标是获取知识，但是许多问题是通过大数据集和黑盒机器学习模型来解决的。模型本身应该成为知识的来源，而不是作为新数据重新传输给人。可解释性使得提取模型捕获的额外知识变得可行，这对工业过程非常重要。

(2) 机器学习模型可能需要承担安全措施和测试的实际任务。实际工业过程规模大、工序多，若机器学习模型学习到的“抽象”包含错误，那由该错误导致的后果可能十分严重。

(3) 默认情况下，机器学习模型从训练数据中学习到了某种“偏见”(如数据特征)，而可解释性是一种有效检测偏见的调试工具。例如，实际工业过程的数据随着设备磨损等会存在数据漂移现象，依据历史数据得到的机器学习模型可能会存在偏见，致使预测出现偏差或故障诊断错误。

(4) 将机器或算法整合到工业过程中需要可解释性，这能够增加社会认可度。在工业过程中，良性运行的机器或算法能增加工业过程的稳定性，而能解释其预测、检测结果的机器或算法能得到工业现场工人等更多的认可。

(5) 机器学习模型只有在可以解释时才能进行调试和审核。对检测、诊断等输出错误结果的解释有助于理解错误的原因，这为如何修复系统提供了指导方向。

如果能够确保机器学习模型能够解释决策，还可以更容易地检查以下性质[2]。

(1) 隐私：确保保护数据中的敏感信息。

(2) 可靠性或鲁棒性：确保输入的微小变化不会导致预测发生剧烈变化。

(3) 因果关系：检查是否只找到因果关系。

(4) 信任：与黑箱相比，人们更容易信任能解释其决策的系统。

当然，也存在某些不需要或不希望机器学习模型存在可解释性的场景，例如：

(1) 模型的正确与否对工业过程稳定运行没有影响。

(2) 当问题被研究得很深入时，一些应用已经得到了充分的研究，因此有足够的模型实践经验。

28.1.2　可解释性方法的分类

可以根据各种标准对机器学习可解释性的方法进行分类。

本质的还是事后的？该标准通过限制机器学习模型的复杂性或在训练后分析模型的方法来区分是否实现了可解释性。本质的可解释性是指由于结构简单而被认为是可解释的机器学习模型，如短的决策树或稀疏线性模型；事后解释性是指模型训练后运用解释方法，例如，置换特征重要性是一种事后解释方法。事后方法也可以应用于本质上可解释的模型。例如，可以计算决策树的置换特征重要性。

可以根据可解释性方法的输出区分各种可解释方法。

(1) 特征概要统计量：许多解释方法为每个特征提供概要统计量。有些方法为每个特征返回一个数字，如特征重要性。

(2) 特征概要可视化：大多数特征概要统计信息也可以可视化。有些特征概要实际上只有在可视化的情况下才有意义，并且表格不能满足要求。特征的部分依赖就是这样一种情况。部分依赖图是显示特征和平均预测结果的曲线。呈现部分依赖关系的最佳方法是实际绘制曲线，而不是打印坐标。

(3) 模型内部：对于本质上可解释的模型的解释属于这类，如线性模型中的权重或决策树的学习树结构(用于分割的特征和阈值)。输出模型内部结构可以用于在卷积神经网络中将学习的特征检测器可视化。根据定义，输出模型内部的可解释性方法是特定于模型的。

(4) 数据点：这个类别的方法是返回数据点(已经存在的或新创建的)以使模型可解释。一种方法称为反事实解释，为了解释对数据实例的预测，该方法通过一些方式改变某些特征以改变预测结果(如预测类别的翻转)，从而找到相似的数据点；另一种方法是识别预测类的原型，这里输出新数据点的解释方法要求可以解释数据点本身。

(5) 本质上可解释模型：解释黑盒模型的一个解决方案是用可解释模型(全局的或局部的)对其进行近似。而这些可解释模型本身可以通过查看模型内部参数或特征概要统计量来解释。

28.1.3　可解释性范围

通常，训练算法得到预测模型，而每个步骤都可以根据透明度或可解释性进行评估。

(1) 算法透明度，此部分涉及算法如何创建模型。算法透明度是指算法如何从数据中学习模型，以及它可以学习到什么样的关系。如果使用卷积神经网络对图像进行分类，则可以解释该算法为何在最底层学习边缘检测器和滤波器。算法的透明度只需要对算法了解，而不需要对数据或学习模型了解。线性模型的最小二乘法等算法已被深入地研究和理解，它们的特点是透明度高。深度学习方法不太容易理解，通常被认为是低透明度的。

(2) 全局、整体的模型可解释性。此部分涉及如何利用训练好的模型进行预测等。一旦能理解整个模型，就可以将模型描述为可解释的[3]。要解释全局模型输出，需要训练好的模型、算法知识和数据。这种级别的可解释性是基于对模型特征和每个学习部分(如权重、其他参数和结构)的整体认知，从而理解模型如何做出决策。全局的模型可解释性有助于基于特征理解目标结果的分布。

(3) 模块层面上的全局模型可解释性。此部分涉及模型的某些部分如何影响预测。具有数百个特征的朴素贝叶斯模型很难保存在人的记忆中，即使能够记住所有的权重，也无法快速预测新的数据点。此外，还需记忆所有特征的联合分布，从而估计每个特征的重要性以及特征如何影响预测，这对于人的记忆是非常困难的。但是，理解一个权重却很容易。虽然全局模型可解释性通常是无法实现的，但有很大概率能够在模块层面上理解某些模型。针对线性模型，可解释部分是权重；针对树模型，可解释部分是分裂节点和叶节点预测。

(4) 单个预测的局部可解释性。此部分涉及模型为何会对一个实例做出某种预测。

(5) 一组预测的局部可解释性。此部分涉及模型为何会对一组实例做出某种预测。多个实例的模型预测可以用全局模型解释方法(模块级别)或单个实例的解释方法来解释。

28.1.4 可解释性评估

如何衡量机器学习中的可解释性是较为困难的。目前一些学者进行了初步的研究，并提出了一些评估方法。

Doshi-Velez 和 Kim[2]为评估可解释性提出了三个主要层次。

(1) 应用级评估(实际任务)：将解释放入产品中，由最终用户进行测试。例如，带有机器学习组件的带钢表面裂纹检测软件，它可以定位和标注带钢中的裂纹。在应用层面，现场工程师将直接利用带钢表面裂纹检测软件评估模型，这需要工程师理解如何评估质量。

(2) 人员级评估(简单任务)：简化的应用级评估。与应用级评估不同的是，这些实验是由非专业人员进行的。这使得实验性价比很高，并且更容易找到更多的测试人员。例如，向用户展示不同的解释，而用户会选择最好的解释。

(3) 功能级评估(代理任务)：无需人工。当所使用的模型类已经进行人员级评估后，这是最有效的。例如，在用户了解决策树的前提下，树的深度可以用来表示解释质量的好坏。

28.1.5 解释方法和解释的性质

依赖于某种生成解释的算法，可以实现解释机器学习模型的预测等。解释通常是以一种人类可理解的方式将实例的特征值与模型预测联系起来。

解释方法和解释的性质可以用于判断解释方法或解释的优良，但如何量化这些性质仍尚不明确。

解释的性质主要包括下列四种。

(1) 表达能力：是指该方法能够产生的解释的“语言”或结构。解释方法可以生成决策树、加权或自然语言等。

(2) 半透明度：描述了解释方法依赖于查看机器学习模型(如参数)的程度。例如，依赖于本质上可解释模型(如线性回归模型)的解释方法是高度透明的，而方法仅依赖于修改输入和观察预测，其半透明度为零。根据具体情况，可能需要不同程度的半透明度，高半透明度的优点是该方法可以依赖更多的信息来生成解释，低半透明度的优点是解释方法更易于移植。

(3) 可移植性：描述了使用解释方法的机器学习模型的范围。低半透明度的方法具有较高的可移植性，因为它们将机器学习模型视为黑盒。代理模型可能是具有最高可移植性的解释方法。

(4) 算法复杂度：描述了生成解释的方法的计算复杂性。当计算时间成为生成解释的瓶颈时，必须考虑此性质。

单个解释的性质主要包括下列九种。

(1) 准确性：如果将解释代替机器学习模型进行预测，那么高准确性尤为重要。如果机器学习模型的准确性也很低，并且目标是解释黑盒模型的作用，那么低准确性即可。在这种情况下，保真度尤为重要。

(2) 保真度：高保真度是解释的重要性质之一，准确性和保真度密切相关。如果黑盒模型具有较高的准确性并且解释有高保真度，则解释也具有较高的准确性。一些解释只提供局部保真度，这意味着该解释仅适合于数据子集的模型预测，甚至仅适用于单个数据实例。

(3) 一致性：在同一个任务上训练支持向量机和线性回归模型，两者都产生非常相似的预测。然后选择一种解释方法去计算解释，并分析这些解释之间的差异。如果解释非常相似，说明是高度一致的。但是，两个模型可以使用不同的特征，因此可以得到相似的预测。在这种情况下，高度一致性又是不可取的，因为解释必须非常不同。但如果模型确实依赖于相似的关系，则需要高一致性。

(4) 稳定性：一致性是比较模型之间的解释，而稳定性是比较同一模型的相似实例之间的解释。高稳定性意味着实例特征的细微变化基本上不会改变解释(除非这些细微变化也会强烈改变预测)。缺乏稳定性可能是解释方法差异很大的结果，即解释方法受到待解释实例的特征值的微小变化的强烈影响。解释方法的不确定性部分也可能导致稳定性不足。

(5) 可理解性：衡量可理解性的想法包括测量解释的大小(线性模型中非零权重特征的数量、决策规则的数量等)或测试如何从解释中预测机器学习模型的行为。还应考虑解释中使用的特征的可理解性，特征的复杂转换可能还不如原来的特征容易理解。

(6) 确定性：许多机器学习模型只给出预测，而未给出模型预测正确置信度的相关描述，一个包含模型确定性的解释是非常有用的。

(7) 重要程度：某个规则或条件在模型中的重要性程度。例如，在决策树中，靠近根节点的特征通常比靠近叶节点的特征更重要。

(8) 新颖性：模型对新数据的处理能力。如果模型只在训练数据上表现得很好，但在新数据上表现糟糕，那么这个模型缺乏新颖性。在这种情况下，模型可能不准确，解释可能毫无用处。新颖性的概念与确定性的概念有关，例如新颖性越高，但由于缺乏数据，那么模型的确定性就越低。

(9) 代表性：一个模型的解释适用于多少实例。如果一种规则只适用于个别情况，那么该规则缺乏代表性[4]。

28.1.6　人性化的解释

人性化的解释具备以下特点。

(1) 解释具有对比性[5]。针对可解释机器学习，不希望对预测有一个完整的解释，而是希望将不同之处与另一个实例(可以是人工的)的预测进行比较。创建对比性的解释依赖于应用程序，因为它需要一个参照点来进行比较。这可能取决于要解释的数据点，也取决于接受解释的用户。自动创建对比性解释的解决方案还可能涉及在数据中寻找原型。

(2) 解释具有选择性。通常不希望对涵盖事件的实际原因和完整原因进行解释。针对可解释机器学习，解释要简短，即使真实情况很复杂，但仅需给出 1～3 个原因。

(3) 社会背景决定了解释的内容和性质。针对可解释机器学习，应注意机器学习应用程序的工业类型和目标受众。

(4) 通常更关注用异常原因来解释事件。针对可解释机器学习，如果一个预测的输入特征在任何意义上都是异常的(如分类特征的一个罕见类别)，并且该特征影响了预测，那么应该将其包括在解释中，即使此时其他“正常”特征对预测的影响与异常预测相同。

(5) 解释是真实的。针对可解释机器学习，解释应该尽可能真实地预测事件，在机器学习中有时被称为保真度。

(6) 好的解释与被解释者的先验知识是一致的。与先验知识不一致的信息往往被忽视。针对可解释机器学习，“好的”解释与先验知识是一致的，这一点很难整合到机器学习中，可以选择强制执行单调性约束(一个特征只能影响一个方向的预测)，或者使用具有此性质的线性模型之类的东西。

(7) 好的解释是普遍性的。能够解释许多事件的原因是具有普遍性的，通常被认为是一个好的解释。请注意，这与认为异常原因能够做出好的解释的说法相矛盾。根据定义，在给定的情况下，异常原因是罕见的。在没有异常事件的情况下，普遍性的解释被认为是一个好的解释。针对可解释机器学习，普遍性可以很容易通过特征的“支持”来衡量，即解释应用到的实例数除以实例总数。

28.2 模型无关可解释性方法

模型无关可解释性方法相对于模型特定的解释方法的最大优势是它们的灵活性。当解释方法可以应用于任何模型时，机器学习开发人员可以自由使用任何机器学习模型。任何建立在对机器学习模型的解释之上的东西(如图形或用户界面)，也将变得独立于底层机器学习模型。通常，不仅要评估一种机器学习模型，还要评估多种类型的机器学习模型来解决任务，并且在可解释性方面比较模型时，使用与模型无关的解释会更容易，因为相同的方法可以用于任何类型的模型。

模型无关可解释性方法的替代方法是仅使用可解释模型，这通常具有一个很大的缺点，即与其他机器学习模型相比，预测性能会丢失，并且只能使用一种模型。另一种选择是使用特定于模型的解释方法。

模型无关的可解释性方法优点如下。

(1) 模型的灵活性：可解释方法可以与任何机器学习模型一起使用，如随机森林和深度神经网络。

(2) 解释的灵活性：不限于某种形式的解释。在某些情况下，线性公式可能会有用，而在其他情况下，特征重要性的图形可能会有用。

(3) 表示方式的灵活性：可解释方法应该能够使用与所解释模型不同的特征表示方式。对于使用抽象词嵌入向量的文本分类器，可能更希望使用单个词的存在进行解释[6]。

通过收集数据来捕获世界，然后使用机器学习模型预测(针对任务的)数据来进一步抽象世界。层级从下向上分别是世界层、数据层、黑盒模型层、可解释方法层和人类层。世界层包含可以观察到的所有事物；数据层是人类对世界进行数字化，包括图像、文本等任何内容；黑盒模型层是基于数据层拟合机器学习模型得到的，能够从现实世界学习数据，以做出预测或找到结构；可解释方法层有助于处理机器学习模型的不透明性；人类层是以上解释的消费者。

这种多层抽象还有助于理解统计学家和机器学习专家在方法上的差异。统计人员处理数据层，如计划临床试验或设计调查；跳过黑盒模型层，然后转到可解释性方法层；机器学习专家处理数据层，如收集带标签的皮肤癌图像样本；然后他们训练了黑盒机器学习模型；跳过可解释性方法层，人类直接处理了黑盒模型的预测，可解释的机器学习很好地融合了统计学家和机器学习专家的工作。

28.2.1　部分依赖图

1. 相关概念

部分依赖图(partial dependence plot, PDP)显示了一个或两个特征对机器学习模型预测结果的边际效应[7]。部分依赖图可以显示目标和特征之间的关系是线性的、单调的或更复杂的。例如，当应用于线性回归模型时，部分依赖图始终显示线性关系。用于回归的部分依赖函数定义为

$$\hat{f}_{x_S}(x_S)=E_{x_C}\left[\hat{f}(x_S,x_C)\right] \tag{28.1}$$

式中，x_S 是部分依赖函数应被绘制的特征；x_C 是在机器学习模型中使用的其他特征；$E_{x_C}\left[\hat{f}(x_S,x_C)\right]$ 是在所有其他特征 x_C 的所有可能取值；模型 $\hat{f}(x_S,x_C)$ 预测响应的期望值。通常，集合 S 中只有一个或两个特征。S 中是想要了解其对预测的影响的特征。特征向量 x_S 和 x_C 合并组成总特征空间 x。部分依赖性通过在集合

C 中的特征分布上边缘化机器学习模型输出起作用，因此该函数显示了集合 S 中的特征与预测结果之间的关系。通过边缘化其他特征，得到了仅依赖于 S 中的特征以及与其他特征的交互作用的函数。

部分依赖函数 $\hat{f}_{x_S}$ 是通过计算训练数据中的平均值来估算的，也称为蒙特卡罗方法：

$$\hat{f}_{x_S}(x_S)=\frac{1}{n}\sum_{i=1}^{n}\hat{f}\left(x_S,x_C^{(i)}\right) \tag{28.2}$$

式中，x_C 是数据集中不感兴趣的特征的实际特征值；n 是数据集中的实例数；i 是实例数。

部分依赖函数给出特征 S 的给定值对预测的平均边际效应。部分依赖图的一个假设是 C 中的特征与 S 中的特征不相关。如果违反此假设，则部分依赖图计算的平均值将包含极不可能或甚至不可能的数据点。

对于机器学习模型输出概率的分类，部分依赖函数显示给定 S 中不同的特征值下特定类别的概率。处理多个类别的一种简单方法是为每个类别绘制一条线或图。

部分依赖图是一种全局方法：该方法考虑所有实例，并给出有关特征与预测结果的全局关系的说明。

到目前为止，仅考虑了数值特征。对于分类特征，部分依赖很容易计算。对于(特征)每个类别值，通过强制所有数据实例具有相同类别值来获得部分依赖图估计。

2. 优点

(1) 部分依赖图的计算很直观：如果强制所有数据点都假定该特征值，则特定特征值处的部分依赖函数表示平均预测。

(2) 如果计算部分依赖图的特征与其他特征不相关，则部分依赖图可以完美地表示该特征如何平均影响预测。在不相关的情况下，解释很清楚：部分依赖图显示了第 j 个特征更改时数据集中的平均预测如何变化[8]。

(3) 部分依赖图很容易实现。

(4) 部分依赖图的计算具有因果关系。

3. 缺点

(1) 部分依赖函数中实际的最大特征数量为 2。

(2) 一些部分依赖图未显示特征分布。忽略分布可能会产生误导，因为可能会过度解释几乎没有数据的区域。通过显示 x 轴上的数据点指示器或直方图可以轻松解决此问题。

(3) 独立性的假设是部分依赖图最大的问题。假定针对其计算了部分依赖性的特征与其他特征不相关。当特征关联时，会在特征分布区域中创建实际概率非常低的新数据点。解决这个问题的一种方法是适用于条件分布而非边际分布的累积局部效应(accumulated local effect, ALE)图。

(4) 异质效应可能被隐藏，因为部分依赖图曲线仅显示平均边际效应。假设对于一个特征，一半数据点与预测值具有正相关关系，则特征值越大，预测值越大，则另一半数据点与预测值有负相关性，特征值越小，预测值越大。部分依赖图曲线可能是一条水平线，因为两半数据集的效果可能会相互抵消。所以，该特征对预测没有影响。

28.2.2　个体条件期望

1. 相关概念

个体条件期望(individual conditional expectation, ICE)图为每个实例显示一条线，该线显示了特征更改时，实例预测的改变。

特征平均效应的部分依赖图是一种全局方法，因为它不关注特定实例，而是关注整体平均，等价于单个数据实例的部分依赖图[9]。ICE 图将实例对每个特征的预测依赖关系可视化，每个实例分别产生一条线，而部分依赖图中整体则只有一条线，即部分依赖图是 ICE 图的线的平均值。可以通过以下方式计算线的值：保持所有其他特征相同，用网格中的值替换特征值创建该实例的变体，并使用黑盒模型对这些新创建的实例进行预测。输出结果是一组具有来自网格的特征值和相应预测的点。

部分依赖图可能会掩盖由交互作用创建的异构关系，可以显示特征与预测之间的平均关系。仅当要为其计算部分依赖图的特征与其他特征之间的交互作用较弱时，这才有效。在交互情况下，ICE 图将提供更多的见解。

接下来介绍中心 ICE 图和导数 ICE 图。

中心 ICE 图。ICE 图存在一个问题：有时很难判断 ICE 图在个体之间是否不同。一种简单的解决方案是将曲线中心化于特征中的某个点，并仅显示到该点的预测差异。结果图称为中心 ICE 图，将曲线锚定在特征的下端是一个不错的选择。新曲线定义为

$$\hat{f}_{\text{cent}}^{(i)} = \hat{f}^{(i)} - I\hat{f}\left(x^a, x_C^{(i)}\right) \tag{28.3}$$

式中，I 是具有适当维数(1 或 2)的向量；x_C 是数据集中不感兴趣的特征的实际特征值；$\hat{f}$ 是拟合模型；x^a 是锚定点；i 是第 i 个特征点。

导数 ICE 图。另一种从视觉上更容易发现异质性的方法是观察预测函数相对于特征的导数。生成的图称为导数 ICE 图。函数(或曲线)导数表示是否发生了变化以及它们发生的方向。利用导数 ICE 图，很容易发现特征值的范围，在该范围内，黑盒模型预测对实例会发生变化。如果分析的特征 x_s 和其他特征 x_c 之间没有交互作用，那么预测函数可以表示为

$$\hat{f}(x)=\hat{f}(x_S,x_C)=g(x_S)+h(x_C) \tag{28.4}$$

式中，$g(x_S)$ 是函数 g 关于 x_s 的预测；$h(x_C)$ 是函数 h 关于 x_C 的预测；$\frac{\delta\hat{f}(x)}{\delta x_S}=g'(x_S)$。

如果没有交互作用，则所有情况下的各个偏导数都应相同。如果它们不同，则是由于交互作用，并且在导数 ICE 图中可见。除了显示预测函数的导数相对于 S 中特征的各个曲线外，显示导数的标准差还有助于突出显示 S 中特征具有估计异质性的区域。

2. 优点

(1) 与部分依赖图相比，ICE 曲线更直观。

(2) 与部分依赖图不同，ICE 曲线可以揭示异质关系。

3. 缺点

(1) ICE 曲线只能有意义地显示一个特征。

(2) ICE 曲线与部分依赖图面临相同的问题：如果感兴趣的特征与其他特征相关联，则根据联合特征分布线中的某些点可能是无效的数据点。

(3) 如果绘制多条 ICE 曲线，因图中曲线太多，难以得到有效信息。

(4) 在 ICE 绘图中，很难看到平均值。

28.2.3 累计局部效应图

1. 相关概念

ALE 描述了特征平均如何影响机器学习模型的预测。ALE 图是比部分依赖图更快、更无偏的替代方法。

接下来，引入一个概念：使用条件分布来计算特征效应的解决方案称为边际图(marginal plot, MP)或 M 图。部分依赖图、M 图和 ALE 图这三种方法的共同点是将复杂的预测函数 f 简化为仅依赖一个(或两个)特征的函数。这三种方法都通过平均其他特征的效应来简化特征，但是在计算预测平均值或预测差异以及是否

对边际或条件分布进行平均方面有所不同。

第二个差异是 z 上的积分。在集合 S 中的特征范围内累积局部梯度，这给了特征对预测的影响。对于实际计算，将 z 替换为间隔网格，在该间隔上计算预测的变化。ALE 方法不是直接平均预测，而是计算以特征 S 为条件的预测差异，并对特征 S 上的导数进行积分以估计效应。

ALE 图与 M 图的第三个差异是从结果中减去常数。此步骤将 ALE 图中心化，以使数据的平均效应为零。

ALE 图还可以显示两个特征的交互作用。计算原理与单个特征相同。除了调整总体平均效应外，还需调整两个特征的主要效应。这意味着针对两个特征的 ALE 图会估计二阶效应，其中不包括特征的主要效应。换句话说，两个特征的 ALE 图仅显示两个特征的附加交互效应。

由于两个特征的 ALE 图估计仅显示特征的二阶效应，因此需要特别注意解释。二阶效应是在考虑了特征的主要效应之后，特征附加的交互效应。假设两个特征不交互，但是每个特征对预测结果具有线性效应。在每个特征的一维 ALE 图中，将看到一条直线作为估计的 ALE 曲线。但是，当绘制 ALE 图进行估计时，它们应该接近于零，因为二阶效应只是附加的交互效应。ALE 图和部分依赖图在这方面有所不同：部分依赖图始终显示总效应，ALE 图显示一阶或二阶效应。这些是不依赖于基础数学的设计决策。可以减去部分依赖图中的低阶效应得到纯的主要效应或二阶效应，或者，可以通过避免减去低阶效应得到总 ALE 图的估计。

ALE 也可以针对任意更高的阶数(三个或更多特征的交互作用)进行计算，但是正如 28.2.1 节所述，最多只有两个特征有意义，因为更高的交互无法可视化甚至无法有意义地解释。

2. 优点

(1) ALE 图是无偏的，这意味着在特征相关时它们仍然有效。在这种情况下，部分依赖图将失败,因为它们会边缘化不太可能甚至物理上不可能的特征值组合。

(2) ALE 图的计算速度比部分依赖图更快，并且可以 $O(n)$ 收敛，因为可能的最大间隔数是实例数(每个实例为一个间隔)。部分依赖图需要网格点估计数量的 n 倍。

(3) ALE 图的解释很清楚：在给定值的条件下，可以从 ALE 图中读取更改特征对预测的相对影响。ALE 图以 0 为中心，这使它们的解释更好，因为 ALE 曲线每个点的值都是与平均预测之差。ALE 图仅显示交互作用：如果两个特征不交互，则图不显示任何内容。

综上所述，在大多数情况下，建议使用 ALE 图。相比于部分依赖图，ALE 图的特征通常在某种程度上相关。

3. 缺点

(1) ALE 图可能会变得有些不稳定(许多小起伏)，间隔很多。在这种情况下，减少间隔数可以使估计更稳定，但也可以消除和隐藏预测模型的实际复杂度。没有完美的解决方案来设置间隔的数量，如果数量太小，则 ALE 图可能不太准确。如果数量太大，曲线可能会变得不稳定。

(2) 与部分依赖图不同，ALE 图不附带 ICE 曲线。对于部分依赖图来说，ICE 曲线可以揭示特征效应的异质性，这意味着对于数据子集而言，特征的效应看起来有所不同。对于 ALE 图只能检查每个间隔实例之间的效应是否不同，但是每个间隔具有不同的实例，因此它与 ICE 曲线不同。

(3) 二阶 ALE 估计在整个特征空间中具有不同的稳定性，这是不以任何方式可视化的。其原因是，对各单元中局部效应的每次估计都使用不同数量的数据实例。结果，所有估计都具有不同的准确性(但它们仍然是最好的估计)。对于主要效应 ALE 图，该问题存在于不太严重的版本中。由于使用了分位数作为网格，在所有间隔中实例的数量都是相同的，但是在某些区域中会存在许多短间隔，并且 ALE 曲线将包含更多估计值。但是对于较长的间隔(可能占整个曲线的很大一部分)而言，实例相对较少。

(4) 二阶效应图解释起来有点困难。

(5) 与部分依赖图相比，ALE 图的实现更加复杂且不直观。

(6) 即使 ALE 图在相关特征的情况下没有偏差，但当特征强相关时，解释仍然困难。因为如果它们之间有非常强的相关性，那么分析同时改变两个特征(而不是孤立地更改)的效应才有意义。这个缺点不是特定于 ALE 图，而是一个具有强相关特征的普遍问题。如果特征不相关，计算时间也不成问题，则部分依赖图稍好，因为它们易于理解并且可以与 ICE 曲线一起绘制。

28.2.4　特征交互

1. 相关概念

特征交互：当特征在预测模型中交互时，预测不能表示为特征效应的综合，因为一个特征的效应取决于另一个特征的值。

如果机器学习模型基于两个特征进行预测，则可以将预测分解为四项，即常量项、第一个特征项、第二个特征项以及两个特征间的交互项。

两个特征间的交互项是在考虑单一特征效应后通过改变特征而发生的预测变化，下面介绍由 Friedman 和 Popescu[10]引入用于衡量交互强度的 H 统计量。

首先，采用双向交互度量，给出模型中的两个特征是否交互以及在何种程度上交互，其次，是一个总体交互度量，给出某个特征在模型中是否与所有其他特征发生交互以及在何种程度上的交互。

如果两个特征 x_j 、 x_k 不交互，可以按如下方式分解部分依赖函数(假设部分依赖函数以零为中心)：

$$\mathrm{PD}_{jk}\left(x_j,x_k\right)=\mathrm{PD}_j\left(x_j\right)+\mathrm{PD}_k\left(x_k\right) \tag{28.5}$$

式中，$\mathrm{PD}_{jk}\left(x_j,x_k\right)$是两个特征的双向部分依赖函数；而$\mathrm{PD}_j\left(x_j\right)$和$\mathrm{PD}_k\left(x_k\right)$是单个特征的部分依赖函数。

同样，如果一个特征与任何其他特征都没有交互，可以将预测函数$\hat{f}(x)$表示为部分依赖函数的总和，其中第一个求和项仅依赖于 j，第二个求和项依赖于除第 j 个特征以外的所有其他特征：

$$\hat{f}(x)=\mathrm{PD}_j\left(x_j\right)+\mathrm{PD}_{-j}\left(x_{-j}\right) \tag{28.6}$$

式中，$\mathrm{PD}_{-j}\left(x_{-j}\right)$是依赖于除第 j 个特征以外的所有特征的部分依赖函数。

这种分解表示部分依赖(或完全预测)函数，而没有交互作用(在第 j 个特征和第 k 个特征之间，或者分别在第 j 个特征与所有其他特征之间)。在下一步中，测量观察到的部分依赖函数与没有交互作用的已分解部分依赖函数之间的差异。可以计算部分依赖(以度量两个特征之间的交互作用)或整个函数(以度量一个特征与所有其他特征之间的交互作用)输出的方差，由交互作用解释的方差量(观察到的和没有交互作用部分依赖函数之间的差异)用作交互强度统计量。如果完全没有交互，则统计量为 0；如果用部分依赖函数之和解释了 PD_{jk} 或 $\hat{f}$ 的所有方差，则统计量为 1。两个特征之间的交互统计量为 1 表示每个部分依赖函数都是常数，并且对预测的效应仅来自交互。

在数学上，Friedman 和 Popescu 针对第 j 个特征和第 k 个特征之间的交互作用提出了 H 统计量：

$$H_{jk}^2=\frac{\sum_{i=1}^{n}\left[\mathrm{PD}_{jk}\left(x_j^{(j)},x_k^{(i)}\right)-\mathrm{PD}_j\left(x_j^{(i)}\right)-\mathrm{PD}_k\left(x_k^{(j)}\right)\right]^2}{\sum_{i=1}^{n}\mathrm{PD}_{jk}^2\left(x_j^{(i)},x_k^{(j)}\right)} \tag{28.7}$$

式中，PD表示部分依赖函数；下标 j 、k 表示特征数；i 表示数据点数。

式(28.8)适用于度量第 j 个特征是否与任何其他特征交互：

$$H_j^2=\sum_{i=1}^{n}\left[\hat{f}\left(x^{(i)}\right)-\mathrm{PD}_j\left(x_j^{(i)}\right)-\mathrm{PD}_{-j}\left(x_j^{(i)}\right)\right]^2\Big/\sum_{i=1}^{n}\hat{f}^2\left(x^{(i)}\right) \tag{28.8}$$

H 统计量的评估成本很高，因为它会在所有数据点上进行迭代，并且必须在每个点处评估部分依赖，而这又需要对所有n个数据点进行。

Friedman 和 Popescu 还提出了一个检验统计量，用以评估H统计量与零是否有显著差异，零假设是没有交互。要在零假设下生成交互统计量，必须能够调整模型，以使其在第j个特征和第k个特征或所有其他特征之间不具有交互作用。这不可能适用于所有类型的模型。如果预测是概率，则交互强度统计也可以应用于分类设置。

2. 优点

(1) 交互作用H统计通过部分依赖分解，具有理论基础。

(2) H统计量包含有意义的解释：交互作用定义为由交互作用解释的方差份额。由于统计信息是无量纲的，并且总是在 0 和 1 之间，因此它在各个特征甚至模型之间都具有可比性。

(3) 统计信息会检测各种类型的交互，无论它们的特殊形式如何。

(4) 使用H统计量，还可以分析任意更高阶的交互作用。

3. 缺点

(1) 交互H统计量需要花费很长时间进行计算，因为它的计算量很大。

(2) 该计算涉及估计边际分布。

(3) 交互作用是否显著大于 0 尚不清楚。

(4) 关于检验问题，很难确定交互"强"时的H统计量大小。

(5) H统计量可能大于 1，这使得解释变得困难。

28.2.5 置换特征重要性

1. 相关概念

置换特征重要性衡量了对特征值进行置换后模型预测误差的增加，这打破了特征与真实结果之间的关系。在置换特征后，使用计算模型的预测误差增大量来衡量特征的重要性。如果改变特征值会增加模型误差，则该特征"重要"，因为在这种情况下，模型依赖于特征进行预测。如果将特征值改变而使模型误差保持不变，则特征"不重要"，因为在这种情况下，模型会忽略预测的特征。置换特征重要性度量是由 Breiman 引入[11]用于随机森林。基于这个想法，Smith 等[12]提出了特征重要性的模型无关版本，并将其称为模型依赖。

2. 优点

(1) 特征重要性是当特征信息被破坏时模型误差的增加，解释性强。

(2) 特征重要性提供了对模型行为的高度压缩的、全局的洞悉。

(3) 在不同问题之间，特征重要性度量是可比较的。

(4) 重要性度量会自动考虑与其他特征的所有交互。这意味着置换特征重要性同时考虑了主要特征效应和交互效应。

(5) 置换特征重要性不需要重新训练模型。

3. 缺点

(1) 使用训练数据还是测试数据来计算特征的重要性比较模糊。

(2) 置换特征的重要性与模型的误差有关。当模型泛化得很好时(即它不会过拟合)，模型方差(由特征解释)和特征重要性密切相关。

(3) 需获得真正的结果。如果仅提供模型和未标注的数据，但没有提供真实结果，将无法计算置换特征的重要性。

(4) 置换特征的重要性取决于对特征的改变，这会增加测量的随机性。重复置换后，结果可能会有很大差异。重复置换并在重复中对重要性值进行平均，可以鲁棒地度量结果，但会增加计算时间。

(5) 如果特征是相关的，则置换特征重要性可能会因不切实际的数据实例而有偏差。问题与部分依赖图相同：特征的置换在两个或多个特征关联时不会产生数据实例。

(6) 即使重要性值在模型行为的层次上可能有意义，但如果具有相关特征，则仍会造成混淆。

28.2.6　全局代理模式

1. 相关概念

全局代理模型是一种可解释的模型，经过训练可近似于黑盒模型的预测，通过解释代理模型得出有关黑盒模型的结论。

代理模型也可用于工程中：如果目标结果昂贵、耗时或难以衡量(如由于来自复杂的计算机仿真)，则可以使用价格廉价、快速的代理模型。工程中使用的代理模型和可解释机器学习中使用的代理模型的区别在于，底层模型是机器学习模型，并且代理模型必须是可解释的。代理模型的目的是尽可能准确地近似底层模型的预测，并且可以同时进行解释。可以用不同的名称找到代理模型的概念：近似模型、元模型、响应面模型和仿真器等。理解代理模型实际上并不需要太多理论。希望在函数 g 可解释的约束下，代理模型预测 g 尽可能接近地逼近黑盒预测函数。

训练代理模型是一种与模型无关的方法，因为它不需要有关黑盒模型内部运作的任何信息，仅需要访问数据和预测。如果将底层机器学习模型替换为其他机器学习模型，仍可以使用代理方法，黑盒模型类型和代理模型类型的选择是分离的。

执行以下步骤获得代理模型：

(1) 选择数据集 X。这可以是用于训练黑盒模型的相同数据集，也可以是来自同一分布的新数据集。

(2) 对于选定的数据集 X，获取黑盒模型的预测。

(3) 选择一种可解释的模型类型(线性模型、决策树等)。

(4) 在数据集 X 及其预测上训练可解释模型。

(5) 得到代理模型。

(6) 衡量代理模型复制黑盒模型预测的效果。

(7) 解释代理模型。

衡量代理复制黑盒模型的能力的一种方法是 R^2 度量：

$$R^2 = 1 - \frac{\text{SSE}}{\text{SST}} = 1 - \frac{\sum_{i=1}^{n}\left(\hat{y}_*^{(i)} - \hat{y}^{(i)}\right)^2}{\sum_{i=1}^{n}\left(\hat{y}^{(i)} - \overline{\hat{y}}\right)^2} \tag{28.9}$$

式中，SSE 代表误差平方和；SST 代表总的平方和；$\hat{y}_*^{(i)}$ 是代理模型的第 i 个实例的预测；$\hat{y}^{(i)}$ 是黑盒模型的第 i 个实例的预测；$\overline{\hat{y}}$ 是黑盒模型预测的平均值；n 是实例个数。R^2 可以解释为代理模型捕获的方差百分比。如果 R^2 接近 1，则可解释模型会很好地近似黑盒模型的行为。如果可解释模型非常接近，则可能要用可解释模型替换复杂模型。如果 R^2 接近 0，则可解释模型无法解释黑盒模型。

2. 优点

(1) 代理模型方法非常灵活。可以使用不同的可解释模型和底层黑盒模型。可以为原始黑盒模型训练两个代理模型(线性模型和决策树)，并提供两种解释。如果有性能更好的黑盒模型，也不必更改解释方法，因为可以使用同一类代理模型。

(2) 方法直观，直接。易于实现，而且也易于解释。

(3) 使用 R^2 测量，可以轻松地测量代理模型在逼近黑盒预测方面的表现。

3. 缺点

(1) 代理模型无法给出实际结果，仅给出有关模型的结论。

(2) 无法确定代理模型与黑盒模型足够接近的 R^2 的最佳截止点。

(3) 可以衡量代理模型与黑盒模型的接近程度。对于数据集的一个子集，可解释模型可能非常接近，而对于另一子集，则可能发生很大差异。在这种情况下，对于所有数据点，对简单模型的解释将不尽相同。

(4) 一般而言，没有本质上可解释的模型(甚至包括线性模型和决策树)。

28.2.7　局部代理

1. 相关概念

局部代理模型本身是可解释的模型，用于解释黑盒机器学习模型的单个实例预测，局部可解释模型无关的解释(local interpretable model-agnostic explanation, LIME)是局部代理模型的具体实现[13]。代理模型经过训练可以近似底层黑盒模型的预测。LIME 并非训练全局代理模型，而是专注于训练局部代理模型以解释单个预测。

首先，忘记训练数据，并假设只有黑盒模型，可以在其中输入数据点并获得模型的预测。可以随时探测黑盒，目标是了解机器学习模型为何做出特定的预测。其次，将数据变化后输入到机器学习模型，LIME 生成一个新的由扰动的样本和黑盒模型的相应预测组成数据集。然后，基于新数据集，LIME 训练一个可解释的模型，该模型通过采样实例与感兴趣实例的接近程度来加权。所学习的模型应该是机器学习模型局部预测的良好近似，但不一定是良好的全局近似，这种准确性也称为局部保真度。

在数学上，具有可解释性约束的局部代理模型可以表示为

$$\text{explanation}(x)=\arg\min_{g\in G} L(f,g,\pi_x)+\Omega(g) \tag{28.10}$$

式中，x 是实例；g 是 x 的解释模型(如线性回归模型)；f 是原始模型，L 是损失(如均方误差)，测量了解释模型 g 与原始模型 f 的预测的接近程度；$\Omega(g)$ 是模型复杂度，保持较低水平(如偏好较少的特征)；G 是可能的解释的族(如所有可能的线性回归模型)；接近度 π_x 定义了考虑解释时实例 x 附近的邻域大小。实际上，LIME 仅优化损失部分，用户必须确定复杂度，例如，通过选择线性回归模型可以使用的最大特征数。

训练局部代理模型的方法：

(1) 选择想要对其黑盒预测进行解释的感兴趣实例。

(2) 对数据集加噪声扰动等并获得这些新样本的黑盒预测。

(3) 根据新样本与目标实例的接近程度对其进行加权。

(4) 在新数据集上训练加权的可解释的模型。

(5) 通过解释局部模型来解释预测。

2. 优点

(1) 即使替换了底层的机器学习模型，仍然可以使用相同的局部可解释模型进行解释。

(2) 局部代理模型受益于训练和可解释模型的文献和经验，当使用 Lasso 或短的树时，得到的解释是简短的，并且可能是对比性的。

(3) LIME 是少数适用于表格数据、文本和图像的方法之一。

(4) 保真度度量(可解释模型与黑盒预测的近似程度)很好地描述了可解释模型在解释感兴趣的数据实例附近黑盒预测方面的可靠性。

(5) LIME 可以在 Python 和 R 语言中实现，并且非常易于使用。

(6) 用局部代理模型创建的解释可以使用除原始模型所用以外的其他(可解释)特征。当然，这些可解释的特征必须从数据实例中派生。文本分类器可以将抽象词嵌入作为特征，但解释可以基于句子中是否存在该词。回归模型可以依赖于某些属性的不可解释的转换，使用原始属性来创建解释。

3. 缺点

(1) 当对表格式数据使用 LIME 时，如何正确定义邻域尚未解决。

(2) 在当前 LIME 的实现中需要改善采样。从高斯分布中采样数据点，而忽略特征之间的相关性，这可能会导致不太可能的数据点，然后这些数据点可用于学习局部解释模型。

(3) 解释模型的复杂性必须事先定义。

(4) 另一个真正的大问题是解释的不稳定。有学者表明在模拟环境中两个非常接近的点的解释差异很大[14]。

28.3 基于大数据样本的解释

基于大数据样本的解释方法选择数据集的特定实例来解释机器学习模型的行为或解释底层数据分布。

基于大数据样本的解释大多与模型无关，因此它们使任何机器学习模型都更具可解释性。与模型无关的方法的不同之处在于，基于大数据样本的方法通过选择数据集的实例而不是通过创建特征概要(如特征重要性或部分依赖性)来解释模型。当采用只有人类可以理解的方式表示数据实例时，基于大数据样本的解释才有意义。基于大数据样本的解释可帮助构建机器学习模型以及机器学习模型所训练的数据的心理模型[15]，它特别有助于理解复杂的数据分布。

28.3.1　反事实解释

1. 相关概念

反事实解释按以下形式描述了一种因果关系：如果 X 没有发生，那么 Y 就不会发生。思考反事实需要想象一个与所观察到的事实相矛盾的假设现实，因此被称为“反事实”。

在可解释的机器学习中，反事实解释可用于解释各个实例的预测。“事件”是实例的预测结果，“原因”是该实例的特定特征值，将其输入到模型并会“引起”某个预测。以图的形式显示，输入和预测之间的关系非常简单：特征值导致预测。图 28.1 表示当模型仅被视为一个黑盒时，机器学习模型输入与预测之间的因果关系。即使实际上输入与要预测的结果之间的关系可能不是因果关系，也可以将模型的输入视为预测的原因。

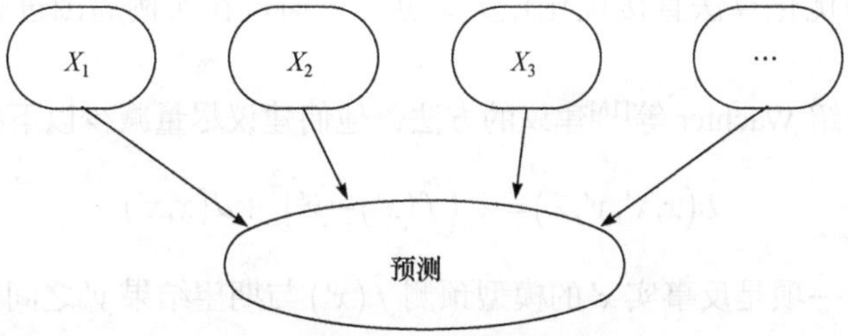

图 28.1　机器学习黑盒模型因果关系

根据图 28.1，能够得知如何模拟反事实来预测机器学习模型：仅在做出预测之前改变实例的特征值，然后分析预测是如何变化的。对预测以相关方式发生变化的场景感兴趣，例如预测类别发生翻转或预测达到某个阈值。预测的反事实解释描述了将预测更改为预定义输出时特征值的最小变化。

反事实解释方法与模型无关，因为它仅适用于模型输入和输出。由于该解释可以表示为特征值差异的概要(“更改特征 A 和 B 以更改预测”)，因此该方法在模型无关的章节中也很适用。与原型不同，反事实不一定是来自训练数据的实际实例，也可以是特征值的新组合。

反事实是对人类友好的解释，因为它们与当前实例形成对比，并且它们是选择性的，这意味着它们通常专注于少量特征更改。但是反事实却遭受“罗生门效应”的困扰。反事实也可能发生同样的情况，因为通常会有多种不同的反事实解释。一个反事实可能会说要更改特征 A，另一反事实可能会说要保留 A 不变，但要更改特征 B，这是矛盾的。可以通过报告所有反事实解释或通过制定标准评估反事实并选择最佳的反事实来解决这个多重反事实问题。

首先，反事实解释的用户定义了实例预测中一个相关的更改，因此显而易见的第一个要求是，反事实实例应尽可能紧密地产生预定义的预测，并非总是可以完全匹配预定义的输出。在具有两个类(罕见类和频繁类)的分类设置中，模型可以始终将实例分类为频繁类。更改特征值以使预测的标签从频繁类别转换为罕见类别可能是困难的，因此希望放宽反事实的预测输出必须与定义的结果完全对应的要求。另一个标准是反事实应该与特征值实例尽可能相似，这需要两个实例之间的距离度量。反事实不仅应接近原始实例，还应更改尽可能少的特征。这可以通过选择适当的距离度量来实现，如曼哈顿距离。最后一个要求是，反事实实例应具有可能的特征值，如果根据数据的联合分布产生反事实则更好。

一种简单的产生反事实解释的方法是通过反复试验进行搜索。此方法涉及随机改变感兴趣实例的特征值，并在达到预期输出时停止。首先，定义一个损失函数，该函数将感兴趣的实例、反事实和期望的(反事实)结果作为输入。损失度量反事实的预测结果与预定义结果之间的距离，以及反事实与感兴趣实例之间的距离。可以使用优化算法直接优化损失，也可以通过在实例周围进行搜索来优化损失。

本节将介绍 Wachter 等[16]建议的方法，他们建议尽量减少以下损失：

$$L(x,x',y',\lambda)=\lambda\cdot\left(\hat{f}(x')-y'\right)^2+d(x,x') \tag{28.11}$$

式中，右侧第一项是反事实 x' 的模型预测 $\hat{f}(x')$ 与期望结果 y' 之间的二次距离，用户必须事先定义；第二项是要解释的实例 x 与反事实 x' 之间的距离 d，参数 λ 用于平衡预测距离(第一项)与特征值距离(第二项)。对于给定的 λ 求解损失，并返回反事实 x'。较大的 λ 表示更喜欢接近期望结果 y' 的反事实，较低的值意味着更喜欢与特征值中的 x 非常相似的反事实 x'。如果 λ 非常大，则将选择预测最接近 y' 的实例，而不管其与 x 的距离如何。最终，用户必须决定如何在对反事实的预测与期望结果匹配的要求和对反事实类似于 x 的要求之间取得平衡。Wachter 等建议选择允许反事实实例的预测 $\hat{f}(x')$ 与 y' 相距多远的公差参数 ε。该约束可以写为

$$\left|\hat{f}(x')-y'\right|\leqslant\varepsilon \tag{28.12}$$

为了使该损失函数最小化，可以使用任何合适的优化算法，如 Nelder-Mead 算法。如果可以访问机器学习模型的梯度，则可以使用基于梯度的方法，如自适应矩估计(adaptive moment estimation, ADAM)。必须预先设置实例 x、所需的输出 y' 和公差参数 ε。对于 x'，损失函数最小化，并且增大 λ 找到(局部)最佳反事实 x'，直到找到足够接近的解：

$$\arg\min_{x'}\max_{\lambda}L(x,x',y',\lambda) \tag{28.13}$$

产生反事实的方法很简单：

(1) 选择要解释的实例 x 、所需的结果 y' 、公差参数 ε 和小的 λ 初始值。

(2) 采样一个随机的实例作为初始反事实。

(3) 以初始采样的反事实为出发点，对损失进行优化。

(4) 直到 $\left|\hat{f}(x')-y'\right|\leqslant\varepsilon$ ，增加 λ 。以当前反事实为出发点优化损失。返回最小化损失的反事实。

(5) 重复步骤(2)～(4)并返回反事实列表或最小化损失的列表。

2. 优点

(1) 反事实解释的解释清晰。如果实例的特征值根据反事实而更改，则预测将更改为预定义的预测。

(2) 采用反事实方法创建了一个新实例，但是可以通过报告哪些特征值已改变来总结一个反事实。这给了两种报告结果的选择，可以报告反事实实例，也可以突出显示在感兴趣的实例和反事实实例之间改变了哪些特征。

(3) 反事实方法不需要访问数据或模型。它只需要访问模型的预测函数。

(4) 反事实方法适用于不使用机器学习的系统。可以为接收输入并返回输出的任何系统创建反事实。

(5) 反事实解释方法相对容易实现，因为它本质上是一种损失函数，可以使用标准优化程序库进行优化。

3. 缺点

(1) 对于每个实例，通常会找到多个反事实的解释。

(2) 对于给定的公差，不能保证找到反事实的实例。

(3) 不能很好地处理具有许多不同级别的分类特征。Martens 和 Provost[17]提出了仅针对分类特征的解决方案。

28.3.2　对抗样本

1. 有关概念

对抗样本是指一个样本的某一个特征值出现一个微小的变化而使得整个模型发生一个错误的预测。对抗样本是反事实实例，旨在欺骗模型而不是解释模型。

2. 示例

创建对抗样本的技术有很多，大多数方法建议将对抗样本与要操纵的样本之间的距离最小化，同时将预测转换为期望的(对抗性的)结果。有一些方法需要访问模型的梯度，但这些方法当然仅适用于基于梯度的模型(如神经网络)，而其他方法仅需要访问预测函数，这使得这些方法与模型无关。本节中的方法重点在于基于深度神经网络的图像分类器，因为在该领域已进行了大量研究，而对抗图像的可视化具有很强的教育意义，图像的对抗样本是带有故意扰动像素的图像，目的是在应用期间欺骗模型。下面给出三个例子。

例 1：基于梯度的优化方法来寻找深度神经网络的对抗样本，这些对抗样本是通过最小化关于r的以下函数生成的：

$$\operatorname{loss}\left(\hat{f}(x+r),l\right)+c\cdot|r| \tag{28.14}$$

式中，x是图像(表示为像素向量)；r是对像素的变化以创建对抗图像($x+r$生成新图像)；l是期望的结果类别；c用于平衡图像之间的距离和预测之间的距离。第一项是对抗样本的预测结果与期望的类别l之间的距离，第二项是对抗样本与原始图像之间的距离。这个公式几乎与损失函数相同，可以得出反事实的解释。对于r还有其他限制，因此像素值保持在 0 到 1 之间[18]。建议使用一种适用于梯度的优化算法解决此优化问题。

例 2：Goodfellow 等[19]发明了用于生成对抗图像的快速梯度符号方法。梯度符号方法使用底层模型的梯度来查找对抗样本。通过向每个像素添加或减去一个小的扰动ε来操纵原始图像x，加还是减ε取决于像素的梯度符号是正还是负，在梯度方向上增加扰动意味着图像被有意修改，从而导致模型分类失败。

以下公式描述了快速梯度符号法(fast gradient sign method, FGSM)的核心：

$$x'=x+\varepsilon\cdot\operatorname{sign}\left(\nabla_x J(\theta,x,y)\right) \tag{28.15}$$

式中，$\nabla_x J$是模型损失函数相对于原始输入像素向量x的梯度；y是x的真实标签向量；而θ是模型参数向量。对于梯度向量(与输入像素向量一样长)，需要符号：如果像素强度的增加会增加损失(模型产生的误差)，则梯度符号为正(+1)；如果像素强度的减少会增加损失，则梯度符号为负(−1)。当神经网络线性处理输入像素强度和类别分数之间的关系时，就会出现此漏洞。

例 3：Goodfellow 等建议在训练数据中添加对抗样本，以学习鲁棒的模型。Su 等[20]表明，实际上有可能通过更改单个像素来欺骗图像分类器。

与反事实类似，单像素攻击会寻找一个修改后的样本x'，该样本与原始图像x接近，但将预测更改为对抗结果。但是，接近程度的定义不同：只有一个像素可以更改。单像素攻击使用差分进化来找出要改变的像素以及改变方式。差分进化是受到物种生物进化的启发，个体群体(称为候选解)会一代一代地重组，直到找到解为止。每个候选解都对像素修改进行编码，并由五个元素的向量表示：x坐标和y坐标以及红、绿和蓝值。例如搜索从 400 个候选解开始，并使用以下公式从父代中生成新一代候选解(子代)：

$$x_i(g+1)=x_{r1}(g)+F\left(x_{r2}(g)+x_{r3}(g)\right) \tag{28.16}$$

式中，每个 x_i 是候选解的元素(x 坐标，y 坐标，红色，绿色或蓝色)；g 是当前代；F 是缩放参数(设置为 0.5)，并且 $r1$ 、$r2$ 和 $r3$ 是不同的随机数。每个新的子候选解又是一个具有位置和颜色五个元素的像素，并且每个元素都是三个随机父像素的混合。

如果候选解之一是对抗样本(这意味着它被归类为不正确的类)，或者达到了用户指定的最大迭代次数，则停止子代的创建。

3. 网络安全视角机器学习

处理已知情况下的未知：从已知的分布中预测未知的数据点。防御攻击可应对未知情况下的未知：从未知的对抗输入分布中可靠地预测未知的数据点。即使测试数据集上机器学习模型的预测是 100%正确的，也可以找到对抗样本来欺骗该模型。防御网络攻击的机器学习模型是网络安全领域的新组成部分。

Biggio 和 Roli[21]对十年来关于对抗性机器学习的研究进行了很好的回顾，本节以此为基础，网络安全是攻击者和防御者一次又一次地胜过对手的军备竞赛。

28.3.3　原型与批评

1. 相关概念

一个原型是一个数据实例，它是所有数据的代表。一个批评是由一组不能很好地代表原型的一个数据实例，批评的目的是与原型一起提供见解，尤其是对于原型不能很好代表的数据点。原型和批评可以模型无关地用于描述数据，但是它们也可以用于创建可解释的模型或使黑盒模型可解释。

在本节中，使用“数据点”一词来指代单个实例，以强调实例也是坐标系统中的一个点，其中每个特征都是一个维度。图 28.2 显示了一个模拟的数据分布，其中一些实例被选择为原型，另一些被作为批评。小点是数据，大点是原型，大方块是批评。选择原型(手动)以覆盖数据分布的中心，并且批评是没有原型的簇中的点，原型和批评总是来自数据的实际实例。

手动选择了原型，这并不能很好地扩展，可能会导致结果不佳。在数据中找到原型的方法很多，其中之一是 K-medoids，这是与 K-means 算法相关的聚类算法。任何返回实际数据点作为聚类中心的聚类算法都可以选择原型，但是这些方法大多数都只找到原型，而没有批评。本节介绍的 MMD-critic(maximum mean discrepancy critic)是一种将原型和批评结合在一个框架中的方法。

MMD-critic 比较数据的分布和所选原型的分布，这是理解 MMD-critic 方法的中心概念。MMD-critic 选择的原型可以最大限度地减少两个分布之间的差异。

高密度区域中的数据点是很好的原型，尤其是从不同的“数据簇”中选择数据点时，来自原型不能很好解释的区域的数据点被选择为批评。

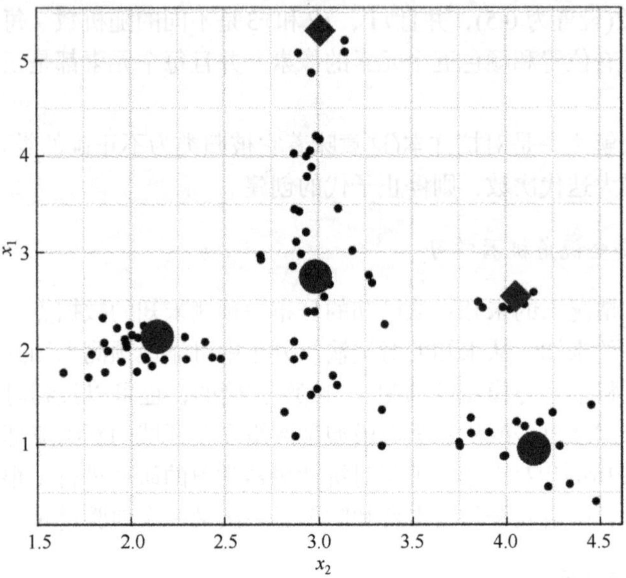

图 28.2　具有两个特征 x_1 和 x_2 的数据分布的原型和批评

MMD-critic 程序可以概括如下：

(1) 选择要查找的原型和批评数量。

(2) 通过贪婪搜索找到原型。选择原型，以使原型的分布接近数据分布。

(3) 通过贪婪搜索找到批评。当原型的分布不同于数据的分布时，选择点作为批评。

需要一些因素来找到 MMD-critic 数据集的原型和批评，最基本的成分需要一个核函数来估计数据密度。核是根据接近度对两个数据点加权的函数，基于密度估计，需要一种度量来说明两种分布有何不同，以便确定选择的原型的分布是否接近数据分布。这可以通过测量最大平均差异(maximum mean discrepancy, MMD)来解决。同样基于核函数，需要 witness 函数判断在特定数据点上两种分布有何不同。通过 witness 函数，可以选择批评，即原型和数据的分布不同且 witness 函数具有较大绝对值的数据点。最后一个部分是寻找好的原型和批评的搜索策略，这可以通过简单的贪婪搜索来解决。

MMD 衡量两个分布之间的差异，原型的选择创建了原型的密度分布，MMD-critic 的目的是最小化选择的原型分布和数据分布之间的差异。要通过用核密度函数进行估计的经验分布，评估原型分布与数据分布是否不同。就以下公式显示了如何计算平方 MMD 量度：

$$\mathrm{MMD}^2=\sum_{i,j=1}^{m}k\left(z_i,z_j\right)/m^2-\sum_{i=1}^{m}\sum_{j=1}^{n}2k\left(z_i,x_j\right)/mn+\sum_{i,j=1}^{n}k\left(x_i,x_j\right)/n^2 \tag{28.17}$$

式中，k 是一个核函数，用于测量两点的相似性；m 是原型 z 的数量；n 是原始数据集中的数据点 x 的数量；i 是原型数；z 是数据点 x 的选择；j 是数据点数，每个点都是多维的，即可以具有多个特征。

MMD-critic 的目标是最小化 MMD^2。MMD^2 越接近零，原型的分布拟合数据越好。将 MMD^2 降低为零的关键是中间的项，该项计算原型与所有其他数据点之间的平均接近度(乘以 2)。如果此项加起来等于第一项(原型彼此之间的平均接近度)加上最后一项(数据点彼此之间的平均接近度)，则原型可以完美地解释数据。

核的一种选择是径向基函数核：

$$k\left(x,x'\right)=\exp\left(-\gamma\|x-x'\|^2\right) \tag{28.18}$$

式中，$\|x-x'\|^2$ 是两点之间的欧氏距离；γ 是缩放参数。核的值随两点之间的距离而减小，范围在 0 和 1 之间：当两点无限远时为 0；当两点相等时为 1。

将 MMD^2 度量、核和贪婪搜索结合在一种算法中，以查找原型：

(1) 从空的原型列表开始。

(2) 当原型数量低于所选数量 m 时，对于数据集中的每个点，检查将点添加到原型列表后 MMD^2 减少了多少，将最小化 MMD^2 的数据点添加到列表中。

(3) 返回原型列表。

找到批评是用 witness 函数，该函数量化特定点上两个密度估计值差异。可以使用以下方法估计：

$$\mathrm{witness}\left(x\right)=\frac{1}{n}\sum_{i=1}^{n}k\left(x,x_i\right)-\frac{1}{m}\sum_{j=1}^{m}k\left(x,z_j\right) \tag{28.19}$$

对于两个具有相同特征的数据集，witness 函数提供了一种评估 x 点更适合哪种经验分布的方法。

MMD-critic 可以通过三种方式增加可解释性：①通过帮助更好地理解数据分布；②通过建立可解释的模型；③通过使黑盒模型可解释。

可以使用 MMD-critic，通过检查原型和批评及其模型预测，使全局范围内的任何机器学习模型都可解释。步骤如下：

(1) 查找 MMD-critic 的原型和批评。

(2) 照常训练机器学习模型。

(3) 使用机器学习模型预测原型和批评的结果。

(4) 分析预测：在哪些情况下算法错误，此时有一些很好地表示数据的实例，可以帮助发现机器学习模型的弱点。

2. 优点

(1) 自由选择原型和批评的数量。

(2) MMD-critic 使用数据的密度估计。这适用于任何类型的数据和任何类型的机器学习模型。

(3) 该算法易于实现。

(4) MMD-critic 在提高解释性方面非常灵活。

3. 缺点

(1) 在数学上，原型和批评的定义不同，但它们的区别是基于截断值(原型的数量)。

(2) 必须选择原型和批评的数量。

(3) 其他的参数是核的选择和核缩放参数。

(4) 以所有特征为输入，忽略了某些特征可能与预测目标结果无关的事实。一种解决方案是仅使用相关特征，如图像嵌入而不是原始像素。

28.3.4　有影响力的实例

1. 相关概念

机器学习模型最终是训练数据的产物，删除其中一个训练实例可能会影响生成的模型。当训练实例从训练数据中删除后，会大大改变模型的参数或预测，因此将这个实例称为“有影响力的”。通过识别有影响力的训练实例，可以“调试”机器学习模型，并更好地解释它们的行为和预测。

本节介绍两种识别有影响力的实例的方法，即删除诊断和影响函数。两种方法均基于稳健统计，稳健统计提供的统计方法受异常值或违反模型假设的影响较小。

删除诊断和影响函数也可以应用于机器学习模型的参数或预测，以更好地了解其行为或解释单个预测。在介绍这两种寻找有影响力的实例的方法之前，首先研究异常值和有影响力的实例之间的差异。

一个异常值是远离数据集中其他实例的一个实例。“远离”表示到所有其他实例的距离(如欧氏距离)非常大。异常值可能是有意义的数据点(如批评)。当异常值影响模型时，它也是有影响力的实例。

有影响力的实例是数据实例，删除其对训练模型有很大影响。当从训练数据中删除特定实例后对模型进行重新训练时，模型参数或预测变化越大，该实例的影响力就越大。实例是否对经过训练的模型有影响还取决于实例对目标 y 的值。

为什么有影响力的实例有助于理解模型?

对解释有影响力的实例背后的关键思想是将模型参数和预测追溯到一切开始的地方：训练数据。学习器(即生成机器学习模型的算法)是一种函数，该函数获取包含特征 X 和目标 y 的训练数据并生成机器学习模型。例如，决策树的学习器是一种选择分割特征和分割值的算法。神经网络的学习器使用反向传播来找到最佳权重。

有两种测量影响力的方法：第一个选择是从训练数据中删除实例，在简化的训练数据集上重新训练模型，并观察模型参数或预测的差异(无论是单个的还是整个数据集)。第二个选择是增加数据实例的权重，通过模型参数的梯度来近似参数变化。

2. 删除诊断

统计学家已经在有影响力的实例领域进行了大量研究，尤其是对于(广义)线性回归模型。DFBETA 用于衡量删除实例对模型参数的影响。Cook 距离用于衡量删除实例对模型预测的影响[22]。对于这两种方法，必须重复训练模型，每次都忽略单个实例。删除诊断是将具有所有实例的模型的参数或预测与从训练数据中删除某个实例后的模型的参数或预测进行比较。DFBETA 定义为

$$\mathrm{DFBETA}_i = \beta - \beta^{(-i)} \tag{28.20}$$

式中，β 是在所有数据实例上训练模型时的权重向量；$\beta^{(-i)}$ 是在没有实例 i 的情况下训练模型时的权重向量。

DFBETA 需要模型参数，因此该度量仅适用于参数化模型。Cook 距离不需要任何模型参数。虽然通常不会在线性模型和广义线性模型的范围之外看到 Cook 距离，但是在删除特定实例之前和之后获取模型预测之间的差异的想法是非常普遍的。Cook 距离定义的一个问题是 MSE，它对所有类型的预测模型(如分类)都没有意义。

3. 影响函数

Koh 和 Liang[23]建议使用影响函数(一种稳健统计)来度量实例如何影响模型参数或预测。与删除诊断一样，影响函数将模型参数和预测追溯到负责的训练实例。但是，该方法并没有删除训练实例，而是近似于当实例在经验风险(训练数据损失之和)中被加权时，模型的变化程度。

影响函数的方法需要获得与模型参数相关的损失梯度，这仅适用于机器学习

模型的子集。Logistic 回归、神经网络和支持向量机符合条件，而基于树的方法(如随机森林)则不符合。影响函数有助于理解模型行为，调试模型并检测数据集中的错误。

影响函数背后的关键思想是通过无限小的步幅(ε)对某个训练实例的损失加权，从而产生新的模型参数：

$$\hat{\theta}_{\varepsilon,z}=\arg\min_{\theta\in\Theta}\frac{1}{n}\sum_{i=1}^{n}L(z_i,\theta)+\varepsilon L(z,\theta) \tag{28.21}$$

式中，θ 是模型参数向量；$\hat{\theta}_{\varepsilon,z}$ 是用非常小的数字 ε 对 z 进行加权后的参数向量；L 是模型训练的损失函数；z_i 是训练数据；z 是想要增加权重来模拟其移除的训练实例；i 是样本点索引。

4. 优点

(1) 对有影响力的实例的研究强调了训练数据在学习过程中的作用，这使影响函数和删除诊断成为机器学习模型的最佳调试工具之一。

(2) 删除诊断与模型无关，这意味着该方法可以应用于任何模型。基于导数的影响函数也可以应用于广泛的模型。

(3) 对于删除诊断和影响函数，考虑了预测的差异，对于影响函数则考虑了损失的增加。

5. 缺点

(1) 因为需要重新训练，所以删除诊断的计算量非常大。

(2) 影响函数是删除诊断一种很好的替代方法，但仅适用于参数可微的模型，如神经网络。它们不适用于基于树的方法，如随机森林、提升树或决策树。

(3) 影响函数仅仅是近似的，因为该方法是在参数周围二次展开。

(4) 影响力度量仅考虑单个实例的删除，而不是一次删除多个实例。数据实例的组合可能具有一些交互，这些交互强烈影响模型的训练和预测。

28.4 可解释性的未来

机器学习将是自动化的，并具有可解释性。模型训练的自动化已经是一个显而易见的趋势，包括自动工程和特征选择、自动超参数优化、不同模型的比较，以及模型的集成或堆叠。结果是最佳可能的预测模型。当使用与模型无关的解释方法时，可以将它们自动应用于自动机器学习过程中出现的任何模型。在某种程度上，也可以使第二步自动化：自动计算特征重要性，绘制部分依赖关系，训练代理模型等。没有人干预自动计算所有这些模型解释。实际的解释仍然需要人类。

人工智能、机器学习等领域的可解释性想要以可理解的方式解释复杂模型的结果。随着模型的复杂度提高，“黑箱”现象愈加严重，这不仅妨碍了科学研究的深入进行，也给其实际应用带来了难以预料的风险。在需要确认决策公平性和合规性的行业(如银行、医疗等)，如果模型无法提供足够的证据或理由，那么决策的效果和合法性将会引起争议。

借助于大数据，构建可解释模型可成为现实。大数据可提供丰富的特征，有助于理解结果的驱动因素。同时，构建更复杂的模型可以生成更细致的结果。再者，通过挖掘大规模数据，可以发现模型行为的规律，以此提高模型的可解释性。

至于可解释性的未来发展，值得期待的方向主要有三个。首先，构建更强的可解释性工具。现在的解析工具如 LIME(local interpretable model-agnostic explanations)等虽然有一定的效果，但仍然需要更强大且通用的工具来满足不同模型和场景的需要。其次，可解释性需要集成到模型训练的过程中，让模型在训练阶段就考虑到易于解释，以生成更明确的结果。最后，模型的监管机制需要改进，以确保模型的公正性以及透明度。

总之，可解释性将是未来数据科学领域不可或缺的部分。利用大数据的力量，有机会构建更有解释性的模型，并进一步推动科技的持续发展。尽管现在仍存在许多挑战，但未来可解释性的发展充满多种可能性。

继 续 阅 读

大数据解析的可解释性学习实践是实现工业数据价值最大化的关键环节。通过对海量工业数据进行深度挖掘，建立可解释性强、实用性高的模型，有助于在工程实践中发现问题、分析问题，并为企业决策提供科学依据。模型无关可解释性方法在工业场景中具有广泛的应用潜力，能大大提升模型的可解释性，推动工业领域的产业升级和发展。关于可解释性学习实践可以继续阅读文献[24]和[25]。

参 考 文 献

[1] Kim B, Khanna R, Koyejo O O. Examples are not enough, learn to criticize! Criticism for interpretability[J]. Advances in Neural Information Processing Systems, 2016, 29: 2280-2288.

[2] Doshi-Velez F, Kim B. Towards a rigorous science of interpretable machine learning[J]. arXiv preprint arXiv:1702.08608, 2017.

[3] Lipton Z C. The mythos of model interpretability: In machine learning, the concept of interpretability is both important and slippery[J]. Queue, 2018, 16(3): 31-57.

[4] Robnik-Šikonja M, Bohanec M. Perturbation-based explanations of prediction models[M] //Human and Machine Learning: Visible, Explainable, Trustworthy and Transparent. New York: Springer, 2018: 159-175.

[5] Lipton P. Contrastive explanation[J]. Royal Institute of Philosophy Supplement, 1990, 27: 247-266.
[6] Ribeiro M T, Singh S, Guestrin C. Model-agnostic interpretability of machine learning[J]. arXiv preprint arXiv: 1606.05386, 2016.
[7] Hastie T, Tibshirani R, Friedman J H. The Elements of Statistical Learning: Data Mining, Inference, and Prediction[M]. 2nd ed. New York: Springer, 2009.
[8] Zhao Q Y, Hastie T. Causal interpretations of black-box models[J]. Journal of Business & Economic Statistics, 2021, 39(1): 272-281.
[9] Goldstein A, Kapelner A, Bleich J, et al. Peeking inside the black box：Visualizing statistical learning with plots of individual conditional expectation[J]. Journal of Computational and Graphical Statistics, 2015, 24(1): 44-65.
[10] Friedman J H, Popescu B E. Predictive learning via rule ensembles[J]. The Annals of Applied Statistics, 2008, 3: 916-954.
[11] Breiman L. Random forests[J]. Machine Learning, 2001, 45: 5-32.
[12] Smith G, Mansilla R, Goulding J. Model class reliance for random forests[J]. Advances in Neural Information Processing Systems, 2020, 33: 22305-22315.
[13] Viana C M, Santos M, Freire D, et al. Evaluation of the factors explaining the use of agricultural land: A machine learning and model-agnostic approach[J]. Ecological Indicators, 2021, 131: 108200.
[14] Alvarez-Melis D, Jaakkola T S. On the robustness of interpretability methods[J]. arXiv preprint arXiv: 1806.08049, 2018.
[15] Aamodt A, Plaza E. Case-based reasoning: Foundational issues, methodological variations, and system approaches[J]. AI Communications, 1994, 7(1): 39-59.
[16] Wachter S, Mittelstadt B, Russell C. Counterfactual explanations without opening the black box: Automated decisions and the GDPR[J]. Social Science Electronic Publishing, 2017, 31: 841.
[17] Martens D, Provost F. Explaining data-driven document classifications[J]. MIS Quarterly, 2014, 38(1): 73-99.
[18] Szegedy C, Zaremba W, Sutskever I. Intriguing properties of neural networks[J]. arXiv preprint arXiv: 1312.6199, 2013.
[19] Goodfellow I J, Shlens J, Szegedy C, et al. Explaining and harnessing adversarial examples[J]. arXiv preprint arXiv: 1412.6572, 2014.
[20] Su J W, Vargas D V, Sakurai K. One pixel attack for fooling deep neural networks[J]. IEEE Transactions on Evolutionary Computation, 2019, 23(5): 828-841.
[21] Biggio B, Roli F. Wild patterns: Ten years after the rise of adversarial machine learning[C]//Proceedings of the 2018 ACM SIGSAC Conference on Computer and Communications Security, New York, 2018: 2154-2156.
[22] Cook R D. Detection of influential observation in linear regression[J]. Technometrics, 1977, 19(1): 15-18.
[23] Koh P W, Liang P. Understanding black-box predictions via influence functions[C]//International Conference on Machine Learning, Sydney, 2017: 1885-1894.

[24] Esterhuizen J A, Goldsmith B R, Linic S. Interpretable machine learning for knowledge generation in heterogeneous catalysis[J]. Nature Catalysis, 2022, 5(3): 175-184.

[25] Murdoch W J, Singh C, Kumbier K. Definitions, methods, and applications in interpretable machine learning[J]. Proceedings of the National Academy of Sciences of the United States of America, 2019, 116(44): 22071-22080.